1. 악사들이 등장하는 모자이크. 4세기 그리스 극작가 메난드로스의 희극 한 장면을 표현한 것으로 보인다. 헤르 쿨라네움 성문 밖에 위치한 '키케로 별장'에서 나온 작품이다.

2. 폼페이 어느 주택 정원의 벽면 전체를 차지하고 있는 오르페우스 그림. 동물들이 오르페우스의 리라 연주를 감상하고 있는 인상적인 장면이다.

3. 그림 속 인물이 정말 네로 황제일까? 폼페이 성벽 바로 밖에 있는 건물의 화려한 식당에 그려진 벽화로, 아폴로 신의 모습을 한 네로라고 해석한 일부 학자는 네로가 폼페이 방문 당시 이곳에 머물렀으리라 추정한다.(네로 황제가 정말로 폼페이를 방문했다면 말이다.)

4. 전반적으로 화려하게 채색된 아본단차 대로변의 건물을 나타낸 복원도. 그림 오른쪽 모퉁이에 사당이 있고 옆에는 문이 열린 주점과 내부의 카운터가 보인다. 옆집 벽에는 선거 벽보가 그려져 있다. 위쪽에는 나무로 만든 차양이 거리와 건물 입구에 그늘을 만들어주고 있다.

5. 목수들이 행진에서 자신들의 작품을 보여주고 있다. 왼쪽 끝은 지워져서 특징적인 방패 밖에 남지 않았지만 목수들의 수호신인 미네르바 여신의 조각상이 있었다. 중앙에는 목수 일을 하는 사람들 모형이 있다.

6. 메르쿠리오 거리 주점에서 발견된 그림. 주점에서 주사위 게임을 하는 모습이다. 밝은 색 상의 편안한 복장은 우리가 흔히 떠올리는 흰색 토가를 입은 로마인의 모습과 사뭇 다르다.

7. 율리아 펠릭스 저택에서 발견된 중앙광장 그림 중에서 보존 상태가 가장 좋은 축에 든다. 주랑 앞에 놓인 기마상의 받침대를 활용해 게시한 공고를 몇몇 남자가 살펴보고 있다.

8. '비극 시인의 집' 모형. 정문부터 뒤쪽 페리스틸리움까지 집의 횡단면을 보여준다(평면도 6 참조). 중앙 아트리움에는 깊은 우물이 있고, 집 위층에는 상당히 많은 방이 있다.

9. '비극 시인의 집'의 페리스틸리움 정원 모형. 뒷벽에도 정원 모습이 그려져 있다. 이곳의 주랑 안에 있는 그림은
그리스 신화에 나오는 이피게네이아의 희생 장면을 담고 있다.(사진 55 참조)

10. '순결한 연인들의 빵집'의 대형 식당 벽에 그려진 그림. 얼핏 보면 편안한 쿠션과 천이 깔려 있고 탁자 위에는 유리그릇이 깔끔하게 놓여 있는 우아한 풍경이다. 그러나 뒤쪽 여자는 이미 취해서 제대로 몸을 가누지 못하는 상태이며, 비스듬히 앉은 두 쌍의 연인 사이에는 술에 취해 의식을 잃은 남자가 보인다.

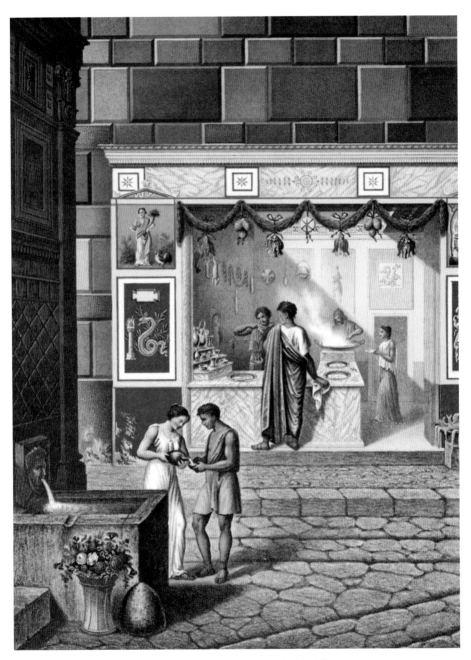

11. 지금은 사라진 메르쿠리오 거리의 주점 그림을 19세기에 모사한 작품이다.

12. 기발함이 돋보이는 전형적인 로마 장식품. 비쩍 마른 노인 조각상
은 쟁반에 한입거리 조각 음식을 놓아두는 용도로, 부유한 만찬 참석
자들의 편의를 위한 아이디어 제품이다.

13. '살비우스의 주점' 벽에 그려진 '만화'에 가까운 연작 그림. 첫 번째 그림 속의 두 사람은 이전까지는 모두 남
자라고 생각했으나 정밀 검사를 통해 왼쪽 인물이 여자로 밝혀졌다. 많이 훼손된 마지막 그림에서는 주인이 "싸
우려면 나가세요"라고 강경하게 말하고 있다.

14. '신비의 빌라' 벽면을 가득 채운 벽화들 중 하나. 남자아이가 두루마리를 읽고 있고, 그 모습을 어머니로 보이는 여자가 지켜보고 있다. 관람자는 소년이 읽는 두루마리 내용을 볼 수도 들을 수도 없다는 사실에서 일종의 '시각적 유희'를 느낄 수 있다.

15. '목신의 집'에서 발견된 '알렉산드로스 모자이크'. 이 인물은 패배한 왕 다리우스다.

16. 스타비아 목욕탕은 폼페이 서민들에게 잠시나마 호화로운 생활을 맛보게 해주었다. 19세기에 그린 이 작품은 고대 스타비아 목욕탕의 분위기를 재현한 것이다.

17. '비극 시인의 집' 중앙에 위치한 타블리눔의 모자이크. 공연을 준비하는 배우들을 표현한 것으로, 몸에 붙는 염소 의상으로 보아 사티로스극을 준비하는 것임을 알 수 있다.(평면도 6)

18. 이시스 신전 성소에서 나온 벽화를 19세기에 모사한 작품. 제우스의 사랑을 받았던 그리스 여사제 이오를 맞이하는 이집트의 여신 이시스. 신화에 따르면 이오는 질투심에 불타는 제우스의 아내 헤라에게 쫓기는 처지로, 암소로 변해버린 이오의 머리에 뿔이 나 있고 아버지인 강의 신이 그녀를 떠받치고 있다.

19. '고대 사냥의 집'의 정원 벽화. 이 그림 때문에 '고대 사냥의 집'이라는 이름이 붙었다.

20. '베티의 집'에서 발견된 작은 돌림띠 장식 그림을 19세기에 복원한 것이다. 큐피드들이 금속 가공 작업을 하고 있다.

21. '베티의 집'에서 발견된 원본 벽화. 전차를 몰던 말이 넘어져 큐피드가 전차에서 떨어지는 아찔한 광경이다.

22. 피그미족이 온갖 모험을 하는 이국적인 풍경. 악어 위에 올라탄 사람이 있는가 하면 하마에게 잡아먹히고 있는 불쌍한 사람도 있다.

23. '비극 시인의 집'에서 발견된 벽화를 원래 배치대로 합성해놓은 이미지. 왼쪽 아래는 헬레네가 트로이로 떠나는 장면이고, 바로 옆은 아킬레우스 수중에 있던 포로 브리세이스를 아가멤논 왕에게 데려가는 장면인데 트로이 전쟁 전개에서 중요한 계기가 되는 사건이다.

# 폼페이,
## 사라진 로마 도시의
## 화려한 일상

# POMPEII

The Life of a Roman Town

# 폼페이,
## 사라진 로마 도시의
## 화려한 일상

메리 비어드 지음 | 강혜정 옮김

글항아리

**일러두기**
- 본문의 고딕체는 지은이가 이탤릭체로 강조한 것이다.
- 〔 〕의 부연 설명은 옮긴이 주다.

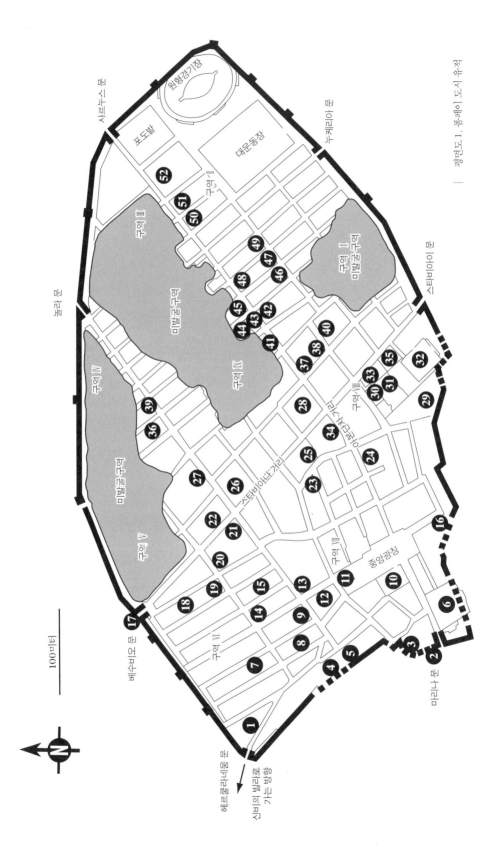

평면도 1. 폼페이 도시 유적

100미터

N

신비의 빌라로
가는 방향

헤르쿨라네움 문

마리나 문

스타비아이 문

누케리아 문

포도밭

원형경기장

사르누스 문

대운동장

구역 II

구역 III

구역 I 마르쿨룸구역

마르쿨룸구역 VI

구역 IV

베수비오 문

노라 문

구역 V

구역 VIII

구역 IX

마르쿨룸구역

중앙광장

스타비아나거리

아본단차거리

구역 VII

구역 VI

52
51
50
49
47
48
46
45
43
42
44
41
37
38
40
39
36
35
33
30
31
32
28
34
29
25
24
27
26
23
22
21
20
19
18
15
14
13
12
9
8
11
10
7
6
5
4
3
2
17
16
1

# 기호 해설

## 주택

아라만투스의 집 - 아라만투스의 주점 참조
22 루키우스 카이킬리우스 유쿤두스의 집
   (V.1.26)
37 카스카 롱구스의 집(I.6.11)
38 케이의 집(I.6.15)
   순결한 연인들의 집-순결한 연인들의 빵집 참조
24 외과의사의 집(VIII.5.24)
34 에피디우스 루푸스의 집(IX.1.20)
7 에트루리아 기둥의 집(VI.5.17~18)
5 파비우스 루푸스의 집(VII.16[ins.occ.].22)
15 목신의 집(VI.12.2)
4 금팔찌의 집(VI.17[ins.occ.].42)
42 인도 조각상의 집(I.8.5)
45 율리우스 폴리비우스의 집(IX.12.1~3)
51 조개껍질 속의 베누스의 집(III.3.3.)
36 마르쿠스 루크레티우스 프론토의 집(V.4a)
40 메난드로스의 집(I.10.4)
50 옥타비우스 콰르티오의 집(III.2.2)
21 오르페우스의 집(VI.14.20)
44 작업 중이던 화공들의 집(IX.12)
18 나폴리 공의 집(VI.15.7~8)
9 비극 시인의 집(VI.18.3~5)
27 트리클리니움의 집(V.2.4)
3 움브리키우스 스카우루스의 집(VII.16[ins.
   occ.].12~15)
48 비키니를 입은 베누스의 집(I.11.6)
1 베스타 여사제의 집(VI.1.7)
19 베티의 집(VI.15.1)
8 인술라 아리아나 폴리아나(VI.6)
52 율리아 펠릭스 저택(II.4.2)

## 주점, 여관, 기타 상업 시설

43 순결한 연인들의 빵집(IX.12.6)
46 아라만투스의 주점(I.9.11~12)
41 아셀리나 등의 주점(IX.11.12)
47 에욱시누스의 주점(I.XI.10~11)
14 메르쿠리오 거리 주점(VI.10.1)
20 살비우스의 주점(VI.14.36)
25 시티우스의 주점(VII.1.44~5)
23 유곽(VII.12.18~20)
49 가룸 가게(I.12.8)

## 기타 공공건물

중앙광장 주변 건물은 평면도 14 참조
35 실내 소극장
31 대극장
32+39 검투사 숙소
17 저수조

## 신전

10 아폴로 신전
13 포르투나 아우구스타 신전
30 이시스 신전
11 유피테르·유노·미네르바 신전
29 미네르바, 헤라클레스 신전(삼각형 광장)
6 베누스 신전
33 유피테르 메일리키오스 신전

## 목욕탕

26 중앙 목욕탕
12 중앙광장 목욕탕
16 사르누스 목욕탕
28 스타비아 목욕탕
2 교외 목욕탕

# 삶이 멈춰버린 도시

서기 79년 8월 25일 이른 시각의 폼페이. 한동안 비처럼 쏟아지던 부석(浮石)이 잦아들고 있었다. 미처 도시를 벗어나지 못한 이들이 탈출하기에는 다시없는 기회였으리라. 부석이 폭우처럼 쏟아지는 최악의 사태에 밖으로 나갈 엄두를 못 내고 실내에 대피 중이던 스무 명 남짓의 무리는 화산분출물의 영향권에서 벗어나리라는 실낱같은 희망을 안고서 동쪽 성문을 향해 발길을 재촉했다.

　이들보다 몇 시간 전에 같은 경로로 탈출을 시도한 이들이 있었다. 한 부부의 손에는 작은 열쇠 하나와 청동 등잔만이 쥐어 있었다.(열쇠로 잠겨 있는 것이 집이든 귀중품을 보관한 서랍장이나 금고든, 그들은 상황이 나아지면 되찾으러 올 요량이었던 모양이다.) 등잔은 화산재가 하늘을 완전히 뒤덮어 껌껌해진 어둠을 밝혀주기에 역부족이었으리라. 그러나 아프리카 흑인 머리 모양으로 제작된 이 등잔은 당시 유행하던 값비싼 물건이었다.(사진 1) 사람 머리 모양 등잔이라니, 발상은 독특하지만 당혹스러운 감이 없지 않다. 이처럼 기발함을 넘어 엉뚱하다 싶은 폼페이 사람들의 미적 감각에 놀랄 일은 앞으로도 많을 테니 마음의 준비를 해두시기 바란다.

　길을 나섰던 부부는 탈출에 성공하지 못했다. 1907년 쓰러진 상태로 발견된 그들은 부석에 매몰되어 있었으며, 그 위치는 다른 이들과 마찬가지로 도시에서 얼마 벗어나지 못한 도로변으로 커다란 무덤들이 줄지어 있었다. 부부가 발견된 장소 옆에는 그들보다 50여 년 앞서 죽은 한 여자의 호화로운 무덤이 있었다. 무덤의 주인은 누메리우스 헬렌니우스 켈수스의 아내 아이스퀼리아 폴라로, 사망 당시 그녀의 나이는 불과 22세였다.(명문에 새겨진 내용은 지금도 읽을 수 있을 만큼 선명하다.) 아마 그녀보다 나이가 두 배는 많았을 부유한 남편은 폼페이 명문가 출신으로, 로마 군대에서 장교로 복무했고 지역 통치 기관의 최고위직에 두 번이나 선출된 인물이다.

다른 무리가 같은 방향으로 도피하기로 결심했을 무렵 이미 부석들은 겹겹이 쌓여 1미터가 넘었다. 걷기조차 만만치 않아 앞으로 나아가는 속도는 더뎠다. 사람들은 대부분 젊은 남자였고 거의 아무것도 지니지 않았다. 애초에 가져갈 만한 물건이 없었거나 귀중품이 있었다 해도 챙기기 힘든 상황이었으리라. 한 남자는 길에서 마주칠 위험에 대비할 목적이었는지 단검이 꽂혀 있는 고풍스런 칼집을 손에 쥐고 있었다.(또 다른 칼집도 지니고 있었는데 그 안에 있어야 할 칼은 보이지 않았다. 무기를 잃어버렸거나 누군가에게 빌려주었으리라.) 여자들의 소지품은 남자들보다 많았다. 한 여자는 행운의 여신 포르투나가 옥좌에 앉아 있는 형상의 작은 은상식과 몇 개의 금반지와 은반지를 지니고 있었다. 한 반지에는 은으로 만든 조그만 남근 장식이 사슬에 매달려 있었는데, 일종의 행운의 부적으로 보인다.(남근 장식은 앞으로 자주 언급될 것이다.) 귀중품이 든 상자를 품에 지닌 여자들도 있었다. 은으로 만든 약상자, 작은 조각 장식이 붙어 있었을 것으로 보이는 받침대와 열쇠 두어 개가 들어 있는 포대, 옷으로 가득 채운 가방, 목걸이·귀고리·은수저·열쇠들이 담긴 나무 보석함도 있었다. 물론 손에 잡히는 대로 현금을 챙기는 것도 잊지 않았다. 겨우 몇 푼의 동전을 챙긴 이가 있는가 하면 집에 보관해두었던 현금 혹은 그날의 수입으로 보이는 돈뭉치를 챙겨 나온 이도 있었으나 그리 큰 액수는 아니었다. 그들이 가지고 나온 돈의 총액은 500세스테르티우스. 당시 시세로 노새 한 마리를 살 수 있는 금액이었다.

이들 중 몇몇은 앞서 소개한 부부보다 좀더 멀리 나아갔다. 부부가 쓰러져 있는 지점을 지나 마르쿠스 오벨리우스 피르무스의 커다란 무덤까지 나아간 열댓 명의 사람은 부부보다 20미터쯤 더 걸어간 셈이다. 그 순간 베수비오 화산에서 분출된 화산쇄설류가 이들을 덮쳤다. 화산가스, 화산재, 녹은 암석 등이 뒤섞여 엄청난 속도로 이동하는 화산쇄설류는 그야말로 치명적이어서 사람뿐만 아니라 그 무엇도 살아남을 수 없다. 발견된 시신들의 일부는 나뭇가지와 뒤섞여 있었고, 어떤 시신

1. 사람 머리나 발 모양으로 만든 작은 등잔은 1세기 로마에서 유행하던 물건이다. 이마 부위의 구멍에 기름을 붓고 불을 붙이면 입 부위에서 불꽃이 나오는 식이다. 손잡이 역할을 하는 꽃잎 모양 장식까지 포함하여 전체 길이가 12센티미터에 불과하다.

은 나뭇가지를 움켜쥔 자세를 취하고 있었다. 아마 남들보다 민첩했을 그는 무시무시한 흐름에 휩쓸리지 않으리라는 기대로 무덤 주위의 나무를 잡았을 테지만 이미 나무는 쇄도하는 화산쇄설류 속에 섞여 있었을 것이다.

그곳을 지나던 사람들은 재앙을 피할 수 없었지만 오벨리우스 피르무스의 무덤 자체는 그리 피해가 크지 않았다. 오벨리우스 피르무스는 수십 년 전에 죽은 폼페이의 고위 관료로, 그의 무덤 벽은 오래된 무덤 구조물이 으레 그러하듯 그 지역의 게시판 겸 낙서판으로 이용되고 있었다. 검투사 공연 개최를 알리는 광고 또는 무덤 주변을 지나던 이들이 남긴 수많은 낙서를 지금도 볼 수 있다. "안녕, 이사. 하비투스로부터." "안녕, 오카수스. 스켑시니아누스로부터."(하비투스의 친구일 듯한 누군가는 "안녕, 하비투스. 변함없는 너의 친구로부터"라는 답신과 함께 커다란 남근과 고환을 그려놓았다.) 오벨리우스 피르무스의 무덤 위쪽에 있는 묘비명에는 시의회에서 그의 장례식을 위해 5000세스테르티우스를 지원했으며 일부 관료가 경의를 표하기 위해 1000세스테르티우스를 보태어 '방패'를 세웠다는 기록이 남아 있다.(여기서 말하는 방패란 고인의 초상을 방패에 새긴 것으로, 죽은 사람을 기리는 로마인 특유의 양식이다.) 오벨리우스의 장례식 비용은 한 무리의 피난자들이 도시를 떠날 때 기까스로 챙겼던 금액의 열 배가 넘는다. 폼페이는 빈부 격차가 큰 도시였다.

실패로 끝난 탈출에 얽힌 사연은 이외에도 많으며, 과학기술을 동원한 세밀한 관찰을 통해 어느 정도까지는 추적이 가능하다. 지금까지 켜켜이 쌓인 부석 안에서 거의 400구의 시체가 발견되었고, 딱딱하게 굳어버린 화산쇄설류 안에서도 700구 가까운 시체가 발견되었다. 그리고 19세기에 발명된 뛰어난 기술 덕분에 희생자들의 죽음의 순간을 생생하게 복원할 수 있게 되었다. 그 기술이란 2000년 가까운 세월 동안 옷과 살이 부패되어 생긴 빈 공간에 석고를 채워 넣어 복원하는 기법으로, 끌어당긴 튜닉으로 얼굴을 가린 채 두려움에 떨고 있는 남자의 생생한 표정까지 드러낼 수 있었다.(사진 2) 중앙광장 거리에서 발견된 네 명은 대피 중이던 가족으로 짐작된다. 이들을 복원한 석고상 가운데 아버지일 듯한 맨 앞의 남성은 건장한 체격에 눈썹이 짙고 숱이 많았다. 그는 쏟아지는 화산재와 파편을 막으려는 듯 망토로 얼굴을 가린 상태였고, 금 장신구(단순한 모양의 반지 하나와 귀걸이 몇 쌍), 열쇠 두 개, 400세스테르티우스 정도의 적지 않은 현금을 지니고 있었다. 그의 뒤로 어린 두 딸이 있었고 어머니인 듯한 여성이 맨 뒤에 있었다. 여성은 걷기 편하도록 치맛자락을 추어올린 채 귀중품이 담긴 작은 가방을 들고 있었다. 가방 안에는 은제품(숟가락, 포도주 잔, 포르투나 여신상이 달린 메달, 거울), 망토자락 밑으로 맨발을 드러낸 통통한 남자아이의 조각상이 들어 있었다.(사진 3) 이 조각상은 정교하진 않으나 재료가 호박이어서 귀중품에 포함된 듯하다. 폼페이에서 가장 가까운 호박 산지는 수백 킬로미터나 떨어져 있는 발트 해였기 때문에 소위 '물 건너온' 제품이었을 것이다.

희생지들과 함께 발견된 다른 물건들 또한 저마다의 사연을 들려준다. 의료 도구가 담긴 상자를 가지고 탈출했지만 원형경기장 근처 (넓은 야외 공간 혹은 운동 공간인) 대운동장을 지날 무렵 화산쇄설류에 매몰된 의사도 있었다. 의사는 앞서 소개한 이들과는 달리 남쪽 성문으로 향하던 중으로 보인다. 도심 저택의 정원에서 발견된 노예는 발목의 족쇄 때문에 꼼짝할 수 없었던 게 분명하다. 이시스 신전의 귀중한 물건들을 꾸려 탈출하려던 사제(아니면 신전에서 잡일을 하는 아랫사람)는 채

50미터도 못 가서 죽고 말았다. 보석으로 한껏 치장한 채 검투사 수용소 안에서 발견된 귀부인 이야기도 빼놓을 수 없는데, 로마 상류층 여자들이 근육질의 검투사들에게 열광했던 증거로 자주 언급되는 사례이기도 하다. 해설자들은 절체절명의 순간에 하필 그곳에 있다가 자신의 불륜을 만천하에 공개한 꼴이 되었다는 해석을 곁들이곤 하지만 알고 보면 이는 불륜 장면과는 거리가 멀다. 그녀는 젊은 연인을 만났던 것이 아니라 험한 길 때문에 탈출이 힘들어지자 이곳으로 피신했을 가능성이 높다. 그것이 젊은 남자와의 밀회였다면 이들 남녀는 열일곱 명의 다

2. 희생자들의 시신이 있던 자리에 석고를 부어 만든 석고상은 그들도 우리와 똑같은 인간이었음을 상기시킨다. 특히 손바닥에 얼굴을 묻은 자세로 죽어가는 이 남자의 형상은 당시의 공포가 고스란히 전달될 만큼 인상적이다. 안전한 보존을 위해 유적지의 보관실에 두었는데, 쇠창살 너머로 보이는 그 모습은 갇혀 있는 신세를 한탄하는 것처럼 보인다.

른 사람들 그리고 두 마리의 개와 함께한 셈이다. 그들 모두가 작은 방 안에서 발견되었으니 말이다.

예나 지금이나 폼페이에서 발견된 시체는 화산 폭발로 폐허가 되어 버린 도시를 대표하는 가장 강력한 상징이자 이미지이며, 사람들의 시선을 사로잡는 최고의 볼거리다. 발굴 초기인 18세기와 19세기에는 유골에 대한 기대와 관심이 워낙 커서 왕족이나 고관이 현장을 찾으면 마치 유골이 처음 '발견되는' 것처럼 일종의 쇼를 연출하기도 했다.(사진 4) 감상적인 여행자들은 거대한 자연 앞에 인간이라는 존재의 나약함 같은 보편적인 감상에 빠지거나 눈앞에 유골로 남아 있는 가엾은 사람들이 겪었을 끔찍한 재앙을 떠올리며 격앙된 감정을 쏟아냈다. 그 결과

3. 누군가의 귀중품이었을까? 발트 해산 붉은 호박으로 만들어진 이 땅딸막한 남자아이 조각상은 대피하지 못한 희생자 중 한 명이 지니고 있던 것이다. 8센티미터짜리의 이 형상은 당시 폼페이에서 유행하던 로마 무언극에 등장하는 인물을 묘사한 것으로 보인다.

이러한 감상적인 반응을 패러디하는 작가들까지 등장했다. 원래는 영국인이지만 이탈리아인 음악 교사와 결혼하여 이탈리아 성을 갖게 된 헤스터 린치 피오치도 그러한 작가들 중 한 명이었다. 피오치는 1876년 폼페이 유적지를 둘러본 뒤에 이렇게 말했다. "지금 이런 광경이 미래에 재연될지도 모른다고 생각하면 얼마나 끔찍하고 두려운가! 지금의 구경꾼이 다음 세기 여행자의 구경거리가 되고, 그들이 우리 뼈를 나폴리 사람의 그것으로 착각해서 자신들의 모국으로 가져가 구경한다면 말이다."

실제로 1770년대 발굴 초기에 가장 유명했던 전시물 중 하나는 성벽 바로 밖에 위치한 대저택('디오메데스 빌라'라고 불리는 건물)에서 발견된 유방을 모형으로 뜬 석고상이었다. 처음 발굴자들은 딱딱하게 굳은 화산재 속에서 시체의 온전한 형태뿐만 아니라 그녀가 입었던 의복, 심지어 머리카락의 흔적까지 볼 수 있었다. 그러나 당시는 시체의 공동空洞을 활용한 석고 모형 기술이 완전해지기 전이었다. 그로 인해 발굴자들이 제대로 모형을 떠서 보존할 수 있었던 부분은 유방 하나뿐이었고, 인근 박물관에 전시하자마자 사람들은 이 전시물을 보기 위해 우르르 몰려들었다. 테오필 고티에가 1852년에 출판한 유명한 소설 『아리아 마르셀라Arria Marcella』 역시 이 전시물로부터 영감을 얻은 작품이다. 소설은 박물관에서 유방에 매료된 젊은 프랑스 남성이 사랑하는 여자(꿈속에 나오는 여자이자 '디오메데스 빌라'에 사는 최후의 로마인)를 찾기 위해 고대 도시로 떠나는 내용을 담고 있다.(이야기는 시간여행과 판타지 등이 복잡하게 뒤섞여 있다.) 그러나 안타깝게도 그와 같은 유명세를 치른 유방 석고상은 현재 사라지고 없다. 1950년대 대대적인 수색 작업을 벌였지만 유방의 향방에 관한 어떤 단서도 찾아낼 수 없었다. 일설에는 19세

기의 호기심 넘치는 과학자들에 의한 일련의 실험으로 분해되었다고도
한다. 말하자면 재에서 재로 돌아간 셈이다.

폼페이 화산 폭발 희생자들의 영향력은 지금 시대에까지 이어지고
있다. 유대계 이탈리아인 작가이자 화학자인 프리모 레비 역시 당시 희
생자로부터 영감을 얻어 「폼페이 여자아이The Girl-Child of Pompeii」라는
시를 썼다. 엄마 곁에 꼭 달라붙은 채로 발견된 여자아이의 형상("대낮
의 하늘이 검게 변하는 순간 / 너는 엄마의 자궁으로 다시 들어가고 싶었나 보
다")으로부터 그는 자연재해가 아니라 인간이 일으킨 재앙에 희생된 안
네 프랑크와 히로시마의 이름 모를 여학생을 떠올린다.("하늘이 내린 고통

4. 유명 인사가 폼페이를 방문하면 이미 발견된 유골을 원래 자리에 갖다놓고 그들 앞에서 처음 발견되는
것처럼 꾸미는 일종의 '쇼'가 연출되기도 했다. 그림은 1769년 오스트리아 황제가 어느 주택에서 발견된 해
골을 둘러보는 모습으로, 현재 이 집은 황제의 이름을 따서 '요제프 2세 황제의 집'이라 불리고 있다. 일행
가운데 여자의 반응은 그러한 호기심을 보여주고 있다.

으로도 충분한 것을, / 그대여, 손가락으로 버튼을 누르기 전에 잠시 멈추고 생각하라.") 1953년 흥행에는 실패했으나 '최초의 현대 영화'로 인정받는 로베르토 로셀리니 감독의 영화 「이탈리아 여행Voyage to Italy」에는 두 명의 폼페이 희생자 석고상이 카메오로 등장하기도 했다. 영화의 두 주인공은 꼭 껴안은 채 죽음을 맞은 연인의 석고상을 바라보며 자신들의 관계가 얼마나 소원하고 공허해졌는지를 깨닫는다. 예리한 칼에 가슴을 찔린 듯한 통렬한 깨달음이 아닐 수 없었다.(주인공 역의 배우는 잉그리드 버그만과 조지 샌더스였는데, 특히 잉그리드 버그만은 당시 로셀리니 감독과의 위태로운 결혼생활로 힘들어하던 시기였다.) 과학과 기술의 발달 덕분에 죽음의 순간이 영원히 보존된 폼페이 희생자는 인간만이 아니다. 부유한 축융업자(세탁업 겸 양모 가공업)의 집에서 사슬에 묶인 채 발견된 개의 석고상도 유명하다. 사슬에서 벗어나려 몸부림치다가 죽은 개의 모습에서 만감이 교차하는 것을 느낄 수 있다.

사람들이 이토록 희생자의 형상에 이끌리는 데는 아마도 엿보기 취미, 비극 특유의 페이소스, 엽기적인 관심 등이 작용하기 때문일 것이다. 더없이 냉철한 고고학자들조차도 희생자들이 느꼈을 단말마의 고통, 즉 화산쇄설류가 인체에 가했을 충격과 고통에 대하여 무시무시한 묘사를 동원했다.("그들의 뇌가 익어버렸을 것이다……") 유적지를 방문한 관람객들도 발견 장소에서 멀지 않은 곳에 전시된 석고상을 볼 때면 이집트 미라를 보았을 때와 비슷한 반응을 나타낸다. 어린아이들은 비명을 지르면서도 전시실 유리에 얼굴을 바짝 들이대는 반면 어른들은 대체로 약간 거리를 둔 채 카메라에 의지하는 편이다. 그렇지만 아이나 어른이나 죽은 자들의 유골에 매료되는, 어딘지 모르게 잔인하고 엽기적인 관심은 숨기지 못한다. 그러나 엿보기 심리나 엽기적인 관심만의 문제는 아니다. 석고상으로 완전히 재탄생되었든 그렇지 않든 간에 이들 희생자를 통해 우리는 수천 년 세월을 뛰어넘어 고대 세계와 직접적으로 연결되는 강렬한 느낌을 받는다. 유골과 석고상을 통해 재구성되는 당시 실존했던 사람들의 이야기, 그들의 선택, 결정, 그들이 품었을 헛된 희망에까지도 공감하게 되는 것이다. 우리는 고고학자가 아니더라도 최소한의 물품만 소지한 채 집을 뛰쳐나올 때의 심정을 충분히 헤아릴 수 있다. 자신의 생활 수단인 의료 도구만을 챙긴 의사의 선택에 연민을 느끼는 동시에 다른 모든 것을 포기해야 하는 아쉬움에 공감하게 되고, 언젠가는 돌아오리라는 믿음으로 현관 열쇠를 챙겼던 이들의 헛된 기대까지도 십분 이해할 수 있다. 또한 집을 버리고 떠나는 마지막 순간에 챙겼을 만큼 소중한 물건이었을 거라 생각하면 조잡해 보이는 작은 호박 조각상조차도 특별한 의미로 다가오게 마련이다.

현대 과학의 발전 덕분에 우리가 만나는 폼페이 사람들의 모습은 한층 더 구체화되었고 사연도 풍부해졌다. 발굴된 유해로부터 갖가지 개인 정보를 찾아내는 능력이 과거에 비해 많이 발전했기 때문이다. 당대인들의 평균 신장과 같은 비교적 간단한 수치 측정부터(고대 폼페이 사람들의 키는 현대 나폴리 사람들보다 조금 더 컸다) 유아기 질병이나 골절의 흔적, DNA를 비롯한 생물학적인 분석을 통해 가족관계며 인종을 확인해줄 증거를 찾는 작업에 이르기까지 많은 것이 가능해졌다. 물론 빈약한 근거에 기대어 과도한 상상력이 가미된 분석도 없지는 않다. 예컨대 어느 10대 소년의 유골에 나타난 독특한 발달 상태를 토대로 소년이 짧은 생애의 대부분을 어부로 살았을 것이며 오른쪽 치아가 마모된 것은 고기를 잡은 후 낚싯줄을 끊는 습관 때문이라고 추정한 것은 아무래도 근거가 빈약하다.

반면 확고한 근거를 지닌 주장도 많다. 제법 규모 있는 저택의 안쪽 깊숙한 두 개의 방에서 주인과 가족, 노예로 추정되는 열두 명의 유골이 발견되었다. 성인이 여섯 명이고 미성년도 여섯 명이었는데, 그중 10대 후반의 한 소녀는 사망 당시 임신 9개월이었고 복부에는 태아의 뼈가 남아 있었다. 아마도 거동이 불편한 만삭의 임산부 때문에 그들은 서둘러 피하지 못하고 은신처에 남은 것으로 보인다. 1975년에 발굴된 이래로 이 유골들의 보존과 관리는 제대로 이루어지지 않았다.(최근 어느 학자는 "[하나의 두개골은] 엉뚱하게도 아래쪽 앞어금니가 위쪽 가운데 앞니 자리에 접합되었다"고 주장했는데, 이는 고대의 엉성한 치아 교정 기술의 증거라기보다는 현대의 어설픈 복원 기술을 보여주는 증거였다.) 그런 한계에도 불구하고 가족들의 상대적 연령, 임신한 소녀의 몸에 두른 여러 보석, 소녀와 아홉 살 사내아이에게서 보이는 경미한 유전성 척추 질환 등의 여러 단서를 종합해볼 때 그 집에 거주하던 가족의 모습이 그려진다. 우선 노년의 부부로 보이는 60대 남자와 관절염 증상이 뚜렷한 50세가량의 여자는 집주인이자 임신한 소녀의 부모 또는 조부모일 가능성이 크다. 임신한 소녀는 몸에 걸친 갖은 보석으로 보아 노예가 아니며, 사내아이와 동일한 척추 질환을 지니고 있다는 점은 둘의 혈연관계를 짐작케 한다. 즉 아홉 살짜리 사내아이는 임신한 소녀의 동생일 것이나. 소녀와 그녀의 남편은(20대로 보이는 그의 머리는 심하게 오른쪽으로 기울어진 상태로, 상당한 통증을 받았을 것이다) 처음부터 이곳에 살고 있었거나, 출산을 위해 잠시 쉬러 왔거나, 공교롭게도 예기치 못한 파국의 시기에 처가를 방문했을 것이다. 함께 발견된 다른 성인, 즉 60대 남자와 30대 여자는 이들의 친척이라기보다는 노예였을 것이다.

앞서 치아가 엉뚱하게 접착된 경우를 제외하고 그들의 치아를 꼼꼼히 분석하면 추가 정보를 얻을 수 있다. 그들은 대부분 치아의 법랑질 부분에 고리 모양의 흔적들을 지니고 있는데, 유년 시절에 겪은 여러 차례의 전염성 질환을 말해준다. 이는 로마 시대 유아들이 처한 위험천만한 상황을 상기시키는 좋은 예로, 그 당시 태어난 아이들의 절반은 10세 이전에 죽었다.(그나마 다행인 것은 10세까지 살아남은 경우에는 40세 넘어서까지 생존할 확률이 높았다는 점이다.) 현대 서구인에 비하면 정도가 약한 편이지만 분명히 드러난 치아 부식의 증거는 당분과 녹말이 많이 함유된 식생활을 말해준다. 다만 성인 중에서 임신한 소녀의 남편은 치아 부식의 흔적을 찾을 수 없는 반면 불소 중독의 증거를 보였다. 이로써 그가 성장한 지역은 폼페이가 아니라 천연 불소 수치가 높은 다른 곳이었음을 추측케 한다. 특히 인상적인 것은 모든 유골의 치아에 치석이 보인다는 점이다.(어린아이에게도 예외 없이 치석이 끼어 있었으며, 더러는 그 두께가 몇 밀리미터나 되었다.) 이처럼 치석이 심했던 이유는 명확하다. 물론 당시에도 이쑤시개가 있었을 것이며 치아 광택과 미백에 효과가 있는 특효약들도 조제되었다.(약리학에 관한 저술을 살펴보면 클라우디우스 황제의 주치의가 불에 태운 사슴의 뿔, 송진, 암염으로 약을 만들어 메살리나 왕비의 미소를 아름답게 만들어주었다는 내용이 있다.) 그러나 칫솔은 없었다. 폼페이는 입내가 심한 도시였을 것이다.

# 복잡한 흔적을 간직한 도시

출산이 임박한 만삭의 여인, 기둥에 묶여 있는 개, 지독한 입내…… 이 모든 것은 갑자기 세상이 멈춰버린 로마 어느 도시의 평범한 일상을 보여주는 인상적인 이미지다. 비슷한 사례는 이외에도 많다. 빵을 굽던 중에 뛰쳐나오는 바람에 화덕 안에는 구워지던 빵이 그대로 남아 있었고, 실내에서 벽화를 그리던 화공들은 물감통과 회반죽이 가득 담긴 양동이를 비계飛階 위에 놓아둔 채 부랴부랴 빠져나갔다. 세워져 있던 비계가 화산 폭발의 충격으로 쓰러지면서 동시에 물감이며 양동이 속의 회반죽이 맞은편 벽으로 쏟아진 흔적, 그림을 지우는 데 사용되던 두툼한 빵조각까지도 생생히 볼 수 있다. 그러나 이런 피상적인 시선을 넘어 그 내부를 들여다보면 폼페이의 이야기는 복잡하고도 흥미롭다. 우선 폼페이를 19세기에 불가사의하게 버려진 마리 셀레스트 호의 고내 버선 쯤으로 생각해서는 곤란하다. 선원들이 모두 사라진 채로 발견된 마리 셀레스트 호에는 아침 식탁에 오른 삶은 계란까지 그대로 놓여 있었다고 하지만, 폼페이는 주민들이 아무런 징후도 느끼지 못한 채 생활하다가 한순간에 모든 것이 중단된 그런 도시가 아니다.

무엇보다 폼페이 사람들은 며칠 전, 아니 적어도 몇 시간 전에는 위험을 예고하는 신호들을 감지했다. 실제 목격자의 기록으로 지금까지 남아 있는 것으로는 소小 플리니우스[고대 로마의 문인이자 정치가. 이름이 같은 삼촌과 구별하기 위해 소 플리니우스로 표기한다]가 역사가 친구 타키투스에게 보낸 두 통의 편지가 유일한데, 이 편지는 사건이 발생한 지 25년이 지난 뒤 타키투스의 요청에 따라 기억을 더듬어 작성한 것이다. 소 플리니우스는 재앙이 발생하던 무렵 나폴리 만에 머물고 있었다. 훗날의 판단과 상상력을 결합해보면 베수비오 분화구에서 '버섯구름'이 솟구치기 시작한 뒤에도 탈출은 가능했다. 당시 재앙의 희생자 가운데 가장 저명한 인사를 꼽으라면 아마도 그의 삼촌, 즉 대大 플리니우스[천문, 지리, 인문, 자연학 분야를 넘나드는 백과사전적 저서인 『박물지Naturalis Historia』를 남긴 로마의 제독]일 것이다. 그러나 그가 죽게 된 원인은 탈출할 시간이 없어서가 아니라 지병인 천식 그리고 과학자 특유의 호기심을 떨치지 못하고 현장을 더 가까이 살펴보려 한 탓이었다. 그의 행동은 용감했지만 결과적으로는 어리석은 판단이었다. 또한 많은 현대 고고학자는 최종 재앙이 일어나기 며칠 전 혹은 몇 달 동안 진동과 소규모 지진이 분명히 나타났을 것으로 추정하는데, 그런 현상은 도시를 떠나게 할 만한 경고였다. 이런 위협 가운데 매몰된 도시는 폼페이만이 아니었다. 베수비오 화산 남쪽의 넓은 띠를 이루는 지역이 화산의 영향권이었으므로 헤르쿨라네움과 스다비이이 지역도 재난 범위였다.

실제로 도시 안에서 발견된 시체 수는 많은 주민이 도시를 떠났다는 사실을 말해주고 있다. 지금까지 발견된 유골은 대략 1100구로, 고대 폼페이에서 아직 발굴 작업이 완료되지 않은 4분의 1 정도의 지역에 묻혀 있을 유골과 발굴 초기에 유실된 부분(특히 어린아이 유골을 동물 뼈로 오인하여 버리는 경우가 많았다)까지 감안한다 해도 당시 재앙으로 목숨을 잃은 주민의 수는 2000명을 넘지 않을 것으로 보인다. 당시 폼페이의 인구밀도에 대해서는 현대 어느 지역을 비교 대상으로 삼느냐에 따라 차이가 있겠지만 화산 폭발 당시 폭넓게 6400~3만 명 정도로 추정된다. 전체 인구를 6400명으로 추정한다 해도 2000명의 희생자는 적은 편이며, 전체 인구를 3만으로 본다면 희생자의 비율은 훨씬 낮아진다.

부석이 비처럼 쏟아지는 상황에서 대피한 사람들은 손에 쥘 수 있거나 들고 뛸 수 있을 만한 물건만을 챙겼을 것이다. 그러나 일찌감치 피난을 결정한 이들은 시간 여유가 있었던 만큼 여러 가재도구를 챙길 수 있었다. 따라서 당나귀, 마차, 손수레 등에 가능한 한 많은 물건을 싣고 주민들이 도시의 성문을 빠져나가는 복잡하고 혼란스러운 대이동의 풍경을 그려볼 수 있다. 어떤 이들은 위험한 상황이 지나가면 다시 돌아올 생각으로 귀중품을 창고에 넣고 열쇠로 잠가버리는 실수를 저질렀다. 폼페이 시내와 외곽의 여러 저택에서 탄성을 자아내는 은제품과 화려한 보석들이 발견된 사실은 그러한 상황을 설명해준다. 고고학자들이 발견한 폼페이는 이처럼 주민들이 황급히 짐을 꾸려 떠난 뒤에 남겨진 도시다. 대체로 폼페이의 주택에 가구가 많지 않고 깔끔히 정리된 것처럼 보이는 이유도 바로 그 때문이라고 할 수 있다. 즉 집주인이 소중한 물건들을 마차에 가득 싣고 떠났을 뿐 서기 1세기에 오늘날과 같은 미니멀리즘이 유행했으리라 보기는 어렵다.

폼페이 주택들의 발굴 과정에서 가끔은 내부 공간에 어울리지 않는 물건들이 발견되기도 한다. 이 역시 사람들이 다급하게 짐을 챙겨 떠나는 상황과 관련이 있을 것이다. 예를 들어 부유한 주택의 화려한 식당 공간에서 발견된 원예 도구들에 대해서는 두 가지 해석이 가능하다. 하나는 오늘날의 시각으로는 다소 이상하지만 평소 그곳에 원예 도구를 두었을 가능성이다. 다른 하나는 급히 짐을 챙기는 상황에서 물건들을 한데 모아놓고 어떤 것을 취하고 어떤 것을 버릴지 분류하다가 마지막에 삽, 괭이, 손수레 등이 남았을 가능성이다. 혹여 어떤 이들은 내일도 변함없는 하루가 계속될 것처럼 일상적인 활동을 했을지도 모른다. 그러나 이미 폼페이는 일상생활이 가능한 정상적인 도시가 아니었다. 도시는 위험을 감지한 주민들의 '대탈출'이 이루어지는 혼란의 도가니였다.

화산 폭발이 발생한 지 몇 주 혹은 몇 달이 지난 뒤 많은 생존자는 도시에 남겨둔 것을 찾기 위해 또는 청동, 납, 대리석과 같이 재사용이 가능한 재료들을 회수하거나 약탈하기 위해 매몰된 도시로 돌아왔다. 어쩌면 나중에 돌아올 것을 고려하여 안전한 장소에 귀중품을 보관한 것은 어리석은 행동이 아니었을지도 모른다. 왜냐하면 화산의 잔해를 헤치고 진입에 성공한 흔적이 폼페이 곳곳에 나타나 있기 때문이다. 정당한 소유주든 혼란을 틈탄 강도나 보물 사냥꾼이든 사람들은 부유한 저택을 향해 터널을 뚫었으며, 벽에는 방에서 방으로 이동하기 위한 것으로 추정되는 작은 구멍들이 뚫려 있기도 했다. 어느 저택의 현관 옆에서는 이들의 활약상을 말해주는 '뚫린 집'이라는 흥미로운 문구가 발견되었다. 집주인이 쓴 것으로 보기는 어렵고, 아마도 도둑들이 일행에게 작업의 '완료'를 알리기 위한 방편이었을 것이다. 아니나 다를까, 19세기 발굴자들이 도착했을 때 집은 거의 비어 있는 상태였다.

누가 터널을 뚫었는지에 대해서는 거의 확인된 바가 없다.(그러나 '뚫린 집'이라는 단어가 그리스 문자를 이용한 라틴어라는 사실로 볼 때 그들은 이중 언어 사용자로서 이탈리아 남부의 '그리스-로마 공동체'의 일원이었을 가능성이 크다. 이들에 대해서는 1장에서 살펴볼 예정이다.) 더러는 적지 않은 재산을 남겨두고 떠났다가 돌아온 집주인들일 수도 있었겠지만 빈집에서 한몫 챙겨보려는 도둑도 있었으리라. 그들이 침입한 시점도 정확히 알 수 없다. 폼페이 유적에서 베수비오 화산 폭발 이후에 발행된 로마 동전이 발견된 점으로 보아 서기 1세기 말부터 4세기 초의 시대로 추정될 뿐이다. 그러나 침입의 시기가 언제이며 이유가 무엇이었든 간에 화산 폭발로 매몰된 도시를 파헤치기로 결심한 로마인들이 있었으며, 그것이 생각보다 위험한 행동이었다는 사실만은 확실하다. 당연한 일이겠지만 터널은 안전과는 거리가 멀고 내부는 난장판이었을 것이다. 특히 방과 방 사이에 뚫린 구멍은 매우 좁아서 몸집이 작은 아이들만 통과할 정도인 경우도 있다. 그리고 화산 잔해로 채워지지 않은 공간이 있어 걸어 들어갈 수 있었다 해도 벽과 천장이 언제 무너질지 알 수 없는 위태로운 상태였을 것이다.

지금까지 발견된 유골 중 일부는 어쩌면 화산 폭발의 희생자가 아니라 그로부터 몇 달이나 몇 년 혹은 몇 세기 뒤에 이곳을 찾아와 위험천만한 모험을 감행했던 사람들일지도 모른다. 참으로 얄궂은 일이 아닐 수 없다. 예를 들어 그리스 극작가 메난드로스를 그린 그림(사진 44)이 발견되어 '메난드로스의 집'이라고 불리는 곳에서는 곡괭이와 괭이를 들고 있는 두 명의 성인과 한 명의 아이 유골이 발견되었다. 이들은 과연 몇몇 고고학사의 주상처럼 집이 매몰된 뒤에 빠져나갈 길을 뚫다가 죽은 폼페이의 주민이나 노예였을까? 아니면 집으로 들어갈 길을 뚫다가 허술한 터널이 무너져 최후를 맞은 침입자들이었을까?

화산 폭발 이전의 자연재해까지 생각하면 상황이 더욱 복잡해진다. 베수비오 화산이 폭발하기 17년 전인 서기 62년에도 폼페이에는 심각한 지진 피해가 있었다. 역사가 타키투스에 따르면 "폼페이의 대부분이 붕괴"되었다. 폼페이 경매업자 겸 금융업자였던 루키우스 카이킬리우스 유쿤두스의 집에서 발견된 한 쌍의 부조에도 당시 상황이 묘사되어 있다. 지진으로 흔들리고 기울어진 두 지역이 나와 있는데, 하나는 중앙광장이고 다른 하나는 베수비오 화산 방향에 있는 북쪽 성문 주변이다. 중앙광장의 유피테르·유노·미네르바 신전은 왼쪽으로 많이 기울어 있고, 신전 양쪽에 생생하게 묘사되어 있는 기마상의 기수는 말안장으로부터 살짝 이탈되어 있다.(사진 5) 부조의 다른 장면에는 불안해 보일 만큼 베수비오 성문이 오른쪽으로 기울어 있어 왼쪽에 나란히 있는 대형 저수조와는 확연히 멀어진 상태다. 당시의 지진과 그로 인한 피해는 폼페이의 역사와 관련하여 꽤 복잡한 의문점들을 안겨준다. 당시의 지진은 도시생활에 어떤 영향을 끼쳤을까? 도시가 지진 피해로부터 복구되는 데 얼마나 걸렸을까? 실제로 복구되기는 했을까? 아니면 서기 79년까지도 폼페이 주민들은 피해가 여전한 상태에서 생활하고 있었을까? 개인 주택을 비롯하여 중앙광장, 신전, 목욕탕 같은 공공건물은 아직 복구되지 못한 상태였을까?

이와 관련하여 그동안 다양한 이론이 제시되었다. 지진 이후 혁명과도 같은 급격한 사회 변화가 폼페이를 강타했다는 주장도 그중 하나다. 이를테면 대다수의 귀족은 아예 폼페이를 떠나 다른 지역에 마련한 소유지로 터전을 옮겼고, 그들이 떠남으로써 해방된 노예나 신흥 부유층은 신분 상승의 기회를 얻게 되었다. 그와 동시에 우아한 고택들은 직물 가공 공장, 빵집, 여관 같은 상업시설이나 공방 등으로 바뀌면서 극적인 '쇠락'의 길을 걷게 되었다. 대저택의 호화로운 식당에서 발견된 원예 도구 역시 이러한 용도 변경의 가능성을 설명하는 것으로, 한때 상류층의 주거지였던 우아한 저택은 주인이 바뀌자 상업용 원예 공간으로 전락

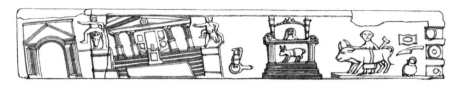

5. 대략 1미터 길이로 쌍을 이루는 부조 패널 중 하나. 서기 62년에 일어난 지진을 묘사하고 있다. 왼쪽을 보면 중앙광장에 있는 유피테르·유노·미네르바 신전이 확연히 기울어 있다. 오른쪽에서는 제물을 바치는 의식이 진행되고 있다. 황소를 제단으로 끌고 가는 중이며 주변에는 칼, 단지, 제물을 바치는 접시 같은 의식용 도구가 흩어져 있다.

하고 만 것이다.

그랬을 수도 있다. 이와 같은 주장은 서기 79년 대재앙에 휩싸일 무렵의 도시가 결코 '정상적'인 모습이 아닌 이유를 어느 정도 설명해준다. 그러나 이 모든 변화가 62년 지진으로 인한 직접적인 결과인지는 확실하지 않다. 어쩌면 지진 이전부터 산업 변화가 진행되고 있었는지도 모른다. 계층의 이동이나 신흥 부유층의 성장 역시 마찬가지다. 사실 부와 명예, 특권 세력의 변화는 동서고금을 막론하고 어느 도시의 역사에서나 나타나는 현상이기 때문에 폼페이에서 발생한 사회 변화 중 일부는 지진과 무관했을 수도 있다. 따라서 이러한 주장의 이면에는 계층 이동의 활성화나 신흥 부유층의 성장을 혁명이나 쇠락과 동일시하는, 현내의 많은 고고학자가 지니고 있는 '지식인' 특유의 편견이 포함되어 있는지도 모른다.

한편 79년 당시 폼페이는 오랜 지진 복구 과정을 완료하지 못한 상태였다는 주장도 제시되었다. 고고학 자료를 토대로 살펴본 바에 따르면 [62년 당시] "도시 대부분이 붕괴"되었다는 타키투스의 주장은 꽤 과장된 표현이다. 그러나 79년 당시 다수의 공공건물이 제 기능을 잃은 상태였고 주택도 수리 중인 경우가 많았다는 사실로 보건대 이전에 발생한 지진 피해가 상당했으며 충분히 복구되지 못했다는 주장은 설득력을 지닌다.(예를 들어 폼페이 공중목욕탕 중에서 제대로 사용 가능한 곳은 하나뿐이었다.) 로마 도시에서 17년이 지나도록 대부분의 공중목욕탕이 제 기능을 하지 못한 상태인 데다 몇몇 주요 신전이 닫혀 있고 많은 주택이 복구되지 못한 상황이었다면, 심각한 자금난이 있었거나 제도적 문제가 있었음을 추측할 수 있다. 어쩌면 둘 다일 수도 있으리라. 거의 20년이 흐르도록 시의회는 도대체 무엇을 하고 있었던 걸까? 팔짱 끼고 앉아서 도시가 망가지는 모습을 지켜보고만 있었단 말인가?

이 경우에도 성급한 판단은 금물이다. 과연 베수비오 화산 폭발 당시 진행 중이던 모든 복구 작업이 62년 지진의 여파였다고 확신할 수 있을까? 어느 시대 어느 도시에서나 건물의 수리 공사는 있게 마련이라는 당연한 논점은 둘째치더라도(고대든 현대든 수리 및 건설 산업은 도시생활의 중심이다), '지진 발생이 한 번이었는가, 아니면 여러 차례였는가'라는 의문이 남아 있다. 사실 이 문제는 폼페이 고고학자들이 양분되어 격렬한 논쟁을 벌이는 주제이기도 하다. 일부 고고학자는 62년에 단 한 차례 대규모 지진이 발생했으며 당시의 피해가 워낙 커서 시간이 흐르도록 복구 작업이 완료되지 못했다는 입장을 견지하고 있다. 그러나 다수의 고고학자는 화산 폭발 이전에 며칠 혹은 몇 달에 걸쳐 여러 차례 미진이 있었을 것으로 판단한다. 이런 미진은 대규모의 화산 폭발이 발생하기 전에 흔히 나타나는 현상으로, 화산 전문가들도 확인해주는 사실이다. 또한 "여러 날 전부터 약한 지진들이 있었다"는 소 플리니우스의 증언과도 정확히 일치한다. 이런 논리에 따르면 폼페이 곳곳에서 진행되었던 수리 공사는 가까운 시기에 발생한 피해로 인한 작업일 뿐 17년 전에 있었던 피해를 뒤늦게, 그것도 좋지 않은 시기에 복구하려는 시도는 아니었을 가능성이 크다.

공공 건축물을 중심으로 서기 79년 당시의 도시 상황을 포괄적으로 살펴보는 과정을 복잡하게 만드는 요인은 매몰 이후의 약탈이다. 당시 일부 공공건물들이 폐허나 다름없는 상태였던 것은 사실이다. 확실치는 않지만 베누스 신전으로 추정되는, 바다를 굽어보는 거대한 신전은 사실상 공사장에 가까웠다. 복구 작업에 신전 규모를 대폭 확장하는 계획까지 포함되어 공사가 수월히 마무리되지 못한 탓도 있었을 것이다. 물론 거의 정상적인 모습을 갖춘 신전도 있었다. 이시스 신전이 대표적인 경우로, 폼페이의 유명한 벽화 중 몇몇 작품이 바로 이곳에서 발견된 것을 보면 이시스 신전은 화산 폭발 이전에 복구 및 재단장을 마치고 평소와 같이 운영되었던 것으로 보인다.(사진 6)

그러나 화산 폭발 당시 중앙광장의 상태는 훨씬 더 복잡하고 난해하다. 혹자는 중앙광장이 거의 복구되지 않았으며 버려진 폐허나 마찬가지였다고 주장한다. 그것이 사실이라면 최대한 긍정적으로 해석할 때 폼페이 사람들의 삶이 공동체 생활로부터 멀어진 징후로 볼 수도 있을 것이다. 그러나 부정적으로 해석한다면 도시의 통치 조직과 제도 또는 명령체계가 완전히 와해되었음을 의미하는 것일지도 모른다. 하지만 이 해석은 폼페이에서 나온 다른 증거들과 맞아떨어지지 않는다. 최근 제시된 견해에 따르면 중앙광장의 폐허화는 화산 폭발 뒤에 이어진 구조대 혹은 약탈자들 때문이다. 중앙광장의 대부분은 지진 피해로부터 복구되었을 뿐만 아니라 사실상 전보다 더 좋아졌지만 중앙광장 외장이 값비싼 대리석으로 마감된 사실을 알고 있는 현지인들이 도시 매몰 직후 이곳을 집중적으로 파헤쳐 대리석을 떼어갔으며, 그 결과 중앙광장

6. 이시스 신전은 초기 관광객에게 특히 인기가 많았다. 젊은 시절의 모차르트로부터 『폼페이 최후의 날』의 작가 에드워드 불워 리턴에 이르기까지 여러 작가와 음악가가 이곳에서 예술적 영감을 얻었다. 이 사진에서 보자면 중앙의 신전 본관과 담장을 두른 연못이 있는 왼쪽 공간이 이시스 여신을 위한 의식이 치러지던 곳이었다.

이 폐허에 가까운 모습으로 변해버렸다는 것이다. 더욱이 청동상도 대리석과 마찬가지로 값비싼 품목이었기 때문에 중앙광장 주변을 장식하고 있던 여러 기의 청동상까지 훔쳤을 것이다.

이런 논쟁과 이견을 다루는 고고학 회의나 토론회는 지금도 계속되고 있다. 그러나 논쟁이 구체적으로 어떻게 매듭지어지든 간에 한 가지 사실만은 확실하다. '지금 우리가 보고 있는' 폼페이는 여느 때와 같이 평범한 일상이 진행되다가 '일순간에 모든 것이 정지된' 그런 도시가 아니라는 것이다. 대부분의 안내서와 여행 책자는 그런 식으로 묘사하고 있지만 이는 사실과 다르다. 우리 눈앞의 폼페이는 그보다 훨씬 더 난해하며, 그렇기 때문에 흥미로운 공간이다. 여러 차례에 걸쳐 붕괴와 혼란이 거듭되었으며, 주민들은 철수했고, 이어서 약탈까지 당한 도시 폼페이는 복잡한 흔적과 상처를 고스란히 간직하고 있다. 이 책은 그러한 흔적과 상처를 다룸으로써 우리가 고대 폼페이 사람들의 삶에 대해 꽤 많은 사실을 알고 있지만 동시에 아는 것이 거의 없다는, 소위 '폼페이 역설Pompeii paradox'을 제시하게 될 것이다.

고대 로마인과 그들의 생활을 폼페이만큼 생생하게 보여주는 곳은 어디에도 없다. "방직공 수케수스는 이리스라는 술집 아가씨를 사랑하지만 이리스는 수케수스 따위는 안중에도 없다네." 벽에 새겨진 이런 낙서를 통해 우리는 어느 폼페이 남자의 안타까운 짝사랑을 만날 수 있고, 여관방 침대에 소변을 보고는 오히려 주인을 탓하는 뻔뻔한 투숙객도 만날 수 있다. "침대에 오줌 지린 사람은 나야. 침대를 엉망으로 만든 사람이 나라고. 아니라고 거짓말할 생각은 추호도 없어. / 그렇지만 주인장! 방에 요강이 없으니 어쩔 수 없잖아?"(침실 벽에 자랑스럽게 써놓은 이 시는 운율까지 맞춰져 있다.) 그런가 하면 폼페이 아이들의 모습도 볼 수 있다. 어떤 아이는 안뜰, 즉 아트리움의 벽에 바른 회반죽이 마르기 전에 동전 두 개를 붙였다 떼었다 하는 장난으로 70개가 넘는 동전 자국을 남겨놓았다.(동전 자국이 벽의 낮은 지점에 찍힌 것으로 보아 꽤 어린 아이였을 것이다.) 아이는 무심코 한 행동이었겠지만 동전 자국 덕분에 우리는 주인이 언제 집을 재단장했는지 알아낼 수 있다. 어느 주택의 목욕탕 통로에는 선과 동그라미로 어설프게 그려놓은 인간의 형상이 여러 개 남아 있는데, 역시 높이가 낮은 것으로 보아 아이들의 작품이다. 한증탕에서 엄마가 나오기를 기다리던 아이들이 지루함을 달래느라 그린 낙서가 아닐까? 또한 딸랑딸랑 종소리를 내는 마구馬具, 왠지 모르게 섬뜩한 의료 기구(사진 7), 달걀 반숙기와 무스를 만드는 틀 같은 흥미로운 조리 도구(사진 78) 그리고 2000년의 세월이 지난 지금까지도 변기 가장자리에 남겨진 기생충의 흔적까지 찾을 수 있다. 이런 모든 것은 말할 나위 없이 폼페이 사람들의 생생한 삶을 보고 듣고 느끼게 해준다.

이처럼 세세한 부분이 놀라울 정도로 생생하고 구체적인 반면 전체 상황은 여전히 흐릿하며 근본적인 문제들이 미해결로 남아 있다. 우리 앞에 놓인 수수께끼는 앞서 언급한 폼페이 인구만이 아니다. 한 예로, 폼페이라는 도시와 바다의 관계 역시 의문투성이다. 고대 폼페이가 지금보다 바다와 더 가까웠다는 사실에는 모두들 동의하고 있으나(현재는 2킬로미터 떨어져 있다) 현대 과학의 발전에도 불구하고 당시 폼페이가 얼마나 바다와 가까웠는지는 확실하지 않다. 더욱 당혹스러운 것은 현재 관광객들이 주로 사용하는 출입구인 서쪽 성문에서 뻗어 나온 성벽에 계선환繫船環, 즉 배를 매어두는 고리로 보이는 장치가 있다는 점

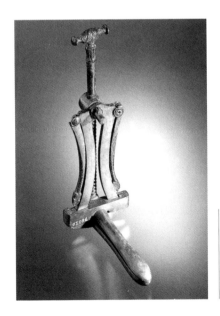

7. 폼페이에서 발굴된 고대 버전의 질경膣鏡. 요즘 산부인과에서 쓰이는 질경과 신기할 정도로 유사하다. 부품의 일부가 사라졌지만 T자 모양의 손잡이를 돌려서 장치의 다리 부분을 벌렸던 것만은 분명해 보인다.

이다.(사진 8) 그렇다면 마땅히 계선환이 있는 지점부터 바다였을 것으로 생각되지만 혼란을 일으키는 중대한 장애물이 있다. 계선환이 설치된 지점을 지나서도 로마 시대의 건축물이 발견되었기 때문이다. 물론 수중 건축물이라 보기는 어렵다. 이러한 미스터리를 설명하기에 가장 타당한 관점은 역시 지진활동이다. 인근 도시인 헤르쿨라네움이 그랬던 것처럼 이곳 역시 베수비오 화산이 폭발하기 전까지 수백 년 동안 [잦은 지진활동으로] 해안선과 해수면에 극적인 변화가 있었음이 분명하다.

더욱 놀라운 것은 아주 기본적인 날짜를 놓고도 의견 대립과 논쟁이 있다는 사실이다. 흔히 62년에 발생한 것으로 알려진 지진은 63년이

8. 도시 서쪽. 마리나 문 근처 성벽에 설치된 이들 장치는 아무리 봐도 배를 매어두는 고리(계선환)로 보인다. 베수비오 화산 폭발 이전 수백 년 동안 해안선에 변화가 생겨 계선환이 물 밖으로 나온 것으로 보인다.

었을 수 있다. 마찬가지로 베수비오 화산이 폭발한 날도 지금까지는 소플리니우스의 설명에 근거하여 79년 8월 24~25일로 통용돼왔지만(기본적으로 이 책에서도 이 견해를 채택했다) 79년 하반기, 다시 말해 가을이나 겨울이었을 근거도 적지 않다. 우선 중세에 여러 판본으로 필사된 소플리니우스의 『서간집』에는 화산 폭발 날짜가 동일하지 않고 제각각이다.(중세의 필경사에 의해 로마와 관련된 날짜나 숫자가 달라질 여지는 항상 있었다.) 뿐만 아니라 가을에 열리는 과일이 이상하리만큼 자주 등장한다는 점, 이탈리아의 여름 날씨는 무더운데 다수의 희생자가 튼튼한 모직옷을 걸치고 있다는 점도 석연치 않다. 물론 화산 잔해를 뚫고 탈출할 때 선택한 복장이라면 당시 날씨의 지표로 삼기 어렵다는 주장도 틀린 말은 아니다. 사실 이보다 결정적인 증거는 로마 시대의 동전이었다. 전문가들에 따르면 빨라도 79년 9월에 주조되었을 동전 하나가 폼페이에서 발견된 것이다. 화산 폭발 이후 찾아온 약탈자들이 떨어뜨린 것으로 보면 의문은 간단히 해결되겠지만 여러 정황상 그 가능성은 희박하다.

확실한 것은 폼페이에 대해서 우리가 아는 것도 많지만 의외로 모르는 것도 많다는 사실이다.

# 폼페이, 두 번 살다

"폼페이는 두 번 죽었다." 이는 고고학자들 사이에서 오래된 농담이다. 첫 번째 죽음은 두말할 것도 없이 화산 폭발로 인한 갑작스러운 죽음을 말한다. 그렇다면 두 번째 죽음은? 18세기 중반 발굴이 시작된 이후 도시에서 서서히 진행되고 있는 죽음이다. 유적지를 가본 사람이라면 두 번째 죽음이 어떤 의미인지 알 수 있을 것이다. 폼페이 고고학계의 헌신적인 노력에도 불구하고 도시는 여러 원인에 의해 서서히 파괴되고 있다. 관광객의 출입이 금지된 많은 지역에는 잡초가 무성하고 발굴 이후 박물관으로 떼어가지 않고 남겨두었던 벽화들은 희미하게 바래어 애초의 화려한 색채는커녕 형태를 확인하기조차 어려운 지경이다. 이는 화산 폭발 때와는 달리 서서히 진행되는 파괴 과정으로, 잦은 지진 그리고 끊임없이 밀려오는 관광객도 죽음의 과정을 재촉하고 있다.

발굴 초기에 도시를 지키려는 노력이 없었던 것은 아니지만 보존 기술이 미흡하여 상황을 개선하는 데 별 도움이 되지 못했다.(벽에서 떼어내어 박물관에 보관한 벽화는 원래 자리에 남아 있는 경우보다 보존 상태가 훨씬 낫다는 사실만은 인정해야겠다.) 1943년 연합군의 폭격도 도시에 적지 않은 타격을 주었다.(사진 9) 대다수 방문객은 눈치 채지 못하지만 폼페이에서 유명한 주택은 물론이고 대극장과 중앙광장의 상당 부분은 전

9. 1943년 연합군의 폭격은 폼페이에 엄청난 피해를 끼쳤고 주요 건물들이 파괴되었다. 사진은 공습 이후 '트레비우스 발렌스의 집' 상태를 찍은 것이다. 폭격당한 대부분의 건물이 현재는 파괴의 흔적을 찾아보기 힘들 만큼 깔끔히 재건되었다.

10. 1930년대 발굴 장면. 폼페이 건물들은 온전한 상태로 땅에 묻혀 있다가 발굴된 것이 아니다. 화산 폭발 피해는 얼핏 보면 폭격 피해와 크게 다르지 않다. 사진은 채색된 위층 벽이 아래층으로 무너져 내린 모습이다.

후에 새로 지어지다시피 했다. 현재 중앙광장의 레스토랑이 자리한 곳은 폭격의 피해가 특히 심했던 곳이다. 폼페이의 두 번째 죽음을 부추긴 또 다른 원인으로, 유적지에 기승했던 도둑과 공공 기물 파괴자들을 빼놓을 수 없다. 폼페이처럼 넓은 유적지는 감시가 어렵기 때문에 그들의 집중 공격을 받을 수밖에 없다.(2003년에는 갓 발굴된 프레스코 벽화 두 점이 벽에서 사라졌다가 사흘 뒤에 근처 건축업자의 작업장에서 발견되기도 했다.)

그러나 폼페이의 죽음이 두 번이라면 삶 또한 두 번일 수밖에 없다. 그 하나는 당연히 화산 폭발 이전의 폼페이고 다른 하나는 지금 우리가 방문하는 폼페이, 즉 발굴 이후 '재창조'된 고대 폼페이다. 현재의 유적지는 '일순간에 동결된' 고대 도시라는 신화를 보존하기 위한 노력의 산물로 이곳을 찾은 방문객들은 마치 어제 일인 양 선연한 신화 속으로 걸어 들어가는 느낌을 만끽할 수 있다. 사실 로마 시대 폼페이는 현재의 지면보다 몇 미터 밑에 있지만 교묘한 설계 덕분에 사람들은 아래로 내려간다는 사실을 거의 인식하지 못한다. 덕분에 고대 세계는 아무런 단절 없이 현재의 세계와 합쳐진다. 그러나 그것은 어디까지나 첫인상일 뿐이다. 좀더 깊이 살펴보면 폐허와 복원, 고대와 현대 사이의 경계가 모호한 기묘한 영역을 느낄 수 있다. 이는 제2차 세계대전 당시 폭격으로 피해를 입은 건물들뿐만 아니라 유적지 대부분에서 강도 높은 복원 작업이 시행된 결과다. 실제로 건물 발굴 당시의 사진을 보면 상당히 충격적이다.(사진 10) 건물들의 처참한 상태가 적나라하게 드러나 있기 때문이다. 아직 몇몇 지역은 발굴 당시의 모습 그대로 방치되어 있지만 대부분은 조각난 벽들을 조립하여 세우고 지붕도 새로 올리는 식으로 말쑥하게 조성되었다. 이러한 작업은 건축물과 장식을 보존하기 위한 과정이다. 그러나 작업이 완료된 결과물만을 보는 방문객들은 로마 시대의 유적이 오늘날까지 기적적으로 보존된 것으로 착각하기 쉽다.

뿐만 아니라 폼페이의 지명이며 구획도 대부분 현대식이다. 오늘날 우리가 안내받는 폼페이의 거리 이름은 모두 현대에 붙여진 것으로, 동서로 뻗어 중앙광장과 연결되는 아본단차 거리는 그곳 분수대에 있는 풍요의 여신상 이름을 딴 것이다. 아본단차 거리와 교차하는 스타비아나 대로는 남쪽 스타비아이 도시로 이어진다는 의미이며, 꾸불꾸불한 골목길이라는 뜻의 스토르토 거리는 모양을 보는 순간 이름의 의미를 단번에 이해할 수 있다. 이 거리들의 로마 시대 명칭은 분명하지 않으나, 남아 있는 명문을 보면 스타비아나 거리는 고대에 '폼페이아나' 거리로 불렸던 것으로 보인다. 같은 명문에는 어디를 말하는지 명확치 않은 두 개의 거리도 등장하는데, 유피테르 거리라는 의미의 '요비아' 거리와 '데쿠이아리스' 거리다. 데쿠이아리스 거리는 데쿠리오네스, 즉 도시 참사회원(시의원)과 관련된 명칭으로 추정된다. 그러나 당시 폼페이의 거리는 오늘날과 같은 식의 도로명이 아예 없었을 것으로 생각된다. 폼페이에는 도로표지판도 없었고 거리와 지번을 이용해서 주소를 안내하는 시스템도 없었다. 폼페이 사람들은 거리나 지번 대신 주변의 대표적인 지형지물을 이용하여 위치를 표시했다. 예를 들면 어느 여관 주인이 주문한 포도주 항아리에는 이렇게 쓰여 있다. "폼페이 원형경기장 근처의 여관 주인, 에욱시누스 앞."(에욱시누스Euxinus란 '접객업자' 정도로 해석된다.)

폼페이를 드나드는 여러 성문도 바라보는 장소나 방위에 따라 놀라문, 헤르쿨라네움 문, 베수비오 문, (바다를 향하고 있어서) 마리나 문 등의 현대식 이름이다. 거리의 고대 명칭에 관한 정보는 거의 없지만 출입문 명칭에 대한 고대 기록은 어느 정도 남아 있다. 지금의 헤르쿨라네움 문은 로마 시대에 '포르타 살리니엔시스' 혹은 '포르타 살리스'라고 불렸는데 '소금 문'이라는 뜻이다.(인근 제염소에서 유래한 명칭이다.) 현재의 마리나 문은 고대의 몇몇 단편적인 증거와 현대의 개연적 추론을 결합해볼 때 '중앙광장 문'으로 불렸을 것으로 추정된다. 이곳은 바다에 면해 있으면서 중앙광장과 가장 가까운 문이기 때문이다.

고대 주소가 없는 상태에서 개별 건물들에는 어떻게 명칭을 부여하고 구별했을까? 폼페이 지명사전을 보면 19세기에 고안된 명명 시스템이 그대로 활용되었음을 알 수 있다. 이 방식은 희생자들의 석고상 제작 기술을 완성했던 고고학자 주세페 피오렐리Giuseppe Fiorelli가 고안한 것으로, 폼페이를 크게 아홉 구역으로 나눈 다음 구역 내의 주택 블록마다 고유 번호를 매기고 길에 면한 모든 출입구에 개별 번호를 부여하는 식이다.(피오렐리는 한때 혁신적인 정치가이자 폼페이 발굴 책임자로서 중요한 영향력을 행사한 인물이기도 하다.) 이 방식에 따르면 현재 표준 고고학 표기로 'Ⅵ.xv.Ⅰ'인 경우 도시 서북쪽의 6구역 15블록에 위치한 첫 번째 출입구를 뜻한다. 그러나 일반적으로는 '베티의 집'으로 더 잘 알려져 있다. 이처럼 여관, 주점 등은 물론이고 어느 정도 규모가 있는 주택은 대부분 일정한 규칙에 따라 숫자를 배열하는 피오렐리식 명명법보다 외우기 쉬운 이름을 지니고 있다. 이름의 유래는 다양해서 어떤 것은 발굴 연도의 특별한 의미가 강조되어 있다. 예를 들어 '100주년의 집'은 폼페이 멸망 이후 정확히 1800년 이후인 1879년에 발굴되어 붙여진 이름이다. '은혼식의 집'은 이탈리아 움베르토 국왕의 결혼 25주년이 되는 해인 1893년에 발굴되었는데 지금은 아이러니하게도 '왕실 결혼식의 집'이라는 이름으로 더 많이 알려져 있다. 인상적인 발굴 품목이나 장식의 이름을 딴 경우도 있다. '메난드로스의 집'에서는 그리스 극작가 메난드로스가 앉아 있는 벽화가 발견되었고, 춤추는 목신牧神 파우누스의 유명한 청동상이 발견된 '목신의 집'도 마찬가지 경우다.(사진 12) 원래 이곳은 발굴 초기 유명한 요한 볼프강 폰 괴테의 아들과 인연이 있었던 관계로 '괴테의 집'이라 불렸다. 1830년 이 집의 발굴 과정을 참관했던 괴테의 아들이 얼마 지나지 않아 사망한 것을 기리기 위해 그의 이름을 붙인 것이다. 그러나 요절한 젊은이의 안타까운 사연보다는 춤추는 목신의 청동상이 사람들의 뇌리에 더욱 강렬한 인상을 남겼던 모양이다. 그밖의 폼페이 건물은 대체로 '베티의 집'처럼 그곳에 살았던 고대 로마인의 이름을 따서 지어졌다. 이 작업은 과거 그곳의 소유주나 거주자, 사용자를 파악하고 관련 유물과 짝을 지어주는 프로젝트의 일환이기도 했다.

이런 명명법은 절차상 가끔 미덥지 않은 점도 있지만 꽤 흥미로운 작업이다. 이름이 제대로 지어졌다고 볼 만한 사례들도 당연히 있다. 대표적으로 금융업자 '루키우스 카이킬리우스 유쿤두스의 집'은 다락에 보관된 금전출납 기록으로 주인을 제대로 확인할 수 있었다. 폼페이 최고의 가룸 제조업자였던 아울루스 움브리키우스 스카우루스는 우아한 저택에 자신의 인장과 이름을 남겨놓아 주인임을 밝히고 있다.(가룸은 해물을 소금에 절여 발효시킨 로마 특유의 조미료인데, 주로 '생선 소스'로 번역된다.) 이외에도 스카우루스의 집에서는 "1등급 생선 소스, 스카우루스 공장 제조" 등의 광고 문구가 있는 항아리 모자이크가 발견되었다.(사진 57) 무척 아름다운 프레스코 벽화가 있는 '베티의 집'은 여러 증거를 종합해볼 때 해방노예 출신으로 추정되는 아울루스 베티우스 콘비바와 아울루스 베티우스 레스티투투스의 집이 확실하다. 우선 현관홀에서 이들의 이름이 새겨진 도장 두 개와 반지 하나가 발견되었고, 집 외벽에 그려진 선거 벽보에도 한 사람의 이름이 등장한다.("레스티투투스는 조영관으로 사비누스를 적극 지지한다.") 이런 결론은 같은 집에서 발견된 푸블리우스 크루스티우스 파우스투스라는 이름이 새겨진 도장이 위층 세입자의 것이라는 가정에 따른 것이다.

이상의 예는 뒷받침 증거가 탄탄한 경우로, 이보다 훨씬 더 엉성하고 부실한 증거에 의존하여 건물 주인을 추정한 사례도 많다. 도장이 새겨진 반지나 포도주 항아리에 적힌 이름 하나 또는 동일 인물이 남긴 두어 가지 낙서에 의지해 건물 주인을 결정짓는 식이다. 반지 하나쯤은 손님이 와서 떨어뜨렸을 수도 있고, 낙서도 집주인의 행위로 단정하기 어렵다. 특히 지나친 비약으로 보이는 사례는 어느 유곽 주인에 대한 추론이다.(이 유곽은 오늘날 관광객에게도 인기가 있지만 고대에도 사람들이 즐겨 찾는 장소였을 것이다.) 일부 학자는 손님으로 추정되는 사람이 유곽의 어느 방 벽에다 끼적거린 낙서를 근거로 이곳 주인이 아프리카누스라고 주장했다. 낙서 내용에는 "아프리카누스가 죽는다"(글자 그대로 풀이하자면 '죽어가고 있다')는 슬픈 메시지가 담겨 있고, 이어서 "학교 친구 루스티쿠스가 아프리카누스를 애도하며"라는 일종의 서명이 남겨져 있다. 인근 벽에 아프리카누스가 지방 선거에서 사비누스를 지지한다는 낙서가 있는 것으로 보아 아프리카누스는 분명 폼페이 주민이었을 것이다.(사비누스는 앞서 레스티투투스가 조영관으로 지지했던 인물이기도 하다.) 그러나 젊은 루스티쿠스가 매춘부와의 성교 뒤에 아프리카누스의 죽음을 애도하는 글을 남겼다고 해서 그를 유곽 주인으로 치부할 근거는 전혀 없다.

고대 폼페이 사람들을 찾아내어 그들이 소유하고 생활했던 주택, 주점, 유곽 등과 짝을 지어주려는 노력은 의도가 좋긴 하나 빈약한 근거에 지나친 상상력이 더해져 결과적으로 수많은 엉터리 조합을 낳았다. 말하자면 지금 '우리의' 눈앞에 있는 폼페이와 서기 79년에 파괴된 폼페이 사이에는 상당한 차이와 거리가 존재한다. 이 책에서는 '우리의' 폼페이에서 통용되는 주요 지형지물, 명칭, 용어를 사용하기로 했다. 헤르쿨라네움 문을 고대 정식 명칭인 '포르타 살리스'라고 부르면 오히려 혼란스럽고 번거로워질 테니 말이다. 주세페 피오렐리가 고안한 숫자를 이용한 명명법은 원하는 위치를 신속하고 정확하게 찾아준다는 장점이 있으므로 참고하여 이용하기로 한다. 또한 부분적으로는 부정확하겠지만 '베티의 집'이나 '목신의 집' 등으로 알려진 명칭은 특정 건물이나 위치를 떠올리게 하는 가장 좋은 방법일 것이다. 동시에 앞서 말한 고대 폼페이와 '우리의' 폼페이 사이에 어떤 차이가 있는지도 살펴볼 것이다. 고대 도시가 어떻게 '우리의' 폼페이로 변모했는가를 생각해보고, 그동안 발견된 유물과 유적을 감상하고 이해하는 과정에 대해서도 되돌아볼 예정이다.

이런 이해 과정을 강조하다 보면 현대에 있으면서 어떤 의미에서 19세기 폼페이 체험으로 돌아간 듯한 기분에 빠져들곤 한다. 물론 19세기 폼페이 방문지들도 21세기 사람들과 마찬가지로 과거 속으로 들어가는 느낌, 즉 시간을 거슬러 오른 듯한 환상을 즐겼을 것이다. 그러나 그들은 과거가 그들 앞에 재현되는 방식에 대해서도 흥미를 느꼈다. 말하자면 폼페이에 대해 '무엇'을 아는가뿐만 아니라 '어떻게' 아는가도 중요했다. 당시 인기 있었던 폼페이 안내서들, 특히 존 머레이John Murray의 『이탈리아 남부 여행 안내서Handbook for Travellers in Southern Italy』를 보면 그런 관심이 두드러진다. 1853년에 처음 출간된 머레이의 책은 (이

전까지 주를 이루던 가이드와 수행원을 거느린 귀족여행이 아니라) 대중 관광이 시작되는 시기의 새로운 안내서였다. 1839년에 개통된 철도는 폼페이를 찾는 관광객들이 애용하는 교통수단으로 부상했고, 철도역 근처 간이음식점은 유적지를 구경하느라 고단한 관광객들이 잠시 점심을 즐기며 쉴 수 있는 휴식처였다. 당연히 이 간이음식점은 손님들로 북적였다.(1853년의 철도역 간이음식점 주인은 "아주 예의 바르고 친절했던" 모양이지만 1865년에는 상황이 많이 달라졌던지 『안내서』에는 "주인에게 먼저 가격을 물어본 다음"에 주문하라고 충고하고 있다.) 이 철도역 간이음식점은 현재 유적지 외곽에서 간식이나 과일, 특히 생수를 판매하는 엄청난 상권의 시초였다.

머레이의 『안내서』를 보면 빅토리아 시대 폼페이 방문객들은 구경을 하면서 동시에 계속 생각을 해야 했다. 유적과 유물을 둘러싼 이견과 의견 대립을 있는 그대로 서술하면서 독자의 의견과 판단을 요구하고 있기 때문이다. 전문가들 사이에 이견이 분분한 몇몇 공공 건축물은 말할 것도 없었다. 중앙광장에 위치한 마켈룸(시장)이라 불리는 건물이 정말로 시장이었을까? 아니면 신전이었을까? 그도 아니면 일종의 신전과 카페가 결합된 것이었을까?(앞으로 살펴보겠지만 해당 건물의 용도에 대해서는 아직도 명쾌한 결론을 얻어내지 못했다. 그런데도 현대 안내서들은 독자를 배려한다는 명분 아래 이런 의문과 복잡한 논란을 접할 기회 자체를 박탈하고 있다.) 현대 안내서들은 개별 건물에 대한 설명에도 재발견된 날짜와 상황을 알리는 데 인색하다. 그런 까닭에 현대 관광객들은 해당 건물이 고대의 어느 시기에 만들어졌으며 어떤 기능을 담당했는지에만 신경 쓰게 된다. 그러나 19세기 방문자들은 유적지를 둘러보는 내내 머릿속에서 두 개의 연대표를 동시에 가동해야 했다. 고대에 폼페이라는 도시가 탄생하여 발전하고 멸망하는 과정은 물론이고 화산 폭발로 일순간에 사라져버린 폼페이가 서서히 재등장하는 역사까지 생각하며 관심을 기울여야 했다.

앞서 말했듯이, 발굴 초기에는 지위 있는 인물이 유적지를 방문했을 때 기존에 발견된 인상적인 유골이나 유물을 원래 자리에 갖다놓고 처음 발견되는 양 그들 앞에서 '쇼'를 벌이기도 했다. 이런 '쇼'는 단순한 속임수나 아첨이라기보다는 '과정'에 대한 집착을 보여주는 측면이라 할 수 있다. 물론 오늘날 우리는 속이 빤히 들여다보이는 속임수를 썼다는 사실과 그런 얄팍한 수에 속아넘어간 방문객들의 어리석음을 싸잡아 비웃곤 한다. '유적지를 방문한 왕족들은 하필이면 자기가 도착한 순간에 그런 놀라운 발견이 일어났다고 믿을 만큼 순진했던 것일까?'라고 반문하면서 말이다. 그러나 이런 '쇼'는 현지인들의 간교함 외에도 유적지를 찾는 사람들이 품었던 기대와 소망을 보여주는 것이기도 하다. 그들은 유물 자체뿐만 아니라 오랫동안 땅속에 묻혀 있던 과거가 마침내 빛을 보게 되는 과정까지 확인하고 싶었던 것이다. 이것은 내가 현대 독자들에게 상기해주고 싶은 부분이기도 하다.

# 놀라운 도시 폼페이

폼페이는 놀라움으로 가득한 도시다. 콧대 높고 박식한 전문가들조차도 폼페이로 인해 로마 시대 이탈리아인의 삶을 재고할 수밖에 없었다. 예컨대 폼페이에서 '코셔 가룸Kosher Garum'이라 표기된 대형 항아리들이 발견되었는데['코셔'란 음식을 유대교 율법에 맞게 조리했다는 뜻], 이는 움브리키우스 스카우루스 같은 가룸 제조업자들이 (완전히 삭히는 혼합 재료 속에 유대교에서 금기시하는 갑각류를 넣지 않았다는 보증으로) 폼페이의 유대인 공동체라는 틈새시장을 공략했음을 뜻한다. 또한 1938년 발굴된 인도 여신 락슈미의 아름다운 상아 조각상을 보면, 로마 세계와 극동 지역의 관계를 다시 생각하게 된다.(사진 11) 폼페이 무역업자가 여행 기념물로 가지고 온 것일까? 아니면 푸테올리[현대의 지명은 포추올리] 근처에 살았던 나바테아[현재 요르단 지역] 무역업자를 통해 들어온 것일까? 아무튼 이 락슈미 조각상이 발견된 건물은 현재 '인도 여신상의 집'이라 불린다. 최근에는 예상치 못한 사실도 밝혀졌는데, 보관 창고에 두었던 유골 중에 원숭이의 뼈가 제법 포함되어 있다는 것이다. 이원숭이들은 아마 외국산 애완동물이었거나 거리극장 또는 서커스 공연용으로 조련되었을 것이다.

폼페이는 우리에게 더없이 친숙한 동시에 생소한 도시, 예상을 깨는

11. 이 인도의 상아 조각상은 폼페이가 세계 각지의 다양한 문화와 교류했음을 말해준다. 화려한 보석만을 걸친 이 나체 여성상은 풍요와 미의 여신 락슈미로 간주된다.

의외성을 가진 도시다. 폼페이는 베수비오 화산 남쪽에 위치한 지방 도시이자 서쪽의 스페인으로부터 동쪽의 시리아에 이르는 광대한 제국의 일부로서, 대제국이 흔히 그렇듯이 문화와 종교의 다양성을 갖추고 있었다. 이를 단적으로 보여주는 유명한 낙서가 있다. 아본단차 대로변에 위치한 그리 크지 않은 주택의 식당 벽에서 발견된 '소돔'과 '고모라'라는 단어다.(정황상 나중에 찾아온 약탈자들이 매몰된 도시를 보고 남긴 암울한 논평이라고 보기는 힘들다.) 라틴어 대문자로 쓰인 이 낙서는 폼페이 사람들의 사회생활과 도덕성에 대해 많은 것을 말해준다. 짧은 두 단어지만 거기서 우리가 얻는 정보는 실제 목격자의 증언(또는 농담)에 비할 바가 아니다. 즉 폼페이는 시인 베르길리우스의 시구뿐만 아니라 「창세기」구절("여호와께서 유황과 불을 소돔과 고모라에 비같이 내리시니")에도 익숙했던 도시였음을 짐작할 수 있다.(주민 전부는 아니라도 적어도 일부는 벽에 낙서로 남길 만큼 「창세기」 내용을 숙지하고 있었음을 확인할 수 있다.)

폼페이는 여자와 아이, 노예를 제외하면 전체 주민이 수천 명에 불과한 작은 도시였다. 편의상 도시라고 부르기는 하지만 요즘으로 치자면 시골 마을 단위 또는 규모가 크지 않은 종합대학에 준하는 정도다. 그럼에도 폼페이는 광대한 로마 제국 역사에 대한 현대인들의 견해와 이해에 지대한 영향을 끼치고 있다. 이어지는 1장에서 이를 확인할 수 있다.

## 1장

# 유서 깊은 도시, 폼페이

POMPEII

# 폼페이의 과거 엿보기

폼페이 북쪽 성벽에서 멀지 않은 곳, 헤르쿨라네움 문에서 몇 분 걸어가면 한적한 뒷골목에 규모도 크지 않고 그리 인상적이지도 않은 '에트루리아 기둥의 집'을 볼 수 있다. 겉으로는 평범해 보이며 예나 지금이나 잘 알려져 있지 않은 집이지만 그 이름이 말해주듯 어떤 비밀을 감추고 있는 듯한 호기심을 자극한다. 내부에는 두 개의 큰 방 사이에 에트루리아 건축을 연상케 하는 오래된 기둥이 하나 있다. 에트루리아인은 로마가 융성하기 이전 기원전 6~기원전 5세기까지 이탈리아의 강자로 군림하면서 본거지인 북부 이탈리아로부터 폼페이 인근까지 진출하여 그 영향력을 과시했다. 문제의 기둥은 집이 건축되기 수백 년 전인 기원전 6세기경의 것으로 추정된다.

조심스럽게 집의 지반을 파내려가지 그 수수께끼의 실마리를 얻을 수 있었다. 그 집은 원래부터 자리하고 있던 기둥을 중심으로 새로 지은 것이며, 기원전 6세기경에 세워진 이 기둥은 아마도 건물을 받치는 용도가 아니라 종교적인 성소聖所의 한 요소로서 독립적으로 기능하고 있었을 것이다. 로마 이전 이탈리아 종교 유적지들의 구조와 배치를 보면 알 수 있듯이 기둥 옆에는 제단과 조각상도 있었을 것이다. 기둥 주변에서 공물을 바치는 용도로 쓰였을 기원전 6세기의 그리스 도기가 발견되었으며, 상당수의 너도밤나무가 있었다는 증거(씨앗과 꽃가루) 역시 발견되었다. 원래 이탈리아 남부 저지대에서는 너도밤나무가 자라지 않으므로 자생 숲은 아니었을 것이다. 추론하자면 신을 모시는 성소를 둘러싼 너도밤나무 숲은 초기 이탈리아 종교의 중요한 특징으로서 성스러운 숲, 즉 성림聖林이라 불린다. 수도 로마에 유피테르 신을 모신 비슷한 성소가 있는데, 역시 너도밤나무 숲으로 둘러싸여 있다. 이곳 유피테르 신전 숲은 '파구탈Fagutal'이라 불리는데 너도밤나무를 의미하는 '파구스fagus'에서 유래한 말이다.

이 기둥이 어떻게 그 자리에 세워지게 되었는지, 주변에 너도밤나무가 많았는지 적었는지, 자연림인지 인공림인지는 알 수 없으나 기원전 3세기쯤 신전이 있던 자리에 집을 지을 당시 기둥 하나만 남아 있었다는 사실만은 확실하다. 기둥을 남겨둔 이유는 종교적 경외심의 발로가 아닐까 싶다. 그로부터 수백 년이 흐른 서기 79년, 그 지점에 다시 집이 세워질 때 역시 그 기둥은 건재했을 것이다. 그러나 그때까지도 특별히 신성한 의미가 유지되고 있었는지, 아니면 단지 내세울 것 없는 평범한 집에서 주인이 화제로 삼을 만한 흥밋거리로 전락했는지는 알 수 없다.

이 책의 서두를 로마 이전 에트루리아인이 세운 기둥 이야기로 시작하는 데는 나름의 이유가 있다. 얼핏 하찮아 보이지만 폼페이를 이해하는 중요한 핵심이 깃들어 있다고 보기 때문이다. 즉 베수비오 화산 폭발로 매몰되기 전에도 폼페이는 이미 오랜 역사를 지닌 도시였다. 오늘날의 관점으로 폼페이 유적지는 연대나 양식을 구별할 수 없는 '로마 도시'로 보이지만 사실은 그렇지 않다. 우선 서기 79년 당시 폼페이는 엄밀히 말하자면 200년 가까이 '로마 도시'였다. 물론 동서고금의 모든 도시가 그러하겠지만 폼페이는 최신식 건물과 더불어 박물관에나 어울릴 법한 구식 건물, 공들여 재단장한 개축 건물, 허물어져가는 폐건물 등이 난립한 도시이기도 하다. 오늘날을 살아가는 입장에서는 유적지의 모든 것이 고색창연하게 보이기 때문에 구별하기 어렵지만 당시 폼페이 주민들은 이런 차이점을 충분히 인식하고 있었으리라.

요즘으로 치면 박물관에 어울릴 만한 대표적인 구식 건물은 현재 폼페이 유적지 중에서 가장 유명하고 사람들도 많이 찾는 '목신의 집'이다. 이 저택의 가장 두드러진 특징은 3000제곱미터에 이르는 면적으로, 왕궁이라 해도 손색이 없을 만큼 폼페이 최대의 규모를 이루고 있다.(실제로 그리스 북부 마케도니아의 수도 펠라에 있는 왕궁의 크기와 맞먹는다.) 이곳은 춤추는 '목신' 동상뿐만 아니라 바닥을 장식한 아름다운 모자이크 작품들로 유명하다. 하나같이 눈이 번쩍 뜨일 만큼 아름다운 모자이크들 가운데 으뜸으로 꼽히는 작품은 나폴리국립고고학박물관의 인기 전시품이기도 한 '알렉산드로스 모자이크'다.(사진 13) 수많은 자연석 조각 또는 테세라tesserae를 재료로 사용하여 정성을 기울인 이 작품에 동원된 모자이크 조각은 대략 150만~500만 개로 추정되는데, 초인적인 인내심을 발휘한다면 모를까 개수를 일일이 세어보기란 사실상 불가능해 보인다. 워낙 웅장하고 치열한 전투 장면 때문에 처음 발굴되었던 1830년대 무렵에는 호메로스의 서사시 『일리아드』의 한 장면이라고 주장한 이도 많았다. 그러나 현재는 페르시아의 다리우스 왕(오른쪽 마차 위, 전면사진 15 참조)이 젊은 알렉산드로스 대왕(왼쪽, 말 위)에게 패배하는 장면이라는 견해를 정설로 받아들이고 있다. 대체로 지금은 사라진 어떤 걸작을 모자이크로 재현한 것이라 보고 있지만 원본 창작품이라는 주장도 있다.

오늘날 '목신의 집'을 찾는 사람들은 모두 엄청난 주택 규모에 놀라고

12. '목신의 집'은 현재 황폐한 모습이지만 서기 1세기 무렵에는 폼페이에서 가장 웅장하고 고풍스러운 건물이었다. 사진을 보면 춤추는 사티로스(파우누스) 조각상과 더불어 정문부터 중앙 아트리움까지 한눈에 들어온다. 아트리움 너머에는 주랑으로 둘러싸인 넓은 정원이 두 개 있고, 정원 주변의 방에서는 유명한 알렉산드로스 모자이크가 발견되었다.(사진 13 참조)

13. '목신의 집' 응접실 바닥을 장식한 알렉산드로스 모자이크. 지금까지 발견된 고대 모자이크 작품 중에서 가장 복잡한 대작으로 꼽힌다. 알렉산더 대왕(왼쪽)과 페르시아 다리우스 왕(오른쪽)이 전투를 벌이는 장면인데 다리우스를 태운 마차의 말이 뒤꽁무니를 보이는 점이 이채롭다. 이처럼 독특한 말의 자세를 통해 다리우스가 젊은 마케도니아 왕의 공세에 밀려 퇴각하는 듯한 메시지가 전달된다. 이 장면을 포함하여 작품 곳곳에서 거장의 숨결이 느껴지는 명작이다.(전면 사진 15 참조)

정교하고도 아름다운 모자이크에 경탄한다.(이곳의 모자이크 중에서 나폴리국립고고학박물관에 전시된 작품만 아홉 점이나 된다.) 그러나 화산 분출의 시기에 당시 사람들은 이 주택을 '전통 가옥'으로 보았다는 사실을 아는 사람은 거의 없다. 집의 최종 형태는 기원전 2세기 말경에 완성되었으며, 이때 이미 모자이크 작품들이 설치되었고 당시 유행하던 스타일로 벽면들이 장식되었다. 이후 200년 동안 집의 구조와 장식의 변화는 거의 없었다. 물론 수리를 하거나 그림을 새로 칠하는 등의 작업은 불가피했으나 그러한 과정에서도 변화를 주기보다는 원래 스타일을 유지하는 식으로 신중히 진행되었다. 이 저택을 소유한 주인이 누구였는지는 명확하지 않다.(그러나 장기간 폼페이에서 살았던 사트리우스 가문이 소유주라는 주장은 꽤 그럴듯하다. 그렇다면 춤추는 파우누스, 즉 '사티로스'의 청동상은 주인 이름과의 유사성에서 착안한 일종의 언어유희라고 볼 수도 있다.) 주인이 수백 년 동안 집의 구조며 장식에 변화를 주지 않은 (혹은 그럴 수밖에 없었던) 이유에 대해서는 더욱이 밝혀진 바가 없다. 그러나 서기 79년에 '목신의 집'을 방문하는 경험이 오늘날 우리가 유서 깊은 '종가'를 방문하는 경험과 크게 다르지 않았으리라는 점만은 확실하다. 그들은 출입구를 지나 현관홀에 들어서는 순간 200년 전으로 돌아간 듯한 느낌을 받았을 것이다. 현관홀 비닥에는 라틴어로 'HAVE'라는 글씨가 모자이크되어 있다. 해석하자면 '어서 오십시오' 정도가 아닐까 싶다.(라틴어가 아니라 영어로 생각하면 'have'는 '소유'를 의미하므로 웅장한 대저택에 어울리는 언어유희로 볼 수도 있다.)

물론 200년 전의 양식을 고스란히 간직한 '목신의 집'은 매우 드문 사례다. 옛 형태와 새로운 형태가 혼합된 양식도 도시 곳곳에서 발견되기 때문이다. 사람들이 많이 찾는 공중목욕탕의 야외 운동 공간에 놓

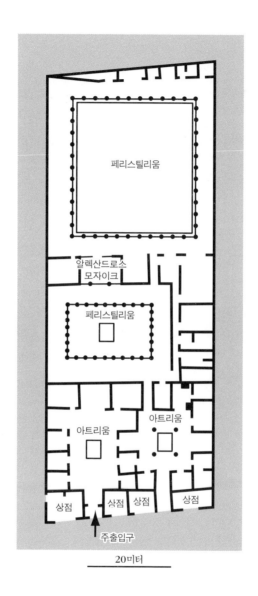

페리스틸리움

알렉산드로스
모자이크

페리스틸리움

아트리움

아트리움

상점

상점 상점

상점

주출입구

20미터

평면도 2. '목신의 집.' 주택 단지를 독차지할 만큼 규모가 크다는 사실을 제외하면 폼페이의
여느 주택과 크게 다르지 않은 구조다. 거리로 향한 정면에 상점들이 들어서 있는 것도 폼페
이 주택의 전형적인 특징이다. 상점 사이의 좁은 출입구로 들어가면 주택의 중심인 아트리
움이 나타나는 것도 마찬가지다. 아트리움을 지나면 주랑으로 둘러싸인 정원, 즉 페리스틸
리움이 두 개 있다.

14. '금팔찌의 집' 정원 벽에서 발견된 테라코타 부조 중 하나(높이 60센티미터). 원래는 종교와 관련된 건축물, 아마도 중앙광장의 아폴로 신전을 장식하던 작품이었을 것으로 보이며 훗날 재활용된 듯하다. 오른쪽은 여신 디아나(그리스 신화의 아르테미스), 왼쪽은 승리의 여신 빅토리아다.

인 해시계가 대표적인 경우로, 바쁜 와중에 짬을 내어 목욕을 하거나 운동을 하는 사람들에게 매우 유용했을 것이다. 이 해시계는 화산 폭발 당시만 해도 200년의 역사를 지닌 것이었으며, 새겨진 명문 또한 라틴어가 아니라 로마 시대 이전 이탈리아 남부 지방의 토착어인 오스크어로 되어 있다. 지방 의회에서 거둔 벌금으로 시계를 설치했다는 내용인데, 79년 당시 폼페이 주민 가운데 오스크어 명문을 읽을 수 있는 사람은 드물었을 것이다.

서두에서 언급한 에트루리아 기둥처럼 옛것을 보존하거나 재활용한 사례도 심심찮게 볼 수 있다. 최근 학자들은 형태와 내용으로 볼 때 폼페이 도심 또는 교외의 어느 신전, 아마도 중앙광장의 아폴로 신전에 장식되었을 테라코타 부조가 일반 주택에 재활용된 사례를 찾아냈다.(사진 14) '금팔찌의 집'이라는 다층 구조의 저택 정원 벽을 장식하고 있는 이 부조들의 제작 시기는 기원전 2세기 무렵으로, 서기 62년 지진의 여파로 신전에서 떨어진 작품으로 짐작된다. 도시 서쪽에 위치한 '금팔찌의 집'은 당시만 해도 바다가 내려다보이는 빼어난 풍광을 누렸을 것이다. 원래 자리였던 신전의 경건한 분위기와는 거리가 있지만 나름 괜찮은 건축 폐자재 활용이 아닌가 싶다.

# 로마 이전

폼페이는 오늘날 남겨진 유물들이 제시하는 시기보다 훨씬 더 오랜 역사를 지닌 도시다. 서기 79년 당시에 사용되던 건물들은 (공유 건물이든 사유 건물이든) 기원전 3세기 이후에 지어진 것으로 확인되었다. 반면 최소한 두 개의 신전은 여러 차례 복구와 재건을 거치면서 이후의 양식으로 바뀌기는 했지만 최초의 시기는 기원전 6세기까지 거슬러 올라간다. 중앙광장의 아폴로 신전과 근처 미네르바·헤라클레스 신전이 바로 그것이다. 화산 폭발로 완전히 폐허가 되어버린 것으로 보이는 미네르바·헤라클레스 신전에서는 이전 시대의 장식용 조각, 기원전 6세기경의 도기, 신에게 바치는 수백 개의 공물이 발굴되었다. 특히 작은 테라코타 조각상이 많이 발견되었으며, 그중 일부는 말할 나위 없이 미네르바 여신(그리스의 아테나)을 표현한 것이다. 또한 '에트루리아 기둥의 집'에서 확인했듯이 도시의 다른 건물들 밑에도 이전 시대의 유물들이 묻혀 있을 것이다.

요즘 폼페이 고고학에서 특히 주목되는 분야는 도시의 초기, 즉 로마 시대 이전의 역사다. 예전의 전문가들이 '서기 79년에 폼페이는 어떤 모습이었을까?'에 관심을 기울였다면 요즘은 '폼페이는 어디에서 시작되어 어떻게 발전했을까?'에 더 큰 관심을 갖고 있다. 현재 우리 눈에 보이는 건물 이전에는 과연 무엇이 있었을까 하는 궁금증은 서기 1세기 지표면 아래로 들어가는 발굴 작업의 계기가 되었다. 이 작업은 여간 까다로운 게 아니다. 이전에 어떤 상태였는지를 확인하기 위해 지금까지 어렵게 발굴해온 유적을 파괴해서는 안 되기 때문이다. 따라서 이러한 작업은 소위 '열쇠 구멍 고고학' 방식으로 진행된다. 즉 관광객들이 주로 찾는 매력적인 폼페이의 모습이나 구조물에 피해를 끼치지 않는 선에서 좁은 면적을 깊게 파 들어가는 방식이다. 사실 대부분의 사람은 베수비오 화산 폭발로 묻혀버린 인상적인 도시 유적을 보기 위해 이곳을 찾을 뿐 초기 정착지의 희미한 흔적을 보러 오지는 않는다.

문제는 이처럼 좁은 지역을 발굴하여 얻은 증거들을 서로 비교하고 종합하여 79년 당시의 도시 지표면에 드러난 발달의 과정과 아귀를 맞추는 일이다. 이는 땅을 구획하고 정렬하는 방식은 도시 성장의 역사를 반영한다는 인식이 오래전부터 널리 통용되어왔기 때문이다.(평면도 3) 다른 중요한 사실은 현재 폼페이 유적지의 성벽이 축조된 시기가 기원전 6세기까지 거슬러 올라간다는 점으로, 이는 도시의 최종 범위가 생각보다 이른 시기에 확정되었음을 의미한다.

폼페이 역사를 둘러싼 몇몇 핵심 사항에 대해서는 학자들 사이에 별로 이견이 없는 편이다. 이는 증거를 수집하고 해석하는 까다로움을 고려할 때 매우 이례적인 현상이다. 예컨대 대부분의 학자는 도시 평면도에서 나타나듯이 도로 모양이 불규칙한 특징을 보이는 서남쪽 모퉁이 구역이 최초의 중심지였다는 데 동의하면서, 다소 거창한 표현이지만 이 지역을 '구시가舊市街'로 인정했다. 그러나 도시 곳곳에서 출토된 도기 등의 초기 유물과 유적을 살펴보면 기원전 6세기에 이미 폼페이는 구시가의 범위를 넘어 상당히 확장된 상태였음이 분명해진다.(물론 현재 성벽 내에서의 확장이다.) 실제로 기존 건축물의 땅 밑을 깊이 파보면 6세기 유물의 흔적이 곳곳에서 나온다. 물론 이런 흔적은 대체로 매의 눈으로 살펴보아야 겨우 찾을 수 있는 작은 파편들이긴 하지만 고고학자들의 비상한 노력이 있었기에 가능한 성과였다.(한 예로 1924년부터 1961년까지 폼페이 유적지 발굴을 지휘했던 아마데오 마이우리Amadeo Maiuri는 로마 시대 이전의 도기를 발견한 일꾼들에게 특별 보너스를 주었다. 이는 소기의 성과를 올리기 위해 고고학자들이 종종 사용하는 수법이다. 마이우리는 파시즘과 제2차 세계대전 같은 급변하는 정세 속에서도 유적 발굴 책임자 자리를 꿋꿋이 유지해 '위대한 생존자'라는 별명을 얻기도 했다.) 또한 기원전 5세기 지점의 유물과 유적은 눈에 띄게 감소한 반면 기원전 4세기부터 서서히

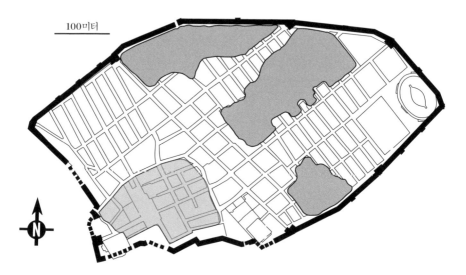

평면도 3. 폼페이라는 도시의 발전 과정을 보여주는 평면도. 도로 모양을 보면 도시가 어디서 시작해 어떻게 발전했는지 알 수 있다. 왼쪽 아래 진하게 표시한 '구시가'는 도로 모양이 불규칙한 반면, 다른 구역들은 자체적으로 동일한 패턴을 따르되 구역 간에는 서로 다른 형태를 나타내고 있다.

늘어나다가 기원전 3세기에 도시는 두드러지게 성장하면서 지금 우리가 보는 모습을 갖추게 되었다.

유적지 인근에서는 기원전 7세기나 8세기, 심지어 9세기 정착촌의 것으로 보이는 유물들이 종종 발견되고 있지만 구시가의 정확한 기원에 대해서는 합의가 이루어지지 않은 상태다. 더욱이 기원전 6세기에 성벽 내부 공간이 어떻게 사용되었는가에 대한 의견도 첨예하게 대립하고 있다. 한쪽에서는 주로 울타리를 두른 경작지였다는 관점을 제시하면서 현재 발견되는 유물들은 외딴곳에 위치한 농장이나 오두막, 신을 모시는 성소에 놓여 있던 것이라고 주장한다. 이러한 시각은 나름 일리가 있으나 '성소'가 비현실적으로 많다는 문제를 낳는다. 더구나 일부 성소는 '에트루리아 기둥'보다 확실히 종교적인 색채가 약하다.

이와 상반된 최근의 견해에 따르면, 기원전 6세기경 폼페이는 이미 발전된 도시적 기틀을 갖추고 있었다.(성벽 안이 주로 경작지였다는 주장보다 더 최근에 제시된 의견이기도 하다.) 이 주장을 뒷받침하는 핵심은 (물론 지금까지 밝혀진 많지 않은 증거를 토대로 끌어낸 것이지만) '구시가' 밖에 위치한 초기의 건축물들이 훗날 도시가 확장되었을 때의 도로 구획에 어긋나지 않게 건설되었다는 사실이다. 그렇다고 해서 기원전 6세기의 폼페이가 오늘날의 기준으로 볼 때 인구 밀집 도시였다고 할 수는 없다. 게다가 서기 79년 당시에도 성벽 내부에는 많은 경작지가 있었다. 어쨌든 구시가 밖 초기 건축물들의 분포를 보면 훗날과 같은 도로 배치와 구역 분할이 초보적으로나마 형성되어 있었음을 알 수 있다. 이 해석에 따르면 폼페이는 이미 '시기가 무르익기만을 기다리는 준비된 도시'였다. 무려 300년이라는 세월이 흐른 뒤에야 '시기'가 도래하기는 했지만 말이다.

이와 동시에 초기 폼페이 사람들의 정체에 대해서도 논란이 있다. 폼페이 역사의 마지막 단계는 그리스 미술품, 유대교 특유의 식사 규율, 인도 장식품, 이집트 종교 등이 뒤섞인 다문화 색채를 띠고 있다. 그렇다면 이전에는 어땠을까? 기원전 6세기의 폼페이는 그때나 지금이나 캄파니아라 불리는 지방의 심장부로서, 캄파니아에는 로마의 지배를 받기 훨씬 전부터 오스크어를 사용하는 토착민과 그리스 이주민들이 어울려 살고 있었다. 한 예로 나폴리 만에서 50킬로미터 떨어진 쿠마이에는 기원전 8세기부터 제법 규모 있는 그리스인 도시가 형성되어 있었고, 에트루리아인도 상당수 거주하고 있었다. 에트루리아인은 7세기 중반부터 이 지역에 정착하기 시작하여 이후 150년 동안 그리스인과 지배권을 다투었다. 이들 중 어느 세력이 초기 폼페이 발달의 원동력이었는지에 대해서는 이런저런 추측만 있을 뿐이다. 예를 들어 초기 유적지에서 발견된 에트루리아 도기 파편은 폼페이 주민과 에트루리아인 공동체가 접촉했다는 분명한 증거지만 폼페이가 에트루리아인의 도시였다는 증거가 될 수는 없다.(일부 학자는 자신 있게 그렇다고 주장하기도 한다.)

폼페이 역사에 대해서는 고대 작가들도 오늘날의 우리만큼이나 확신이 없었던 모양이다. 일부는 지나치게 창의적인 어원 해석에 의지하여 폼페이의 역사를 설명한다. 에스파냐에서 괴물 게리온을 퇴치한 다음 이곳을 지난 헤라클레스의 '승리의 행진pompa'으로부터 '폼페이'라는 지명의 유래를 찾거나, 숫자 '5'를 가리키는 오스크어 'pumpe'에 근거하여 초기에는 도시가 다섯 마을로 구성되었다고 추론하는 식이다. 기원전 1세기 초반, 여러 권으로 이루어진 『지리지Geographica』를 저술한 그리스 학자 스트라보는 좀더 객관적인 시선으로 폼페이 거주민 구성에 대해 말하고 있다. 또한 "오스크인이 폼페이에 살았고, 이어서 에트루리아인과 펠라스기인[그리스인]이 살았다"는 스트라보의 언급은 얼핏 보면

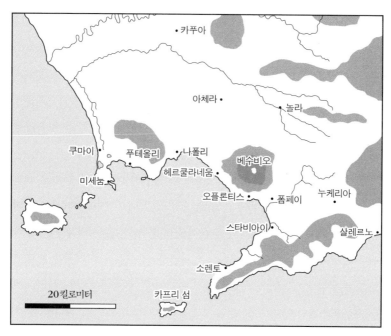

평면도 4. 폼페이 주변 지도

오늘날의 주장과도 맞아떨어지는 듯하다. 당시 스트라보가 구체적인 정보와 자료를 토대로 설명했다고 생각하는 학자들도 있지만 내 생각에는 확신 없이 이런저런 집단을 끌어들여 일버무린 게 아닌가 싶다. 물론 어느 쪽이 옳다고 할 만한 확실한 단서는 아직까지 나오지 않았다.

스트라보의 설명은 펠라스기인에서 끝나지 않는다. "다음은 삼니움족 차례였다. 그러나 그들도 결국에는 쫓겨났다." 삼니움족이 등장하는 시기는 기원전 5~기원전 3세기 사이로 폼페이가 오늘날 우리에게 익숙한 도시의 면모를 갖추던 시기이기도 하다. 삼니움족은 이탈리아 중부의 오스크어 집단으로, 훗날 로마인들 사이에서 삼니움족은 미개한 생활을 하는 고집 세고 인색한 산악 부족이라는 고정관념이 형성되는데 이는 완전히 잘못된 평가는 아니었다. 로마 이전 이탈리아의 지정학적 판도가 바뀌는 상황에서 삼니움족은 캄파니아 지방으로 이동해왔고, 기원전 420년 쿠마이에서 그리스인을 상대로 결정적인 승리를 거둠으로써 지역 패권을 장악했다. 이 시기는 그리스인이 에트루리아인을 물리치고 이 지역을 차지한 지 불과 50년밖에 안 된 무렵이었다.

말하자면 기원전 5세기 전후 폼페이를 포함한 이탈리아 남부 지역의 패권을 둘러싸고 여러 세력 간에 충돌이 있었다는 것인데, 이것은 폼페이에서 유독 기원전 5세기의 유물이 빈약한 이유를 설명해주는 듯하다. 일부 고고학자는 한때 폼페이가 완전히 빈 도시로 버려졌을 것으로 보기도 한다. 그러나 그 기간은 길지 않다. 기원전 4세기 무렵 폼페이는 (스트라보의 발언 이외에 뒷받침할 만한 확실한 증거는 없지만) '삼니움 동맹'이라 불리는 연합체의 당당한 일원이 되었던 것으로 보인다. 적어도 폼페이는 사르누스 강과 바다가 만나는 어귀에 위치한 해안 요충지로서 상류 도시들의 항구 역할을 했다.(고대 사르누스 강의 정확한 경로에 대해서는 바다와 만나는 해안선 이외에 알려진 바가 거의 없다.) 스트라보가 지적한바 "화물을 들여오고 내보내는ekpempein(그리스어)" 강어귀에 폼페이가 있다는 대목은 도시 명칭의 기원을 암시한다.

"그러나 삼니움족 역시 쫓겨났다." 스트라보는 이들이 쫓겨난 사정에 대해 굳이 설명할 필요를 느끼지 못했을 것이다. 왜냐하면 당시는 로마가 이탈리아 전역에서 한창 세를 키워가던 시기로, 로마는 인접한 지역에 지배권을 행사하던 이탈리아 중부의 작은 도시가 아니라 이탈리아 반도 전체, 나아가 지중해 전체의 패자로 승승장구하는 중이었다. 결국 기원전 4세기 후반 삼니움족과 로마는 캄파니아 지역에서 수차례 교전을 벌였고, 그 과정의 한순간 폼페이는 로마 역사에 '카메오'로 등장하기도 했다. 바로 기원전 310년 로마 함대 한 척이 폼페이에 상륙한 시기로, 병사들은 사르누스 계곡 근처까지 진군하여 폼페이 교외 지역을 파괴하고 약탈했다.

그 무렵의 전투에는 이탈리아의 여러 구세력이 연루되어 있었다. 즉 로마와 여러 삼니움족을 비롯하여 나폴리에서 세력을 키우고 있던 그리스, 북쪽의 에트루리아, 갈리아까지 포함된다. 그러나 그 어떤 세력도 로마를 상대로 낙승樂勝을 거두지는 못했다. 그런 와중에 기원전 321년 로마군에게 가장 굴욕적인 패배를 안긴 상대는 바로 삼니움족이었다. 삼니움족의 지략에 속은 로마군은 좁은 카우디움 협곡에 갇혀 항복을 선언했다. 당시 폼페이 사람들은 로마 함대를 타고 온 약탈자들을 상대로 항전했다. 로마의 역사가 티투스 리비우스에 따르면, 약탈품을 짊어진 로마 병사들이 배에 오르기 직전 주민들의 공격을 받아 몇 명이 죽고 물품을 빼앗겼다. 폼페이가 로마를 상대로 거둔 작은 승리였다.

하지만 언제나 그랬듯이 결국은 로마의 승리였다. 기원전 3세기 초 폼페이를 포함한 캄파니아 지방의 도시들은 싫든 좋든 로마의 '동맹국'이 되었고, 동맹국들은 지방 정부 내에서는 거의 완전한 독립을 유지할 수 있었다. 로마식 제도를 강요하거나 토착 이탈리아어 대신 라틴어를 쓰도록 요구하는 일은 없었다. 당시 폼페이에서 주로 쓰는 언어는 삼니움족의 지배를 받을 때와 마찬가지로 오스크어였다. 그러나 '로마 연합'의 일원이 된 후로는 로마군에 인력을 제공해야 했고, 전쟁과 평화 또는 동맹관계를 선택해야 하는 소위 '대외정책'에서는 로마의 방침을 따라야 했다.

이런 종속적인 관계는 여러 면에서 폼페이에 이득을 안겨주었다. 우선 기원전 3세기 말부터 놀라운 인구 증가를 보였는데, 당시 주거지가 대량 확장된 사실을 통해 이 사실을 유추할 수 있다. 그다음 목욕탕, 대경기장, 신전, 극장, 법원 등의 새로운 공공 건축물들이 들어서는 동시에 '목신의 집'처럼 웅대한 개인 저택도 많이 늘어나 도시의 풍경 자체를 크게 바꾸어놓았다. 폼페이가 진짜 '도시다운' 면모를 갖추기 시작한 것은 바로 이때였다. 왜일까? 기원전 3세기 말 한니발의 이탈리아 침략도 그중 한 원인일 것이리라. 카르타고가 알프스 산맥을 넘는 유명한 우회 전술로 압박해오자 캄파니아는 다시 주요 격전지가 되었다. 당시 로마에 충성한 집단도 있었으나 로마를 배신하고 적의 손을 잡았던 집단도 있었다. 예컨대 북쪽의 카푸아는 전향했다가 결국 로마의 포위 공격으로 끔찍한 대가를 치러야 했다. 반면 폼페이로부터 몇 킬로미터 떨어져 있는 누케리아는 로마 편에 서서 싸우다가 한니발의 호된 공격을 받아 도시가 완전히 쑥대밭이 되었다. 폼페이도 전쟁으로부터 안전할 수는 없었지만 다행히도 어느 쪽으로부터도 직접적인 공격을 받지 않았고, 그 덕분에 삶의 터전을 잃은 난민과 추방된 자들의 피난처가 되었을 것이다. 이로써 그 당시 주거구역이 급격히 증가하고 도시가 발전한 배경을 이해할 수 있다. 말하자면 전흔으로 얼룩진 로마의 암흑기에 폼페이는 뜻밖의 수혜자였던 셈이다.

동방에서 진행된 로마 제국의 지속적인 확장과 그에 따른 부의 축적 또한 폼페이의 급격한 성장에 기여했을 것이다. 오늘날 자유계약을 맺는 운동선수처럼 폼페이 등의 동맹 세력들이 로마의 정복 전쟁으로부터 제 몫을 챙길 수는 없었겠지만 그로 인한 이익은 확실히 공유했다. 전쟁터의 약탈품이나 전리품 같은 직접적인 이득은 물론이고 로마 세계의 확장으로 인한 간접적인 이득도 컸다. 우선 지중해 동쪽과 교역을 할 기회가 주어진 만큼 시장도 넓어졌으며, 그리스 세계의 다양한 기술을 비롯해 예술이나 문학 전통을 접할 수 있게 되었다.(이는 캄파니아 지역에 남아 있던 그리스 공동체가 제공하는 수준을 훨씬 넘어서는 것이었다.)

확실치는 않지만 (아마도 조각상 또는 화려한 금속 공예품이었을) 전리품 하나가 폼페이의 아폴로 신전 외부에 전시되었던 것만은 확실하다. 오스크어 명문에 따르면 이것은 기원전 146년 로마군과 동맹군이 그리스의 부유한 도시 코린트를 정복했을 때의 전리품으로, 당시 현역으로 활동 중이던 로마군 사령관 뭄미우스가 보낸 선물이었다. 한편 델로스 섬 같은 그리스 무역 중심지의 문헌에 보면 폼페이 사람들의 성姓이 등장하기도 한다. 물론 성이 같다고 해서 그들이 폼페이 출신이라고 단정 짓기는 어렵다. 그러나 적어도 폼페이 상류층의 식탁은 동방 세계와의 무역에 따른 영향을 확실히 보여주고 있다. 헤르쿨라네움 성문 근처의 주택 지구를 연구한 고고학자들은 그곳에서 발견된 씨앗, 양념, 식료품 등의 '미세 흔적들'을 모아 꼼꼼히 조사한 결과 기원전 2세기부터는 후추와 커민 등 머나먼 동방에서 들여온 양념과 향신료를 사용하여 한층 다양한 식생활을 영위했다는 결론을 얻었다. 또한 '목신의 집'을 폼페이의 전형적인 주택으로 단정할 수는 없지만 그 안에서 발굴된 모자이크 작품들, 특히 걸작으로 꼽히는 알렉산드로스 모자이크는 수준 높은 그리스 예술의 영향을 보여주고 있다.

요컨대 기원전 2세기 무렵 폼페이는 로마와의 관계로부터 상당한 혜택을 입어 하루가 다르게 번영하는 공동체였다. 그러나 당시 폼페이 사람들은 로마의 동맹자였을 뿐 로마인은 아니었다. 결과적으로 폼페이는 전쟁이라는 수단에 호소한 뒤에야 진정한 로마 도시로서의 특권과 지위를 누릴 수 있었다.

# 로마 되기

기원전 91년 이탈리아 내의 소키우스socius, 즉 동맹시同盟市들이 로마에 대항하는 소위 '동맹시 전쟁'을 벌였다. 폼페이도 그 동맹시의 일원이었다. 오늘날의 시각에서 보면 동맹시 전쟁은 상당히 특이한 반란이다. 그동안 이 전쟁의 동기에 대한 논쟁이 끊임없이 있었으며, 가장 유력한 주장은 그들이 로마의 지배에서 벗어나려는 것이 아니라 오히려 로마라는 '클럽'의 정회원이 되지 못한 데 대한 분노였다는 것이다. 즉 동맹시들은 로마 시민권을 원했고, 로마 시민권에 수반되는 보호, 힘, 영향력, [지방 정부에 한정된 것이 아닌] 로마 자체에서의 투표권을 원했다. 잔혹함으로 악명 높았던 동맹시 전쟁은 한때 로마와 한편이었다는 관계를 감안할 때 사실상 내전이었다. 결국 막강한 힘의 우위를 자랑하는 로마의 승리는 그리 놀랄 일도 아니지만 어떤 관점에서는 동맹시들의 승리로 볼 수도 있다. 전투에서는 졌으나 원하던 것을 얻었기 때문이다. 반란에 동조했던 일부 동맹시는 로마가 시민권을 제안하자 바로 백기를 들었고, 일부 도시는 끝까지 저항하다가 로마에 제압되었으나 이 도시들에도 로마 시민권이 주어졌다. 이때 비로소 이탈리아 반도 대부분의 도시는 진정한 의미에서 로마가 될 수 있었다.

동맹시 전쟁 당시인 기원전 89년, 폼페이를 포위하여 점령한 이는 바로 유명한 루키우스 코르넬리우스 술라 장군이다. 술라는 훗날 (짧은 기간이었지만) 수도 로마에서 잔인한 독재자로 악명을 떨친 인물이기도 하다.(기원전 82~기원전 81년까지 술라는 500명이 넘는 반대파 부유층의 목에 현상금을 걸었고, 스스로 자결한 사람들을 빼고는 끝까지 추적해 잔인하게 처형했다.) 술라의 전기를 썼던 플루타르코스가 지적했듯이 당시 술라가 이끄는 군대에는 10대 후반의 마르쿠스 툴리우스 키케로도 있었다. 키케로가 화려한 정치 경력을 시작하는 시점, 즉 신진 웅변가와 라틴어를 배우는 학생들에게 '필독 교재'가 된 로마 법정에서의 멋진 변론을 펼치기까지는 아직 많은 시간이 남아 있었다.

폼페이 유적지 곳곳에는 당시 술라가 남긴 흔적을 찾아볼 수 있다. 수많은 납 탄환과 투석기로 날린 (로마 시대 포탄에 해당되는) 둥근 돌들이 유적지에서 발견되고 있다. 지금도 도시 성벽에는 수비진을 겨냥했으나 목표에 미치지 못하고 성벽에 박힌 탄환 구멍들을 볼 수 있다. 도시 내에서는 북쪽 성벽 근처에 있는 집들의 피해가 컸다. '베스타 여사제의 집'(이곳이 베스타 여신을 모시는 처녀 여사제들의 거주지였다는 주장이 18세기에 제기되어 붙은 명칭)은 특히 심각한 피해를 입었다. 하지만 부유한 주인은 전쟁으로 인한 혼란과 파괴마저도 본인에게 유리한 방향으로 활용할 줄 아는 인물이었다. 그는 전쟁의 와중에 인근 토지를 손에 넣었고, 결과적으로 이전보다 훨씬 더 큰 규모의 집을 재건축한 것으로 보인다. 그러나 2000년 가까운 세월이 흐른 뒤인 1943년 9월, 공교롭게도 '베스타 여사제의 집'은 연합군의 폭격으로 다시금 전쟁의 제물이 되었다. 그로 인해 이 집에서는 로마 시대 투석기 탄환과 더불어 현대의 포탄 파편들도 발견되고 있다.

폼페이 주민들이 로마군의 집중포화에 얼마나 필사적으로, 또 얼마나 길게 저항했는지는 알 길이 없다. 그러나 길모퉁이에 오스크어로 쓰인 안내문들을 보면 폼페이 사람들이 로마군의 공격에 어떻게 대비했는지에 대한 약간의 힌트를 얻을 수 있다. 술라의 포위 공격 시기에 작성된 이 안내문들은 이후 여러 차례 덧칠한 회반죽 속에 보존되어 있다가 덧칠이 떨어져나가면서 드러난 것으로 보인다. 번역이 완벽하진 않지만, 방위군에게 정확히 어디로 집결해야 하며("열두 번째 망루와 소금 문 사이"), 누구의 지휘를 받아야 하는지("책임자는 비비우스의 아들 마트리우스")를 지시하는 내용이다. 이러한 해석이 옳다면 방위군은 상당히 조직화되어 있었으며 긴급 상황에서 글로 지시를 내리는 게 가능할 만큼 문자 보급률이 높았다는 사실을 알 수 있다. 주민들뿐만 아니라 외부에서도 폼페이를 도왔다. 동맹시 전쟁에 대한 고대 기록에는 반란군 장군 루키우스 클루엔티우스가 폼페이를 [로마군으로부터] 해방시킨 이야기가 담겨 있다. 루키우스는 초기 소규모 접전에서 승리를 거두었지만 술라가 돌아오자 결정적인 패배를 당해 쫓기는 신세가 되었고, 술라는 반란군의 본거지인 놀라까지 쫓아가서 무려 2만 명의 목을 베었다.(믿을 만한 수치는 아니지만 기록상으로는 그렇다.) 이내 폼페이도 함락되고 말았을 것이다.

패배의 과정에서 폼페이는 여느 동맹시와는 달리 무자비한 복수극을 비켜갔다. 그러나 전쟁이 끝나고 폼페이 사람들이 로마 시민권을 부여받은 지 10년이 안 되었을 무렵 술라로부터 다른 방식의 복수를 당하게 되었다. 그리스에서 장기간 전쟁을 치르고 귀향한 퇴역 병사들에게 정착할 공간을 제공하기 위해 술라는 일부 병사를 폼페이로 이주시킨 것이다. 병사의 수는 줄잡아 2000명이나 되었고 그들의 가족까지 더해졌다면 폼페이의 인구는 한순간에 50퍼센트나 증가했을 것으로 짐작된다. 퇴역 병사들의 이주로 인한 영향은 단순한 인구 증가에 그치지 않았다. 이제 폼페이는 공식적으로 로마의 '식민 도시'가 되었고 그에 따라 지방 정부도 개편되었다. 이때 매년 선출하는 지방 정부 관리의 이름과 임무도 바뀌었다. 오스크어로 '메딕스 투티쿠스'라 불리던 최고 행정관이자 사법관은 두 명의 '두오비리 이우레 디쿤도', 글자 그대로 해석하자면 '법을 공표하는 두 사람'으로 교체되었다.

도시의 명칭 역시 새로운 위상을 반영하는 식으로 바뀌었다. 이후 폼페이의 공식 명칭은 '콜로니아 코르넬리아 베네리아 폼페이아나Colonia Cornelia Veneria Pompeiana'로서 '코르넬리아'는 술라의 성 코르넬리우스에서 가져온 것이고 '베네리아'는 술라의 수호 여신인 베누스에서 가져온 것이다. 결국 폼페이는 (영어는 물론이거니와 라틴어로도 길고 복잡한) '베누스 여신의 성스러운 보호를 받는 코르넬리우스 집안의 식민도시 폼페이'로 바뀌었다. 도시 명칭이 말해주듯 이제 폼페이의 공식 언어는 라틴어가 되었다. 서기 79년까지 일부 주민은 사적인 자리에서 오스크어를 사용했겠지만 그 빈도수는 그동안 계속해서 감소했을 것이다. 말하자면 이들 소수만이 도시 여기저기 남아 있던 오스크어 명문을 해독할 수 있었으리라. 베수비오 화산 폭발로 인해 도시가 매몰되기 직전에도 유곽의 손님으로 추정되는 한 남자는 벽 위에 오스크어 알파벳으로 자기 이름을 남겼다.

요즘 흔히 쓰이는 용어로, '식민지 개척자들colonists'은 폼페이의 외관을 변화시켰다. 우선 초대 두오비리 2인의 후원으로 중앙광장 근처에 대형 공중목욕탕이 들어서고, 새로운 증기탕이 들어서거나 다른 목욕탕들이 수리되었다. 가장 극적인 변화는 동남쪽 귀퉁이의 주택을 허물고 그 자리에 세운 원형경기장으로, 전 세계 석조 원형경기장 가운데 가장 오래된 것이다. 중앙 출입구 위에 새겨진 명문을 살펴보면 원형경기장 역시 또 다른 두 명의 이주자가 베푼 후원으로 지어졌음을 알 수 있다. 또한 그들은 개인 재산을 내놓은 것은 아니지만 '오데온Odeon'이라 불리는 실내 소극장의 신축 공사도 후원했다. 부유한 이주민 귀족 중 한 명인 카이우스 퀸크티우스 발구스는 아마도 라틴어 문헌에 짧게 등장하는 푸블리우스 세르빌리우스 룰루스의 장인 '발구스'와 동일 인물일 가능성이 크다. 룰루스는 로마 빈민에게 무료로 농지를 나눠주자는 농지 개혁안을 발의한 인물로, 키케로가 '룰루스 법안에 대한 반론'이라는 세 번의 연설에서 룰루스를 향해 인신공격에 가까운 독설을 퍼부은 덕분에 더욱 유명해졌다. 키케로의 비난이 절반이라도 사실이라면 폼페이 원형경기장 건설에 자금을 댄 발구스는 이타심 충만한 후원자가 아니라 술라의 공포정치 기간에 로마에서 지저분한 방식으로 상당한 재산을 긁어모은 인물일 것이다.(어쩌면 양쪽 다일 수도 있다.)

유입된 이주민이 구체적으로 어느 곳에 정착했는지는 분명하지 않다. 도시 안에 특별히 '이주민' 구역으로 여길 만한 흔적은 눈에 띄지 않는다. 최근에는 이주민들이 도심보다는 주로 교외 지역에 저택과 토지, 소규모 농지, 화려한 별장 등을 확보했을 것이라는 주장이 제기되었다. 이러한 섭근은 골치 아픈 문세를 해결하기에 편리한 방법이기는 하지만 어디까지나 부분적이고 불완전한 해답일 뿐이다. 이주민 가운데 일부는 확실히 성벽 안에 거주했기 때문이다. 일반 사병 출신들은 다소 버거웠겠지만 부유한 이주민의 거주지 우선순위는 ('금팔찌의 집'을 비롯한) 해안가에 다층으로 건설된 '전망 좋은' 집들이다. 이런 집들은 성벽 바로 너머에 자리 잡고 있는데, 폼페이가 평화로운 로마 세계의 일부로 편입된 후로 성벽의 전략적 가치는 사라졌을 것으로 보인다. 이들 해안가 주택은 해수면으로부터 가파른 경사를 이루는 언덕 위에 지어져 있으며, '목신의 집'과 별 차이가 없을 만큼 넓은 저택들도 있다. 넓은 창문과 발코니가 딸린 호화로운 거실이 바다를 향하고 있어 해변과 바다의 아름다운 풍경을 감상할 수 있었으리라.(사진 15) 안타깝게도 현재 이 집들은 제한적으로 개방되고 있어 아무 때나 들어갈 순 없다. 그러나 파노라마처럼 펼쳐지는 풍경은 말할 것도 없고 복층 구조, 미로 같은 복도와 계단 등의 수준을 본다면 로마 주택에 대한 기존의 견해는 바뀔 수밖에 없다.(누가 로마인들은 풍경에 무관심하다고 했던가.) 이 건물들은 당시 폼페이에서 최신식 주택에 속했을 것이다.

여러 측면에서 이주민의 유입은 '로마화'를 유발했다기보다는 이미 진행되고 있던 '로마화'에 가속도를 더했다고 보는 편이 옳을 것이다. 한 예로, '목신의 집' 특유의 모자이크가 나중에 삽입된 것이 아니라면 기원전 2세기에 이미 집주인은 라틴어 인사말(HAVE)로 손님을 맞고 있었다. 또한 1세기 초반 공공 건축물의 건설 붐은 이주민들이 주도했을 것이라는 게 일반적인 견해지만 이전부터 그러한 현상이 있었을 가능성도 배제할 수 없다. 실제로 명문으로 명확히 표기되어 있지 않는 한 공공 건축물은 건설 연대를 정확히 알 수 없다. 건물들 가운데 다수가 이주민들의 작품이라는 주장이 맞다 해도 이런 논쟁은 일종의 '순환논증'에 가깝다.(이주민들은 건축에 열성적이었다, 따라서 기원전 1세기 초의 모든 건물은 이주민의 작품이다, 이는 이주민이 건설에 열성적이었음을 의미한다.) 예를 들어 중앙광장 한쪽 귀퉁이를 차지하고 있는 유피테르·유노·미네르바 신전이 이주민의 작품인지, 로마 이전에 유피테르 신을 모시는 신전으로 지었다가 나중에 로마의 3대 신을 모시는 신전으로 바뀐 것인지는 아직까지도 논쟁거리다.(최근 어느 고고학자는 측정 단위가 '로마 피트'

로 간주되는 것으로 보아 로마 시대의 건축이라고 주장했다.) 이전부터 로마의 영향력이 서서히 깊어졌다는 사실을 감안한다면 당연한 현상이었겠지만 '로마 이전'의 폼페이에는 이미 '자발적 로마화'가 진행되고 있었을 것이다.

'자발적 로마화'가 옳다 해도 이 관점에 치우치면 식민 초기 로마 출신의 이주민과 오스크어를 쓰는 원주민 사이의 갈등이 과소평가될 우려가 있다. 초기의 갈등은 어느 정도 문화적 충돌에 따른 현상이었을 것이다. 이와 관련하여 일부 현대 역사가들은 연극 감상을 즐기던 교양 있는 폼페이 사람들이 원형경기장에서 잔인한 검투사 경기를 즐기는 퇴역 병

15. 도시 서쪽 끝 옛 성벽 위에 위치한 '파비우스 루푸스의 집'은 바다가 보이는 멋진 전망을 뽐내고 있다. 대형 창문과 테라스를 비롯하여 최대한 바다 풍경을 감상할 수 있도록 설계되었다.

사들의 야만적인 문화를 받아들이기 어려웠을 것으로 설명하지만, 개인적으로는 이 견해에 동조하지 않는다. 이런 주장은 폼페이 원주민들에게 지나치게 관대하고 퇴역 병사들에게 인색한 것으로, 양쪽을 공평하게 보지 않았다는 비난을 면키 어렵다. 그보다 중요한 것은 이민자들이 한동안 원주민들을 배제하는 방식으로 마을의 정치권력을 장악했다는 사실이다.

폼페이 유적지와 출토 유물에서 이런 배제의 흔적을 확인할 수 있다. 로마의 식민도시가 되고 초기 수십 년 동안 도시를 통치한 선출직 관리들의 이름을 보면 하나같이 로마계 성만 보이고 그 지역에 대대로 살았던 오스크계 성은 전혀 보이지 않는다. 원형경기장 건설을 기념하는 명문에도 발구스와 다른 기부자 한 명이 공동으로 '식민지 주민'에게 기부한다고 적혀 있다. 물론 '식민지 주민'이라고 하면 원칙적으로 '콜로니아 코르넬리아 베네리아 폼페이아나'에 사는 모든 주민을 의미하는 것이겠으나 식민 초기에 이전 원주민까지 포함한 것으로 보기는 어렵다. 실제로 기원전 62년 로마에서 키케로가 펼친 연설을 보면 '식민지 주민'과 '폼페이 사람'이 서로 대립하는 별개의 집단으로 취급되고 있다.

당시 키케로는 루키우스 세르기우스 카틸리나와 손을 잡고 정권의 전복을 꾀했다는 혐의를 받고 있는, 독재자 술라의 조카인 푸블리우스 술라를 변호하고 있었다. 로마 귀족 가문의 불운한 혁명가였던 카틸리나는 로마 공화정 전복을 계획했다가 발각되어 그해 초 토벌군의 손에 죽음을 맞았다. 그런데 반대파들은 20년 전 푸블리우스 술라가 폼페이 식민도시 건설을 책임졌던 이력을 빌미로 그가 카틸리나의 음모에 폼페이 사람들을 끌어들였다고 주장했다. 어찌 보면 그럴 법한 주장을 반박하는 과정에서 키케로는 로마 청중에게 당시 폼페이의 정치적 상황을 설명하는데, 그 내용은 폼페이 내의 '식민지 주민'과 '폼페이 사람' 사이에 발생한 갈등 및 분쟁에 초점을 둔 매우 길고도 복잡한 변론이었다. 키케로는 (믿거나 말거나) 부분적으로 술라의 개입 덕분에 폼페이의 갈등이 해결되었으며, 술라의 지원으로 이후 양쪽 집단이 로마에 대표단을 파견하게 되었다고 했다.(이때까지도 폼페이는 통합 대표단이 아니라 각각의 대표단을 파견했다는 사실에 주목할 필요가 있다.) 그렇다면 양쪽 집단은 구체적으로 어떤 사안으로 갈등했을까? 변론에서 키케로는 '선거'와 '암불라티오ambulatio'에 관한 폼페이 사람들의 불만을 언급하고 있지만 그 내용은 명확하지 않다. 라틴어인 '암불라티오'는 산책 또는 산책 장소로서의 '포르티코portico[기둥으로 받쳐진 지붕이 있는 현관]' 등 다양한 의미로 사용되는 단어다.

'선거'에 대한 갈등이 무엇이었을지는 충분히 짐작할 수 있다. 키케로의 암시와 식민 초기 지방관에 현지인의 이름이 보이지 않는 상황을 종합할 때 새로운 정치 질서는 분명 원주민들에게 불리했을 것이다. 폼페이의 원주민이 선거에서 완전히 배제되었다고 주장하는 학자도 있지만 그와 같이 극단적인 방식이 아니라도 특정 집단에 불이익을 주는 일은 충분히 가능했을 것이다. 그러나 '암불라티오'와 관련된 갈등이 무엇이었는지 알아내기는 쉽지 않다. 그래서인지 창의성이 돋보이는 다양한 견해가 제시되었다. 예컨대 폼페이 사람들이 도시를 돌아다닐 권리를 제한했던 것은 아닐까?('암불라티오'를 '산책'이라는 의미로 본 것이다.) 폼페이 사람들의 출입이 금지된 포르티코가 있었으며, 이를 위반한 사람들로 인해 갈등이 빚어진 것은 아닐까? 키케로가 말한 암불라티오는 발음이 비슷한 '암비티오', 즉 '뇌물'이나 '부패 관행'이 아니었을까?(실제로 해당 변론을 기록한 다른 필사본에는 그렇게 적혀 있다.) 그렇다면 결과적으로 이것은 선거제도의 문제점을 지적한 것으로 봐야 하지 않을까?

솔직히 이 부분에는 풀리지 않은 의문이 많다. 그러나 어떤 추정이든 간에 한 가지는 분명해 보인다. 20년 정도 흐른 뒤 사라졌던 원주민들의 이름이 지방 정부에 다시 등장한 것으로 보아 이들의 갈등이 일시적이었을 수도 있지만, 폼페이가 로마 도시로 편입된 초기에 원주민들의 생활은 그리 편치 않았을 것이라는 점이다.

# 로마 세계 안의 폼페이

로마 세계에서 폼페이는 존재감 미미한 벽지僻地였다는 것이 기존의 통념이다. 그나마 폼페이라는 이름이 알려진 주된 계기는 생선 소스, 즉 가룸 생산 때문이었다. 대 플리니우스도 가룸 이야기가 나오자 "폼페이 역시 가룸으로 유명하다"는 언급을 빼놓지 않았다. 실제로 곳곳의 발굴 현장에서 출토된 독특한 도기 단지들은 폼페이에서 만든 가룸이 캄파니아 전역에서 활발하게 판매되었다는 사실을 뒷받침해주고 있다. 심지어 폼페이산 가룸을 담았던 단지가 멀리 갈리아 지방[지금의 북이탈리아, 프랑스, 벨기에 일대]에서도 발견되었다. 물론 단지 하나만 가지고 폼페이의 가룸이 갈리아 지방으로 활발히 수출되었다고 보는 것은 위험하다. 여행 중인 어떤 폼페이 사람이 가져간 것일 수도 있고 폼페이 방문자가 기념품으로 구입했을 수도 있기 때문이다. 가룸 다음으로 유명한 것은 포도주다. 당연히 다양한 종류가 있었고 평이 좋은 제품도 있었지만, 대 플리니우스는 현지의 싸구려 포도주를 마셨다가는 이튿날 대낮까지 숙취에 시달릴 우려가 있다고 경고했다.

폼페이 사람들은 로마 역사에서 굵직한 사건들이 펼쳐지는 동안에도 그리 큰 타격 없이 일상을 이어갔다는 것이 일반적인 견해다. 당시 로마는 자유민주주의 성향을 지녔던 로마 공화정이 붕괴된 이후로 독재정치와 더불어 여러 차례 내전이 일어났고, 모든 권력이 황제 한 명에게 집중되는 시대가 아우구스투스(재위 기원전 31~서기 14)에 의해 열리면서 내전이 종식되었다. 이후 차례로 즉위한 황제들을 보면, 아우구스투스와 (서기 69년 또 한 차례 내전이 벌어진 다음 제위에 오른) 베스파시아누스 같은 인물은 청렴하고 자애로운 전제군주라는 명성을 얻은 반면 칼리굴라(재위 서기 37~41)나 네로(재위 서기 54~68) 같은 인물은 미치광이 폭군으로 비난과 조롱의 대상이었다. 중요한 역사적 사건의 무대는 대개 폼페이로부터 상당히 떨어져 있었지만 가끔은 그리 멀지 않은 곳에서 불안이 야기되기도 했다. 식민 도시가 세워지고 얼마 지나지 않은 기원전 70년대 말에 스파르타쿠스가 이끄는 노예 반란군이 베수비오산으로 숨어들어 분화구에서 지낸 사건이 대표적이다. 비록 기간은 짧았지만 도시 북쪽으로 몇 킬로미터밖에 안 되는 곳이었기에 불안할 수밖에 없었다. 폼페이 어느 주택에서 발견된 조악한 그림에는 오스크어로 '스파르타쿠스'라고 적힌 말을 타고 싸우는 남자의 그림이 그려져 있다.(나중에 다른 그림으로 여러 차례 덧칠한 흔적도 있다.) 이에 대해 당시의 사건을 기록한 그림으로 보는 시각도 있지만 그보다는 검투사 경기 장면을 표현한 그림일 가능성이 더 크다.

 역시 드문 일이지만 폼페이가 수도 로마에 영향을 끼치고 문헌에 족적을 남긴 경우도 있다. 자연재해와 서기 59년에 발생한 사건이 그 사례다. 서기 59년의 사건이란 검투사 경기 도중 분위기가 격앙되어 폼페이 주민과 인근 누케리아 '원정 응원단' 사이에 벌어진 유혈 충돌을 말하는데, 결과적으로 적지 않은 사람이 다치거나 목숨을 잃었다. 당시 사망자들의 가족과 부상자들의 원성이 네로 황제에게 전달되기도 했으나 전반적으로 폼페이의 일상은 수도 로마의 생활이나 문화에 깊은 인상을 남기지 않고 흐릿하게 흘러갔다고 말할 수 있다. 역으로 폼페이는 국제정치나 수도에서 일어나는 엘리트 계층의 음모 및 계략에 별 영향을 받지 않고 평온하게 지냈다고 말할 수 있다.

실제로 키케로는 지루할 정도로 평온한 폼페이의 정치에 대해 농담을 하기도 했다. 당시 키케로는 율리우스 카이사르가 정식 선발 절차를 무시하고 자신이 총애하는 이들을 원로원 의원으로 임명한 것을 비판하면서, 로마에서는 원로원 의원이 되기 쉽지만 "폼페이에서는 어렵다"고 했다. 키케로의 이 언급에 대해 일부 학자는 폼페이의 정치판이 전쟁터를 방불케 할 만큼 치열했으며 심지어 수도인 로마보다 더 뜨거웠던 증거라고 해석하지만 이는 키케로의 반어법을 간과한 결론이다. 키케로의 말은 가장 쉬울 것으로 상상되는 어떤 일보다 더 쉬우니 말이 안 된다는 뜻으로, 이를테면 "산골 마을 면장 되기보다 국회의원 되기가 더 쉽다"는 식의 빈정거림이었다.

고대 로마 세계에서 폼페이가 차지하는 빈약한 지위에 대해 고고학자들은 상반된 반응을 나타내고 있다. 대다수는 세세한 부분까지 온전하게 보존된 로마 도시는 폼페이가 유일하다면서 이런 도시가 로마의 주류적 생활, 역사, 정치와 거리가 멀었다는 사실을 아쉬워한다. 그러나 일부 학자는 폼페이가 고대에 특별한 도시가 아니었다는 사실을 다행스럽게 여기고 있다. 이는 일반적으로 역사가 주목하지 않는 곳의 옛 흔적을 폼페이가 보여준다는 점에서 일종의 '보너스'로 간주한 것이다. 아무튼 폼페이에는 사람을 현혹하고 기만하는 할리우드 스타일의 화려한 매력 따위는 없다.

그렇다고 해서 폼페이가 완전히 존재감 없는 촌구석이었던 것은 결코 아니다. 물론 폼페이는 수도 로마가 아니었고, 키케로의 말대로 폼페이에서의 정치활동은 치열한 경쟁이 벌어지는 수도와는 딴판이었을지도 모른다.(이에 대해서는 6장에서 상세히 살펴볼 예정이다.) 물론 폼페이는 여러모로 평범한 곳이었다. 그러나 로마 시대 이탈리아의 평범한 지방 도시들은 수도 로마와 긴밀한 관계를 유지했다는 특징을 지니고 있다. 로마 최고위층과 후원, 지원, 보호 등의 유대관계를 맺는 경우도 종종 있었다. 예를 들어 폼페이 마르켈루스 조각상에 새겨진 명문은 아우구스투스 황제의 총애를 받았던 조카이자 후계자인 마르켈루스가 폼페이의 '파트로네스', 즉 후원자였음을 보여준다. 따라서 지방 도시의 역사는 수도 로마의 역사와 밀접한 관련이 있었고, 수도에서 발생하는 정치 드라마가 지방에서 재연되는 경우도 많았다. 또한 지방 도시의 성공, 문제, 위기 등이 해당 지역을 넘어서 수도에까지 영향을 끼치기도 했다. 오늘날의 정치 용어로 표현하자면 로마 시대의 이탈리아는 일종의 '연합 공동체'였다.

폼페이에서 로마까지의 거리는 240킬로미터에 불과했으며 도로도 잘 정비되어 있었다. 전령이 원활하게 말을 갈아탈 수 있다면 긴급한 전갈은 하루 만에 폼페이에 전달되었다. 전령이 보통 속력으로 달린다면 사흘이 걸리고 꾸물거린다 해도 일주일이면 충분했다. 폼페이는 수도에서 쉽게 갈 수 있는 지방이었을 뿐만 아니라 로마 상류층과 측근들이 이 도시를 찾을 만한 충분한 배경도 있었다. 나폴리 만은 지금이나 그때나 휴식을 취하기에 가장 좋은 호사스런 '별장지'로, 폼페이는 녹음이 우거진 숲속 별장과 더불어 바다를 굽어보는 전망 좋은 집이 큰 인기를 얻고 있었다. 만을 사이에 두고 폼페이와 마주하고 있는 바이아이(지금의 바이아) 역시 기원전 1세기 무렵 상류층 휴양지의 대명사로 간주되곤 했다. 잘은 몰라도 지금으로 치면 프랑스 남부 지중해 연안의 휴양지로 유명한 생트로페 정도가 아니었을까 싶다. 앞서 키케로가 동맹시 전쟁 당시 폼페이 포위 공격에 신참으로 참가했다고 언급했지만 키케로와 폼페이의 인연은 그것이 전부가 아니었다. 25년 뒤에 키케로는 '폼페이 지방에'(그의 재력으로는 다소 벅찼을 법한) 시골 별장을 마련하여 수도 로마를 벗어난 일종의 도피처로 활용했다. 기원전 49년 율리우스 카이사르와 폼페이우스의 내전을 앞두고 어느 편에 설지 망설이는 동안에도 이곳은 그에게 좋은 도피처가 되어주었다. 18세기 학자들은 헤르쿨라네움 성문 바로 밖에 넓은 부지를 차지하고 있는 건물이 키케로의 별장일 것으로 확신했다.(전면사진 1) 그러나 키케로가 자신의 '폼페이 저택'에 대해 말한 모든 내용과 원했던 바를 꼼꼼히 분석했을 때 이는 안타깝지만 잘못된 확신이 아닐까 싶다.

20세기 폼페이 인근 지역에서 다른 고위층의 부동산이 확인되자 학자들은 적잖이 흥분했다. 그 고위층 인사란 바로 네로 황제의 두 번째 아내 포파이아다. 포파이아는 네로가 그녀와 결혼하기 위해서 어머니와 왕비 옥타비아를 차례로 살해한 사건으로 유명세를 얻은 미녀인데, 얄궂게도 그녀 자신도 남편 손에 죽었다. 물론 포파이아의 죽음은 네로가 의도한 것이 아니라 부주의한 결과였다.(네로가 임신한 포파이아의 배를 걷어찼지만 죽일 속셈으로 한 행동은 아니었다.) 키케로의 경우도 마찬가지지만 포파이아가 폼페이 지역에 부동산을 소유하고 있었다는 증거는 확실하다. 이 경우 인근 도시 헤르쿨라네움에서 발견된 법률 문서 안에 '포파이아 왕후'를 '폼페이 지역' 건물의 소유자로 표현한 기록들이 있기 때문이다. 어쩌면 포파이아의 집안이 폼페이에 소재했을 가능성도 있으며, '메난드로스의 집'이 포파이아 집안의 소유라는 설도 제기되었다. 포파이아의 (좋지 않은) 성격과 출신을 언급한 고대 기록 어디에도 이를 뒷받침할 직접적인 증거는 없지만 헤르쿨라네움에서 나온 문서와 폼페이 내에 '포파이이Poppaei'라는 유력 가문이 있었다는 여러 증거를 종합해보면 포파이아가 폼페이 출신이라는 주장은 상당히 신빙성 있어 보인다.

포파이아 이야기는 그 자체로 폼페이와 로마 상류층의 끈끈한 관계를 말해주기에 충분하다. 그럼에도 폼페이에 있을 포파이아 관련 유적을 찾고 싶은 유혹을 떨치기는 쉽지 않다. 그렇기 때문에 더없이 냉철하다는 평가를 받는 고고학자들조차도 빈약한 근거를 토대로 갖가지 추정을 내놓는 실정이다. 유력한 후보지는 오폴론티스(폼페이로부터 대략 8킬로미터 떨어져 있는 현재의 토레 아눈치아타 마을)에 있는 거대한 별장 부지로, 지금은 '빌라 포파이아'라 불린다. 왕실 소유라 해도 손색이 없을 만큼 당당한 규모로 보아 가능성이 없지는 않지만 '빌라 포파이아'라는 명칭을 뒷받침할 만한 증거는 초라하다. 사실 포파이아나 네로와 관련되었다고 보기 애매한 두어 개의 모호한 낙서가 전부이기 때문이다. 그중 하나가 빌라 벽에 새겨진 '베릴로스'라는 이름이다. 베릴로스는 흔한 그리스 이름으로, 이 낙서 속의 베릴로스가 유대인 역사가인 요세푸스의 글에서 네로의 노예로 등장하는 그 베릴로스일 수도 있지만 아닐 가능성도 결코 무시할 수 없다.

로마 역사 서술 가운데 폼페이에 관한 가장 유명한 것은 낭연히 베수비오 화산 폭발이고, 그다음은 59년 원형경기장에서 일어난 폭동일 것이다. 그런데 당시 폭동을 설명한 역사가 타키투스의 글을 보면 폼페이와 로마 사이에 다른 종류의 관계들이 보인다.

비슷한 시기, 똑같이 로마 식민지인 폼페이와 누케리아 사람들 사이에 벌어진 소규모 충돌이 끔찍한 유혈 사태로 번졌다. 그 발단은 리비네이우스 레굴루스가 후원하는 검투사 경기로(리비네이우스가 원로원에서 제명된 이야기는 앞서 소개했다), 과열된 경쟁 분위기가 문제였다. 비방과 욕설에서 시작된 싸움이 돌팔매질로 이어지더니 결국 사람들은 검을 빼들었다. 경기가 폼페이에서 진행되고 있었기 때문에 아무래도 폼페이 사람들이 유리했다. 상처로 얼룩진 누케리아 사람들의 시체가 로마로 이송되자 자녀 또는 부모를 잃은 슬픔에 빠진 이들은 로마로 달려갔다. 황제는 원로원에 문제 해결을 지시했고, 원로원은 다시 집정관에게 조사를 맡겼다. 이후 문제는 다시 원로원에 회부되었다. 원로원은 향후 10년 동안 폼페이 사람들의 공공 집회를 금지하는 한편 폼페이 내의 불법 단체를 모두 해산하도록 했다. 리비네이우스를 비롯해 문제를 일으킨 사람들은 추방의 벌을 받았다.

리비네이우스와 함께 추방된 사람들 중에는 폼페이의 현직 두오비리 두 명도 포함되어 있었다. 장담할 순 없지만 59년에 2인 연대직인 두오비리의 이름이 네 명이나 등장하는 사실로 보아 꽤 타당한 추론이다.

당시 사건을 더욱 유명하고 잊지 못하게 만드는 것은 바로 지금까지 남아 있는 그림이다.(사진 16) 대외 강경론자들의 뉘우침이 부족했던 탓일까? 어떤 이유에서인지 화가는 악명 높은 59년 사건을 주제로 택했다.(화가의 선택이 아니라 누군가의 지시를 받았을 가능성도 있다.) 얼핏 보면 경기장에서 싸우는 이들은 검투사 같지만 실제로는 폭동에 사로잡힌 폼페이와 누케리아 사람들일 것이다. 그림을 보면 원형경기장 건물 밖에서도 싸움이 벌어지고 있다.

로마 검투사 문화에 관한 것이라면 사족을 못 쓰는 현대인들에게 당시 검투사 경기 도중에 발생한 유혈 충돌은 큰 관심거리일 수밖에 없다. 그러나 타키투스의 설명에는 죽고 죽이는 유혈 사태로 비화된 검투사 경기에 대한 생생한 묘사 이상의 것이 있다. 타키투스에 따르면 문제의 검투사 경기는 실각한 로마 원로원 의원, 즉 몇 해 전 원로원에서 제명된 사람이 주최한 것이었다.(안타깝게도 타키투스의 '몇 해 전' 이야기 부분은 현재 남아 있지 않다.) 이는 수도 로마에서 미움을 받아 쫓겨난 재력가가 자선을 베풀고 대접받을 장소로 폼페이를 택했다는 뜻이 된다. 그렇다면 폭동이 촉발된 것은 논란의 소지가 있는 경기 후원자의 떳떳하

16. 서기 59년 원형경기장에서 일어난 폭동을 묘사한 그림이다. 왼쪽에는 가파른 외부 계단, 경기장 위의 차양, 밖에 늘어선 노점들까지 원형경기장의 모습이 상세히 묘사되어 있다. 오른쪽을 보면 원형경기장 옆의 대운동장, 즉 팔라이스트라까지 싸움이 번졌음을 알 수 있다.

지 못한 부분과 관계가 있지 않을까. 또한 필요한 경우 지방 사람들은 로마 중앙 정부의 관심을 촉구할 수 있었다고 타키투스는 말하고 있는데, 폭동 이후의 경과를 보면 누케리아 주민들이 수도 로마로 가서 황제가 직접 대책 마련에 나서도록 (어떻게 황제를 만났는지는 소개되어 있지 않지만) 압력을 넣었음이 분명하다. 이런 경우 수도 로마에 있는 (폼페이의 마르켈루스 같은) 후원자, 즉 '파트로네스'가 개입하여 지역 대표단과 황제나 중앙 정부 고위층과의 접견을 주선하고 황제나 고위층 대신 직접 사건을 맡아 처리했을 가능성이 높다. 말하자면 이탈리아 지방 문제는 수도 로마에서도 중요하게 취급되었고, 최소한 원칙적으로는 지역 대표단의 황제 알현이 허용되었다.

이런 식의 대표단 파견은 이후 다른 황제가 폼페이의 사안에 개입하게 된 배경이 되었을 것이다. 폼페이 성문 밖에서 발견된 어느 명문을 보면 베스파시아누스 황제의 대리인인 로마군 장교 티투스 수에디우스 클레멘스가 "개인 용도로 전용된 공유지를 조사하고 폼페이 시에 돌려주었다"는 기록이 있다. 로마 시대에는 개인이 불법으로 점유하여 사용하는 공유지를 (수도 로마든 지방이든) 관계 당국이 환수하는 과정에서 종종 마찰이 있었다. 위의 경우에는 당시 신임 황제였던 베스파시아누스가 재정 개혁에 열의를 지니고 있었기 때문에 자발적으로 개입했을 것으로 일부 사학자들은 해석한다. 그러나 앞서 누케리아 사람들이 그랬듯이 폼페이 시의회는 황제에게 대표단을 파견해 공유지 환수 지원을 요청하고 황제가 이를 받아들여 클레멘스라는 장교를 파견했을 공산이 더 크다. 클레멘스는 연륜 깊은 직업군인이지만 베스파시아누스 즉위 직전에 발생한 내전에서는 군인으로서 썩 바람직하지 못한 모습을 보였던 것으로 묘사된다. 타키투스에 따르면 클레멘스는 걸핏하면 무력을 동원하는 무모하고 호전적인 하사관이었으며, 부하들의 인기에 영합해 군율을 바꾸는 일도 마다하지 않은 인물이었다. 토지 분쟁을 해결하기 위해 폼페이를 찾았을 무렵에는 그의 면모가 좀더 괜찮아졌기를 바랄 뿐이다. 폼페이에서 먼저 요청을 했든 안 했든 클레멘스가 폼페이의 시정에 제법 광범위하게 개입한 것만은 확실하다. 그가 폼페이 선거에서 특정 후보 지지를 공개적으로 표명한 벽보가 많이 보이기 때문이다. "수에디우스 클레멘스가 지지하는 마르쿠스 에피디우스 사비누스를 사법권을 가진 두움비르로 선출해주십시오."[두움비르duumvir는 두오비리duoviri의 단수형으로 2인 연대로 맡는 행정·사법을 겸한 지방장관 중 한 명을 가리킨다. 항상 2인 연대로 선출하며 업무상 두 명을 지칭할 때는 두오비리라고 한다.] 클레멘스가 얼마나 오래 폼페이에 있었는지는 알 수 없지만 베수비오 화산 폭발의 재앙은 면했던 것으로 보인다. 서기 79년 11월 클레멘스는 이집트를 여행하는 로마인들에게 특히 사랑받았던 '노래하는 멤논의 거상'(이집트 아멘호테프 3세의 대형 석상으로, 기원전 27년 지진으로 금이 생긴 뒤 동틀 녘마다 이상한 소리를 낸다 하여 '노래하는 멤논의 거상'으로 불렸다)에 자기 이름을 새겨놓았으니 말이다.

이처럼 폼페이는 흐릿하게나마 로마라는 도시의 그림자 안에 분명히 존재하고 있었고, 수도의 역사·문학·문화는 물론 사람까지도 이 삭은 도시의 삶에 때로는 예상치 못한 방식으로 적지 않은 영향을 미치고 있었다. 앞서 말한 것처럼 코린트에서 가져온 뭄미우스의 전리품이 폼페이에 전시되었고, 율리우스 카이사르 암살자의 재산 중 일부가 폼페이로 흘러들었다. 폼페이 유적지의 그리 크지 않은 주택 정원에서 발견된 화려한 대리석 탁자 받침이 바로 그중 하나다. 사자 머리 모양으로 조각된 받침에는 '푸블리우스 카스카 롱구스'라는 이름이 선명하게 새겨져 있다.(사진 17) 그는 카이사르의 가슴에 가장 먼저 단검을 꽂은 인물일 가능성이 높으며, 탁자 받침이 발견된 집은 아마도 그의 후손 소유였을 것이다. 그러나 집 규모가 작은 것으로 보아 문제의 탁자 받침은 가족 유품이라기보다는 카이사르 암살 이후 경매로 처분된 롱구스의 재산이었을 것이다.(롱구스뿐만 아니라 카이사르 암살에 가담한 다른 죄인들의 재산 역시 경매 처분되었을 것이다.) 이 재산을 경매로 넘긴 이는 물론 카이사르의 종손從孫이자 양자이며 후계자인 미래의 황제 아우구스투스였다. 어쨌든 그렇게 팔린 물건이 어찌어찌하여 폼페이까지 흘러들었을 테니, 이것 역시 에트루리아 기둥의 경우처럼 손님에게 들려주기에 꽤 흥미로운 화젯거리 아니었을까?

로마 사람들이 폼페이를 찾는 목적은 대부분 사업이나 휴식이었다. 최근 폼페이 묘지에서 황제 근위병 출신의 묘비 네 기가 발견되었고, 그 이전에는 여섯 명의 근위병이 벽에 남긴 '서명'이 발견되기도 했다. 그중

17. 기원전 44년 율리우스 카이사르의 암살자와 폼페이 사이에는 어떤 연관이 있을까? 폼페이에 소재한 작은 집에서 발견된 탁자 받침에는 카이사르 암살자 가운데 한 명의 이름이 선명하게 새겨져 있다. 가장 그럴듯한 설명은 로마에서 죄인들의 재산이 경매에 부쳐졌을 때 누군가 사들였다가 결국 폼페이까지 흘러들었다는 것이다.

에는 상급 병사도 있었지만 복무 기간이 2년밖에 안 되는 20세의 신참한 명도 포함되어 있었다. 이들이 폼페이에서 무엇을 했는지에 대해서는 짐작만 가능하다. 클레멘스처럼 황제가 지시한 임무를 수행했거나, 잠시 호위 업무를 접고 휴가를 왔거나, 폼페이를 방문하는 황제를 수행했을 수도 있다.

최근 들어 대지진 직후인 서기 64년 네로와 포파이아가 이곳을 찾았을 때의 정황을 재구성하는 데 집중하는 학자가 많다. 당시 네로는 나폴리에서 무대에 올라 노래를 부른 것으로 알려져 있다. 물론 황제와 황후의 방문 가능성은 있으나 실제로 이를 뒷받침할 만한 증거는 생각보다 빈약하다. 그중 가장 강력한 근거라 할 만한 것은 폼페이의 어느 대저택에 새겨진 낙서다. 해독 혹은 해석이 쉽지는 않지만 황제 부부가 베누스 신에게 금과 보석 등의 공물을 바친 것 그리고 '카이사르(네로를 뜻함)'의 베누스 신전 방문에 대한 언급이 아닐까 싶다. 이러한 해석이 맞다 해도 당시 베누스 신전이 거의 폐허와도 같은 상태였다는 문제가 남아 있다. 어쨌든 이것은 네로와 폼페이의 연관성을 말해주는 증거로 제시된 그림보다는 나은 편이다. 그림은 폼페이와 붙어 있는 모레지네 지역의 한 건물에서 발견되었는데, 이 건물은 화려하게 장식된 여러 개의 식당으로 유명하다. 고고학자들은 이곳 벽화에 등장하는 아폴로 신의 모습이 네로 황제와 많이 닮았다는 데 착안하여 네로가 폼페이 방문 당시 머물렀던 일종의 행궁行宮이었다고 주장해왔다.(전면사진 3) 그러나 이런 주장은 지나친 상상의 산물로, 일종의 소설에 가깝다.

유적지의 다른 글은 이런 유의 증거를 해석할 때 얼마나 신중해야 하는가를 잘 보여준다. "Cucuta a rationibus Neronis"라 쓰인 라틴어 문장의 경우, 'a rationibus'라는 단어는 대략 회계사나 경리에 해당된다. 그렇기 때문에 그동안 이 문장은 "네로의 경리, 쿠쿠타"라는 간단한 서명 정도로 해석되어왔다. 쿠쿠타라는 회계사가 황제의 폼페이 방문 당시 수행원으로 따라왔다가 벽에 자기 이름을 남겨놓았으리라는 추측이다. 그러나 이는 재치 있는 농담이나 풍자를 제대로 포착하지 못한 우직한 해석일 수 있다. 라틴어에서 '쿠쿠타cucuta' 혹은 더 흔히 쓰이는 형태인 '키쿠타cicuta'라는 단어에는 독毒이라는 의미도 있기 때문이다. 그러므로 이 문장은 특이한 이름을 가진 남자의 서명이 아니라 네로의 헤픈 씀씀이를 풍자한 재담으로 볼 수도 있다. 말하자면 이 문장은 '독은 네로의 경리다'라는 의미로 풀이되는데, 이러한 해석이 훨씬 더 타당해 보인다. 실제로 네로는 재정이 쪼들리면 무고한 사람들을 죽이고 그들의 돈을 몰수한다는 비난을 받았는데, 황제를 둘러싼 이 소문을 알고 있는 폼페이의 누군가가 남긴 조롱의 문구가 아닐까 싶다.

서기 79년 폼페이를 방문한 사람의 시선으로 볼 때 로마와 폼페이의 가장 큰 연관성은 아마도 폼페이의 도시 구조, 건물, 예술작품 등이 주제나 형식 면에서 수도 로마의 그것을 모방하거나 반영한 부분이 아닐까. 이런 연관성은 한쪽 끝에 '로마'의 상징인 유피테르·유노·미네르바 신전을 배치한 중앙광장의 구조를 비롯하여 황제 숭배 전용으로 지어진 두 개의 신전, 로마에 있는 유명 건축물의 의식적인 모방 등 다양한 형태로 확인된다. 폼페이 중앙광장에서 가장 큰 건물에 속하는 '에우마키아 빌딩'에도 그런 흔적이 남아 있다. 에우마키아라는 명칭은 1세기 초반 건축을 후원한 여사제의 이름을 딴 것으로, 이 거대한 구조물의 기능에 대해서는 의견이 분분하다.(방적 및 방직에 종사하는 노동자 길드의 집회소라는 주장을 비롯하여 비교적 나중에 형성된 노예시장이라는 주장에 이르기까지 다양하다.) 아무튼 이 건물의 정면, 즉 중앙광장과 일직선을 이루는 주랑의 현관 아래에는 두 개의 커다란 명문이 새겨져 있는데 수도 로마의 것을 '인용'한 문장이라는 점이 주목된다. 지금은 사라졌지만 과거에는 조각상이 놓여 있었을 벽감 아래쪽에 이 명문이 새겨져 있는데, 그중 하나에는 신화 속 인물인 아이네이아스의 행적을 상세히 소개하고 있다.(아이네이아스는 베르길리우스가 쓴 서사시의 주인공으로, 패망한 트로이를 탈출하여 로마라는 새로운 트로이를 건설한 인물이다.) 다른 명문에서는 역시 신화에 등장하는 로마의 건국자 로물루스의 행적을 설명하고 있다. 사실 두 명문의 내용은 로마 아우구스투스 포룸(광장)에 있는 명문으로부터 파생된 것이다. 초대 황제의 대표적 기념물인 아우구스투스 포룸에는 아이네이아스와 로물루스를 포함한 로마 영웅 수백 명의 업적을 찬양하는 명문이 세워져 있었다. 여하튼 수도에서 온 방문자라면 폼페이의 이런 분위기가 낯설기는커녕 마치 고향에 온 것 같은 친숙함을 느꼈으리라.

수도 로마에 있는 초대 황제의 유명한 기념물을 연상케 하는 것은 '에우마키아 빌딩'의 명문만이 아니며, 폼페이 방문자를 더욱 편안하게 해주었을 다른 모방품도 있다. 현재 아본단차 대로라고 불리는 중심가에 있는 (직물 가공 작업장과 세탁소가 결합된) 축융 공장 정면에는 인상적인 두 점의 그림이 그려저 있다. 하나는 전리품을 어깨에 들처 멘 로물루스(사진 18), 다른 하나는 늙은 아버지를 역시 어깨에 들쳐 메고 불타는 트로이를 탈출하는 아이네이아스의 모습이다. 폼페이의 재사才士들은 두 번째 그림이 베르길리우스가 쓴 서사시의 한 장면이라는 사실을 알고 있었을 뿐만 아니라 그림 아래에 『아이네이스Aeneis』의 첫 문장인 "나는 무기와 인간에 대해서 노래하노니"를 패러디하여 "나는 무기와 인간이 아니라 축융공에 대해 노래하노니……"라는 재치 있는 문장을 구사할 만큼 내용에 정통했다. 당시 이 그림들은 다른 이유에서라도 사람들의 눈길을 끌었을 것이다. 축융 공장 정면에 그려진 그림 속 인물이 로마 아우구스투스 포룸의 장식에 등장하는 아이네이아스와 로물루스의 유명한 조각상을 닮았기 때문이다. 그렇다고 해서 축융 공장 그림을 그린 화공이 로마 아우구스투스 포룸의 조각상을 직접 보고 모방했다고 할 만한 근거는 없다. 오히려 '에우마키아 빌딩' 밖, 명문 위에 세워져 있던 조각상을 모델로 했다고 보는 편이 훨씬 더 타당하다. 지금은 명문만 남아 있긴 하나 그 위에는 아이네이아스와 로물루스의 석상이 있었을 것이고, 명문이 그러하듯 이들 석상은 로마에 있는 유명한 작품을 모방했을 것이다.

적어도 이와 관련해서는 하찮은 도시 폼페이가 최후의 승자가 되었다. 폼페이 '에우마키아 빌딩'의 석상을 포함하여 로마 아우구스투스 포

18. 폼페이의 축융 공장 외벽에는 로마를 창건한 두 인물이 그려져 있다. 이 그림은 패배한 적의 갑옷을 어깨에 메고 있는 로물루스의 모습으로, 늙은 아버지를 어깨에 들쳐 메고 패망한 트로이를 탈출하는 아이네이아스를 그린 그림과 짝을 이루고 있었다. 두 그림 모두 폼페이 중앙광장에 있는 조각상을 모델로 했으며, 중앙광장의 조각상은 수도 로마에 있는 조각상을 모델로 제작된 것이다.

룸에 있던 석상들도 사라져버린 오늘날에는 소도시의 공장 겸 상점 벽을 장식한, 복제품을 다시 복제한 이들 그림이야말로 로마 초대 황제가 공들여 제작한 광장의 장식을 말해주는 최고의 증거이기 때문이다. 물론 로마와 폼페이 사이에 지금까지도 존재하는 떼려야 뗄 수 없는 복잡한 관계를 보여주는 좋은 예이기도 하다.

# 도로

POMPEII

# 발밑을 주목하라

폼페이에 가본 사람이라면 누구나 인상적인 도로를 기억할 것이다. 검은색의 커다란 화산암 덩어리를 잘라 맞춘 반짝반짝 윤이 나는 표면, 오랜 세월 마차의 왕래로 인해 깊숙이 파인 바퀴 자국(예나 지금이나 보행자가 발을 잘못 디뎠다가는 발목을 접질릴 수 있는 아찔한 깊이다), 때로는 도로보다 1미터 이상 높은 인도. 이렇게 높은 인도에서는 도로로 내려서다기보다 점프를 해야 할 판이다. 그들은 길을 어떻게 건넜을까? 걱정일랑 붙들어 매시길. 적절한 간격으로 디딤돌이 놓여 있어 별 불편이나 위험을 감수하지 않고도 보행자는 도로를 건널 수 있었으며 바퀴 달린 탈것들도 문제없이 통과할 수 있었다.

폼페이 도로가 오늘날의 방문자들에게 깊은 인상을 남기는 이유는 '체험의 직접성' 때문이다. 바퀴 자국은 오래전에 바로 이곳을 시나나니면서 일상을 영위했던 사람들과 탈것들의 지워지지 않는 흔적으로서, 고대인이 남긴 일종의 자취라 할 수 있다. 유적지를 구경하는 동안 디딤돌을 디디며 인도에서 인도로 이동할 때 우리가 로마 시대의 수많은 사람이 지나다녔던 바로 그곳을 밟고 있다는 느낌은 한층 큰 흥분과 즐거움을 안겨주며, 모두는 아니지만 일반적인 방문자들은 대부분 이러한 기분을 즐긴다. 폼페이의 디딤돌에는 다소 안타까운 사연도 깃들어 있다. 1849년 교황 비오 9세가 유적지를 방문했을 때 관리 당국은 '성하聖下께서 유적지에서 많이 걷지 않도록' 해야 한다면서 교황의 마차가 지나갈 수 있도록 많은 디딤돌을 치워버렸다.(교황의 마차는 로마 시대 선조들이 타던 것과는 바퀴 폭이 달랐던 모양이다.) 그리고 당시 치워졌던 디딤돌 중 일부는 다시 제자리로 돌아오지 못했다.

이번 장에서는 고대 폼페이의 도로와 인도를 상세히 살펴볼 예정이다. 폼페이 도시를 걸어다닐 때 대부분의 사람이 간과하기 쉬운, 발밑에 남아 있는 작은 흔적들은 로마 시대의 삶에 관해 흥미롭고도 예상치 못한 측면을 말해줄 때가 많다. 그 면면은 오늘날의 생활과 매우 흡사하

19. 전형적인 폼페이 도로 모습. 사진 속의 도로는 베수비오 성문을 지나 멀리 보이는 저수조까지 이어진다. 도로보다 높은 인도와 인도 사이에는 규칙적으로 배열된 디딤돌이 있어 건너갈 수 있도록 되어 있다.

기도 하고 낯설기도 하다. 발밑을 잘 살펴보면 보행자 전용도로, 일방통행로, 과속방지턱, 도로 보수공사, 오물과 쓰레기 등의 흔적을 찾을 수 있다. 나아가 수사관처럼 날카로운 감각을 동원한다면 도로 및 여타 시설의 유지 보수 작업이 부분적으로는 민간 차원에서 진행되었다는 사실을 확인할 수 있다. 또한 도시 내부 곳곳에 물이 있었다는 사실은 물론이고, 거리와 광장에서 온갖 놀라운 사실과 (불쌍한 남학생에게 가해진 고약한 체벌을 포함한) 광경들을 만나게 될 것이다. 곳곳에 물이 있는 폼페이는 의외로 베네치아 같은 인상을 준다.

이번 장의 논의를 뒷받침하는 대부분의 증거는 도시 구조 자체, 마차 진입 방지용 말뚝, 수백 년 동안 마차가 도로경계석을 들이받아 생긴 흔적, 마찬가지로 수백 년 동안 사람들의 손길이 닿았던 거리 분수대의 흔적에 기대고 있다. 그러나 폼페이 중앙광장 주랑 아래에서 벌어지는 다채로운 거리 풍경을 담은 일련의 이례적인 그림들도 중요한 자료다.

# 도로의 용도는?

첫 번째 질문은 폼페이 방문자들이 도로의 디딤돌을 밟고 인도에서 인도로 건너면서도 종종 간과하는 질문이다. 이곳의 인도는 왜 이렇게 높을까? 답은 두 가지로, 둘 다 오늘날과 크게 달랐던 폼페이의 도로 상황에 기인한 것이다. 오늘날의 도로는 도시계획에 실패하지 않는 한 크게 더럽혀질 일이 없다. 가끔 양심 없는 사람들이 버리고 가는 물병이나 휴지 조각 정도가 전부로, 그나마 청소부들이 정기적으로 치우고 있다. 그러나 로마의 거리는 달랐다.

첫 번째 답은 오물 때문이다. 로마 도시가 얼마나 지저분했는지에 대해서는 역사학자들의 견해가 갈리는데, 그 주된 이유는 고대 작가들이 남겨놓은 서술 때문이다. 우선 우리는 로마의 풍자시인 유베날리스가 쏟아내는 불평불만을 접할 수 있다. 주시하나시피 유베날리스는 당대 사회상에 대한 비판을 업으로 삼았던 풍자작가로, 다음 글에서는 특히 수도 로마의 열악한 도로 상태를 비판하며 분노를 표출하고 있다. 유베날리스는 양쪽에 고층 건물이 있는 도로를 야간에 걷는 일이 얼마나 위험한지를 격앙된 어조로 말하고 있다.

이외에도 야간에 일어나는 갖가지 위험을 생각해볼 수 있다.

높은 지붕에서 타일이 떨어져 정수리를 후려갈길 수도 있다.

사람들이 물이 새서 못쓰게 된 그릇을 창문 밖으로 내던지는 모습을 생각해보라.

떨어져 산산조각이 나는 모습, 무게, 그로 인해 보도에 가해질 손상을!

유언장을 써놓지 않고 저녁을 먹으러 나간다면, 재난을 반기는 바보라는 소리를 면키 어려우리라.

밤에 당신이 지나가는 도로변에 위치한 건물 위층의 여닫이창 하나하나가 당신을 죽음으로 내모는 덫이 될 수 있다.

그러므로 (불쌍한 그대여!) 위층 주부가 버린 요강의 배설물보다 심한 어떤 것도 당신 머리 위로 떨어지지 않기를 간절히 바라고 기도하라.


전기작가인 수에토니우스가 베스파시아누스 황제의 전기를 쓰면서 들려주는 유년 시절의 일화는 불쾌감이 덜하다.(참고로, 베스파시아누스 황제는 베수비오 화산 분출 몇 달 전에 죽었다.) 어느 날 베스파시아누스가 식탁에 앉아 아침을 먹고 있는데 주인 잃은 개가 뛰어들더니 입에 물고 있던 사람 손을 식탁 밑에 떨어뜨렸다고 한다. 수에토니우스가 이 일화를 소개한 이유는 동네의 위생 상태를 비난하려는 의도가 아니라 훗날 베스파시아누스가 황제가 될 징조로 보았기 때문이나.(라틴어에서 '손'을 가리키는 'manus'라는 단어는 동시에 '권력'을 의미한다.)

아무튼 주인 잃은 개들이 어슬렁거리고, 위층에서 요강 속 배설물이 떨어지고, 신체 일부가 쓰레기에 뒤섞여 나뒹구는 거리라니 끔찍한 풍경이 아닐 수 없다. 한편 이런 관점에 반대하는 사람들은 이에 모순되는 증거를 제시한다. 예컨대 수에토니우스는 개가 식탁 밑에 사람 손을 떨어뜨린 일화를 소개한 다음 몇 줄 지나서 베스파시아누스 초년기에 있었던 다른 일화를 들려준다. 당시 갓 서른의 베스파시아누스가 조영관으로 선출되었을 무렵이다. 조영관이란 공공건물이나 신전, 유곽, 도로 등 각종 시설의 유지 보존을 책임진 관리였다. 수에토니우스에 따르면 베스파시아누스가 거리 청소를 등한시하자 황제 칼리굴라는 베스파시아누스에게 관복용 토가를 입은 채 진흙을 뒤집어쓰는 벌을 내렸다고 한다. 설득력은 약하지만 수에토니우스는 그 사건 역시 베스파시아누스가 권좌에 오를 징조로 해석한다. 그것이 권좌에 오를 징조든 아니든 이 일화는 로마 고위층이 도시 청결에 꽤 관심을 가졌음을 말해준다.

로마 제국 여러 도시에서도 쓰레기 처리에 관한 기발한 아이디어들이 간혹 제시되었는데, 이로써 당시 쓰레기 처리가 쉽지 않았다는 사실을 알 수 있다. 예컨대 폼페이가 매몰되고 나서 3세기쯤 뒤에 시리아의 안티오크에서 농산품을 가져온 농부들이 도심의 시장에서 물건을 팔고 돌아갈 때 건축폐기물을 싣고 나가도록 하는 안건이 제기되었다고 한다. 그러나 효과는 없었다. 농부들이 이런 부담에 반대했고, 그들의 불만이 황제의 귀에까지 들어갔기 때문이다.

폼페이의 거리가 얼마나 깨끗했는지 혹은 얼마나 지저분했는지는 확실치 않다. 부석이 떨어질 무렵의 도로 표면 물질을 체계적으로 연구한 고고학자도 아직은 없다. 폼페이에도 조영관이 있었으니 이들이 로마 조영관과 비슷한 역할을 했을 것으로 가정할 수는 있겠지만 도시 청결 유지에 필요한 자원을 어떻게 조달했는지, 도로 위생이 조영관의 우선적 업무에 포함되었을지, 실천 의지는 어떠했는지 등은 전혀 밝혀지지 않았다. 앞으로 살펴보겠지만, 집주인들이 자기 집과 인접한 보도의 청결을 유지하거나 보수하는 부분에 어느 정도 책임을 졌을 것으로는 보인다. 그러나 당시 폼페이의 도로는 깨끗하게 복원된 현재보다는 훨씬 더 지저분했을 것이다.

무엇보다 폼페이는 지방자치단체에서 정기적으로 쓰레기를 수거하는 오늘날의 도시와는 달랐다. 산업 폐기물 또는 생활 폐기물이 대량으로 도로에 버려지는 일은 없었다 해도(일부는 버려졌으리라) 당시 주요한 교통수단이었던 말, 나귀, 노새 등의 배설물은 도로 곳곳에 적지 않게 떨어져 있었을 것이다. 또한 모든 사람이 유혹을 떨치고 멀리 있는 공중변소를 이용했으리라 보기도 어렵다. 화장실을 제대로 갖추지 않은 상점 이층의 단칸방 사람들 중에는 가까운 도로에서 소변을 보는 이들도 있었을 것이다. 대략 1년에 650만 킬로그램에 달하는 폼페이 사람들의 대소변 중 일부는 공용 도로에 버려졌을 가능성이 농후하다. 그렇다면 다음과 같은 경고문이 나붙을 만큼 문제가 되었을 것이다. "변소: 이곳에 도착할 때까지 참아주세요." 그러므로 인도에서 도로로 내려가는 데는 파인 바퀴 자국을 잘못 디뎌 발목을 삐는 것 이상의 위험이 따랐을 것이다. 자칫하면 동물 배설물(말 한 마리의 하루 배설량은 1킬로그램), 썩은 채소, 인간의 배설물이 뒤섞인 악취 나는 오물을 밟을 수 있기 때문이다. 당시 상황을 제대로 그려보자면, 당연히 파리도 들끓었을 것이다.

오물이 인도가 높은 유일한 이유는 아니다. 이유가 오물뿐이라면 디딤돌이나 유난히 높은 인도가 없는 인근 헤르쿨라네움 시민은 거리를 더 청결하게 잘 관리했다는 결론인데, 아무래도 그럴 성싶지는 않다. 사실 폭우가 내릴 때 폼페이를 방문한 사람이라면 인도가 높게 만들어진 결정적인 이유를 눈치 챌 수 있다. 바로 물이다. 비가 퍼부을 때 거리는 급류로 변한다. 이는 서북쪽이 높고 동남쪽이 낮은 가파른 경사지에 도시가 건설되었기 때문이다.(동쪽의 스타비아 성문은 서쪽의 베수비오 성문보다 해발고도가 35미터나 낮다.) 더구나 헤르쿨라네움과 달리 폼페이에는 지하 배수로가 거의 없다. 폼페이의 도로는 빗물을 모아 성벽을 거쳐 도시 밖으로 내보내거나 중앙광장 주변에 집중되어 있는 내부 배수로로 흘려보내도록 설계되어 있다. 심지어 비가 오지 않을 때도 도로 곳곳의 분수에서 쉴 새 없이 물이 흘러나왔고, 가정과 목욕탕에서도 물을 흘려보냈다.

　말하자면 폼페이 도로는 쓰레기 처리장이자 배수로라는 이중의 역할을 하고 있었다. 이러한 구조의 확실한 장점 하나를 꼽는다면 가끔씩 내리는 폭우로 인해 지저분한 도로가 깨끗해진다는 점으로, 악취를 풍기는 도로의 쓰레기들이 세찬 물줄기에 말끔히 씻겨 내려갔을 것이다.

# 대로와 뒷골목

오늘날 폼페이 유적지를 찾는 방문자들이 그렇듯 고대 폼페이 주민도 대부분 거리에서 많은 시간을 보냈을 것이다. 온화한 기후와 느긋한 '지중해식 생활 방식' 때문만은 아니다. 고대 폼페이의 주민들은 야외생활을 즐길 만한 장소가 거의 없었다. 물론 부유한 가문은 대궐 같은 집 안에 조용한 휴게실, 그늘진 정원, 화려한 식당과 목욕탕 등의 다양한 공간을 갖추고 있었다. 큰 부자는 아닐지라도 그럭저럭 먹고살 만한 이들은 대여섯 개의 방을 갖춘 집에서 충분히 편안한 생활을 했다. 이보다 가난한 다수의 폼페이 주민은 상점, 술집, 작업장 위층의 물이 공급되지 않는 단칸방에서 생활했으며, 작은 화로 이외에는 난방이나 조리 시설이 아예 없는 경우도 많았다.(이런 집의 화로는 화재 발생률을 높이는 원인이었을 것이다.) 1인용 삭은 숙소나 이런 주거지는 요즘으로 치면 비좁은 기숙사에 서넛의 가족이 사는 형태와 다름없다. 따라서 이런 공간에 사는 사람들은 거의 모든 기본적인 욕구를 해결하기 위해 밖으로 나가야 했으리라. 물이 필요할 때는 도로 분수로 가고, (빵, 과일, 치즈에 작은 화로에서 조리할 수 있는 간단한 요리를 제외한) 식사를 하려면 인도 앞에 늘어선 주점이나 카페로 갔을 것이다.(전면사진 4) 이처럼 폼페이는 오늘날의 통념과는 정반대의 생활 풍경을 보여준다. 즉 요즘 부자는 레스토랑에 가서 식사하고 가난한 사람은 집에서 저렴한 비용으로 요리를 하지만, 당시 폼페이 서민들은 밖에서 식사를 했다.

예상대로 폼페이 도로들은 형태도 크기도 다양하다. 일부 뒷골목은 아예 포장도 되지 않은 지저분한 흙길로 남아 있거나 건물 사이의 좁고 볼품없는 통로였다. 폼페이 역사 초기에는 공학적으로 견고하게 설계된 도로가 아니라 진흙이나 먼지투성이 흙길이 더 많았을 것이다. 포장도로라 해도 도시를 가로지르는 간선도로는 비교적 넓지만 어떤 길은 마차 한 대도 통과하지 못할 만큼 좁았다. 넓은 길이라 해도 가로 폭이 3미터를 넘지 않으니 오늘날 기준으로 볼 때는 모든 도로가 좁은 편이다. '메난드로스의 집'에서 발견된 마차의 크기로 판단하자면, 아니 엄밀히 말해 화산재 속에 찍힌 나무 자국과 철제 바퀴 테두리 및 부속 등의 크기로 판단하자면, 시내에서 탈것 두 대가 교차하여 지날 수 있는 길은 몇 개밖에 되지 않았다. 또한 길가의 많은 건물은 2층 구조로, 지금은 대부분 온전하지 않은 상태지만 건물들이 제 높이로 세워져 있던 시절에는 넓은 도로조차 비좁고 답답한 인상을 주었을 것이다.

원래 폼페이 거리 풍경은 지금보다 훨씬 더 밝고 화려하고 '대담'했다. 주로 길이 교차하는 지점에 위치한 사당은 난잡한 그림으로 표시되어 있다. 사방에서 남근 형상을 볼 수 있는 것도 폼페이 거리의 특징 중하나로, 벽이나 테라코타 현판은 물론 도로 바닥에도 남근이 새겨져 있다.(사진 20) 이렇듯 남근 장식이 많은 이유에 대해서는 '행운의 상징'이라는 주장을 비롯하여 '악마로부터 보호해주는 부적'이라는 주장 등 다양한 견해가 제시되었으나 대부분 근거가 불충분하다. 그럼에도 불구하고 도로 위의 남근 문양이 유곽을 가리키는 표지라는 여행 안내자들의 설명은 분명 잘못된 것이다. 도로변의 많은 집은 원래 빨강, 노랑, 파랑 등의 색으로 칠해져 있었으며 건물의 벽은 선거 벽보, '임대' 공지, 검투사 시합 광고 또는 마음 내키는 대로 낙서를 끼적거릴 만한 공간으로 제공되었다.(특히 선거 벽보는 새로운 것으로 예전 것을 덮는 식이었다.) "벽이여, 이렇게 많은 낙서를 싣고도 무너지지 않았다는 게 놀라울 뿐이구나"라는 문구가 적어도 세 곳에서 발견된 것으로 보아, 이 구절은 폼페이에 널리 알려져 있던 광시狂詩에서 발췌한 듯하다.

거리를 향하고 있는 상점과 주점들은 다양한 목적을 지닌 그림들로 꾸며져 있다. 판매 물품을 광고하는 내용, (여느 영국 주점 간판처럼) 상호를 한껏 과시하는 그림, 수호신들을 줄지어 그려놓은 것도 많았다. 앞에서 살펴본 로물루스와 아이네이아스의 그림은 축융 공장의 외부를 한

20. 곳곳에 새겨진 남근 문양. 사진 속의 남근 문양은 도로 포석에 새겨져 있다. 일부 학자는 이것이 가장 가까운 유곽을 가리키는 표시라고 주장한다. 과연 그럴까?

21. 모직물 가공 작업. 맨 왼쪽 남자는 낮은 탁자에서 양모를 빗질하여 다듬는 작업을 하고 있다. 중앙의 남자 넷은 양모와 기타 짐승털이 섞인 혼합물로 펠트 천을 만들어내고 있다.(이런 공정을 통해 천은 일종의 '방수' 기능을 갖게 된다.) 네 명 중 오른쪽에 있는 남자도 양모를 빗질하여 다듬는 작업을 하고 있다. 오른쪽 끝을 보면 한 남자가 완제품을 펼쳐 보이고 있는데, 밑에 작은 글씨로 베레쿤두스라는 이름이 쓰여 있다. 그림 위쪽의 큰 글씨는 선거 벽보의 일부다.

층 생동감 있게 만들어준다. 여기서 불과 두 블록 떨어진 곳에서는 훨씬 더 흥미로운 그림을 볼 수 있는데, 아마도 직물 제조와 판매를 겸했던 점포 자리로 추정된다. 추정이라고 표현한 이유는 건물의 정면만 발굴되어 내부에 무엇이 있었는지 알 수 없기 때문이다. 이 상점의 입구 한쪽에는 코끼리가 끄는 전차에 폼페이의 수호 여신 베누스가 타고 있는 그림이 그려져 있고, 반대쪽에는 상업의 수호신인 메르쿠리우스가 두둑한 동전 자루를 들고 신전에 서 있는 모습이 그려져 있다. 베누스 여신 밑에는 양모를 빗질하여 펠트 천을 만드느라 분주한 노동자들의 모습이 그려져 있다.(오른쪽에 완세품을 펼쳐 들고 있는 사람이 작업장 주인으로 보인다.)(사진 21) 메르쿠리우스 밑에는 안주인 혹은 고용인으로 보이는 여인이 확실치는 않지만 신발로 보이는 물건을 파느라 분주한 모습이다.

이러한 그림들 중에서 19세기 유적지 방문자들의 상상력을 자극했던 가장 인상적인 작품이 비바람의 제물이 되어 완전히 사라졌다는 사실은 안타까운 일이 아닐 수 없다. 바다 쪽 성문 근처에 위치한 주점의 정면 벽에 그려져 있던 이 그림은 코끼리 한 마리와 한 명 혹은 두 명의 피그미족을 그린 대형 벽화였다. "시티우스가 코끼리를 복구했다"는 글도 있었는데, 주점 주인인 시티우스가 코끼리 그림 또는 주점 전체('코끼리 술집')를 복구했다는 뜻이 아닐까 싶다. 이런 추측이 맞다면 시티우스라는 이름은 주점이라는 업종에 딱 맞는 셈이다. '시티우스'를 번역하면 'Mr. Thirsty', 즉 '목마른 사람' 정도의 뜻이 되기 때문이다. 그런 까닭에 일부 학자는 '시티우스'가 주인 이름이 아니라 주점 '상호명'일 것으로 추측했다.

폼페이는 거리마다 (또는 같은 거리라도 구간마다) 눈에 띄게 다른 특징들을 지니고 있다. 이처럼 차이를 드러내는 이유 중 하나는 상점, 술집, 크고 작은 주택 현관이 늘어선 간선도로에 비해 뒷길은 비좁고 사람도 잘 다니지 않아 업무용 출입구로만 이용되었기 때문이기도 하다. 아본단차 대로에서 들어가는 어느 뒷길은 워낙 다니는 사람이 적은 탓인지 급수탑으로 일부가 막혀 있는 데다 인근 대저택의 주인이 사유지인 양 사용한 흔적을 볼 수 있는데, 사실상 그 집만이 뒷길로 통하는 출입구를 소유한 셈이다. 시의회의 정식 허락을 받았는지, 아니면 예나 지금이나 여전한 재산가들의 과도한 자만 때문인지 모르겠지만 주인은 아예 거리 양쪽 끝에 벽을 쌓아 집과 연결된 별채처럼 공간을 조성해놓고 물건들을 쌓아두거나 축사 또는 마차를 세워두는 장소로 사용했다.

또한 주점이 몰려 있는 거리처럼 특정한 활동이 이루어짐으로써 특색을 띠는 거리도 있었다. 예를 들어 북쪽에서 도시로 들어가려면 헤르쿨라네움 성문을 지나게 되는데, 이 문을 통과하자마자 거리는 접객업소로 즐비하다. 도시를 드나드는 손님에게 음료나 식사, 잠자리를 제공하는 노변 술집, 식당, 여관 등이다. 북쪽에 있는 베수비오 문과 남쪽 스타비아 문 근처도 비슷한 풍경이다. 하지만 다른 성문들 근처에서는 이러한 현상이 나타나지 않은 것으로 볼 때 폼페이를 드나드는 흐름이 주로 남북으로 이루어졌음을 알 수 있다. 원래 식당이나 주점은 유동 인구가 많은 곳에 몰리게 마련이다. 통행이 뜸한 지역에 누가 접객업소를 차리겠는가.

의욕 넘치는 일부 고고학자는 주점 카운터의 위치를 통해 손님이 주로 어느 방향에서 오는지, 어느 방향에서 음식과 음료를 제공해야 잠재적 고객의 눈에 가장 잘 띄었을지 등을 주인 입장에서 밝혀내고자 했다. 로마인의 생활 방식을 예측하려는 이런 노력이 지나친 것인지도 모르겠으나, 결론적으로 양쪽 성문 주변의 점포들을 주로 이용한 고객은 도시로 들어오는 사람들이었다는 사실을 밝혀냈다. 말하자면 점포들은 폼페이에 막 도착한 여행자들의 주린 배를 채워주는 데 초점을 두고 배치되었다. 한편 (이런 논리에 따르면) 중앙광장에서 서쪽 마리나 문으로 이어지는 도로변의 주점 두어 곳은 폼페이를 떠나는 사람들, 적어도 중앙광장에서 떠나는 사람들을 배웅했다고 볼 수 있다.

무언가가 있어서 특징이 되기도 하지만 없어서 특징이 되는 곳도 있다. 계속해서 주점의 경우를 살펴보자면, 중앙광장 주변에는 상대적으로 주점이 없었다. 물론 현재의 중앙광장 주변만큼 없었던 것은 아니다. 오늘날 관광객들을 위한 간이매점이 있는 곳, 밀하자면 중앙광장에서 몇 미터밖에 떨어지지 않은 위치에는 과거에 세 개의 주점이 있었다. 그러나 중앙광장에서 아본단차 대로를 따라 동쪽으로 가서 스타비아나 대로와 만나는 사거리까지는 기껏해야 주점이 두어 곳 있었고, 거기서부터는 다시 많아지기 시작한다.(600미터 거리 사이에 식사 및 음료를 파는 상점이 20여 곳이나 있었던 것으로 확인되었다.) 그런 까닭에 아본단차 대로 동쪽은 완전히 다른 '느낌'이다. 이러한 특성으로 인해 폼페이 당국이 주로 공식 행사가 열리는 시내 중심가에 접객업소가 들어서지 못하게 규제했다는 주장을 비롯한 온갖 추측이 제기되었다.

아마 그랬을 것이다. 그러나 분명한 것은 신전, 제단, 시장 같은 공공 건물이 있는 폼페이 중앙광장은 현대 이탈리아 도시의 중앙광장과는 크게 달랐다는 점이다. 모퉁이마다 카페가 있는 요즘 이탈리아 중앙광장은 행사 공간이기도 하지만 즐기고 휴식을 취하는 장소이기도 하다. 19세기 초반 식도락가이자 폼페이 전문가로 이름을 떨쳤던 윌리엄 겔경은 현재 마켈룸(시장)으로 알려진 중앙광장 내의 건물이 부분적으로 레스토랑 기능을 했을 것이라 주장했는데, 이는 현대 이탈리아 광장의 이미지 때문이었다. 식당이 없는 이탈리아 중앙광장을 상상이나 할 수 있겠는가?

그러나 전반적으로 폼페이의 지역 간 차이보다는 유사성이 훨씬 더 두드러진다. 이런 점에서 폼페이는 사회지리학자들이 '구역 구분zoning'으로 표현하는 현대 서구 도시들의 두드러진 경향과는 매우 상반된다. 현대 도시는 상업, 산업, 주거 등의 활동이 특정 지역에 집중되는 경향이 있으며, 그에 따라 거리의 특징도 달라진다. 교외 주거지역의 거리는 규모뿐만 아니라 도시계획 그리고 인근 건물과의 관계 면에서도 상업 중심지의 거리와 많이 다르다. 또한 부유층과 빈곤층 사이, 때로는 다른 인종 사이에도 뚜렷한 지역 구분이 생기는 경향이 있다. (시골 마을은 예외일지 모르지만) 상대적으로 규모가 작은 도시에서도 부유층 거주지는 서민층과 분리되어 있다. 공동주택 건물과 부자들의 대저택이 나란히 있는 경우를 보기 어려운 것처럼 주민들은 한 도시 안의 다른 지역에서 살고 있다.

폼페이에서도 이런 '구역 구분'을 찾아내려는 노력들이 없지 않았다.

예를 들면 고고학자들은 '오락 지구'(기껏해야 원형경기장과 극장 정도를 의미하는 것이어서 '브로드웨이'나 '웨스트엔드'와는 급이 다르지만)를 거론해왔다. 또한 부유층의 대저택이 상대적으로 많은 서북부 지역 그리고 멋진 바다 전망을 자랑하는 서쪽 끝자락의 길게 뻗은 지역에 대해서도 그러한 주장이 제기되었는데, 타당하지만 완전한 결론을 도출하진 못한 상태다. 또한 고고학자들은 현대적 의미의 사창가는 아니더라도 성매매라든가 주사위 도박 등의 '일탈 행동'과 관련된 지역을 찾아내려는 노력도 계속해왔다. 사실 이는 상당히 복잡한 문제다. 폼페이에 얼마나 많은 유곽이 있었는지, 어떤 기준으로 유곽임을 판단할 것인지 등의 논쟁이 결론을 맺지 못한 채 지속되고 있기 때문이다.

진실을 말하자면 폼페이는 현대인이 생각하는 구역 구분이 없는 도시, 즉 상류층 주거지와 비상류층 주거지의 명확한 구분이 없는 도시였다. 왜냐하면 화려한 부유층 주거지가 소박한 점포나 작업장과 더불어 있는 경우가 드물지 않기 때문이다. 예를 들어 우아한 '베스타 여사제의 집' 정문은 헤르쿨라네움 성문 근처 주점들 사이로 나 있고, 시끄러운 두 곳의 대장간과 거의 이웃하고 있다. 더욱이 아무리 화려한 저택이라도 도로를 향한 정면 쪽에는 작은 점포들을 두는 것이 일반적이었다. 물론 보통 집주인이 아니라 하인이나 세입자가 운영했지만 점포는 확실히 저택 건물의 일부였다. 왕궁 못지않은 규모와 화려함을 자랑하는 '목신의 집'도 예외가 아니다. 이 건물의 두 정문은 일렬로 늘어선 네 개의 점포 사이에 있다. 알고 보면 이런 구조는 현대 도시의 초기 양식과 다르지 않다. 18세기 런던의 피커딜리 지역에는 부유층 저택이 약국, 미용실, 실내장식 전문점 등과 나란히 있었다. 지역 구분이 일반화된 오늘날에도 나폴리에서는 웅장한 대저택 1층에 일렬로 자리 잡은 작은 작업장이며 상점들을 어렵지 않게 볼 수 있는데, 이 모습은 고대 폼페이의 모습을 상상할 때 가장 근접한 실물이 아닐까 싶다.

기능과 부의 규모가 다른 공간들이 공존하는 현실에 대해 폼페이 시민들이 어떻게 느꼈을지 우리로서는 알 길이 없다. 그러나 역지사지를 바탕으로 어느 정도 추측은 가능하다. 예를 들어 '베스타 여사제의 집'에 사는 부자가 근처 대장간의 쉴 새 없는 망치 소리, 주점 손님들로 인한 늦은 밤의 소란스러움을 무시하기 쉬웠을까? 아니면 가난한 상점 주인이 벽 하나를 사이에 둔 사람들의 부유함과 화려함을 무시하기 쉬웠을까? 막연한 추측일 뿐이지만 지척의 부자를 보면서 가난한 사람이 느끼는 상대적 박탈감이 더 견디기 힘들지 않았을까 싶다. 구역 구분은 분열을 조장하는 것처럼 보이지만 나름의 장점도 있다. 적어도 가난한 사람들이 부자 이웃을 코앞에 두고서 박탈감에 빠질 일은 없다.

# 급수 시설

폼페이 도로에 관한 이야기, 즉 누구에 의해 어떻게 폼페이 도로가 활용되었는지는 지상에 남아 있는 흔적들을 통해 재구성될 수 있다. 때때로 이러한 흔적들은 누구나 발견할 수 있을 만큼 선명하다. 곳곳에 설치된 디딤돌이 물과 오물을 피해 도로를 건너는 용도라는 사실은 이미 살펴봤다. 디딤돌은 교차로를 비롯해 사람들이 많이 건너는 지점에 전략적으로 설치되었고, 때로는 부유한 집을 방문하는 손님들의 편의를 위해 정문 앞에 설치되기도 했다. 이 디딤돌만큼이나 폼페이를 찾는 현대의 방문자들에게 인상적인 도로 풍경은 바로 급수탑과 곳곳의 분수다. 거리 분수는 현재 남아 있는 것만 해도 40개가 넘으며, 도시 여기저기에 설치되어 있어 주민 모두가 쉽게 이용할 수 있었다. 따져보면 분수로부터 80미터 넘는 거리에 사는 폼페이 주민은 거의 없었다.

도시 곳곳의 급수탑과 분수는 베수비오 성문 근처, 성벽 바로 안쪽에 있는 '카스텔룸 아쿠아이', 즉 '저수조'에서 나온 물을 도시 곳곳에 공급하는 복잡한 급수 장치의 일부였다.(로버트 해리스는 베스트셀러 소설 『폼페이』에서 이런 급수 장치를 훌륭하게 설명하고 있다.) 이는 우물과 빗물에 의존했던 이전의 급수 방식을 대체한 혁신적인 방식으로, 그 기원은 기원전 20년대의 초대 황제 아우구스투스 통치 기간까지 거슬러 올라

간다. 그러나 최근의 연구에 따르면 아우구스투스 시대에는 기존의 급
수 장치를 대폭 개선했을 뿐이며, 실제 기원은 그로부터 60년 전인 술
라 시대로 간주되고 있다. 즉 새로운 급수 장치의 혜택을 처음으로 누
린 폼페이 주민은 술라 시대 식민지 이주자들이었다.

시내에는 콘크리트로 본체를 만들고 자연석이나 벽돌로 외장을 마
감한 10여 개의 급수탑이 있는데, 급수탑의 높이는 6미터 정도이고 꼭
대기에는 납으로 만든 탱크가 있다.(사진 22) 일종의 '변전소'라 할 수 있
는 급수탑은 보도 아래 설치된 납관을 통해 공용 분수와 인근 개인 주
택으로 물을 분배했다. 급수탑의 물을 직접 공급받는 개인은 아마도 응

22. 이곳 사거리에는 거리 분수와 급수탑이 있다.(폼페이 시내에는 도합 10여 개의 급수탑이 있다.) '저수
조'의 물이 급수탑 꼭대기의 물탱크로 들어가고, 여기서 다시 인근 건물들로 분배된다. 급수탑을 설치한 주
요 목적은 물의 압력, 즉 수압을 줄이는 것이었다. 원래 저수조에서 나오는 물은 수압이 훨씬 더 강하다.

분의 요금을 지불했을 것이다. 그러나 시내 곳곳에서 인도를 파헤치고 송수관을 치운 흔적이 뚜렷한 것으로 보아 베수비오 화산 분출 직전에 급수 시스템에 어떤 문제가 생겼던 것으로 보인다. 아마도 최종 폭발 직전에 발생했을 지진의 여파로 고장이 나자 이를 복구하려 했던 것으로 여겨진다.

화산 폭발 당시 '순결한 연인들의 집'과 '작업 중이던 화공들의 집' 옆으로 난 골목길에서도 비슷한 상황이 벌어졌다. 가정집 화장실과 연결된 오물통이 파헤쳐 있고 지저분한 내용물이 통로에 쌓여 있었다. 이 또한 고고학자들은 폭발 직전의 지진 피해를 복구하려는 흔적으로 보고 있다. 그러나 지진이 오물통의 기능에까지 영향을 끼친 이유는 명확하지 않으며, 어쩌면 단순히 폼페이 뒷골목의 일상적인 상황이었을 가능성도 배제할 수 없다.

급수탑은 물을 분배하는 단순 기능 이외에 수압을 조절하는 기술적인 기능도 하고 있었는데, 이는 로마의 수준 높은 공학 기술을 보여주는 좋은 예다. 앞서 말한 것처럼 폼페이는 서북쪽과 동남쪽의 고도차가 있는 가파른 지형에 건설된 도시다. 이런 지형에서 '저수조'가 도시에서 가장 높은 곳에 건설되다 보니 도시로 내려오는 동안 수압은 지나치게 높을 수밖에 없다. 특히 고도가 낮은 남쪽 지역은 수입이 더욱 높았을 것이다. 이러한 구조에서 급수탑은 꼭대기 탱크에 물을 모았다가 다시 내보냄으로써 압력을 줄여주는 기능을 했다. 급수탑들은 또한 거리에 물을 보태는 역할도 했다. 지금까지도 일부 급수탑 외부에 남아 있는 석회 침전물은 급수탑에 물이 넘치는 경우가 많았음을 짐작케 한다.

거리의 분수는 급수탑보다 더 많이 설치되어 있었으며, 대부분 동일한 구조를 보이고 있다. 우선 끊임없이 물이 흘러나오는 커다란 분출구가 있고 그 밑에는 네 개의 대형 화산암 조각으로 만들어진 사각 수조가 있어서 흘러나온 물을 담아둔다. 분수는 보통 교차로 지점에 있지만 도로 가장자리에 살짝 튀어나오도록 설치한 것도 있다. 이런 경우 지나가는 마차나 손수레에 부딪혀 분수가 훼손되는 것을 막기 위해 앞에 튼튼한 돌기둥을 세워두었다. 요즘으로 치면 차량 진입방지용 말뚝이라고 할 수 있다. 집에 별도의 수도시설이 없는 사람들은 이런 공용 시설에 의존했을 것이다. 물이 흘러나오는 분출구 좌우의 돌이 많이 닳은 것을 보면 주민들이 수시로 이용했음을 알 수 있다. 폼페이 관광 안내를 할 때 빠뜨려선 안 될 흥미로운 설명이 바로 이것이다. 안내자들은 분출구 뒤에 서서 한 손을 수조 턱에 올려놓고 다른 손으로는 양동이에 물을 받는 자세를 재연함으로써 독특한 마모 패턴이 어떻게 형성되었는지를 직접 시연한다. 그 흔적이 100년 이상 폼페이 주민들에 의한 반복 행동의 결과라는 사실을 알고 나면 닳은 수조 턱에 켜켜이 쌓인 세월과 역사의 무게가 온몸으로 느껴질 것이다.

일부 학자는 이런 분수가 조직적인 주민 모임의 중심지였을 것으로 추정한다. 이 주장이 과연 사실인지는 확실치 않지만 가난한 폼페이 주민들에게 만남의 장소 역할을 제공했을 가능성이 크다. 분수 인근의 집 주인이 분수 때문에 유동 인구가 늘어난 것을 고려해 주택 구조를 바꾼 실제 사례도 있다. 집에서 가까운 곳에 분수대가 만들어지면서 집의 일부를 헐어야 하는 상황이 되자 주인은 응접실을 상점으로 바꾸었다.

# 일방통행로

디딤돌과 분수 아래 그물처럼 뻗은 도로망을 좀더 꼼꼼히 살피면 로마 도시의 거리생활을 재구성할 만한 흥미로운 이야깃거리들이 속속 드러난다. 특히 인도나 도로 표면에 나타나 있는 사소한 힌트들은 더없이 매력적인 역사의 단면들을 선사한다.

폼페이 도로망을 표시한 간단한 지도는 도로의 실제에 대해 여러모로 잘못된 정보를 전달할 여지가 있다. 현대에도 운전자들은 낯선 초행길에서 간단한 지도에 의존했다가 낭패를 보는 일이 드물지 않다. 그런 지도에는 보행자 전용도로나 일방통행로 등이 표시되어 있지 않기 때문이다. 마찬가지로 폼페이 도로 지도 역시 실제의 교통 흐름을 제대로 보여주지 못하는 측면이 있다. 지도만 보면 어느 방향으로든 자유롭게 통행이 가능했을 것 같지만 지면의 증거를 보면 그렇지 않다. 우선 폼페이 도로는 통행이 자유로운 구간과 교통 흐름을 통제했던 구간으로 나뉘어 있다. 도로의 바퀴 자국과 디딤돌을 면밀히 검토한 최근 연구 결과를 통해 폼페이의 일방통행로 시스템을 복원해볼 수 있다.

폼페이에서는 아주 간단한 방법으로 바퀴 달린 교통수단 진입을 차단했다. 진입방지용 말뚝 같은 커다란 돌을 놓거나 중앙에 분수대를 설치하는 등의 장애물을 세우는 방법 또는 계단 등을 설치해 높이를 달

23. 고대와 현대의 진입 금지 장벽이 나란히 있는 모습이 이채롭다. 앞에 늘어선 돌 세 개는 중앙광장 진입을 막는 용도였다. 사진에서 중앙광장은 이 돌들의 앞쪽에 있고, 돌들 너머로 길게 뻗은 길이 아본단차 대로다. 왼쪽에는 복원 중인 건물에 관광객이 출입하는 것을 막기 위해 유적지 관리 당국에서 둘러친 플라스틱 울타리가 보인다.

리하는 방법이 있었다. 폼페이 중앙광장은 보행자 전용 구역으로 만들기 위해 이러한 모든 방법이 동원되었다. 그러므로 손수레와 마차 등이 오가는 중앙광장의 모습은 아예 머릿속에서 지워버려야 한다. 아본단차 대로에는 진입 방지용으로 세 개의 돌을 세워놓았고, 갓돌의 높이를 높였으며, 동남쪽 입구에는 전략적으로 분수대를 설치함으로써 중앙광장의 입구마다 바퀴 달린 교통수단의 출입을 통제했다. 더욱 흥미로운 것은 통제 대상이 바퀴 달린 교통수단만은 아니었다는 점이다. 모든 진입 지점에 차단용 쇠붙이나 출입문을 만들어 보행자의 출입까지도 통제할 수 있었다. 이런 문들의 정확한 용도는 밝혀지지 않았다. 어쩌면 야간에 중앙광장 출입을 통제하는 용도였을지도 모르겠다.(물론 기물 파괴를 작정한 경우라면 막기 어려웠을 것이다.) 또는 최근 어느 학자가 주장한바 중앙광장에서 투표가 진행될 때 투표권 없는 사람들의 접근을 막는 수단이었을 가능성도 있다.

폼페이의 교통 통제는 중앙광장을 보행자 전용 구역으로 하는 선에서 끝나지 않는다. 중앙광장뿐만 아니라 아본단차 대로 역시 바퀴 달린 교통수단 진입이 통제되는 구간이 300미터 정도나 되는데, 스타비아나 도로와 교차하는 지점에서 도로가 30센티미터나 급격히 낮아지기 때문에 아무리 튼튼한 마차라도 진입이 불가능했을 것이다. 그러나 중앙광장에서 스타비아나 대로와 만나는 지점까지의 아본단차 대로 전 구간이 통제되었던 것은 아니다. 사이사이로 난 다른 교차로들을 통해 남북 방향에서는 접근이 가능했다. 이처럼 폼페이 지도를 처음 보면 아본단차 대로를 통해 도시의 동서를 가로지를 수 있을 것 같지만 실제로는 상황이 전혀 달랐다. 또한 해당 구간의 바퀴 자국을 살펴보면 자국의 깊이가 상대적으로 얕은 것으로 미루어 통행량이 많지 않았음을 알 수 있다. 물론 서기 79년으로부터 그리 멀지 않은 과거에 도로가 새로 포장되었을 가능성을 제기하며 반론을 제기한 이들도 있다.

한편 이 구간이 폼페이 도로에서 어떤 식으로든 특별했음을 뒷받침하는 다른 신호도 있다. 구간 중의 일부, 즉 스타비아 목욕탕 앞 공간은 작은 삼각형의 광장이 만들어져 있다고 해도 무방할 만큼 유난히 넓다. 더불어 동쪽 구간과 달리 술집과 여관 등이 전혀 보이지 않는 구간이기도 하다. 정확히 무엇이 '특별'했는지에 대해서는 설명하기 쉽지 않다. 그럴듯한 추론 중 하나는 아본단차 대로에서 남쪽에 있는 극장과 미네르바·헤라클레스 신전, 여러 신전과 공공건물이 자리한 서쪽 끝의 중앙광장 구간과 연관이 있다는 설명이다. 얼핏 보기에 시내 교통의 동맥 역할을 했을 것 같지만 사실상 일상적인 통행로 기능이 거의 없었다면 이 구간은 이런저런 의식과 행사가 있을 때 이쪽 도심에서 저쪽 도심으로, 중앙광장에서 대극장으로, 대극장에서 유피테르 신전으로 향하는 행진로 역할을 하지 않았을까? 행진은 로마 세계의 종교와 공동체 생활에 중요한 부분으로서, 신을 찬양하고 대중에게 신상과 성물聖物을 과시하며 도시와 지도자에게 경의를 표하는 수단으로 널리 활용되었다. 이제는 폼페이에서 있었던 행사에 관한 자세한 일정이나 내용을 확인할 수 없는 채 당시 그들이 행진했던 경로만이 흔적으로 남은 것인지도 모른다.

아본단차 대로에는 또 다른 교통 장애물이 있었다. 스타비아나 대로와 만나는 교차로에서 동쪽 사르누스 성문(이곳을 흐르는 강의 이름에서 따온 명칭)으로 향하는 길에도 장애물이 많았다. 남쪽으로 난 대부분의 교차로 그리고 북쪽으로 난 일부 교차로는 바퀴 달린 교통수단의 통행이 불가능했거나, 가능했다 하더라도 (팬 홈들이 말해주듯이) 만곡부 때문에 결코 편치 않았다. 장애물의 목적은 당연히 교통 통제였겠지만 부분적으로는 물의 흐름을 통제하려는 목적도 포함되어 있었을 것이다. 자세히 설명하자면 아본단차 대로의 3분의 2 구간은 도시의 가파른 경사지를 가로지르고 있기에 낮은 지역에 위치한 곳은 가파른 경사를 타고 흘러내리는 급류에 막대한 피해를 입었을 것이다. 따라서 저지대로 흐르는 물의 양을 줄일 필요가 있었고, 이들 만곡부와 장애물이 그런 역할을 해주었을 것이다. 즉 위에서 내려오는 물줄기가 만곡부와 장애물에 부딪히면서 부분적으로 방향이 바뀌어 아본단차 대로로 흘러들게 되고, 이렇게 방향이 바뀐 물줄기는 사르누스 성문으로 흘러나감으로써 급류로 인한 저지대의 피해를 줄일 수 있었을 것이다. 여하튼 이곳 아본단차 대로의 일부는 '행진로'로 이용되었고, 일부는 확실히 주요 배수로의 역할을 했을 것이다.

막다른 골목과 여러 노상 장애물 덕분에 폼페이의 도로 교통량은 조절되었다. 그러나 근본적으로 좁은 도로가 지니는 문제는 여전히 남아 있다. 예컨대 수레가 한 대밖에 통과할 수 없는 도로라면 맞은편에서 진입하는 수레와 마주쳤을 때 어떻게 했을까? 곳곳에 디딤돌이 놓인 도로에서 노새 두 마리가 끄는 수레의 방향을 돌린다는 것은 불가능한 묘기에 가깝다. 그렇다면 고대 폼페이 사람들은 반대 방향에서 오는 수레 두 대가 맞닥뜨려 도로가 막히는 상황을 어떻게 해결했을까? 좁은 길에서 오도 가도 못하는 교착 상태를 어떻게 막았을까?

하나의 가능성으로는, 요란한 종소리와 하인의 고함 소리로 존재를 알리는 한편 하인을 먼저 보내어 통행로를 확보하는 방법을 생각할 수 있다. '메난드로스의 집'에서 수레와 함께 발견된 장식용 마구에는 말에 채우는 종도 있었는데, 딸랑거리는 방울 소리로 다른 수레나 마차의 접근을 막은 게 아니었을까. 그런 한편 일방통행로를 운영하여 수레들이 자유롭게 통과하도록 했을 만한 흔적이 도시 곳곳에서 보인다. 이를 뒷받침하는 증거를 얻기까지는 간단치 않았다. 아마 지난 10여 년에 걸쳐 진행된, 폼페이 고고학에서 가장 힘들었던 연구 결과물 중 하나일 것이다. 이 연구는 거리에 팬 홈의 패턴, 수레들이 디딤돌과 충돌하거나 모퉁이 경계석을 스치면서 생긴 자국의 정확한 위치 등을 통해 특정 구간의 교통 흐름 방향을 알아낼 수 있다는 기발한 발상에서 시작되었다.

일방통행로임이 가장 확실해 보이는 구간은 폼페이 서북쪽 구역에 있다. 헤르쿨라네움 문에서 중앙광장으로 가는 길목, 현재 콘솔라레라고 불리는 비좁은 메르쿠리오 도로와 만나는 지점이다.(평면도 5) 메르쿠리오 도로 중간에 놓인 디딤돌의 서남쪽 면에 충돌 흔적이 있고, 북쪽 방향에 놓인 경계석 위에 확실한 마모 패턴이 있는 것으로 보아 메르쿠

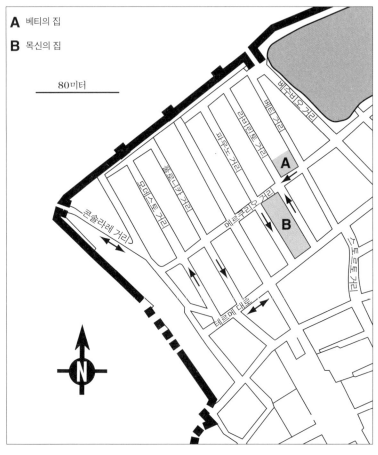

A 베티의 집

B 목신의 집

80미터

콘솔라레 거리

모데스토 거리

폴로니아 거리

파운노 거리

라비린토 거리

베트 거리

베주비오 거리

스타비아 거리

메르쿠리오 거리

테르메 대로

평면도 5. 폼페이 서북쪽의 도로 체계: 일방통행로 체계로 추정되는 배치

리오 거리 동쪽으로부터 와서 양방향로인 콘솔라레 거리와 만나는 교차 지점에서 주로 북쪽으로 회전하는 식으로 교통 흐름이 이루어졌음을 알 수 있다. 즉, 메르쿠리오 거리는 동에서 서로 통행하는 일방통행로였다. 북쪽에서 콘솔라레 거리로 진입한 수레가 동쪽을 향해 좌회전하려면 양방향 통행이 가능한 넓은 도로인 테르메 대로까지 더 가야 했을 것이다. 비슷한 증거들을 토대로 분석하면 해당 구역의 다른 남북 방향 도로에도 이런 구분이 있었던 것으로 보인다. 모데스토 거리와 라비린토 거리에서는 북쪽 방향으로, 폴로니카 거리와 파우노 거리에서는 남쪽 방향으로 교통 흐름이 이루어졌다.

폼페이의 일방통행로 시스템에 몰두해온 일부 고고학자는 이러한 구분이 엄격하게 적용되었을 것으로 판단하지만 나로서는 다소 회의적이다. 몇몇 지점에 나타나는 모순되는 증거들을 토대로 메르쿠리오 거리가 "원래는 서쪽에서 동쪽으로 이동하는 길이었다가 동쪽에서 서쪽으로 이동하는 길로 바뀌었다"고 주장하는 이들도 있다. 이 주장이 옳다면 왜 흐름의 변화가 일어났고, 누가 그런 결정을 내렸으며, 왜 그런 결정을 강제한 것일까? 고대 도시에는 교통경찰이나 교통관리국이 없었다. 또한 다양한 종류의 수많은 공고문을 곳곳에서 볼 수 있는 도시에서 교통표지판의 흔적은 지금까지 하나도 발견되지 않았다. 그렇지만 일부 지역에서 관행에 따라 분명한 일방통행의 흐름이 있었음에는 의심의 여지가 없어 보인다. 수레를 모는 사람들 입장에서는 법으로 강제하지 않았더라도 관행적으로 합의된 통행 방향을 따르는 것이 답답한 교통 정체를 피할 좋은 방법이었으리라. 반대쪽 모퉁이에서 부디 아무도 나타나지 않기를 바라면서 요란하게 종을 울리며 수레를 모는 것보다는 훨씬 더 효율적이었을 테니 말이다.

# 인도: 공적 공간이면서 동시에 사적으로 활용된 공간

인도는 도로라는 공적인 세계와 주택 및 상점 문턱 너머의 사적인 세계 사이에 존재하는 중간 지대로서, 인류학자들의 표현에 따르면 외부와 내부의 '경계 지역'이다. 지금도 그렇지만 폼페이에서 인도는 다양한 기능을 수행했다. 거리에 면한 식당 겸 주점이 붐빌 때면 인도는 '바에서 술을 한잔하거나' 음식과 음료를 받아가려는 손님들이 서성이며 기다릴 수 있는 대기 공간이었다. 동물을 이용해 배달하는 사람, 잠시 쉬어 가려는 사람, 말을 타고 저택을 방문하는 사람들은 인도에 있는 구멍에 말이나 다른 동물들을 묶어두었다. 개인 주택 입구는 물론이고 도시 곳곳의 빵집, 작업장, 주점, 상점 앞에는 이렇듯 인도의 가장자리를 뚫은 수백 개의 작은 구멍이 아직도 남아 있다.

한때 고고학자들은 이런 구멍이 야외 공간에 그늘을 만들어주는 차양을 고정시키는 용도일 것이라 보았다. 이는 과거 나폴리에서 가게 앞에 차양을 늘어뜨렸던 실제 사례를 토대로 한 해석이었다. 그렇다면 맑은 날의 인도는 온통 상점과 경계석 사이에 드리운 차양으로 뒤덮였을 텐데, 어두운 터널 같은 분위기 아니었을까? 그러나 이보다 더 단순한 해석이 있다. 이 구멍에 동물을 묶어두었다는 관점이다. 구멍들의 위치 역시 이런 해석에 힘을 실어준다.(그 위치가 아닌 다른 마땅한 곳은 없다.) 물론 도로변에 동물을 묶어둔 풍경은 다소 번잡했을 것이다. 그리 넓지 않은 도로에서 수레가 지나가려면 도로변의 동물을 인도 쪽에 세워두어야 했을 테니 말이다. 당나귀, 노새, 말 등과 보행자가 뒤섞인 인도는 아무래도 보기 좋은 풍경이 아니다.

인도의 구멍이 차양용이든 아니든 때로는 부담스러울 만큼 강렬한 햇볕이 인도에 내리쬐었을 것만은 확실하다. 물론 고대 폼페이의 인도나 도로는 현재 폼페이 유적지보다는 그늘이 더 많았다. 현재는 일부만 남아 있으나 예전에는 도로 양쪽으로 늘어선 2층 건물이 훨씬 더 넓은 그늘을 만들어주었을 것이고, 위층에 발코니 등의 돌출 공간이 있는 경우에는 그늘이 더욱 넓었을 것이다. 어떤 집주인은 그늘을 늘리기 위해 나름의 조치를 취하기도 했다. 규모가 있는 저택이라면 앞으로 돌출된 캐노피를 달아서 저택을 드나드는 사람들은 물론 지나가는 이들도 이곳에서 잠시 뜨거운 햇빛을 피할 수 있었을 것이다. 현관문 양쪽에 돌로 만든 벤치를 놓기도 했는데 이 또한 건물 그늘을 활용한 발상으로 보인다. 이 벤치에 앉은 사람은 누구였을까? 이에 대한 대답은 폼페이 상류층을 보는 시각과도 관계가 있다. 즉 모두를 위한 휴식의 장소로서 지역 사회에 베푸는 아량의 행위였을 수도 있고, 저택을 방문한 손님들에게만 허용되는 일종의 대기 공간이었을 가능성도 충분하다. 사실 화려한 장식과 규모로 위압감을 풍기는 현관 안에서 문지기가 나와 벤치에 앉아 있는 불청객을 쫓아내는 풍경도 어렵지 않게 그려볼 수 있다.

오늘날 폼페이 시내를 돌아다니다 보면 온갖 종류의 개인 편의시설이 인도를 잠식한 모습을 상상할 수 있다. 어떤 집주인은 수레가 쉽게 드나들도록 집 앞의 인도를 경사로로 바꿨다. 헤르쿨라네움 성문 근처

숙박업소 주인은 확실히 이런 방법으로 손님들의 편의를 도모한 것으로 보인다. 자기 집을 찾는 손님이 수레, 소지품, 상품들을 안전하고 쉽게 안뜰로 옮기도록 배려한 것이다. 집 앞의 인도를 이용해 다른 집보다 위풍당당하고 인상적인 출입구를 꾸민 경우도 있었다. 바로 아본단차 대로 동쪽 끝에 위치한, 한때 소유주였던 여인의 이름을 따서 '율리아 펠릭스의 저택'으로 불리는 이 대저택은 인도 위에 화려한 계단식 통로를 설치했다. 역시 아본단차 대로를 따라 중앙광장 쪽으로 가다 보면 '에피디우스 루푸스의 집'이 있는데, 이곳은 원래부터 주변보다 높은 인도 위에 다시 1미터 이상의 높은 테라스를 설치해서 눈길을 끈다. 덕분에 집은 시끌벅적한 도로로부터 거리를 둔 호젓함을 얻을 수 있다. 지극히 실용적인 목적으로 도로가 인도를 잠식한 경우도 있었다. '베티의 집' 주인은 집의 측면 도로에 벽과 일직선으로 장애물을 설치했다. 도로는 좁고 집과 도로 사이에 경계 역할을 해줄 인도가 없었기 때문인데, 수레가 통행할 때 운전자의 부주의로 인해 집에 피해를 주지 않도록 취한 조치이리라.

인도나 도로를 잠식하는 이런 조치의 일부는 시의회나 조영관의 허가를 받아 진행되었다. 원형경기장 밖에서 발견되는 공지들을 살펴보면 조영관은 경기장 밖의 아치형 통로에서 영업하는 노점상에게 자리를 할당하고 관리하는 권한을 지녔던 듯하다. 라틴어로 희미하게 단편적으로 남겨진 공지 문구들을 해석해보면 "조영관의 허락을 받아 카이우스 아니니우스 포르투나투스에게 허가를 내주다"와 같은 내용이 담겨 있다. 이에 따라 인도나 도로를 사적 용도로 사용한 부자들도 이러한 신청 과정을 거쳤을 것이다. 아니면 집 앞 인도를 다양하게 유용하는 것에 대해 허가가 필요치 않은 당연한 권리로 생각했을지도 모른다.

인도에 남겨진 흔적으로 보건대 집주인들이 그런 권리를 당연시한 데는 충분한 이유가 있었을 듯하다. 무심코 지나가는 행인은 인도가 균일하다고 생각하겠지만 꼼꼼히 살펴보면 그렇지 않다. 무엇보다 포장된 시기가 제각각이다. 이는 필요할 때마다 조금씩 보수했기 때문으로, 보수 작업 때는 이전과 똑같은 포장재를 쓰지 않아도 된다. 이런 관행은 오늘날 런던이나 뉴욕에서도 마찬가지다. 그러나 폼페이 도로를 자세히 보면 포장재의 불일치 정도가 지금보다 심하다는 것을 알 수 있다. 일부 도로의 인도는 처음부터 화산암, 석회암, 응회암 등의 다른 재료를 사용한 것으로 보이며, 인도와 맞닿은 주택의 정면과 재료며 배색을 맞춘 듯한 구간도 있다. 인접한 사유지를 구분하는 일종의 경계 표시로 인도를 설치한 곳도 심심찮게 보인다.

이상으로부터의 결론은 자명하다. 전체적으로는 중앙 시 당국에서 입안한 계획에 따라 일정한 넓이와 높이로 인도가 건설되었겠지만 일부는 민간 비용으로 건설되었다. 어느 개인이 단독으로 부담하거나 여럿이 갹출했으리라. 포장재 선택은 비용을 대는 사람의 의사에 따랐을 것이다. 따라서 인도의 유지 보수도 민간에서 담당했다는 결론에 이른다. 이탈리아 남단 지역에서 발견된 로마 시대의 청동판에 새겨진 법률 조항, 즉 도로와 인도의 관리에 관한 여러 내용도 이런 결론을 뒷받침한다. 청동판의 내용에 따르면 기본적으로 개별 가옥 소유자가 소유지 앞의 인도 관리를 책임지게 되어 있으며, 관리에 소홀한 경우 조영관이 개선 작업을 추진한 뒤 비용을 청구할 수 있다. 흥미로운 것은 집 앞 도로에 물이 고여 통행에 불편을 주지 않도록 배수를 관리하는 일도 개별 가옥 소유자의 의무로 규정되어 있다는 점이다. 도로에 넘쳐흐르는 물로 골머리를 앓았던 도시는 폼페이만이 아니었던 모양이다.

# 거리의 사람들

지금까지 폼페이 도로에 대해 살펴봤으나 그곳 사람들이 구체적으로 어떤 모습이었는지는 여전히 흐릿하다. 벽면의 낙서, 분수대를 닮게 한 손길, 수레가 지나가면서 도로변 갓돌을 긁거나 파손한 자국 등 사람들이 거리에 남긴 흔적을 살펴봤을 뿐 그곳의 남자와 여자 또는 아이들과 직접 마주하지는 않았기 때문이다. 말하자면 아직 우리는 거리에서 이루어지는 사람들의 일상을 구체적으로 접하지 못한 상태다.

거리에서 펼쳐지는 일상을 살펴보기에 더없이 좋은 자료는 '율리아 펠릭스 저택'에서 발견된 여러 장의 벽화다. 이미 언급한 것처럼 위풍당당한 입구를 자랑하는 이 주택 단지는 베수비오 화산 분출 당시 도시의 두 블록에 해당되는 넓은 면적을 차지하고 있으며, 원형경기장에서 그리 멀지 않은 곳에 위치하고 있었다. '단지'라고 할 수 있을 만큼 넓다 보니 안에 들어선 시설도 다양하다. 사설 목욕탕, 여러 개의 셋방, 상점, 술집, 식당, 넓은 과수원, 중간 크기의 주택 등까지 구비되어 있다. 이곳의 넓은 방(가로 9미터 세로 6미터 이상)에는 폼페이 중앙광장의 생활 모습을 담은 여러 점의 벽화가 2.5미터 높이에 프리즈frieze[방이나 건물의 윗부분에 띠 모양으로 장식된 그림이나 조각 장식] 방식으로 장식되어 있다. 이들 그림은 18세기에 발굴되었으며, 길이는 11미터 정도인데 작은 크기로 분리하여 나폴리 박물관으로 옮긴 후 두어 조각만을 그대로 남겨 두었다. 당시 남겨둔 그림이 어떻게 되었는지, 그 수량이 얼마나 되는지 는 명확하지 않다.(이런 벽장식이 으레 그렇듯 방을 빙 둘러싸고 있었으리라 추측만 할 뿐이다.) 아마도 대부분 18세기의 허술한 발굴 기술로 인해 훼 손되었을 것이다.

이 그림은 색상이 많이 흐려지긴 했지만 폼페이의 거리 모습을 생생 하게 보여주는 최고의 자료인 것만은 확실하다. 발견 직후 동판화로 제 작된 덕분에 색이 많이 바랜 부분도 판화에는 선명하게 보존되어 있다. 물론 엄밀히 보자면 이 그림들은 사실 그대로가 아니다. 배경이 되는 건 물은 이층 구조인 중앙광장의 주랑을 대충 그린 졸속 버전에 가깝다. (조각상과 기둥의 위치 자체는 현재 남아 있는 것과 상당히 맞아떨어진다.) 모 든 그림에는 여러 사람이 등장하며 무언가 분주한 모습들인데, 인파로

24. 그림 발견 직후인 18세기에 제작된 동판화에는 폼페이 중앙광장의 일상 풍경이 세세한 부분까지 잘 보 존되어 있다. 상인들 뒤로 중앙광장 주랑의 기둥이 보이는데 위에는 장식용 줄이 걸려 있고 기둥을 활용해 설치한 임시 칸막이와 문도 보인다. 아무것도 없이 휑뎅그렁한 오늘날의 중앙광장 기둥을 보면 예전 폼페이 사람들은 어떤 생각을 할까?

북적이는 장날 풍경보다 과장된 것으로 보인다. 있는 그대로의 일상생활이라기보다는 그것을 상상 속에서 재창조한 그림 같다. 즉 어느 폼페이 화가가 마음의 눈으로 본 폼페이 거리 풍경으로서 걸인, 행상인, 학생, 즉석 요리, 물건을 사러 나온 여자 등 다양한 인물과 소품이 등장한다.

세밀한 부분까지 잘 묘사된 장면을 보면, 장사에 임하는 태도가 사뭇 다른 두 명의 노점 상인이 등장한다.(사진 24) 그림 왼쪽에는 졸고 있는 듯한 철물장수가 있고 펼쳐놓은 좌판에는 망치와 펜치처럼 보이는 물건들이 있다. 좌판 앞에 놓인 여러 개의 단지는 물건을 담아온 용기일 것이다.(또는 판매를 위한 상품일 수 있다.) 철물장수 앞에는 물건을 사려는 두 명의 손님이 있다. 팔에 장바구니를 걸고 있는 성인 남자와 사내아이다. 왼쪽의 남자는 졸고 있는 철물장수를 깨우는 모양이다. 오른쪽의 선명한 빨간색 튜닉을 걸친 구두장수는 훨씬 더 적극적으로 영업을 하고 있다. 어린아이와 네 명의 여성은 구두장수가 제공한 벤치에 앉아 제품 설명을 듣고 있다. 구두장수 뒤에는 여러 가지 신발이 전시되어 있는데 18세기 복제 화가로서는 도저히 납득할 수 없는 희한한 방식으로 신발들이 진열되어 있다.(결국 화가는 신발들이 공중에 떠 있는 모습으로 그려놓았다.) 이제는 원본이 어떻게 그려져 있는지 확인할 도리가 없다. 구두상수 뒤에 진열대가 있고 그 위에 신발들이 얹혀 있었을 가능성이 높지만 확실치는 않다. 뒤쪽에는 주랑의 기둥이 늘어서 있고 기둥과 기둥 사이에는 장식용 줄이 매달려 있다. 오른쪽에 작게 그려진 기마상 뒤쪽의 기둥 사이에는 낮은 문이 설치되어 있다.(기마상의 주인공들은 위치로 보아 지역의 유명 인사일 것이다. 황제들의 기마상은 일반적으로 좀 더 눈에 띄는 곳에 놓인다.) 전체적으로 그림 속의 주랑은 말끔히 정돈되어 생기라고는 찾아볼 수 없는 오늘날의 중앙광장 주랑과는 전혀 다른 느낌을 준다.

이외에도 물건을 사고파는 모습을 묘사한 장면이 많다. 여인들이 천을 두고 상인과 흥정하는 모습도 있다.(사진 25) 다른 장면에서는 붉은색 토가를 걸친 남자(등장인물 중에서 토가를 걸친 사람이 별로 없다 보니 특히 눈길을 끈다)가 철제 냄비를 고르는 중이고, 옆에 서 있는 어린아이들은 장바구니를 들고 있다. 한쪽에서는 빵장수가 두 남자에게 바구니에 담긴 빵을 대접하고 있다. 그늘진 아치 아래에선 채소장수가 탐스러운 무화과를 팔고 있고, 그 옆의 음식장수는 철제 화로를 놓고 음료와 간단한 먹거리를 조리해 파느라 분주하다. 화가는 상업 활동만을 보여준 것은 아니다. 폼페이 최하층의 생활을 엿볼 수 있는 장면도 있다.(사진 26) 노예인지 자식인지 모를 어린아이를 데리고 온 우아한 귀부인이 낡은 누더기를 걸친 걸인에게 돈을 주는 모습도 보인다. 걸인은 개를 데리고 있다. 노새와 수레 같은 폼페이 교통수단들을 볼 수 있는 그림도 있다.(사진 27) 지금까지 살펴본 것처럼 중앙광장이 보행자 전용 공간이었다면 그림 속의 수레는 예술작품에 표현된 일종의 '시적 허용'이었을까? 아니면 특정 시기나 상황에는 (계단 위에 경사로를 설치하는 식으로) 바퀴 달린 탈것이 중앙광장에 진입하도록 허용했던 것일까?

폼페이의 일상생활을 표현한 그림에는 지방 정치라는 소재도 빠지지 않는다. 어떤 장면은 세 개의 기마상 받침대 위에 가로로 고정시켜놓은 널빤지 또는 두루마리에 적힌 기다란 공고문을 몇 명의 남자가 읽고 있다.(전면사진 7) 이번 기마상의 주인공은 군복 차림의 왕족으로 짐작된다. 한편 법률 사건을 논의하고 있는 듯한 장면도 있다.(사진 28) 앉아 있는 토가 차림의 두 남자는 앞에 서 있는 사람의 말을 경청하고 있다. 서 있는 인물을 여성이라고 보는 이들도 있지만 사실 성별을 확정할 만한 뚜렷한

25. 물건 판매. 왼쪽의 두 여인은 천을 사기 위해 흥정 중이고, 오른쪽에 아들을 데리고 나온 남자는 철제 냄비를 고르는 중이다.

26. 한쪽에서는 우아한 귀부인이 개를 데리고 있는 추레한 걸인에게 동냥을 주고 있다. 뒤편에는 두 아이가 기둥 주위에서 숨바꼭질을 하는 모습이 보인다. 아이들 앞에는 중앙광장에 늘어선 여러 조각상 중 하나가 보인다.

27. 교통수단. 오른쪽에는 당나귀 혹은 노새로 보이는 동물 위에 무거운 안장이 놓여 있다.(등자가 없는 것이 눈에 띈다.) 왼쪽에는 폼페이 도로를 지나다니는 수레가 그려져 있다.

28. 중앙광장 주랑 아래 벤치에 앉아 있는 두 남자는 아마도 법률 상담 중인 것으로 짐작된다. 앉아 있는 남자들 뒤의 세 남자는 이런 모습을 유심히 지켜보고 있고, 그 왼편은 어린아이가 엄마이거나 보호자인 듯한 여자에게 안아달라는 듯한 장면이다.

특징은 보이지 않는다. 아무튼 그/그녀는 사기 앞의 여자아이가 들고 있는 서판을 가리키면서 무언가를 열심히 설명하고 있다. 문제의 그림에서 여자아이는 단순히 증거물을 들어주는 도우미가 아니라 (어쩌면 후견인에 관한) 사건의 중심 인물이라고 주장하는 견해도 있으나 이를 확인할 만한 단서는 없다. 역시 뒤쪽에는 기마상 하나가 우뚝 솟아 있다.

무엇보다도 시선을 끄는 그림은 역시 폼페이의 교실 풍경이다.(사진 29) 폼페이 고고학에서 풀리지 않는 수수께끼 중 하나는 아이들이 어디서 어떻게 교육을 받았을까 하는 문제로, 폼페이 시민들이 문자를 읽고 쓸 줄 알았다는 증거는 무수하지만(아이들이 쓴 것으로 추정되는 알파벳을 연습한 낙서가 있다) 학교의 흔적은 어디에서도 찾아보기 어렵다. 이것은 로마 시대에 교사들이 별도로 마련된 공간에서 가르치지 않았으며 그늘이 있는 공간 아무 곳에서나 수업을 진행했던 문화와 관련이 깊다. 폼페이에서 그러한 공간이라면 원형경기장 근처 대운동장이었을 가능성이 높다. 실제로 대운동장 주랑에는 "신께서 나에게 수업료를 지불한 이들의 소원을 이루어주시기를"이라는 낙서가 남아 있는데, 수업료에 대한 감사의 마음과 밀린 수업료에 대한 불만의 암시가 담겨 있다. 일부

29. 폼페이 교실의 가혹한 체벌. 규칙을 어긴 남학생 한 명이 매를 맞고 있는 와중에도 다른 학생들은 서판을 들여다보며 공부를 계속하고 있다.

고고학자는 같은 기둥에 새겨진 이름과 금액 목록이 가난한 교사의 영수증일 것이라 간주한다.

'율리아 펠릭스 저택' 아트리움에 그려진 그림은 중앙광장 주랑 아래에서의 수업 장면을 묘사하고 있다. 학생 세 명이 무릎에 놓인 서판을 들여다보며 공부 중이고, 그 옆에는 망토를 걸친 뾰족한 턱수염의 남자가 감독을 하고 있다. 다른 학생 또는 아이들의 보호자일 듯한 사람들이 주랑 아래서 이 모습을 지켜보고 있다. 오른쪽에는 튜닉이 벗겨져 엉덩이를 드러낸 한 소년이 매를 맞고 있지만(허리끈까지 벗겨진 듯하지만 그림 자체로는 불확실하다) 이 불쾌한 광경에 아무도 신경 쓰지 않는 듯한 분위기다. 소년은 다른 사람의 등에 매달려 있고 다리도 단단히 붙잡힌 상태로 매질을 당하고 있다. 이는 체벌 기준이 강화되기 전의 기준으로 봐도 상당히 가혹한 듯한데, 소년의 불편하고 무력해 보이는 자세 때문에 가혹함이 더욱 두드러진다. 그러나 이는 고대 세계의 남학생에게는 흔한 체벌 방식이었다. 기원전 3세기 극적인 장면을 유머러스하게 표현하길 좋아했던 그리스 시인 헤론다스의 시 한 편에는 도박에 빠져 공부를 소홀히 하는 망나니 아들 코탈로스의 버릇을 고쳐주려는 어머니가 등장하는데 그녀가 택한 방법은 교사를 시켜 아들을 호되게 때리는 것이었다. 불쌍한 코틸로스를 어깨에 들쳐 메고 있던 다른 소년에 대한 묘사는 자연스럽게 이 그림을 연상케 한다.

지금은 색이 많이 바랜 채 희미하게만 남아 있는 이 그림들은 사람이 있는 폼페이 도시의 풍경을 보여주는 귀중한 자료다. 예컨대 고대 로마인이라 하면 흔히 흰색 토가를 입은 남자를 연상하지만 그림을 보면 알 수 있듯이 실제는 많이 달랐다. 그림을 통해 우리는 당시 수업을 받는 아이들, 개를 데리고 구걸하는 걸인, 여러 상인과 행상꾼, 임무 수행 중인 공무원 등을 만날 수 있다. 거리에서 활동하는 여자들의 모습도 보인다. 그녀들은 아이를 데리고 있고, 상인과 흥정을 하고, 잡담을 나누고, 물건을 사고, 형편이 어려운 이에게 인심 좋게 적선을 하고 있다. 이 그림들은 무엇보다도 휑뎅그렁한 유적지를 보았을 때 상상하기 어려운 다채로운 색깔을 갖추고 있으며, 선명한 색상의 의복, 휴대용 간이 탁자, 화로, 고리버들, 화환, 조각상 등의 잡동사니와 장식들을 보여준다. 어느 추정치에 따르면 로마 제국 초기에 세워진 조각상의 수는 인구의 절반에 육박했다고 한다. 즉 인구가 100만이면 대략 50만 기의 조각상이 만들어졌다는 것이다. 폼페이에는 그 정도로 조각상이 밀집한 곳은 없었지만 중앙광장의 활동이 청동이나 대리석 조각상이 내려다보는 가운데 펼쳐진 것만은 확실하다. 중앙광장 어느 공간에도 현존 황제, 죽은 황제, 황태자, 현지 저명 인사들의 시선이 미치지 않는 곳이 없으니 말이다.

# 잠들지 않는 도시?

기원전 6년, 황제 아우구스투스는 그리스 크니도스라는 도시에서 상당히 까다로운 판결을 하나 내려야 했다. 이 도시의 주민 에우불루스와 트리페라는 밤이면 밤마다 자신의 집을 '포위 공격'하는 지역 폭력배로 인해 골치를 앓고 있었다. 인내심의 한계에 다다른 그들은 폭력배에게 요강 속의 오물을 뿌려 쫓아버리라고 노예들에게 지시했다. 그런데 그로 인해 상황이 악화되고 말았다. 노예 중 한 명이 손에 든 요강을 놓치는 바람에 머리를 정통으로 얻어맞은 폭력배 한 명이 죽고 만 것이다. 크니도스 당국은 에우불루스와 트리페라를 불법 살인 죄목으로 처벌하려 했으나 황제는 반사회적 행동에 장시간 시달린 희생자로 간주하여 이들에게 유리한 판결을 내렸다. 당시 황제가 내린 판결 내용은 인근 마을에까지 알려져 명문에 새겨졌고, 덕분에 오늘날의 우리도 문제의 사건과 결과를 알 수 있게 되었다.

아우구스투스의 판결에 대한 옳고 그름의 문제는 접어두고, 이 사건은 고대 도시의 밤이 어떤 모습이었는지를 말해주는 몇 안 되는 자료 중 하나다.(일부 학자는 에우불루스와 트리페라라는 인물이 황제가 생각한 것만큼 결백하지 않았을 것으로 보았다.) 유베날리스의 시에도 수도 로마의 밤에 대한 다소 과장된 이야기들이 보이지만 이 사건이 발생한 곳은 수도가 아니라 고대의 '평범한' 지방 도시로, 밤이면 깜깜해지는 데다 치안도 열악하여 꽤 무서웠을 것이다. 그렇다면 해가 지고 난 뒤의 폼페이 거리는 과연 어떤 모습이었을까?

폼페이의 밤은 기본적으로 중심가마저 칠흑 같은 어둠에 휩싸여 있었다. 로마가 야간에도 불을 밝히는 데 많은 공을 들인 것은 사실이지만 기껏해야 일부 지역에 불과했을 것이다.(폼페이에서 발견된 수천 개의 청동이나 사기 등잔만 봐도 그러한 노력이 적지 않았음을 알 수 있다.) 주민 대부분은 해가 뜨는 시간부터 지는 시간까지의 주간 활동을 위주로 생활했다. 다만 여관과 술집은 출입구에 등을 걸어놓고 저녁 시간까지 영업을 했는데, 지금도 일부 건물에서 등을 고정했던 장치를 볼 수 있다. 어떤 선거 벽보에는 "밤술을 즐기는 사람들"이 특정 후보를 지지한다는 내용이 적혀 있기도 하다. "밤술을 즐기는 모든 사람이 마르쿠스 케리니우스 바티아를 조영관으로 지지하고 있다."(이는 풍자적인 '역선전'일 수도 있다.) 그러나 규모 있는 저택들은 밤이면 문을 닫았기 때문에 불빛이 새어나오는 작은 창문을 제외한 모든 건물은 어둠 속에 잠겨 있었을 것이다. 점포와 작업장들도 덧문을 닫아 안전에 만전을 기했다. 지금도 점포들의 문턱을 보면 덧문을 끼웠던 홈을 볼 수 있으며, 더러 나무 덧문의 자국까지 남아 있기도 하다. 도로에 가로등은 없었고 인도는 울퉁불퉁했으며 도로 곳곳에는 오물이 흩어져 있고 디딤돌은 불규칙하게 놓여 있어 (휴대용 등과 달빛에 의지해) 길을 나선 보행자는 상당한 위험을 각오해야 했을 것이다.

야간생활이 아예 없었던 것은 아니다. 사실 조명도 시원찮은 어두운 밤치고는 제법 소음도 많고 왁자지껄한 분위기였다. 개가 짖거나 당나귀가 시끄럽게 울어대는 소리도 있었겠지만 야간활동을 하는 사람들

30. 무거운 나무 덧문으로 문을 닫은 상점. 위의 사진은 아본단차 대로에서 발견된 덧문의 석고 모형이다. 오른쪽을 보면 문을 닫은 뒤에도 작은 문으로 출입이 가능했음을 알 수 있다.

도 있었다. 예를 들면 원형경기장에서 벌어질 검투사 경기 벽보 또는 지방 공무원 선거에서 특정 후보를 지지하는 선거 벽보를 그리는 '벽보장이sign writer'들은 경우에 따라 야간 작업을 했던 모양이다. 아이밀리우스 켈레르라는 벽보장이는 닷새 동안 서른 쌍의 검투사가 출전하는 검투사 시합의 광고를 그린 뒤 하단에 "아이밀리우스 켈레르가 달빛 아래서 혼자 작업했노라"고 서명했다. 그러나 이런 단독 작업은 흔치 않았던 듯하다. 선거에서 카이우스 율리우스 폴리비우스를 지지해달라는 내용의 어느 벽보는 상당히 높은 위치에 칠해져 있었는데, 작업자가 동료에게 던지는 농담이 한 줄 적혀 있다. "등불을 들고 있는 그대여, 사다리 좀 꽉 잡으시게." 그들은 왜 어두운 밤에 작업을 했을까? 어쩌면 허가를 받지 못해 은밀히 작업해야 했을지도 모르겠다.(밤에 이루어진 모든 작업이 불법은 아니었을 것이다. 그렇다면 굳이 서명을 남길 이유가 없다.) 또는 사다리를 건드리거나 일을 방해하는 사람이 적은 시간을 선택한 것일까?

야간의 거리 통행량도 생각보다 많았던 것으로 보인다. 인도에 관한 관리 규정이 열거된 로마 문서에는 로마로 들어가는 바퀴 달린 교통수단의 진입에 관한 규제 내용이 있다. 신전 건설 공사, 공공장소 건물의 파손물 철거, 중요한 의식에 동원된 수레 등 여러 예외가 명시되어 있긴 하지만 기본적으로 바퀴 달린 교통수단은 일출부터 열 번째 시간까지는 도시 출입이 불가능했다. 낮이 열두 시간으로 나뉘어 있었던 점을 감안하면 열 번째 시간은 늦은 오후 또는 초저녁 무렵으로, 말하자면 수도 로마의 거리에서는 어두워진 다음에야 수레들을 볼 수 있었다는 것이다. 실제로 유베날리스는 건물 위에서 떨어지는 물건과 노상강도뿐만 아니라 야밤의 소음에 대해서도 불만을 늘어놓았다.

이런 규정이 폼페이에서도 똑같은 조건으로 적용되었는지는 확실치 않다. 다만 다소간의 차이는 있어도 전반적으로 비슷했다는 가정이 합당하다. 당국에서 규정을 얼마나 엄격하게 적용했는지도 확실히 알 수는 없다. 법조항을 갖추고 있는 것과 그에 의거하여 단속하고 규제하는 것, 즉 실제적인 법 적용의 의지는 전혀 다른 문제기 때문이다.(중앙광장을 묘사한 그림에서도 야간으로 볼 수 없는 장면에 수레가 등장했던 것을 기억하라.) 그렇지만 법률에 따른 관리와 통제 대상이었던 바퀴 달린 교통수단 상당수가 어두워진 뒤에 통행되었을 가능성은 농후하다. 그러므로 우리는 폼페이의 밤을 생각할 때 개 짖는 소리, 야간 술꾼들의 주정, 휘

파람을 불고 농담을 주고받는 벽보장이들 이외에도 덜컹거리는 수레바퀴 소리, 땡그랑거리는 마차의 종소리, 철갑 바퀴가 도로 경계석이나 디딤돌에 부딪히는 소리 등도 마땅히 고려해야 한다. 폼페이는 밤에도 소음이 끊이지 않는, 잠들지 않는 도시였다.

## 3장

# 주택과
# 가정

POMPEII

# '비극 시인의 집'

1894년에 처음 발간된 에드워드 불워 리턴의 걸작 재난소설 『폼페이 최후의 날The Last Days of Pompeii』은 두 연인 글라우쿠스와 이오네가 재난이 닥친 도시에서 가까스로 탈출하는 이야기를 담고 있다. 그들은 화산 잔해가 비처럼 쏟아지는 가운데 어둠에 익숙한 맹인 노예 소녀의 도움으로 안전한 길을 찾아 탈출에 성공한다. 폼페이 탈출 직후, 비극적이게도 노예 소녀는 (글라우쿠스를 사랑하게 되지만 이야기 전개상) 사랑하는 사람에게 몰래 키스를 한 뒤 바다에 몸을 던진다. 글라우쿠스와 이오네는 아테네로 가서 기독교로 개종한 뒤 행복하게 살아간다는 이야기로 끝맺는다.

19세기 베스트셀러인 『폼페이 최후의 날』의 성공 요인은 당연히 온갖 상애를 극복한 사랑 이야기라는 점에 있다. 사실 두 연인에게 닥친 시련은 베수비오 화산만이 아니었다. 화산 폭발이 임박한 시기에 그들은 사악한 이집트 사제로부터 부당한 투옥을 당하는 등 수많은 난관과 고난에 직면했고, 이러한 이교도 세계의 타락이 강조된 도덕적 메시지 때문에 호소력을 발휘하기도 했다. 그러나 이 소설이 널리 사랑받게 된 중요한 또 다른 이유가 있다. 바로 원형경기장부터 공중목욕탕, 중앙광장, 주택까지 폼페이 고고학의 성과를 꼼꼼히 조사한 끝에 이루어낸 고대 실상의 생생한 묘사였다. 이러한 정보 수집 과정에서 불워 리턴은 폼페이 유적지를 포괄적으로 다룬 최초의 영어 안내서인 윌리엄 겔 경의 『폼페이아나』에 많이 의존했으며, 감사의 뜻으로 겔 경에게 헌사를 바치기도 했다.

남자 주인공 글라우쿠스의 집은 1824년에 발굴된 '비극 시인의 집'을 모델로 하고 있는데, 규모는 크지 않지만 우아한 장식을 자랑하고 있다.(평면도 6) 발굴 직후 이곳은 폼페이 가정의 생활과 살림을 보여주는 이상적인 장소로 유명해졌고, 윌리엄 겔의 『폼페이아나』에도 상세하게 소개되어 있다. 몇 해 뒤 1854년 런던 교외의 시드넘에서 만국박람회 건물인 크리스털 팰리스가 지어졌을 때 '폼페이 구역'으로 소개된 집 역시 '비극 시인의 집'을 모델로 한 것이다.(물론 『폼페이 최후의 날』이 베스트셀러가 된 덕분이기도 하다.) 거의 2000년 전에 베수비오 화산 폭발로 매몰된 주택의 예상치 못한 내세來世라 할 수 있다. 크리스털 팰리스의 '비극 시인의 집'은 상당히 정확히 복원되었으며, 처음에는 박람회 손님들을 위한 찻집으로 활용될 예정이었다.(가정적인 이미지를 고려할 때 나쁘지 않은 선택이다.) 그러나 완공된 뒤에는 계획이 바뀌어 공식적으로 그곳에 앉아서 차를 마신 손님은 빅토리아 여왕뿐이었다. 19세기 프랑스에서도 그 아류작이 건축되었는데, 이 경우는 특권층을 위한 공간으로 기획되었다는 점에서 차이가 있다. '비극 시인의 집'을 모델로 삼아 실내장식을 한 이 저택은 나폴레옹 가문의 마지막 후손인 제롬 나폴레옹 왕자가 파리 몽테뉴 거리에 지은 것으로, 이곳에서 그는 귀족 친구들과 토가를 입고 로마인 흉내를 내며 여흥을 즐겼다고 한다.

'비극 시인의 집' 유적은 헤르쿨라네움 문과 중앙광장 사이, 폼페이 서북쪽 모퉁이에서 발견되었다. 도로를 사이에 두고 공중목욕탕이 있으

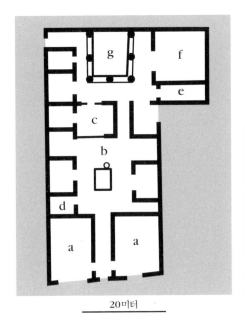

평면도 6. '비극 시인의 집.' 상
점(a) 사이 출입구로 들어가서
좁은 통로를 지나면 아트리움
(b)이 나오고, 옆에 문지기 방
이 있다.(d) 공연 준비 중인 배
우들을 묘사한 모자이크가 있
는 타블리눔(c)을 지나면 정원
이 나온다.(g) 트리클리니움
(f)과 부엌(e)이 정원에 면해 있
다.(타블리눔의 모자이크에 대
해서는 전면사진 17을 참조.)

20미터

며, 작은 블록 두 개만 지나면 폼페이 최대 규모를 자랑하는 '목신의 집'
이 있다. '비극 시인의 집'이라는 명칭은 벽에서 발견된 벽화에서 비롯된
것으로, 발굴 당시에는 청중 앞에서 작품을 낭송하는 비극 시인을 그
린 것이라 판단했기 때문이다. 그러나 지금은 그리스 신화에 나오는 아
드메투스와 알케스티스가 신탁을 듣는 장면으로 추정되고 있다. '비극
시인의 집'이 현재의 모습으로 지어진 것은 기원전 1세기 말 무렵이지
만 그리스 신화와 문학의 장면을 묘사한 벽화를 비롯하여 인상적인 실
내장식이 재단장된 것은 화산 폭발 10년 전 즈음일 것으로 보인다. 주
요 그림은 발굴된 지 몇 년 뒤에 벽에서 분리하여 나폴리국립고고학박
물관으로 옮겼고, 현장에는 그 흔적만 남아 있다. 1930년대에는 남겨진
벽화 주변의 문양이나 배경색 등이 비바람에 훼손되지 않도록 지붕을

설치했지만 지금은 문양도 흐려지고 색상도 바래어 발견 당시의 숨이
멎을 듯한 감동은 느끼기 어렵다. 그러나 기술의 발달로 인해 예전 모습
과 구조를 꽤 정확하게 복원할 수 있게 되어 어느 정도는 19세기 방문
자들의 감동에 다가갈 수 있다.

중심가에 있는 두 개의 점포(사진 31)는 맞은편 공중목욕탕에서 나오
는 손님을 끌기에 좋은 위치를 차지하고 있다.(실제로 이곳에는 손님이 쉽
게 진입할 수 있도록 길을 건너는 디딤돌이 놓여 있다.) 무엇을 파는 가게였
는지는 알 수 없다. 왼쪽 상점에서 금, 진주 귀걸이, 팔찌, 목걸이, 가락
지 같은 보석류가 발굴된 사실을 근거로 몇몇 고고학자는 이곳이 귀금
속 가게였다고 주장하는데, 그렇게 인정하기에는 확인된 보석류가 너무

31. '비극 시인의 집'을 복원한 외관. 한쪽 상점은 문을 닫았고 위층에는 창문 몇 개만 있는
모습이 왠지 어둡고 으스스한 분위기를 풍긴다. 옆면에 돌출된 발코니는 의외로 폼페이에서
흔한 구조물이었다. 하지만 주로 목재로 지어져 지금까지 남아 있는 것은 많지 않다.

적다.(이 귀금속들은 주인이 끝내 되찾을 수 없었던 보석함 속의 내용물이었을 지도 모른다.) 건물에는 창문이 거의 없으며 그나마 위층에 있는 창문도 눈높이보다 훨씬 더 높은 지점에 뚫려 있다. 두 개의 점포 사이에는 3미터 높이의 저택 출입문이 있고, 입구 양쪽의 회전 구멍으로 보아 문은 쌍여닫이식이었을 것이다. 입구 왼쪽 문틀에는 벽보장이들이 바삐 작업한 결과물도 보인다. 조영관에 출마한 마르쿠스 홀코니우스와 카이우스 가비니우스를 지지해달라고 호소하는 선거 벽보로, 남의 집 문틀에다 함부로 벽보를 붙일 수는 없었을 테니 주인이 지지하는 후보였거나, 아니면 적어도 주인의 허락을 받았을 것으로 짐작된다.

대문은 주로 나무로 만들었기 때문에 오늘날까지 남아 있는 문은 없다. 그러나 간혹 석고 틀로 문의 모형을 제작할 수 있기도 하다. 이 기법은 화산 폭발 희생자의 석고상을 뜨는 데 사용되었던 것과 같이 나무가 부식되고 남은 구멍에 석고를 채워 넣어 본을 뜨는 방식이다. 이런 작업을 통해 확인된 폼페이 저택의 문은 대개 금속 부품을 이용하여 고정시키고 여기저기 청동 장식이 되어 있으며, 커다란 크기로 보면 문이라기보다는 거대한 나무벽처럼 느껴질 정도다. 더욱이 워낙 견고하게 집과 외부 세계를 분리하고 있어서 위엄을 넘어 삭막한 인상을 안겨준다. 현실적으로 이렇게 기대히고 튼튼하면서도 화려한 문이 필요했을 리는 없고, 손님과 행인에게 시각적으로 강한 인상을 주려는 의도로 읽힌다. 말하자면 폼페이 저택의 문은 물리적인 장벽의 기능과 더불어 상징적인 과시의 기능도 있었을 것이다.

물론 문이 항상 닫혀 있지는 않았다. 밤에는 문을 닫아 거리에서 발생하는 온갖 활동과 소음을 차단했지만 낮에는 흔히 열려 있었을 테고, 때로는 집 안을 살짝 들여다볼 수도 있었다. 그렇지 않다면 '비극 시인의 집'에서 가장 인상적인 편에 속하는 모자이크 작품은 애초에 필요치 않았을 것이다. 이빨을 드러낸 채로 으르렁거리는 개를 표현한 이 작품은 문턱 너머 작은 배수구를 지나자마자 발견된다.(사진 32) 모자이크 속의 개는 매어둔 쇠사슬만 아니라면 곧 덤벼들 것 같은 자세를 취하고 있다. 그림의 의미를 눈치 채지 못하는 사람들을 위해서인지 그 밑에다 친절하게 'CAVE CANEM', 즉 '개조심'이라는 문구까지 새겨져 있다. 아무튼 모자이크는 문이 살짝 열려 있으면 얼마든지 볼 수 있다.(문턱 너머의 배수구가 의아스럽지만 때로 현관홀로 흘러드는 빗물을 빼내는 용도였을 것이다.)

폼페이에는 이밖에도 방문객의 눈길을 잡아끄는 모자이크나 그림이 많다.(물론 실제 개가 집을 지키기도 했다. 앞서 소개한 기둥에 묶인 채 죽어간 개의 석고상을 기억할 것이다.) 로마의 풍자작가 페트로니우스가 네로 황

32. '비극 시인의 집' 정문에는 집을 지키는 개를 묘사한 모자이크가 있고 밑에는 'CAVE CANEM(개조심)'이라고 쓰여 있다. 사진 속 모자이크 아래의 둥근 구멍은 배수구로, 폼페이 사람들은 항상 배수에 신경을 썼다.

제 시대에 집필한 『사티리콘Satyricon』이라는 소설에도 이러한 장면이 나온다. 사실 『사티리콘』은 훼손된 부분이 많아 전체가 아닌 단편만 남았는데, 보존 상태가 가장 좋고 널리 알려진 부분은 트리말키오라는 해방노예가 나폴리 만 근처 어느 도시에서 성대한 연회를 벌이는 대목이다. 해방노예 출신의 졸부인 트리말키오는 이따금 이해하기 힘든 기괴한 취향을 드러내는데, 소설의 화자와 친구들이 트리말키오의 집을 방문했을 때 가장 먼저 본 것은 문 옆에 붙은 경고문이다. "주인 허락 없이는 어떤 노예도 부지를 떠나지 말 것. 위반할 경우 태형 100대."(이곳의 주인이 노예 출신이라는 점을 기억하라.) 곧이어 그들은 녹색 옷에 선홍색 허리띠를 두른 화려한 차림새의 문지기를 발견하는데, 그는 완두콩을 까서 은그릇에 담으며 연신 문간을 살피고 있었다. 문턱 위에는 금으로 만든 새장이 걸려 있고, 그 안에서 지저귀는 까치 한 마리가 방문객들을 맞는다. 진짜 놀라운 일은 다음에 벌어진다. 소설의 화자는 당시 상황을 이렇게 말하고 있다. "하마터면 뒤로 넘어져 다리가 부러질 뻔했다. 왼쪽의 문지기가 있는 작은 방에서 가까운 곳에 거대한 개 한 마리가 사슬에 묶인 채 (…) 벽에 그려져 있었다. 그림 위에는 대문자로 CAVE CANEM(개조심)이라고 쓰여 있었다." 잠깐이지만 화자는 그림 속의 개를 실물로 착각한 것이다. 그러나 이들을 깜짝 놀라게 만든 개 모자이크는 시작에 불과했다. 연회에 참석한 손님들은 자기 눈을 의심할 만한 기이한 상황을 여러 차례 맞닥뜨린다.

페트로니우스 소설에 나오는 엉뚱하고 기괴한 내용을 고대 폼페이의 실제 일상에 그대로 적용하기에는 무리가 있다. 그렇더라도 이런 설명이 '비극 시인의 집' 입구의 풍경을 복원하는 중요한 힌트인 것만은 확실하다. 낮에는 주로 문을 열어두었을 것이다. 그러나 모자이크 경비견이 아무리 실물처럼 보였다 한들 실제로 문지기 역할을 했을 리는 만무하며, 그림 속의 개만큼이나 사나운 진짜 개를 두었을 리도 없다.(소설 속에서 트리말키오는 연회 도중에 그런 개를 데리고 등장하는데 역시 결과는 좋지 않았다.) 트리말키오 집의 문지기처럼 화려한 차림새는 아니었겠지만 분명 이곳에도 문지기가 있어 집을 드나드는 사람들을 감시했을 것이다. 실제로 집으로 들어서면 계단 밑으로 작은 방이 있는데, 이곳이 문지기 방이었을 것으로 추정된다. 그래서일까? 이곳은 포장되지 않은 흙바닥이다.

문턱을 넘어서면 복도가 이어지는데 과거에는 화려했을 채색이 지금은 거의 남아 있지 않다. 복도 양쪽으로는 가게로 통하는 작은 문이 있어 집주인이 이들 상인과 긴밀한 관계였음을 짐작할 수 있다. 즉 주인이 직접 가게를 운영하지는 않았겠지만 건물 주인으로서 나름의 수익을 챙겼을 것이다. 초기 폼페이 연구자들은 이런 점포와 문의 배치에 대해 의아하게 생각하여 다양한 의견을 내놓았다. 전면이 트인 구조는 전형적인 점포의 특징이지만 아무런 설비나 가구가 없다는 점 때문에 윌리엄 겔은 이곳이 점포가 아니라 하인들의 숙소가 아닐까 생각했다. 불워 리턴의 생각은 달랐다. 그는 이러한 공간이 "지위상 또는 주인과의 친분 관계상 저택에 들어갈 자격이 없는 방문자들을 맞는 장소"였을 것으로 판단했다. 나름 재치 있는 아이디어였지만 그는 잘못 짚었다.

복도 끝까지 가면 두 개의 안뜰, 즉 아트리움을 중심으로 배치된 진정한 의미의 집을 만날 수 있다.(전면사진 8) 첫 번째 아트리움 역시 그리스 신화의 장면을 묘사한 여섯 개의 대형 벽화와 공들인 인테리어로 화려하게 장식되어 있다. 로마 주택의 아트리움은 중앙 부분에 지붕이 없는 것이 특징으로, 이 트인 공간에는 빗물을 모으는 작은 연못이 있어 깊은 우물로 흘러들도록 설계되어 있다. '비극 시인의 집'의 우물 지붕에는 물이 가득 찬 양동이를 끌어올리는 과정에서 밧줄에 팬 홈들이 남아 있다. 아트리움 주변으로는 여러 개의 작은 방이 있는데, 그중에는 밝고 화려하게 채색된 방도 있다. 위층으로 올라가는 계단은 아트리움 양쪽에 있다. 아트리움을 지나면 삼면에 그늘진 주랑을 두른 정원이 나타난다.(이렇게 주택 안뜰을 둘러싼 주랑을 페리스틸리움peristylium이라 하는데, '기둥에 둘러싸여 있다'는 뜻이다.) 정원의 주랑을 따라 부엌, 화장실을 포함한 작은 규모의 방이 여러 개 늘어서 있다. 주랑 기둥에는 '아니니우스'라는 이름이 두 번 새겨져 있는데, 일부 고고학자는 집주인의 이름일 것으로 추정하지만 다른 가능성도 열려 있다. 예컨대 친구나 친척이나 손님이 정원을 거닐다가 무료함을 달래느라 자기 이름을 새겼을 수도 있고 동경하는 사람 또는 연인의 이름을 새긴 것일 수도 있다. 페리스틸리움 뒷벽에는 작은 사당이 있으며, (지금은 완전히 사라졌지만) 격자 문양과 나뭇잎을 모티프로 하여 정원이라는 주제를 표현한 환상적인 벽화가 있었다.(전면사진 9) 정원 뒤쪽 모퉁이에는 옆 골목으로 통하는 문이 하나 있다.

이곳 '비극 시인의 집' 정원에서 어떤 식물과 동물을 키웠는지는 알 수 없다.(집주인의 애완동물로 추정되는 거북의 등껍질이 발견되기는 했다.) 그러나 1824년 발굴 이후로 많은 시간이 흘렀고, 그동안 여러 새로운 기법이 개발되었다. 이전과는 다른 정치한 발굴 기술 그리고 씨앗과 꽃가루를 분석하거나 뿌리가 부식되어 생긴 구멍에 석고를 부어 본을 뜨는 기법 등을 통해 고고학자들은 새로 발굴된 정원의 경우 세부 모습까지도 생생히 복원할 수 있게 되었다. 앞서 임신한 소녀의 유해가 발견되었던 '율리우스 폴리비우스의 집'은 '비극 시인의 집'보다 두 배나 넓은 정원을 갖추고 있었는데, 정원이라 하면 으레 떠올릴 만한 정형화된 관상용 화단이 아니라 과수원 겸 풀숲에 가까운 형태를 이루고 있었다. 10제곱미터 정도의 공간에서 탄화된 무화과 열매가 다수 발견된 것으로 보아 무화과나무 한 그루를 포함한 키 큰 나무가 다섯 그루, 이외에도 올리브, 사과, 체리, 배 같은 과실수가 여러 그루 있었다. 가지가 넓게 뻗는 어떤 나무는 말뚝으로 가지를 지탱해주어야 했을 것이다. '비극 시인의 집' 정원의 나무들도 높게 자랐던 모양이다. 바닥에서 높이가 8미터나 되는 사다리의 흔적이 발견되었는데, 아마도 높은 나뭇가지의 과일을 따는 데 쓰였을 것이다. 이것이 전부가 아니다. 집주인은 다른 많은 식물도 심었던 모양인지 커다란 나무 그늘 아래에는 작은 관목들로 덤불을 이루었고, 정원 서쪽 벽에는 지지대를 받친 나무 여덟 그루가 자라고 있었다.(지지대의 흔적은 못 구멍의 패턴으로 알 수 있다.) 이들 나무의 뿌리 주변에서 테라코타 조각들이 발견된 것으로 미루어 원래는 대형 화분에서 키우다가 이식한 것으로 보이는데, 레몬처럼 초기에는 각별한 보살핌이 필요한 외래종으로 분석된다. 어쨌든 이처럼 많은 식물로 뒤덮인 정원은 우리가 상상하는 화사한 모습과는 거리가 멀 뿐만 아니라 전체적으로 어둡고 그늘진 공간이었을 것이다. 이렇듯 어둡고 그늘진 환경은 고사리류가 자라기에 적합한데, 실제로 정원 가장자리에서 다량의 고사리류 포자가 발견되었다.

반면 다른 집의 정원은 훨씬 더 정형화되어 있고 장식성이 강하다. '율리우스 폴리비우스의 집'으로부터 멀지 않은 곳에서 최근 발굴된 페리스틸리움 정원을 예로 들면, 화단은 기하학적으로 세심하게 배열되어 있고 그 사이로 오솔길이 나 있다. 갈대 울타리로 경계를 친 화단 안에 사이프러스 관목과 장미를 규칙적으로 심어 색깔의 조화를 맞추었으며, 화단 가장자리에는 관상용 식물과 아름다운 꽃을 피우는 식물을 심었다.(남아 있는 꽃가루를 분석한 결과 향쑥속의 식물과 패랭이꽃 등으로 보인다.) 정원 둘레 담장은 덩굴식물로 뒤덮여 있었으며 지붕에서 흘러내린 물이 처리되는 덮개 없는 하수구 주변으로는 고사리류가 왕성했던 것으로 보인다. 쐐기풀, 괭이밥처럼 예나 지금이나 익숙한 잡초들은 말할 나위도 없다. 또한 이 집의 정원에서는 수많은 새조개 껍데기가 발견되었다. 이 때문에 집주인이 새조개를 먹으면서 정원을 산책했을 것이라는 그럴듯한 발상이 지지를 얻었지만, 사실 산책과 무관하게 정원은 그 자체로 조개껍데기를 버리기에 좋은 장소다.

　'비극 시인의 집' 정원이 어떤 스타일이었든(거북 형태 그리고 적어도 한쪽은 울타리가 쳐져 있었음을 뜻하는 울타리 고정장치 등을 빼고는 명확히 밝혀진 것이 없다), 『폼페이 최후의 날』의 작가 리턴은 이곳을 19세기 미혼남의 주거지라는 관점에서 접근했고, 따라서 미혼인 글라우쿠스가 살기에 적합한 곳으로 판단했다. 불워 리턴은 전반적으로 폼페이 벽화의 수준에 대해서는 회의적이었는지 "폼페이 사람들의 장식 취향에 관해서는 예술성이 의심스러운 구석이 많다"고 트집을 잡았다. 그러나 '비극 시인의 집' 벽화들은 "라파엘로의 명예에 누를 끼치지 않을 정도"라며 높이 평가했다. 리턴은 전반적으로 이곳 '비극 시인의 집'을 런던의 고급 주택가인 "메이페어Mayfair[런던의 고급 주택가]에 사는 미혼남 거주지의 전형"이라고 여겼는데, 이는 고급스러운 실내장식이나 손님을 접대하고 여흥을 즐기는 시설 덕분이었다. 실제로 리턴의 소설은 글라우쿠스가 페리스틸리움이 보이는 식당에서 연회를 여는 장면으로 시작된다. 연회는 "무화과, 얼음을 흩뿌린 생초, 멸치, 달걀" 등을 이용한 전형적인 로마식 요리가 대접되며, 키오스 섬의 포도주를 부어 씻은 다음 연하게 구운 새끼 염소 고기도 나오는데 이 요리는 애초 글라우쿠스가 선택한 메뉴가 아니었기 때문에 속상한 어조로 이렇게 말하고 있다. "영국의 굴을 좀 구해다 대접하고 싶었습니다만, 바람이 몹시 거세게 불어 황제가 굴을 금지했지 뭡니까."

리턴은 '비극 시인의 집'을 19세기 고급 독신자 아파트 이미지로 포장하면서 이곳의 부엌이 무척 협소해서 소설 속에서처럼 근사한 연회를 베풀기 어렵다는 사실은 밝히지 않았다. 이는 '비극 시인의 집'만이 아니라 폼페이 주택 대부분이 마찬가지로, 규모가 있는 저택도 예외는 아니었다. 리턴은 집의 유일한 변소가 부엌에 있다는 사실도 밝히지 않았다.(아무리 좋게 말해도 '부엌 바깥'이라고 할 만한 장소다.) 부엌과 변소가 인접한 이런 구조는 전형적인 배치로, 21세기 위생관념으로 보면 비위가 상하긴 하지만 부엌에서 나오는 쓰레기를 곧장 변소에 버릴 수 있다는 이점이 있었다. 어떻게 생각하면 리턴에게도 이런 구도는 그다지 놀라운 게 아니었는지도 모른다. 19세기 영국에서도 화장실과 부엌이 나란히 있는 구조가 드물지 않았기 때문이다. 리턴이 밝히지 않은 것이 하나 더 있다. 책에서 "받침대 위에 놓인 하얀 대리석 화병에 희귀한 꽃들이" 피어 있는 것으로 묘사된 정원의 뒷벽 너머에 직물 가공 처리장, 즉 축융장이 있다는 사실이다. 축융은 사람의 오줌을 주원료로 하기 때문에 악취가 심할뿐더러 소음도 커서 상당히 불쾌감을 일으키는 작업이었다. 말이 나온 김에 덧붙이자면 베스파시아누스 황제가 징수한 것으로 유명한 '소변세'의 대상은 축융업자들이었을 것이다. 어쨌든 글라우쿠스의 우아한 연회가 정말로 '비극 시인의 집'에서 열렸다면 그 공간에는 코를 찌르는 악취가 진동했을 것이다.

# 복원 기술

현재 폼페이에 보존되어 있는 주택들은 아트리움을 중심으로 건축되었거나 때로는 페리스틸리움이 추가된 집들이 절반 정도를 차지하고 있다. 발굴되지 않은 집들까지 어림할 때 당시 폼페이에는 주거용 건물이 1200~1300채 정도 있었고, 그 가운데 500채 정도가 이러한 구조일 것이다. 여기에는 하나의 아트리움에 방 네 개가 면해 있는 작은 집부터 '목신의 집'처럼 두 개의 아트리움과 두 개의 페리스틸리움을 지닌 대저택까지 규모가 다양하다.(사실 '목신의 집'은 궁전이라고 해도 손색이 없을 만큼 규모가 크다.) 그러나 배치와 구조를 보면 단일한 양식이라 해도 무방할 만큼 서로 비슷하다. 주인의 재산이나 취향에 따라 규모와 세부 장식의 차이는 있겠지만 구조는 누구나 예측 가능할 정도로 균일하다. 이러한 기본 구조의 통일성은 오늘날의 가정주택도 마찬가지다. 건물 외양은 독특해도 안으로 들어가면 먼저 침실이 아닌 현관이 배치되어 있으며, 2층집이라면 침실이 위층에 있음을 누구든 예측할 수 있다.

리턴은 '비극 시인의 집'에서 발견되는, 우리에게도 꽤 익숙한 현대적 특징을 강조했다. 예컨대 그는 로마 시대의 그림, 장식, 식생활 등에 담긴 차별성이 아니라 자기 자신, 나아가 19세기 런던 상류층과 크게 다르지 않은 사회와 건축에 주목한 것이다. 그러나 대다수 현대 고고학자들은 정확히 리턴과 반대되는 측면을 강조하곤 한다. 폼페이 유적의 현재 모습과 서기 1세기의 모습은 상당히 달랐다는 사실뿐만 아니라 '주택과 가정'에 대한 개념이 얼마나 달랐는지를 강조한다. 요즘 폼페이 고고학에서 중요한 연구 과제는 과거 폼페이 주택들이 어떤 모습이었으며, 기본적인 수준에서 어떤 용도로 사용되었는가를 밝히는 것이다. 이런 연구는 불가피하게 규모 있는 부유층 주택에 집중되는 경향을 보인다. 그러한 집일수록 발견된 유물이 많고 다양한 구조와 설계를 보여줄 뿐만 아니라 보존 상태도 비교적 양호해서 더 큰 문제를 발견하거나 해답을 얻을 가능성이 높기 때문이다.

지금 폼페이 주택을 둘러보면 서기 1세기 폼페이 부자들은 오늘날 소박한 장식을 선호하는 현대인들과 크게 다르지 않은 미적 감각을 지녔던 것처럼 보인다. 군더더기 없이 깔끔하게 정돈된, 과도해 보일 만큼 여백의 미를 강조한 장식을 좋아했다고 느끼는 것도 무리는 아니다. 그러나 이것은 과거에 공간을 채우고 있었을 가구며 세간들이 거의 사라지고 그 흔적조차 남아 있지 않기 때문이다. 값비싼 세간을 포함해 많은 귀중품은 폼페이 사람들 스스로 치워버렸는데, 최후의 재앙이 발생하기 직전 탈출하는 과정에서 챙겼거나 나중에 찾아든 구조대나 약탈자들이 가져갔을 것이다. 더욱이 헤르쿨라네움에는 까맣게 틴 가구들이 다수 남아 있지만 폼페이에서는 탄화된 나무 조각 정도만 볼 수 있을 뿐이다. 이는 피해를 입힌 화산분출물의 성분이나 흐름의 양상이 달라서 나타난 차이다. 그러나 드물게 대리석 탁자 등이 원래 자리에 남아 있는 경우도 있기 때문에 어떤 물건이 어디 있었으며 구체적으로 어떤 모양이었는지 전혀 알 수 없는 것은 아니다.

이런 작업에는 헤르쿨라네움에서 발견된 세간들이 중요한 역할을 했으며, 기본적으로 폼페이의 과거 모습도 이와 크게 다르지 않을 것이다. 헤르쿨라네움 발굴 결과를 보면 탁자와 침대 등은 물론이고 접이식 목제 칸막이 같은 다양한 세간이 아트리움 뒤편에 늘어서 있었다.(사진 33) 폼페이 벽화에 그려진 가구들 역시 도움이 된다. '메난드로스의 집'에서 발견된 유명한 그림에서 그리스 시인 메난드로스가 앉아 있는 의자가 그곳 주민들이 쓰던 의자와 달라야 할 이유는 없다.(사진 44) 참고로 말하자면 이곳이 '메난드로스의 집'이라 불리게 된 것도 바로 이 그림 때문이다. 한편 딱딱하게 굳은 화산재에 남은 흔적에 석고를 부어 본을 뜨는 식으로도 목제 세간들을 복원하는 일이 가능하다.(이제는 석고로 본을 뜨는 기법에 독자들도 익숙해졌을 것이다.) 바로 이런 기법 덕분에 '율리우스 폴리비우스의 집' 주랑 벽에 식품 보관용 항아리를 비롯한 유리그릇, 등잔, 청동 인장, 청동 사슬, 이빨 하나까지 온갖 생활용품이 담긴

33. 인근 헤르쿨라네움에서 발견된 나무로 만든 아기 침대. 이곳의 가구와 세간들을 보면 과거 폼페이 주택을 채우고 있었을 물건들을 웬만큼 파악할 수 있다. 폼페이에는 화산분출물로 인해 나무로 만든 것은 대부분 사라졌고 철제 경첩 등의 일부 부속품만이 남아 있다. 이런 부속품들을 통해서도 수납장, 의자, 침대 등을 어느 정도는 복원할 수 있다.

수납장 다섯 개가 늘어서 있었다는 사실을 알아낼 수 있었다.(수납장 하나는 식품 전용으로 쓰였던 것으로 보인다.)

더러는 희미한 자취로 가구를 복원하기도 한다. 예를 들어 일부 벽에서 선반 부착용 부속품이 발견되기도 했는데, '비극 시인의 집' 아트리움에 면한 방들 중에서도 그러한 부속품과 흔적이 발견되었다. 원래는 다른 용도였는지 벽화로 우아하게 장식한 이 방은 나중에 창고로 개조된 것으로 보이는데, 방에 남아 있는 경첩, 청동 부품, 자물쇠 등을 통해 서랍장이나 진열장을 재구성하는 작업이 가능하다. 발굴 초기에는 사실 이런 작업이 많이 누락되거나 간과되었다. 빠짐없이 수집했다 해도 기록 관리가 졸속으로 진행되어 정확히 어느 장소에서 발견된 것인지 파악하기가 쉽지 않았다. '사소한' 것처럼 보이지만 사소하지 않은 이런 물건들이 제대로 관리되지 못하는 기록 관리의 문제는 최근까지도 계속되었다. 이렇듯 열악한 자료와 환경에도 불구하고 폼페이 주택의 중앙에 위치한 아트리움이 그 웅장하고 우아한 외관에 어울리지 않게 창고 역할을 겸했다는 주장을 뒷받침하는 근거는 충분하다.

비교적 규모가 작은 '비키니를 입은 베누스의 집'(작은 베누스 여신상이 발견되어 붙여진 명칭) 아트리움 한 귀퉁이에서는 뼈로 만든 경첩 32개가 나왔다. 이것은 옆쪽에 문이 달린 대형 복제 수납장의 부속품들로, 수납장 속의 잡다한 일상 생활용품과 자그마한 장식품들까지 남아 있었다. 청동 주전자, 접시, 청동 대야, 케이크 틀, 작은 유리병, 단지, 청동 등잔, 잉크통, 나침반, 거울, 도장이 새겨진 청동 반지 두 개, 잡다한 보석류, 색깔 있는 대리석 달걀, 주사위, 게임 도구, (확실치는 않지만) 족쇄로 보이는 금속 제품, 금·은·동 주화 등 그 종류도 다양했다. 다른 귀퉁이에서는 뼈로 만든 경첩과 부속품들이 더 많이 발견되어 이곳에도 수납장이 있었음을 알 수 있다. 이 수납장 내용물은 좀더 가치 있고 소중한 것들로, 작은 베누스 조각상, 유리 백조, 테라코타 큐피드, 수정 장신구, 부러진 재갈, 때를 벗기는 도구 두 개, 등잔 받침대를 포함하여 뼈와 동으로 만든 여러 제품이었다. 귀중품 중 일부는 주인이 급히 떠나느라 챙기지 못했거나 돌아올 수 있다고 믿고 급히 숨겨놓았던 게 아닐까 싶다. 전반적으로는 평소 사용하는 물품을 보관하는 수납공간이라는 인상이 강하다. 잡다하게 섞인 내용물은 오늘날 우리에게도 낯설지 않다. 집에서 사용하는 필수품, 버렸어야 할 부서지고 망가진 물건, 신경 써서 챙겨둔 귀중품이 뒤섞인 이런 모습은 여러분 집의 수납장 모습과 다를 게 별로 없을 것이다.

다른 집의 아트리움도 대체로 유사했다. 다만 어떤 집에서는 (물고기 뼈가 담긴 것으로 보아) 식품이 보관되었을 유리 항아리를 포함해 도자기와 유리 제품을 넣어둔 진열장도 있었다. 또 어떤 집에서는 평범한 가정용품과 (허리띠 있는) 옷과 나뭇가지 모양의 촛대 등이 들어 있는 서랍장 두 개, 도자기와 더불어 동·은·유리 재질의 고급 식기를 보관하는 용도의 키 큰 진열장이 있었다. 그러나 아트리움의 기능을 물품 보관 장소로만 생각한다면 오산이다. 수로와 직접 연결되지 않은 집은 대개 아트리움 중앙에 우물이 있었고, 당연히 물을 길어 올리는 양동이와 도르래가 있었음을 예측할 수 있다. 또한 베틀 추(베를 짜는 과정에서 날실이 팽팽하게 당겨진 상태를 유지하도록 날실 끝에 매다는 추)가 주로 아트리움이나 아트리움에 면한 방에서 발견된 것으로 보아 집집마다 베틀을 두었던 장소 역시 아트리움이었던 듯하다. 곰곰이 생각해보면 이는 당연한 결론이 아닐까 싶다. 베틀을 놓고 직물을 짜려면 상당히 넓은 공간이 필요할 텐데 공간이 넓은 저택을 제외한 일반 주택에서 그만큼 넓은 공간이라면 아트리움이나 페리스틸리움밖에 없으니 말이다. 더욱이 베를 짜려면 볕이 좋아야 하므로 아트리움은 더욱 적격이었으리라.

폼페이 주택에서 가장 의문스러운 점은 현란할 만큼 밝은 분위기와 음침하고 칙칙한 분위기가 공존했다는 사실이다. 대부분 주택의 벽은 선명한 색깔로 칠해져 있었다. 지금은 빛깔이 많이 바래서 진홍색은 흐린 분홍색으로, 밝은 노란색은 파스텔 톤의 크림색으로 흐릿하게 변하여 예전의 상태를 흉내만 내고 있을 뿐이지만. 벽만 화려했던 게 아니다. 천장이 원래 그대로 남아 있는 경우는 드물지만, 천장에서 떨어진 회반죽 외장을 조합하여 복원해보면 천장 역시 과거에는 화려한 장식과 풍부한 색채를 자랑했음을 알 수 있다. 기둥도 마찬가지였다. 대개 기둥은 중간까지는 무늬 없이 붉은색으로 칠해져 있었다. 또한 헤르쿨라네움의 입구 안쪽에 위치한 주택 내부를 살펴보면 몇몇 기둥은 반짝이는 모자이크로 덮인 것을 볼 수 있다. 그 때문에 이곳은 '모자이크 기둥의 저택'이라 불리게 되었는데, 고대 폼페이 사람들의 시각으로 보아도 눈에 띨 만큼 화려한 장식이다. 폼페이 거리와 마찬가지로 폼페이 주택들은 지금 우리가 보기에 '시각적 테러'에 가까울 만큼 밝고 화려하고 대담했다.

반면 폼페이의 주택 내부는 빛이 많이 들지 않아 선반석으로 어두웠다. 색채며 장식만 보면 불편하리만큼 화려하고 대담하지만 전반적으로 어둠이 그 화려함을 누그러뜨리고 중화시켰을 것이다. 아트리움과 페리스틸리움 정원에는 중앙의 뚫린 공간으로 햇빛이 들지만 그외의 많은 방은 직접적인 햇빛을 거의 혹은 전혀 받을 수 없었다. 폼페이 서쪽 지역의 해안가 다층 주택들은 바다를 감상할 수 있는 전망용 대형 창이 있었으므로 예외에 속한다. 앞서 거리생활을 살펴보면서 확인한 것처럼 폼페이의 주택 대부분에는 외부로 낸 창이 그리 많지 않았고, 있다 해도 크기가 작았다. 이런 제약 속에서도 폼페이 사람들은 어두운 집 안에 가능한 한 많은 빛을 끌어들이기 위해 비상한 노력을 기울였다. 유적지 주택들을 둘러보면 천장의 채광정 또는 문 위쪽 벽에 뚫린 구멍들을 종종 볼 수 있는데, 이는 문이 닫혀 있을 때 빛을 실내로 끌어들이는 기능이다.

한편으로는 말 그대로 수천 개의 등잔이 있었다. 청동 등잔이나 도기 등잔들이 있었고, 꾸밈없이 소박한 것부터 화려하게 장식된 것, 불꽃이 하나인 것부터 여러 개인 것, 고리에 거는 것부터 높은 받침대에 올려놓는 것 또는 바닥이나 탁자에 올려놓는 것 등 다종다양했다. 보통은 기름을 태우는 식이었는데, 최근 화학 성분을 분석한 바에 따르면 예상치 못한 미묘한 차이가 발견되었다. 동물성 기름인 수지獸脂가 일부 섞인 기름은 주로 청동 등잔에 사용되었고, 순수한 동물성 기름은 유약을 칠하지 않은 도기 등잔에 사용되었다. 유약을 칠하지 않은 다공성 도기가 수지에서 발산되는 불쾌한 냄새를 빨리 흡수하기 때문이었을까? 아무튼 등잔은 가정의 필수용품으로, 도기 등잔은 대부분 현지 공장에서 생산되었다.(원형경기장에서 멀지 않은 곳에 규모는 작지만 번성했을 것으로 짐작되는 등잔 공상이 발견되었다.) 나폴리국립고고학박물관에도 꽤 다양한 등잔이 전시되어 있다. 샌들을 신은 발 모양의 청동 등잔(엄지발가락에서 불꽃이 타는 형태)이 있고, 아프리카 흑인 두상의 등잔도 있다. 아프리카 흑인 두상의 등잔은 대피하다가 성문 밖에서 죽은 부부가 떨어뜨린 것으로, 앞서 언급한 바 있다. '율리우스 폴리비우스의 집' 한 곳에서만도 청동 등잔 하나와 70개가 넘는 도기 등잔이 발견되었다. 채광정이나 등잔이 있었다 해도 측면의 방들은 요즘에 비해 충분한 조명을 받지 못했을 것이다. 한밤중의 폼페이 집들은 달빛과 별빛, (빛과 더불어 열을 제공하는) 두어 개의 난로, 다수의 작은 등잔이 비추는 희미한 불빛에 의지하는, 전체적으로 어둠에 휩싸인 정경이었을 것이다.

빛을 차단하여 사생활을 보호할 방법은 많았다. 어느 쪽으로나 개방되어 있는 문 혹은 덧문, 커튼 등으로 빛을 차단할 수 있었다. 따라서 폼페이 주택을 개방형 구조로 보는 해석이 완전히 잘못된 것은 아니다. 앞으로 더 살펴보겠지만 이런 구조는 트인 전망을 중시하는 폼페이 사람들의 성향에 따른 것이다. 그러나 문에 필요한 장치들을 설치했을 홈이나 구멍, 커튼 고정 장치의 흔적들로 보아 덧문 혹은 커튼으로 차단되지 않는 출입구나 통로는 거의 없었다. 커튼은 실내를 한층 화려하고 활기차게 하기 위해 밝은 색깔을 선택했을 것이다. 문이나 커튼이 없는 곳에는 독립된 차단막이 있었으리라 예상되는데, 실제로 헤르쿨라네움에서 이런 차단막이 발견되었다. 심지어 칸막이를 치는 경우도 있었다. 지금은 볼 수 없지만 '비극 시인의 집'의 기둥들은 칸막이로 연결되었을 것이다. 오늘날에는 훤히 트여 있어 휑한 많은 방들도 예전에는 아늑하고 은밀한 공간이었을 것이다.

여기까지는 그럭저럭 괜찮다. 그러나 폼페이 주택과 관련하여 항상 우리를 괴롭히는 하나의 질문이 남아 있다. 폼페이 주택 내부의 '어떤 공간에서 구체적으로 어떤 활동이 이루어졌을까?' 하는 것이다. 지금까지 살펴본 바에 따르면 폼페이 주택의 아트리움은 잡다한 물건을 보관하는 수납장이 있고 베를 짜거나 노예들이 물을 길어 올리는 공간이다. 그러나 폼페이의 어느 집 정문으로 들어간 경우를 상상해보자. 아트리움 외의 다른 방들은 과연 어떤 풍경일까? 어떤 일들이 벌어졌을까? 이곳에 사는 사람들은 어디서 먹고, 요리하고, 자고, 용변을 봤을까? 또한

'이곳에 사는 사람들'은 누구였으며 몇 명이나 되었을까?

위치가 쉽게 파악되는 활동이 있는가 하면 때로는 필요 불가결한 활동들을 할 만한 마땅한 공간이 없어서 관심이 집중되기도 한다. 예를 들어 대저택에 있는 몇몇 목욕탕을 제외하면 폼페이의 집들에는 확실히 욕실이나 세면실로 여길 만한 공간이 없다. 사람들이 주로 분수대에서 손을 씻거나 대야에 물을 받아 세수를 하고 머리를 감았을지도 모르겠다. 그러나 목욕만큼은 시에서 운영하는 공중목욕탕을 이용했다. 수도관이 직접 연결된 집이라도 위생적인 또는 가정용으로 공급되는 물의 양은 매우 적었으며, 이 물은 대부분 분수대나 정원수로 사용되었다. 이는 부자들로 하여금 위생에 집중하기보다는 자원에 대한 통제권을 과시할 기회를 부여한 로마 공학의 업적이라 할 수 있다.

반면 변소는 폼페이 주택의 공통적인 구조물로서 쉽게 찾을 수 있다. 변소를 전문적으로 연구한 어느 고고학자는 최근까지 폼페이의 변소 195개를 연구했는데, 이 숫자는 발굴 이후 붕괴된 것과 지금도 관광객들이 '급한 경우'에 사용하는 변소를 제외한 것이다. 변소 공간은 대부분 주택의 규모와 상관없이 하나뿐이며, '비극 시인의 집'에서 보았듯이 부엌에서 발견된다.(물론 정원의 덤불이나 각종 항아리들이 간이화장실로 이용되었을 가능성도 상상할 수 있다.) 부분적으로는 칸막이가 되어 있지만 문이 있었던 흔적은 없다. 폼페이를 비롯한 여러 지역에서 발견된 변기가 여러 개인 공중변소도 마찬가지였다. 현대인은 다른 건 몰라도 화장실에서만큼은 완벽한 '사생활 보호'를 원하는 반면 로마인은 그러한 집착이 없었던 모양이다. 변소의 구조는 간단하다. 정화조와 연결된 하수구 위에 나무판을 얹어놓은 형태로, 수로와 연결되어 있지 않다면 오물을 빨리 처리하기 위해 물을 부었을 것이다.

이는 시설이라기보다는 악취가 심한 임시변통의 공간으로, 여기에 로마인들이 밑을 닦는 데 사용했다는 스펀지 막대기가 단지 속에 꽂혀 있는 모습까지 추가하면 로마 변소의 그림이 완성된다. 물론 그들은 때로는 스펀지 막대기를 사용했을 것이다. 그러나 그 사실을 뒷받침하는 증거는 생각보다 빈약하다. 네로 황제의 스승이었던 철학자 세네카는 어느 게르만족 죄수가 경기장에서 맹수와 싸우게 되자 변소의 스펀지를 삼키고 자살했다는 섬뜩한 일화를 들려주고 있다. 사실 폼페이 사람들에게 밑씻개용 재료는 얼마든지 있었을 것이다. 화산 폭발 당시 가룸 창고로 쓰이던 집에서는 변소 근처에 자라는 무화과나무의 넓은 잎사귀가 스펀지를 대신했으리라는 주장도 설득력이 있다. 또한 헤르쿨라네움 주변에서 발굴된 대형 오물통을 조사한 바에 따르면 로마인들은 천 조각을 밑씻개로 사용했던 것으로 보인다.

폼페이 주택에서 부엌과 식당을 확인하는 것 역시 어렵지 않다. 적어도 부유한 저택에서는 그렇다. 그러나 가난한 집이나 중간 규모의 집들은 변소와 식당은 갖추고 있어도 별도의 조리 공간이 없는 경우가 적지 않았다. 이렇듯 음식과 음식 조리에 대해 탐구하다 보면 폼페이 주택의 기능과 공간이 정확하게 맞아떨어지지 않음을 알 수 있다.

보통은 조리용 화덕을 통해 부엌을 확인하는데, 화덕 위에 물을 담아두는 대야가 놓여 있는 경우도 있고, 드물기는 하지만 부엌이 수로와 연결되어 있기도 하다. 하지만 대체로 부엌은 '비극 시인의 집'에서처럼 비좁은 인상을 준다.(사진 34) 분명 그 좁은 공간에서 음식이 조리되었겠지만(옆에 배치된 화장실이 쓰레기 처리장을 겸했다는 점을 염두에 둔다면 그 가능성은 더욱 높다) 대규모 만찬에 필요한 모든 준비가 가능할 만큼 규모 있는 부엌은 극소수에 불과하다. 그러므로 다른 공간에서도 음식을 손질하거나 조리하는 모습을 상상하지 않을 수 없다. 페리스틸리움에 놓인 이동식 철제 화로에서 고기를 굽는 모습도 충분히 그려볼 수 있고, 과일이나 채소 껍질을 까거나 동물 내장을 제거하는 작업 등은 공간이 허락되는 한 어느 곳에서나 이루어졌으리라. 트리말키오 집의 문지기가 문간을 지키면서 완두콩 껍질을 까고 있었던 것처럼 말이다. 그렇다면 오늘날 주방의 주요 작업이라 할 수 있는 세척은 과연 어디서 한 것일까? 폼페이 사람들이 집안 어느 곳에서 접시, 식기, 칼, 숟가락(포크는 중세의 발명품으로, 로마인들은 포크를 사용하지 않았다) 등을 씻고 말렸을지 이런저런 추측은 있지만 명확히 밝혀진 바는 없다.

식사 또는 만찬도 특정 공간이 아닌 실내 공간 전체를 활용했다. 폼

34. '베티의 집'의 비좁은 부엌에 놓인 화덕. 단지와 냄비는 연출을 위해 갖다놓은 것이며 원래 이곳에서 발견된 것이 아니다.

페이 주택의 부엌은 워낙 규모도 작고 볼품없어서 어떤 관광객들은 그 냥 지나치기도 하지만 식당은 확실히 눈길을 끄는 공간이다. 폼페이 사 람들이 집에서 가장 공들여 우아하게 꾸민 공간 중 하나가 바로 식당이 기 때문이다. 라틴어로 식당을 '트리클리니움triclinium'이라 하는데, 글 자 그대로 해석하자면 '세 개의 긴 의자'를 뜻한다. 이것은 각각 마련된 세 개의 카우치couch에 참석자 세 명이 비스듬히 앉아 식사를 하는, 격 식 있는 로마 만찬의 일반적인 형태가 반영된 명칭이다. 폼페이 주택에 서 트리클리니움은 위치나 형태 다 다양하다. 어떤 집에는 이동이 가능 한 목제 카우치가 놓여 있고 어떤 집에는 붙박이 석제 카우치가 놓여 있다.(목제라면 당연히 그 실체는 오래전에 사라져 흔적만 남아 있다.) 실내 식당이 있는가 하면 실내도 실외도 아닌 형태로 정원 한쪽에 마련된 경 우도 있다.(소위 '여름 트리클리니움'이라 불리는데, 이 명칭은 지중해의 온화 한 기후에서 여름철 몇 달간 사용했을 것이라는 가정 아래 붙여졌다.)

'금팔찌의 집'은 실내와 실외의 구분이 애매한 구조와 더불어 우아하 기로 유명한 식당을 자랑하고 있다.(사진 35) 트인 정면으로 정원을 바라 보며 식사를 하도록 되어 있는데, 좌우에 흰색 대리석으로 외장을 마감 한 두 개의 카우치가 있고 방 안쪽에 세 번째 카우치가 배치되어 있다. 로마 트리클리니움 특유의 U자형 구조에는 물을 이용한 인상석인 조경 물인 '님파이움nymphaeum'이 있다. 유리와 조개껍데기 등으로 모자이크 처리한 벽감 안에는 12개의 계단이 있고, 수로에서 끌어온 물줄기가 이 계단을 타고 폭포처럼 흐르도록 제작되었다. 사실 '폭포처럼'이란 표현 은 다소 과장된 것으로, 가늘게 흘러내렸다는 표현이 더 정확하리라. 계 단을 타고 흘러내린 물은 양쪽 카우치 사이의 우묵한 웅덩이를 통과해 서 앞쪽 정원에 있는 연못과 분수로 흘러든다. 이런 식의 배치는 폼페이의 다른 집은 물론이고 다른 지역의 웅장하고 화려한 집에서도 발견된다. 로마인들이 상상하는 '천국의 저녁 식사'에 가까운 풍경이었으리라. 불빛이 모자이크에 반사되어 반짝이고 물줄기가 부드럽게 흘러내리는 가운데 식사하는 것보다 더한 즐거움은 없다고 로마인들은 여겼던 모양이다. '금팔찌의 집'은 날이 어두워지면 카우치 앞쪽에 줄지어 있는 작은 벽감에 놓인 등잔 불빛으로 인해 환상적인 효과가 증폭되었을 것이다.(식사할 때 남은 음식 조각을 놓아두기에도 편리한 공간이었을 것이다.)

그렇다고 로마인들이 매일 이렇듯 격식 차린 저녁 식사를 즐겼던 것은 아니다. 실제로 얼마나 자주 이런 식사를 했는지는 알 수 없는 일이

35. 매우 매력적인 트리클리니움. 물을 사이에 두고 양쪽 카우치에 비스듬히 앉아 식사를 즐겼다. 물은 벽의 벽감에서 흘러내린 뒤 카우치 사이의 수조에 담긴다. 저녁에 이 카우치에 누워 앞쪽 정원을 바라보면서 졸졸 흐르는 물소리를 들으며 식사하는 장면을 상상해보라. 카우치 아래 작은 벽감들에서는 등잔불이 반짝이고 있었을 것이다.

다. 어떤 학자들은 이것이 로마 시대의 일상이었다고 말하기도 한다. 요즘 로마 시대에 관한 안내서에는 "로마 시대에 하루의 주된 식사인 '케나cena', 즉 '저녁 식사'는 늦은 오후 트리클리니움에서 즐겼다……"는 내용을 흔히 볼 수 있다. 그러나 오늘날 우리가 로마 시대 사회생활과 관련한 많은 글에서 여러 오류를 접하듯이, 이 부분도 동시대 인물이 아닌 라틴 작가들의 글에 나타난 몇몇 단편적인 사례를 토대로 삼아 마치 그것이 표준인 양 일반화하는 오류를 범하고 있다. 즉 빈약한 근거에 의존한 엉성한 일반화다. 사실 대부분 폼페이 주택에는 트리클리니움 자체가 없으며, 주민들은 아주 가끔씩 카우치에 기대어 격식 차린 저녁을 즐겼을 뿐이다. 부유한 집에 여러 개의 트리클리니움이 있기는 하지만 그러한 집에서도 트리클리니움 만찬은 일상이라기보다는 이례적인 행사였다. 물론 저녁 식사가 아닌 다른 식사 시간에 이러한 성찬이 이뤄졌을 리는 만무하다. 폼페이 사람들이 아침에 일어났을 때 무엇을 먹었는지는 알 수 없지만 트리클리니움에 비스듬히 앉아서 먹었다고 할 만한 근거도 전혀 없기 때문이다.

평소 식사는 집 안 곳곳에서 이루어졌을 것이다. 규모가 작은 집에서는 선택의 폭이 좁았으므로 식사가 가능한 공간 어디에서든 먹었을 것이다. 규모 있는 집이라면 노예들은 일하는 도중에 간단히 끼니를 때우거나 숙소에 들어가서 먹고 문지기는 문간방 같은 곳에서 후딱 먹어치웠을 것이다. 다른 사람들도 그날그날 마련된 음식을 들고서 페리스틸리움 벤치에 앉거나 아트리움 탁자 앞에 의자를 끌어다놓고 먹었을 것이다. 유물이 그러한 패턴을 확실히 말해주고 있다. 즉 접시나 술잔과 일반 식기들이 주택 안 곳곳에서 발견된 정황은 화산 폭발 이전과 이후에 있었을 수많은 요인으로 설명되지 않는다. 마치 사람들이 집 안 이곳저곳을 '날아다니면서' 먹기라도 한 것 같은 인상이다.

지금까지 살펴본 것처럼 폼페이 주택에는 흥미로운 모순이 보인다. 주택의 구조는 분명 별도의 공간과 설비, 비품까지 갖추었으며 여유로운 만찬 문화를 자랑한다. 그와 동시에 현대의 바비큐 문화나 패스트푸드 문화에 가까운 모습도 확실히 드러나 있다. 말하자면 특정한 기능을 염두에 두고 일부 공간을 설계했지만 폼페이 주택의 공간 및 활동 구분은 현대 주택의 그것만큼 명확하지 않았다. 오늘날에는 집의 내부가 침실, 거실, 욕실 등으로 구분되어 있지만 폼페이 주택의 공간들은 현대 이전의 주택 구조가 그러했듯이 '다용도'였다.

# 주택의 위층과 아래층

다른 질문을 던져보면 폼페이 주택의 특성은 한층 더 명확해진다. '어디서 잠을 잤을까?' '위층에서는 무엇을 했을까?' 폼페이 집들이 원래 어떤 모습이었으며 어떻게 사용되었는지를 파악하는 과정에서 가장 미스터리하고 흥미로운 부분은 바로 위층이다. 폼페이의 많은 주택은 이층 구조를 띠고 있다. 간혹 대문을 거치지 않고 거리에서 곧장 위층으로 올라가도록 설계된 집들이 보이는데, 이런 경우 위층은 십중팔구 세를 놓은 공간이었을 것이다. 로마법에 따르면 위층의 소유권은 아래층 소유자에게 있으므로 분리된 위층 거주공간에 별도의 주인이 있을 수 없다. 반면 여타 주택에는 위층으로 올라가는 계단이 내부에 있다. 불워 리턴은 위층에 대해 언급하지 않았지만(등장인물이 위층으로 올라가는 장면이 없다) '비극 시인의 집'이 이 경우에 속한다.

위층에서는 어떤 것들이 발견되었을까? 이 질문에는 대답하기가 쉽지 않다. 폼페이 어디를 보아도 위층 구조물이 남아 있는 경우는 드물기 때문이다.(온전하게 남아 있는 듯 보이는 건물들은 사실 복원된 것이다.) 아래층에서 발견된 물건 중에는 위층의 것으로 생각되는 것도 있는데, 위층 바닥이 내려앉으면서 물건이 섞였을 것이다. 폼페이 금융업자 루키우스 카이킬리우스 유쿤두스의 집에서 발견된 유명한 밀랍 서판이 대표적인 경우로, 다락의 일부는 오래된 문서들을 보관하는 일종의 서류실이었던 듯하다. 물론 이런 식으로 위층을 사용하는 예가 얼마나 흔했는지는 알 수 없다.

현대인의 경험에 따르면 위층은 잠을 자기 위한 공간이라는 게 정답일 것이다. 그러나 폼페이에서 이 대답은 부분적으로만 옳다. 집의 핵심 거주자들은 위층이 아닌 아래층에서 잠을 잤기 때문이다. 주택 중에는 아트리움이나 페리스틸리움에 면한 작은 방에 붙박이 침대나 카우치 흔적이 보이는 것이 많고, 이와 비슷하지만 붙박이가 아니라 이동식 가구가 놓여 있는 집도 있다. 이들 방이 엄밀한 의미의 '침실'은 아닐지라도 그 안에 놓인 카우치가 낮에는 소파로 쓰이고 밤에는 침대로 쓰였을 가능성이 높다. 그렇다면 위층은 주로 집안 노예들이 자는 공간이었을 것이다. 물론 노예가 부엌 바닥이나 주인의 방문 앞, 침대 발치 혹은 잠자리 시중을 들면서 침대 안에서 자기도 했다.(주인의 잠자리 시중은 고대 노예들의 의무 중 하나였다.) 위층을 셋방으로 보는 관점도 있다. 그렇다면 세입자들은 큰길로 난 대문이 아니라 뒷문으로 들어와 위층 숙소로 갔을 것이다.(폼페이 대부분의 집에는 뒷문이 있다.) 그렇다면 폼페이 주택의 위층은 창고, 침실, 셋방이라는 세 가지 용도가 혼합된 공간이었을 것이다.

1890년대 발굴 과정을 지켜본 귀족의 이름을 따서 '나폴리 공의 집'이라 불리는 작은 규모의 주택에는 위층으로 이어지는 계단이 세 개나 있다. 하나는 거리에서 별도의 임대 공간으로 추정되는 방들로 이어진다. 다른 계단은 아트리움에서 빛이 들지 않는 어두운 방들로 이어진다. 최근 이곳을 연구한 고고학자는 이 어두컴컴한 방들이 몇몇 노예의 숙소였다고 주장했으나 다락 창고였을 가능성도 없지는 않다. 나머지 계단은 부엌에서 올라가는데, 정원이 내려다보이는 비교적 밝은 방으로 연결된다. 이 방에 대해서 역시 셋방이라는 의견(부엌에서 올라간다는 게 이상하다), 노예 숙소라는 의견, 노예들이 돌보는 집안 아이들의 방이라는 의견 등 다양하게 제시되었다. 특히 마지막 의견에 따른다면 폼페이와 관련된 소소한 질문 하나가 덤으로 풀린다. 바로 '아이들은 어디서 잤을까?'라는 질문이다. 헤르쿨라네움에서 발견된 아기 침대(사진 33) 하나를 빼고는 유아들의 수면과 관련된 어떤 증거도 나오지 않았다. 그렇다면 아기들은 어른들과 한 침대에서 잤을 것이고, 함께 잔 어른은 부모일 수도 있지만 노예였을 가능성이 훨씬 더 높다.

위층과 연관된 더욱 중요한 질문은 집집마다 과연 몇 명이 살았으며, 거리에서 곧장 연결되는 독립적인 셋방을 제외할 때 함께 사는 이들은 어떤 관계였을까 하는 것이다. 폼페이 집들은 흔히들 생각하는 결혼한 부부와 자녀 그리고 충직한 하인 몇 명이 함께 사는 그런 곳이 아니었다. 『케임브리지 라틴어Cambridge Latin Course』라는 교재에서는 폼페이의 한 가정을 상정하여 카이킬리우스와 메텔라 부부, 아들 퀸투스, 노예 클레멘스와 역시 노예이자 요리사인 그루미오가 등장하는데, 이러한 그림은 아예 머릿속에서 지워버리는 편이 낫다.

부유한 로마인들은 대가족으로 지냈다. 여기서 말하는 대가족이란 조부모, 이모나 고모, 삼촌, 사촌 같은 혈연으로 이루어진 느슨한 결합체가 아니다.(알고 보면 이런 조합 역시 역사적 현실이라기보다는 향수를 불러일으키는 허구에 가깝다.) 오히려 한 지붕 밑에서 사는 사람들이라는 뜻의 '가구家口, household' 또는 어느 학자가 적절하게 표현한 것처럼 '집 안사람houseful'에 가까웠다. 구성원은 대개 '핵가족'과 다양한 범주의 딸린 식구들로, 여기에는 노예는 물론 이전의 노예, 즉 해방노예도 포함되었다. 부유한 가구라면 노예들이 특히 많았을 것이다.

그리스와 달리 로마에서는 장기간 의무를 다한 민가의 노예들에게 자유가 주어지곤 했다. 이는 인도적 차원에 따른 주인의 동정심과 경제적 이익의 결합으로부터 비롯된 관대한 처분이었다. 그렇다면 해방된 노예는 주인에게 어떠한 경제적 이익을 안겨줄까? 일단은 집안 노동을 소화하기 어려운 늙은 노예를 풀어줌으로써 먹는 입을 줄일 수 있고, 더불어 다른 노예들로 하여금 성실한 노동과 복종을 유도할 수 있다. 그런 의미에서 소설 속의 트리말키오는 해방노예 중에서 매우 예외에 속한다. 왜냐하면 대부분의 해방노예는 노예 신분에서 벗어난 뒤에도 다양한 방식으로 예전 주인과의 예속관계를 유지했기 때문이다. 대표적으로 주인 소유의 상점을 운영하거나 상업활동을 돕는 일을 했으며, 어엿한 가정을 꾸린 뒤에도 예전 주인의 집에 계속 머무는 경우가 많았다. 라틴어 '파밀리아familia'란 오늘날 우리가 말하는 '가족family'이 아니라 노예와 해방노예까지 포함하는 넓은 범주의 가족household을 의미한다.

집주인의 직계가족 그리고 노예, 해방노예, 세입자까지 합치면 '비극 시인의 집' 같은 주택에는 도대체 몇 명이 살았던 것일까? 정확한 증거는 없고 추측만 가능할 뿐이다. 침대 숫자를 세는 것도 좋은 발상이지만 분명한 침대의 흔적을 찾았다 해도 그것이 실제 취침용이었는지는 확인하기 힘들며, 취침용이라 해도 몇 인용으로 쓰였을지 알아내기 어렵다.(어른이든 아이든 두 명이 눕기에 넉넉해 보이는 침대는 여럿 있으나 확실히 '2인용'이라고 단정할 만한 것은 적어도 폼페이나 헤르쿨라네움에서는 발견되지 않았다.) 더욱이 위층에서 자는 사람, 침대 없이 바닥에 누워서 자는 사람에 대해서는 그 수를 가늠할 수 없다. 최근 어느 연구에서는 '비극 시인의 집'에 약 40명이 살았을 것으로 추정했다. 내 생각에는 지나치게 많다. 적어도 위층에서 28명이 잔다는 말인데, 이를 토대로 하여 도시 전체 인구를 계산해보면 3만4000명이라는 받아들이기 힘든 숫자가 산출된다. 그 절반인 20명으로 줄잡아도 집안 곳곳이 사람들로 북적이는 혼잡한 풍경이 그려진다. 불워 리턴이 말하는 우아한 독신자용 아파트와는 상당한 거리가 있다. 더구나 하나밖에 없는 변소를 고려한다면 더욱 과도한 숫자가 아닌가 싶다.

폼페이 주택 복원은 휑한 아트리움에 노예, 수납장, 베틀, 칸막이, 커튼 등의 사라진 것들을 채워 넣는 것만으로는 부족하다. 폼페이 주택들이 과연 어떤 용도였는가라는 대전제를 풀어야 한다. 이를 위해서는 주택 건축과 관련한 로마인들의 글에서 주택의 목적을 어떻게 제시하고 있는지, 그것이 폼페이 유적지의 주택들을 이해하는 데 어떤 보탬이 되는지를 살펴보아야 한다.

# 과시용 주택

로마 주택의 사회적 기능을 제시하는 중요한 자료는 아우구스투스 황제 시대의 건축가 비트루비우스가 쓴 『건축론On Architecture』일 것이다. 그의 주된 관심사는 건축 방법, 공공 건축물, 도시계획 등이었지만 여섯 번째 권에서는 '도무스domus', 즉 개인 주택을 다루고 있다. 글을 읽어보면 한 부분이 눈에 띄는데, 비트루비우스는 도무스를 오늘날 통용되는 '사적 공간'으로 이해하지 않았다는 점이다. 우리에게 '집'이란 직장이나 정치 영역과 분명히 구분되는 공간으로서 공적 생활에 따르는 제약이나 의무에서 벗어나 개인적인 자유를 즐기는 곳이다. 이와는 대조되게 비트루비우스가 말하는 도무스는 소유주의 '공적 이미지'를 구성하는 한 부분으로 간주되었을 뿐만 아니라 부분적으로 공적 업무를 처리하는 공간이기도 하다. 로마 역사에서도 어떤 의미에서는 '공인公人'과 그의 거주지를 동일시하는 인상적인 예들을 볼 수 있다. 예컨대 키케로가 망명해버리자 정적들은 곧바로 그의 집을 불태워버린다.(훗날 로마로 돌아온 키케로는 파괴된 집을 재건한다.) 또한 율리우스 카이사르가 암살당하기 직전에 그의 아내는 자기 집의 박공이 무너지는 꿈을 꾸었다.

비트루비우스는 주택의 여러 공간이 각기 다른 기능을 가지고 있음을 인정했다. 그러나 그가 말하는 기능의 차이란 예상 밖의 것이다. 고대 아테네 주택에서는 남녀의 공간을 분리하는 방식이 일반적이었지만 비트루비우스는 이런 분리를 주장하지 않는다. 나이에 따른 구분도 마찬가지여서 그가 생각하는 이상적인 주택 설계에 '어린이용 별채' 따위는 없다. 대신 방문자가 주인의 권유 없이도 들어갈 수 있는 '공용common' 공간과 주인이 권할 때만 들어갈 수 있는 '전용exclusive' 공간의 구분을 이야기한다. 공용 공간은 아트리움, 현관, 페리스틸리움 등이며, 전용 공간은 쿠비쿨룸cubiculum(고전적이기는 하지만 '침실bedrooms'보다는 '사실私室, chambers'이라는 말이 더 정확한 번역이다), 트리클리니움(식당), 욕실 등이다. 비트루비우스의 이런 구분은 오늘날의 '공적 공간' 및 '사적 공간' 구분과 완전히 일치하지는 않지만 상당히 유사하다. 완전히 일치하지 않는다는 시각의 근거는 다른 로마 저자들의 글에서 찾아볼 수 있다. 예컨대 낭독 모임이나 식사, 때로는 황제가 주관하는 재판까지 온갖 공적 업무가 쿠비쿨룸 안에서 수행되었기 때문이다. 말하자면 로마 주택의 쿠비쿨룸은 오늘날 침실처럼 외부인의 출입이 거의 배제된 공간이 아니었으며 취침용으로만 쓰이는 일도 드물었다. 결국 쿠비쿨룸은 주인의 초대 여부에 따라 접근이 제한되는 공간이었다.

비트루비우스는 또한 주택 설계에서 사회 계급을 강조한다. 공직과 정치를 담당하는 로마 상류층에게는 크고 화려한 '공용' 공간이 필요했다. 반대로 하층민은 웅장한 현관, 아트리움, 타블리눔tablinum 등이 없어도 무방했다.(타블리눔은 '비극 시인의 집'에서처럼 아트리움과 페리스틸리움 사이에서 종종 발견되는 비교적 넓은 방으로, 집주인이 사용하던 공간으로 추정된다.) 하층민은 아랫사람, 식객, 고객 등을 맞이하는 공적 업무가 필요치 않았기 때문이다. 오히려 그들은 다른 저택의 현관홀, 아트리움, 타블리눔 등을 자주 찾아가는 입장이었다.

비트루비우스의 이런 이론이 폼페이에서 발견된 증거와 정확히 일치하는 것은 아니다. 예를 들어 웅장한 저택의 아트리움은 비트루비우스가 말한 것처럼 출입 제한이 없었으나 규모가 크지 않은 다수의 주택에서는 출입을 제한한 것으로 보인다. 또한 지금까지 발견된 유적지 주택의 어떤 방들은 비트루비우스가 말한 개별 공간 명칭을 붙이기 곤란한 경우도 많다.(오히려 비트루비우스가 사용한 라틴어 명칭들은 현대 건축설계에서 더 빈번히 등장하지 않을까 싶다.) 다시 말해 개별적인 방에 대하여 비트루비우스가 구별한 개념을 명확히 적용하기 어렵다는 것이다. 사실 비트루비우스는 이상적인 로마 건축의 추상적 개념을 설명한 것으로, 이탈리아 남부 소도시에 있는 실제 주택들까지 포괄하는 논리로 집필한 것은 아니다. 그렇지만 도무스의 공적 용도에 대한 비트루비우스의 전반적인 견해는 폼페이 주택을 이해하는 데 도움이 된다. 폼페이 주택 전체를 설명할 수는 없지만 적어도 눈길을 끄는 화려한 저택에는 제법 들어맞는 논리이기 때문이다.

문지기가 접근을 허락하든 안 하든 주택 내부는 열린 대문을 통해 어느 정도 구경할 수 있었다.('불청객'이 완전히 집 안으로 진입하는 건 이론적으로는 몰라도 현실에서는 흔치 않은 일이었으리라.) 물론 밤에는 출입문이 닫혀 있어 들어갈 수 없고 낮에도 칸막이나 내부의 문, 커튼 등에 가려져 집 안 깊숙한 곳까지 들여다보기는 어려웠을 것이다. 그러나 열린 정문을 통해 내부 공간을 볼 수 있도록 디자인되었다는 점에서 근본적으로 과시를 전제로 한 주택 설계라는 논리가 인정된다. 예를 들어 열린 대문을 통해 '비극 시인의 집'을 들여다보면 우선 아트리움과 페리스틸리움 사이에 자리 잡은 널따란 응접실(비트루비우스가 말하는 타블리눔)이 눈길을 끌고, 이어서 페리스틸리움을 지나 정원 뒷벽에 위치한 사당까지 한눈에 들어온다. 보이지 않는 부분은 사적인 공간, 비트루비우스의 표현을 빌리자면 '전용' 공간이다. 요즘으로 치면 다용도실이나 부엌, 페리스틸리움에 면한 식당으로 보이는 커다란 방 등이다.

'베티의 집'은 풍부한 상상력과 창의력을 동원해 '남근'이라는 주제를 부각시킨 것이 특징이다. 덕분에 오늘날 유적지를 찾는 방문자들에게 인기를 얻고 있다. 이곳 현관 벽화는 지금까지 폼페이에서 발견된 유물 중 가장 많이 촬영되어 가장 널리 소개된 이미지 가운데 하나로서, 가정의 수호신인 프리아포스가 자신의 거대한 남근과 돈자루의 무게를 저울질하는 그림이다.(사진 36) 첫인상은 기발하고 자극적이지만 알고 보면 상당히 지적인 그림이기도 하다. 한껏 발기한 남근을 보란 듯이 자랑하고 있을 뿐만 아니라 '남근penis'과 '무게를 재다pendere'라는 단어의 유사성을 활용한 언어유희를 기발하게 시각화했기 때문이다. '베티의 집'에 이런 이미지는 더 있다. 현관의 프리아포스 그림을 본 고대 방문자의 시선은 주택 내부의 다른 남근 이미지와 자연스레 연결되었을 것이다. 현관에서 바라볼 때 시선은 아트리움과 페리스틸리움을 거쳐 정원을 향하는데, 이 정원에는 프리아포스 조각상으로 이루어진 커다란 대리석 분수대가 있다.(참고로 '베티의 집'에는 타블리눔이 없다.) 이로써 정문 입구의 벽화와 짝을 이루는데, 정문 입구의 그림이 일종의 농음이의적 언어유희였다면 이번에는 발기한 성기에서 뿜어져 나오는 물줄기가 핵심이라 할 수 있다. 이렇듯 남근 이미지에 함축된 권력과 번영이라는 메시지는 아트리움 내부의 가구 배치에 의해 더욱 강조된다. 아트리움 양쪽에 보란 듯이 전시되어 있는 커다란 청동 상자는 입구의 프리아포스가 저울질하는 재물 상자와 같은 것이다. 방문자의 시선이 직접적으로 닿지 않는 곳에는 사적인 '전용' 공간과 각종 작업 공간이 있다.

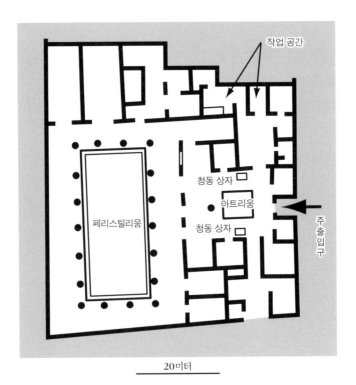

평면도 7. '베티의 집.' 넓은 페리스틸리움 정원이 전체 분위기를 좌우한다. 호화롭게 장식된 방들은 이 페리스틸리움을 바라보는 구조로 배치되어 있다. 집에 들어온 방문객은 주인의 부를 상징하는 청동 상자를 지나 넓은 페리스틸리움까지 한눈에 볼 수 있었다.(아트리움에 놓인 청동 상자는 단순한 상징물이 아니라 실제로 재물이 들어 있었다.)

고고학자들은 주택 설계를 로마 사회 계급제도와 연결시켰던 비트루비우스로부터 단서를 얻어 로마 특유의 사회적 의식이 폼페이 주택에서 어떻게 발현되었을지 상상해보았다.(비트루비우스는 특히 로마 상류층 남자와 그의 후원을 받는 다양한 사람들의 관계를 주택 구조와 연결지었다.) 고고학자들이 살펴본 사회적 의식이란 이른 아침에 이루어지는 '살루타티오_salutatio', 즉 일종의 문안 의식이다. 이 의식은 피후견인 처지의 클리엔테스들이 부유한 후원자인 파트로네스를 방문하여 선거를 지지하거나 (동조 혹은 단순한 칭송으로) 위신을 세워주는 상징적인 서비스를 제공하고 그 대가로 금전을 비롯한 이런저런 지원을 약속받는 자리였다. 유베날리스와 마르티알리스의 시에는 이런 관행에 대한 클리엔테스들의 볼멘소리가 담겨 있다. 그들은 비교적 형편이 넉넉한 피후견인들이지만 대수롭지 않은 지원을 얻어내기 위해 경멸과 모욕을 감수해야 하는 불만을 토로하고 있다. 물론 이것은 수도 로마의 분위기를 말한다. 마르티알리스의 시에 표현된 구절을 잠시 살펴보도록 하자. "당신은 내게 은화 세 닢을 약속하지. 그리고 당신 집의 아트리움에서 당번을 서라고 하네. 토가를 입고 말이야. 또한 당신이 열 명 안팎의 과부들 꽁무니를 쫓아다니는 동안 항상 옆에서 시중을 들어야 하네……." 폼페이 도무스 안에서 이런 의식이 어떻게 진행되었을지 상상하기는 어렵지 않다. 아침에 문이 열리면 대문 바깥의 석조 벤치에 앉아 있던 클리엔테스들이 좁은 입구를 거쳐 아트리움으로 들어간 뒤 파트로네스와 대면할 순서를 기다린다. 한편 파트로네스는 위풍당당한 자세로 타블리눔에 앉아 클리엔테스들의 이야기를 듣고 후원자로서 은혜를 베풀 것인지를 결정한다.

이러한 상상은 폼페이에서도 실제로 그러했으리라 여기기에는 너무 거창하고 형식적이지 않을까. 수도 로마에서는 시인들이 말하는 것처럼 아침의 문안 의식이 정기적인 일상이었는지도 모르지만 지방 소도시에서의 가능성은 낮다.(솔직히 나는 수도 로마에서의 문안 의식에 대해서도 회의적인 입장이다.) 더구나 폼페이에서 이런 의식이 주택의 중요한 저장 공간이자 베틀 한두 개가 놓여 있는 작업 공간에서 진행되었다는 점도 고려해야 할 것이다. 일부 고고학자는 여인들이 베를 짜느라 덜컥덜컥하는 소리, 수납장 근처에서 왔다 갔다 하는 하인들 때문에 살루타티오가 방해를 받을 수 있기 때문에 일시적인 '용도 변경'이 있었을 것이라 주장한다. 말하자면 오전 시간의 아트리움은 주인의 영역이었으며, 주인이 중앙광장에 나가거나 다른 볼일을 보기 위해 출타한 다음에 가족과 노예들은 아트리움을 사용했을 것이라는 주장이다. 하지만 실제로 그렇게 깔끔하게 전개되었을지는 여전히 의문이다.

또한 로마든 폼페이든 이런 의식에 관련된 이들의 역학관계를 지나치게 단순화할 위험도 상존한다. 파트로네스 앞에서 결정을 기다리는 클리엔테스의 불안과 모욕감이야 어찌 보면 당연한 것이다. 자신의 부탁을 들어줄 수도 거절할 수도 있는 높은 양반에게 아들의 일자리를 마련해달라고, 돈을 빌려달라고, 밀린 집세를 눈감아달라고 청하기 위해 기다리는 심정이 어떠할지는 누구나 상상할 수 있으리라. 그러나 부탁과 아쉬운 소리를 들어야 하는 처지의 파트로네스에게도 나름의 불안과 고민은 있었을 것이다. 지위와 과시가 중요시되는 세계에서는 클리엔테스에게 파트로네스가 필요한 존재인 만큼 파트로네스에게도 클리엔테스가 필요한 존재다. 예컨대 타블리눔을 찾는 클리엔테스가 한 명도 없을 경우 파트로네스가 느낄 불안과 모욕감을 상상해보라.

그럼에도 불구하고 권력, 의존, 후원을 기반으로 한 이런 의식은 로마 시대의 주택과 세부 배치 원리를 이해하는 데 도움이 된다. 로마 주택은 남에게 보여주기 위한 목적, 말하자면 과시적 성향이 강했기 때문이다. 이런 기류는 화려한 저택은 말할 것도 없고 아트리움 주변에 몇 개의 방을 지닌 작은 주택에서도 마찬가지였다. 물론 대저택에 비하면 과시 경향은 덜했을 것이다.

36. 풍요를 상징하는 이미지. '베티의 집' 정문을 지나자마자 프리아포스 신이 자신의 거대한 남근과 돈 자루의 무게를 저울질하는 모습으로 방문객을 맞이한다.

# 부잣집과 서민 집: 그냥 '폼페이 주택'이란 없다

아트리움, 때로는 페리스틸리움 정원을 중심으로 축조된 주택은 폼페이 가정집의 대명사가 되었다. 오랫동안 대중의 상상 속에 자리해온 폼페이의 가정집은 거의 이런 형태였으며, 여기에는 『폼페이 최후의 날』과 같은 소설도 일조를 했다. 그래서 오늘날에는 이런 집들을 '폼페이 주택'이라고 간단히 줄여서 표현하곤 하는데, 마치 폼페이의 유일한 주택 양식인 것처럼 들린다. 원래 아트리움이나 페리스틸리움 정원 중심의 주택은 여러 양식 중 하나일 뿐으로, 양식의 다양성은 폼페이에서 주택뿐만 아니라 사회와 관련하여 중요한 의미를 지닌다. 폼페이 주택의 규모, 형식, 장식 등에 나타난 다양성은 폼페이 사회에 만연한 부의 불평등과 연결되어 있기 때문이다. 이는 지금까지 발굴된 고대 그리스 도시에서 주택들의 질적 차이를 별로 느낄 수 없는 것과는 대조적이다. 고대 그리스의 주택은 형태나 규모가 비슷하여 부유층과 빈곤층의 차이가 두드러지지 않지만 폼페이에서 아트리움이 가장 큰 집과 가장 작은 집을 비교해보면 엄청난 차이를 보인다. 그나마 아트리움이 있으면 형편이 나은 집이다. 수백 명의 자유시민은 아예 아트리움이 없는 집에서 생활했으며 얄궂게도 일부 가난한 자유시민은 노예보다 못한 환경에서 살았다.

그런가 하면 초라한 다락방에서 잠을 청할지언정 가난한 자유시민으로부터 부러움을 받는 조건과 환경에서 생활하는 노예도 적지 않았다.

그렇다면 가난한 사람들은 어디에 살았을까? 그 답은 '가난'이라는 말을 어떤 의미로 사용하느냐, 그리고 얼마나 가난한가에 따라 달라진다. 가난이 '극빈'의 의미라면 고대 세계에는 가난한 사람이 거의 없었다. 이유는 간단하다. 극빈이란 죽음으로 직행하는 상태를 의미하기 때문이다. 여기서 말하는 가난함이란 적어도 생계를 이어갈 만큼의 안전장치를 지닌 상태를 뜻한다. 장사나 기술, 부유한 확대가족과의 연줄 등 무엇이든 간에 끼니를 해결할 만한 수단이 없다는 것은 생존의 불가능을 뜻하며, 그것으로 끝이었다. 그러므로 '극빈자'는 많지 않았다.

점포와 작업장에 딸린 비좁은 생활 겸 취침 공간에 대해서는 앞서 이야기한 바 있다. 아마도 폼페이에 이런 공간은 '아트리움 주택'만큼이나 많았을 것이다. 물론 전체 수용 인원으로 따진다면 아트리움 주택의 비중이 높을 것이다. 그러나 그보다 더 열악한 상황, 즉 중앙광장을 묘사한 벽화에 등장하는 걸인은 극빈의 경계선상에 있는 사람들의 생활에 대한 힌트를 제공한다. 한편 귀부인에게 돈을 구걸하던 자가 밤이면 어디에 머리를 뉘었을지는 추측만 가능할 뿐이다. 로마법에서 대형 무덤을 무단 점유하고 훼손하는 이들이 있다고 우려한 것을 보면 노시를 벗어나는 길목에 늘어선 웅장한 가족무덤이 그들의 주거공간이었을 가능성이 높다.(관련 법규에는 "누구든 무덤을 주거지로 삼거나 그곳에서 생활하는 사람을 고발할 수 있다"고 되어 있다.) 물론 그밖에 원형경기장 아치라든가 신전의 주랑 등 다른 후보 공간들도 있다.

구걸생활 직전에 이른 이들은 주택이나 점포 사이의 비좁은 공간을 활용한 단칸방에서 기거했을 것이다. 이런 방은 주로 도로에 면해 있는

데 석조 침대 외에 다른 세간이 없다는 특징을 지닌다.(사진 37) 고고학자들은 대체로 매춘부가 손님을 받던 곳으로 추정하는데, 입구 위에 돌출된 남근 조각들이 그러한 견해에 힘을 실어준다. 그러나 관점을 바꾼다면 가난한 사람들의 작고 소박한 숙소로 봐도 무리가 없으며, 남근 조각은 성매매 광고라기보다 행운의 상징으로 볼 수도 있다. 물론 둘 다일 가능성도 있다. 흔히 그렇듯 로마 세계에서도 성매매는 혜택을 받지 못하는 빈곤층이 택하는 최후의 생존 수단이었기 때문이다. 도망친 노예나 고아와 과부같이 사회적 지원을 받지 못하는 이들에게는 매춘이 마지막 희망일 수 있다.

경제력이 높을수록 주거는 다양해진다. 도시의 동남쪽 모퉁이에는 테라스식 주택이라는 독특한 집들이 있다. 중앙에 천장이 트인 마당이 있지만 아트리움이 없는 좁은 단층집인데, 기원전 3세기 말 동일한 구조와 크기로 일렬로 지어졌다.(크기는 소형 아트리움 주택과 비슷하다.) 신규 이주자들(한니발 전쟁 당시 발생한 난민들)을 수용하기 위해 계획적으로 개발된 구역으로 추정되며, 베수비오 화산 폭발 당시까지도 이곳에는 사람이 주거하고 있었다. 다만 그 무렵에는 여러 집에 아트리움과 위층이 추가된 상태였다.

나아가기는 임대용 빙이나 연립주택도 미친기지디. 앞서 아트리움 주택 위층에 임대용 방이 존재했던 흔적에 대해 살펴봤지만 그보다 더 체계적이고 규모 있는 주택 임대시장이 형성되었던 생생한 증거가 있다. 다시 말해 이것은 집주인이 자기 집의 일부를 빌려주는 형식이 아니라 임대를 목적으로 건립된 건물들이 있었음을 의미한다. 예를 들어 도시 남쪽 사르누스 강이 내려다보이는 비탈에는 튼튼한 연립주택과 아트리움 셋방 같은 구조가 혼합된, 다소 호화로운 3층 건물이 있다. 건물 아

37. 잡초가 무성한 1인용 주거. 석조 침대 말고는 세간이 없다. 매춘부가 손님을 맞는 방이었을까? 아니면 폼페이에서 가장 저렴한 단칸 셋방이었을까?

래층은 민간이 운영하는 상업용 대중목욕탕으로, 사르누스 강이 내려다보이는 위치 때문에 오늘날 '사르누스 목욕탕'이라 불린다.(목욕탕에서 엄마를 기다리는 아이들의 낙서가 발견된 곳이기도 하다.) 도시에서 유일한 이 유형의 건물은 전체적으로 이탈리아 중서부 고대 도시 오스티아에서 발견된 고급 셋방 구역을 연상케 한다. 볕이 잘 들고 통풍도 좋으며 넓은 창과 테라스가 있어 멋진 전망을 즐길 수 있는 방이 많다. 게다가 방들이 주로 내부를 바라보는 아트리움 주택과는 사뭇 다른 구조로, 셋방이라 해도 가난한 사람들의 숙소였을 가능성은 희박하다. 어쩌면 이곳이 불워 리턴이 말한 독신자 아파트에 더 가깝지 않을까?

강이 보이는 전망에 채광과 통풍이 좋은 최고의 숙소 같지만 여기에

38. 강이 보이는 위치에 자리한 사르누스 목욕탕. 아래층에 목욕 시설이 있었고, 위층은 임대 주거용 숙소였다.

도 몇 가지 단점이 있다. 다른 주택의 위층 셋방들에는 화장실(그래봤자 오물을 흘려보내는 홈을 만들고 그 위에 나무판자를 올려놓은 게 전부였지만) 이 있는데 이곳에서는 찾아볼 수 없다. 아래층에 목욕탕이 있다는 것 도 평화롭고 조용한 분위기를 원하는 사람에게는 달갑지 않은 점이었 으리라. 한때 로마에서 이와 비슷한 환경에 살았던 철학자 세네카는 이 런 부분에 대한 불만을 글로 남겨놓기도 했다.

나는 목욕탕 건너편에 산다. 거기서 발생하는 각양각색의 소음을 상상 해보시라. 그것 때문에 청력 자체가 싫어질 판이다. 근육질의 청년들이 역기를 들어 올리느라 끙끙 힘을 쓰고 기합을 넣는 소리가 들린다.(그중 에는 진짜 운동을 하는 아이도 있지만 공연히 흉내만 내는 아이도 있다.) (…) 마지막으로 목소리가 유독 귀에 거슬리는 '제모사'가 있다. 겨드랑 이 털을 뽑을 때 손님이 지르는 비명소리에 묻힐 때를 빼고는 잠시도 입 운동을 쉬지 않는다.

세네카가 다소 예민하고 까다로운 사람이기는 하지만 목욕탕 소음 문제는 충분히 공감할 만하다.

폼페이 중앙광장에서 북쪽으로 5분 거리에 있는 대형 건물을 보면 주택 임대시장의 구조와 매물의 종류를 짐작할 수 있다. 지금은 사라졌 지만 한때는 모퉁이에 쓰인 임대 광고도 볼 수 있었는데, 그 내용은 다 음과 같다.

세놓음. 7월 1일부터 입주 가능. '인술라 아리아나 폴리아나'에 위치. 크 나이우스 알레이우스 니기디우스 마이우스 소유. 중이층으로 지어진 주거 겸 상업용 건물tabernae cum pergulis suis, 2층의 고급 셋방cenacula equestria, 주택domus. 대리인: 프리무스(크나이우스 알레이우스 니기디우스 마이우스의 노예)

프리무스라는 노예 대리인을 통해 거래되는 임대 공간은 세 종류로, 광고가 발견된 대형 건물에서 각기 다른 위치에 있다.(평면도 8)

'인술라 아리아나 폴리아나' 건물은 중앙에 주랑과 정원이 있는 상당한 규모의 아트리움 주택이었다. 이곳은 잘못된 정보로 인해 그동안 '판사의 집'이라 불리고 있었으나 크나이우스 알레이우스 니기디우스 마이우스의 소유임이 분명해졌다. 니기디우스 마이우스는 대대로 폼페이에서 살아온 유서 깊은 집안의 인물로서 서기 50년대와 60년대에 시 정부 활동에도 적극적으로 참여했다. 광고는 그가 자기 소유 건물의 타베르나이tabernae, 케나쿨라cenacula, 도무스domus의 세입자를 구한다는 내용이다. 흔히 '점포' 또는 '작업장'으로 해석되는 타베르나이는 정면의 넓은 도로를 따라 배치되어 있으며 앞문이 넓은 특징을 띤다.(평면도 8에서 21~23, 2~4) 점포 주인과 가족이 주거공간으로 활용했을 중이층은 사라지고 없지만 대들보용 구멍은 남아 있다. 왼쪽 도로에 면한 14~16빈은 정면에 점포 특유의 넓은 문이 없는 것으로 미루어 순수한 주거용으로 보인다. 그래서 '주거 겸 상업용 건물'이라고 해석한 것이다.

위층의 방들, 즉 케나쿨라(단수는 케나쿨룸)는 도로에 면한 계단으로 올라가는데 18, 19, 6, 8, 10a가 바로 이 계단들이다. 광고를 보면 케나쿨라 뒤에 에퀘스트리아equestria라는 형용사가 붙어 있다. 글자 그대로 해석하면 '말을 탄 사람'이라는 뜻이며 로마 상류계급인 '기사knight'를 가리키는데, 그들은 대체로 이런 셋방보다는 훨씬 더 안락한 환경에 거

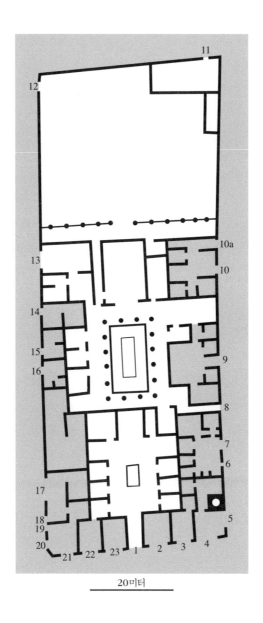

평면도 8. 인술라 아리아나 폴리아나. 전체 건물은 출입구(1)에서 들어가는, 아트리움과 페리스틸리움이 있는 상류층 주거지(그림에서 음영이 없는 하얀 부분)와 건물 가장자리에 위치한 다수의 작은 공간으로 나뉜다. 주변 공간은 주로 점포나 주거용 방으로 활용되었고 임대가 가능했다. 위층 방으로 올라가는 계단이 여럿 있었다.

주하는 부유층이다. 결국 이런 형용사를 붙인 것은 고객의 허영심을 부추기려는 전형적인 상술로서 오늘날 유행처럼 쓰였던 '신사 양복점'이라는 표현과 다르지 않다. 광고 속의 도무스(주택)는 1층의 아파트, 즉 도면에서 7, 9, 10을 가리키는 게 아닌가 싶다. 니기디우스 마이우스 자신이 살고 있는, 중앙에 위치한 아트리움 주택을 세놓은 것이 아니라면 말이다.

폼페이라는 도시에서 이러한 다양한 임대 공간에 거주하는 사람들이 어떤 사회계층에 속했는지를 파악하기는 쉽지 않다. 다만 페트로니우스의 『사티리콘』에 나오는 몇몇 언급에서 약간의 힌트를 얻을 수는 있다. 결혼에 대한 논쟁 도중에 트리말키오는 아내의 미천한 출신에 대해 "중이층에서 태어났다면 멀쩡한 집에서 잤다고 보기 어렵지"라며 가차 없이 공격한다. 연회 손님들 중 한 명이 케나쿨룸을 전대轉貸한 사실을 두고 일종의 신분 상승으로 취급하는 장면도 있다. 이는 그가 도무스를 구입했음을 뜻하기 때문이다.(그런데 책에 밝힌 전대 날짜가 흥미롭다. 공교롭게도 니기디우스 마이우스의 임대 계약이 시작되는 날인 '7월 1일'인 것이다.) 이런 임대계약 기간은 어떻게 되며 세입자의 권리가 얼마나 안전하게 보장되었는지도 확실치 않다. 그러나 이번에도 '율리아 펠릭스 저택' 내의 수거시설 임대 광고를 통해 약간의 힌트를 얻을 수는 있으며, 그 내용은 다음과 같다. "품격 있는 고객을 위한 우아한 목욕탕, 타베르나이, 중이층 점포 겸 주거(페르굴라이), 위층 방(케나쿨라)을 5년 계약으로 내놓음." 어쨌든 확실한 것은 '인술라 아리아나 폴리아나'는 하나의 대형 건물에 폼페이의 다양한 주거 양식을 제대로 담아내고 있다는 사실이다. 물론 지금으로서는 궁궐처럼 보이는 아트리움 주택을 지척에 두고 살아야 하는 가난한 페르굴라 거주자에 대한 동정심이 앞서지만 말이다.

아트리움 주택이 아닌 다른 주거지에서 생활한 이들이 모두 가난하지는 않았다. 이 말은 부자라고 해서 모두 '표준형' 아트리움 주택에 거주하지는 않았다는 뜻이기도 하다. 예를 들어 폼페이 역사에서 후반기에 해당되는 시기에는 정원이 워낙 발달하고 확장되어 집의 구심점과 특징이 완전히 달라진 듯 보이는 주택들이 있었다.(물론 지금까지 살펴본 기본 특징들은 일부 남아 있는 상태다.)

그 대표적인 예가 '옥타비우스 콰르티오의 집'이다. 건물 점포에서 옥타비우스 콰르티오라는 이름의 인장이 새겨진 반지가 발견되어 그러한 명칭을 얻게 된 이 집은 베수비오 화산 폭발 당시 수리 중이었다. 건물 자체는 특별히 넓지 않았지만 도면에서 드러나듯이 넓은 정원과 우아한 정원 장식, 수로의 물을 이용한 조경 등이 관심을 집중케 한다.(평면도 9) 정원이 시작되는 지점에는 덩굴식물이 타고 올라가도록 돕는 구조물인 덩굴시렁이 가로로 길게 뻗어 있다. 그리고 지금은 사라졌지만 원래는 덩굴시렁을 따라 조각상이 늘어서 있었다. 덩굴시렁 밑으로는 좁은 수로가 흐르고 중간에 다리가 놓여 있다. 덩굴시렁의 한쪽 끝에는 옥외 식당이 있고 반대쪽에는 예쁘게 장식한 '사당'이 있다. 아마도 이 사당에는 디아나 여신 아니면 이시스 여신상이 모셔져 있었을 것이다.(남아 있는 벽화에 목욕하는 디아나 여신 그리고 이시스 여신의 사제 한 명이 묘사되어 있다.) 덩굴시렁과 직각을 이루는 좁은 물길이 정원 중앙으로도 50미터 정도 뻗어 있다.(정원 전체 길이가 50미터다.) 수로 중간 중간 다리와 아치가 있고, 한쪽 끝과 중간에는 공들여 장식한 분수가 있다. 또한 그림을 그릴 수 있는 모든 벽면에는 벽화가 그려져 있다. 중앙의 수로 양편으로도 덩굴시렁이 있고, 작은 길을 따라 관목과 나무들이 심겨 있었

다. 또한 인공 연못은 장식용 연못과 양어장을 겸하고 있었다.(사진 39)

사실 이런 특징은 로마 시대 교외 주택, 즉 '별장' 건축의 영향에 따른 것이다. 별장 정원의 특징이 바로 장식용 수로, 사당, 꽃과 나무 사이의 오솔길이기 때문이다. 로마 상류층 중에는 집이나 별장의 정원 수로에다 '나일 강' 또는 '에우리푸스 해협'(유보이아 섬과 그리스 본토 사이에 있는 해협 이름) 등의 거창한 이름을 붙이는 경우가 있었다. 키케로는 그러한 세태에 대해 가당찮은 일이라며 비웃기도 했지만 키케로 자신조차 남동생 퀸투스의 교외 별장에 마련된 '에우리푸스 해협'을 무척 좋아했고, 친구 아티쿠스의 별장 정원에 설치된 우아한 분수 조경물을 본떠 무명의 여신 아말테이아 사당을 지으려 한 적도 있다. 하드리아누스 황제는 이탈리아 티볼리에 있는 별장에 (역시 이집트 수로 이름에서 따온) '카노푸스'라는 인공 연못을 지었는데, 호화롭게 장식된 이 연못은 지금까지 남아 있다. 별장 정원의 또 다른 특징은 장식성과 생산성의 결합으로, '옥타비아누스 콰르티오의 집'의 인공 연못이 바로 그러한 경우다. 시골에 토지를 소유한 로마인들은 생산적인 농업과 아름다운 장식이 결합된 설계를 선호했다.

이런 설계 덕분에 도심 건물이지만 교외 별장 같은 분위기를 자아내고 있다. 오늘날 폼페이 유적지를 찾는 관광객들은 정원의 덩굴 아래에서 인공 수로를 따라 거닐면서 과거 고대인들도 그렇게 즐겼으리라고 생각한다. 그러나 일부 고고학자는 말도 안 되는 상상이라며 콧방귀를 뀐다. 호젓한 산책을 즐기기에는 공간이 무척 좁다는 것이다. ("분수대, 작은 다리, 기둥, 곳곳에 있는 말뚝 등과 부딪히거나 잔디밭에 놓인 조각상에 발이 걸려 넘어지지 않고 두 명이 나란히 걷기는 불가능하다.") 더욱이 이 정원은 안목 없는 주인이 자신보다 부유하고 미적 감각을 지닌 이들의 널찍

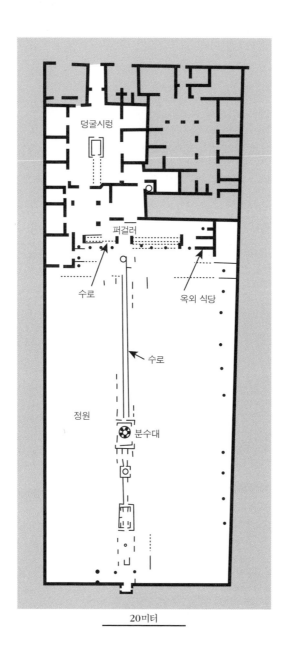

덩굴시렁

퍼걸러

수로

옥외 식당

수로

정원

분수대

20미터

평면도 9. '옥타비우스 콰르티오의 집.' 상대적으로 규모가 작은 부지인데도 관상용 정원이 건물 전체보다 훨씬 더 넓은 면적을 차지하고 있다. 음영으로 짙게 표시된 부분은 다른 집이다.

한 교외 정원을 모방하려다가 실패한 산물이라는 게 고고학자들의 주장이다. 즉 질보다는 양에 치중하는 바람에 이도 저도 아닌 공간이 되어버렸다는 것이다.

고대의 예술과 건축설계가 '이류'일 수도 있다는 사실을 직시할 필요가 있다. 실제로 '옥타비우스 콰르티오의 집'에서 나온 일부 그림은 완곡하게 말하자면 '수수한 수준'이긴 하다. 그러나 집 자체에 대해 미적 감각이 부족하다는 평가는 어쩌면 로마 상류층의 편견이 반영된 것은 아닌지 좀더 생각해볼 필요가 있다. 무의식중에 우리는 로마 상류층의 편견에 물들어버린 것이 아닐까? 사실 로마 상류층은 궁궐 건축조차도 일반 주택 수준으로 끌어내리면서 비웃을 수 있는 그런 사람들이었다. 해방노예였던 트리말키오는 분명 천박하고 저속한 면이 있는 인물이다. 그러나 페트로니우스 소설 속의 조롱이나 비아냥은 트리말키오가 로마

39. '옥타비우스 콰르티오의 집' 정원을 세로로 길게 바라봤을 때의 모습. 우아한 연못과 덩굴 시렁들이 있는 미니어처 디자인의 백미일까? 아니면 부지 면적과는 전혀 맞지 않는 설계로 졸부의 허세가 표출된 실패작일까? 이에 대한 고고학자들의 견해는 엇갈린다.

상류층 문화를 제대로 흉내 내었음을 의미하는 것이기도 하다. 우리가 트리말키오의 저속함과 속물근성을 비웃을 때 사실은 로마 상류층 혹은 우리 자신까지 비웃고 있는 셈이다.

그러나 도시 서단, 구시가 성벽 바로 너머에 건설된 일단의 주택에 대해서는 아무도 깎아내리거나 비웃지 않았다. 로마 식민지 초기인 기원전 80년 이후에 초기 이주민 부류가 건설한 것으로 보이는 이 주택들의 최종 형태를 살펴보면, 4~5층의 다층 구조이며 가파른 비탈에서 바다를 향해 극적으로 떨어지려는 모습을 이루고 있다.(사진 15) 여러 관점에서 볼 때 이들 주택은 현재 폼페이 유적지 전체에서 가장 인상적인 장소다. 특히 지금까지 보존되어 있는 계단을 오르내리며 각 층을 돌아보면 유적지의 다른 건물에서 느끼기 힘든 감회, 즉 고대 주택 안에 있는 오롯한 감상에 빠져든다.

이들 주택은 폼페이 발굴사에서 가장 안타까운 사연을 간직한 장소이기도 하다. 발굴된 시기는 1943년 연합군의 폭격을 받고 난 뒤인 1960년대였지만 적절한 시점에 적절한 절차를 거쳐 공개되지 못했고, 공개되지 않은 기록과 노트조차도 생략된 부분이 무척 많아서 건물의 역사나 내부 구조에 관해 상세한 정보를 얻기 어려웠다. 집과 집 사이의 경계가 어디인지, 몇 가구가 살았는지 등의 긴단한 내용조차 확인하기 힘든 건물도 많다. 게다가 이들 주택은 대중에게 공개되지 않고 있다.(마리나 성문에 있는 유적지 출입구에서는 전경이 잘 보이기는 하지만 아무 때나 내부로 들어갈 수는 없다.) 이와 같은 여러 요인이 중첩되면서 운 좋게 당국의 허락을 받아 내부를 구경한 방문자들은 이들 주택을 유적지의 하이라이트로 손꼽음에도 불구하고 폼페이 안내서 혹은 도시의 역사를 다루는 자리에서나, 심지어 학생들을 대상으로 하는 강의에서도 제대로 주목받지 못하고 있다. 결과적으로 폼페이라는 도시의 주택을 말할 때 상당한 영향을 끼칠 수 있는 이 주택 단지는 이런저런 이유로 존재감이 미미해졌다.

이처럼 정보가 빈약한 상태에서 이 대형 다층 건물들을 이해하는 최선의 방법은 기본적으로 비트루비우스가 말하는 원칙에 따라 설계된 아트리움 주택으로 간주하되, 수평이 아닌 수직적 구성 그리고 내부가 아닌 바다를 향한 전망이라는 점을 추가할 수 있다. 이곳에서 최대 규모를 자랑하는 건물은 '파비우스 루푸스의 집'으로, 내부 대여섯 군데에 낙서처럼 새겨져 있는 '파비우스 루푸스'라는 이름에 근거하여 이러한 명칭이 붙게 되었다. 도시 방향에서 볼 때 1층에 해당되는 곳으로 들어서면 전체적으로 수수한 규모의 아트리움이 나온다. 그러나 아트리움을 통과해 '전용' 공간으로 가지 않고 아래로 두 개 층을 내려가면, 바다 쪽으로 낸 대형 창과 야외 테라스가 있는 화려한 방들을 만날 수 있다. 반면 노예 숙소나 작업실 등은 바다가 아닌 언덕 쪽을 향해 있으며 당연히 전망도 없고 자연광도 거의 들지 않는다.(사진 40)

바닷가의 방은 주인과 그의 손님들이 볕과 바람과 전망을 두루 즐길 수 있는 공간이다. 폼페이 건물들이 대부분 그렇듯 이 집의 계단 곳곳에서도 낙서를 볼 수 있다. 어떤 남자는 '에파프로디투스'라는 자신의 이름을 몇 번이나 새겨놓았고, 덧붙여 자신의 여자 친구까지 소개하고 있고('에파프로디투스와 탈리아'), 폼페이 여기저기서 발견되었던 연애시 같은 내용도 찾아볼 수 있다.("단 한 시간만이라도 그대 손가락의 반지가 될 수 있다면 더 이상 바랄 것이 없겠소…….") 누군가는 루크레티우스의 철학시 『사물의 본성에 대하여De rerum natura』 제2권의 첫 세 단어 "Suave mari magno"를 새겨놓았다. 해석하면 "즐거운 일이로다, 넓은 바다에

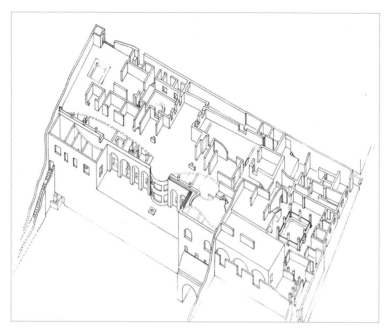

40. '파비우스 루푸스의 집.' 이 축측軸測 투영법을 보면 복잡한 다층 설계를 확인할 수 있다. 응접실은 바다를 향하고 있는 반면 작업 공간은 어둡고 침침한 언덕 쪽으로 배치되어 있다.

서……"라는 의미다. 이 시의 다음 내용은 이렇게 이어지고 있다. "……바람이 물결을 일으키는 모습을, 또 다른 기대한 고난을 육지로부터 바라본다."

탁 트인 전망을 자랑하는 '파비우스 루푸스의 집'에서 바다를 바라보는 것은 분명 즐거운 일이었으리라.

# 이름과 주소

아직도 발굴이 진행 중인 도시 남쪽의 자그마한 주택 입구에서 작은 청동 명판이 발견되었다. 명판에는 "루키우스 사트리우스 루푸스, 퇴임한 황궁 비서관"이라고 적혀 있다. 정황상 청동 명판은 문에 붙여두었던 문패일 가능성이 높은데, 이런 경우는 현재까지 폼페이 도시 전체에서 유일하다. 명판은 이 집에 유서 깊은 가문의 일원이거나 적어도 이 가문과 관련된 남자가 살았음을 말해주지만 정확한 계보는 불확실하다. 보통 해방노예와 그들의 후손도 전 주인의 성을 썼기 때문에 남자의 이름에 포함된 '사트리우스'라는 성이 폼페이의 유력한 집안을 가리키는 것일 수도 있고, 남자의 조상이 한때 이 가문의 노예였음을 일러주는 것일 수도 있다. 집의 규모나 그의 직업으로 보아 후자가 아닐까 싶지만 확실치는 않다. 이느 쪽이든 루키우스 사트리우스 루푸스라는 인물은 로마 황궁 비서실에서 일했고, 은퇴 후 고향으로 돌아온 폼페이 시민이었다. 그리고 그는 황제의 공무를 도왔던 경험을 자랑스럽게 문패에 새겨놓았다.

사트리우스나 홀코니우스 루푸스 같은 명문 귀족 가문을 비롯하여 벽에 낙서 하나로 남아 있는 이름 또는 별명에 이르기까지, 현재 밝혀진 폼페이 사람들의 이름은 수천 개에 이른다.(물론 낙서하는 버릇이 서민에 한정된 것은 아니므로 낙서에 등장하는 인물이 자체 높은 가문 출신이 아니란 법은 없다.) 낙서를 보면 "안녕, 나의 그대여. 어디에 있든 나를 사랑해주오. 세쿤두스가", "라디쿨라는 도둑놈이다", "아티메투스가 나를 임신시켰다"는 식이다. 때로는 얼굴을 그린 뒤 그 아래에 이름을 새기기도 했다. 물론 지금까지 남아 있는 지방 유명 인사들의 석상은 사실적이라기보다는 미화한 모습이 많다. 아본단차 대로, 스타비아 목욕탕 앞 광장에 있는 마르쿠스 홀코니우스 루푸스의 석상이 대표적이다. 그는 아우구스투스 황제 시절 폼페이의 세력가로, 대좌 위에 늠름하게 서 있는 석상의 차림새는 소도시의 관료라기보다는 정복전쟁에 승리한 로마 황제처럼 보인다.(사진 71) 어쩌면 로마인 특유의 매부리코를 강조한 '루푸스'의 캐리커처가 목욕탕 앞의 석상보다 사실에 더 가깝지 않을까 싶다.(사진 41)

폼페이 주택을 누군가의 이름이나 가문과 연결시키는 것은 꽤 복잡하고 어려운 일이다. 더구나 한 건물을 '가득 채우고 있는' 가족과 노예, 식객들까지 고려한다면 훨씬 더 어려워진다. 주인이 확인된 집들도 따지고 보면 사실 빈약하기 짝이 없는 몇몇 증거를 가지고 추측하거나 어림짐작한 것이 많다. 예컨대 근처에 사는 후보자나 선거운동원을 가리키는 것으로 보이는 선거 포스터, 이름이 새겨진 반지나 석조 도장 정도가 건물 주인을 추정하는 증거다. 말하자면 도시를 탈출하느라 경황이 없는 와중에 가난한 피난민이 자기 이름이 새겨진 반지를 어딘가에 흘렸다면, 훗날 고고학자들은 그 반지가 떨어진 지점에서 가장 가까운 집을 그의 집으로 추정하는 식이다.

이런 추측이 때로는 확실하다고 밝혀지거나 최소한 부분적으로 인정되는 경우도 있다. 수십 년 전에는 아본단차 대로 남쪽 구역에 위치한

41. "이 사람이 루푸스다." 라틴어 원문을 읽으면 "Rufus est." 월계관을 쓴 캐리커처의 주인공은 뾰족한 턱에 '로마인' 특유의 커다란 매부리코가 특징이다.

작은 주점의 주인 이름이 아마란투스라고 생각했다. 그 주된 근거는 '아마란투스 폼페이아누스', 즉 '폼페이 사람 아마란투스'가 특정 후보에게 투표할 것을 시민들에게 호소하는 선거 벽보였다. 동시에 이름이 새겨진 반지 때문에 바로 옆집은 '퀸투스 메스트리우스 막시무스의 집'이 되었다.

최근 이 주점과 주택에 대한 발굴 작업이 다시 실시되었는데, 그 결과 폼페이가 잿더미가 되기 전까지는 주점과 주택이 연결되어 있었으며 매우 황폐한 상태였다는 사실이 밝혀졌다. 주점 판매대는 망가졌고 정원에는 잡초가 무성했으며(꽃가루를 분석해보니 고사리 포자가 다량 나왔다), 연결된 건물은 '암포라'라는 포도주 단지를 넣어두는 창고로 사용되고 있었다. 또한 암포라를 운반했을 노새의 뼈가 발견되었고, 노새 발

42. "안녕, 아마란투스, 안녕."(난해한 라틴어로는 "Amarantho sal(utem) sal(utem)"). 옆의 두 남자 중 한 명이 낙서가 발견된 주점의 주인 아마란투스일 것이다.

치에는 파수꾼이었을 개의 뼈가 있었다. 두 개의 포도주 단지에는 "섹스투스 폼페이우스 아마란투스" 혹은 간단하게 "섹스투스 폼페이우스"라는 이름이 쓰여 있었다. 전반적으로 발굴 상황은 열악했지만 아마란투스라는 사람이 포도주 장사를 했음은 확인할 수 있었다. 아마란투스라는 이름은 인근 다른 지역에서 발견된 두 개의 낙서에도 등장한다. "안녕, 아마란투스, 안녕"이라는 낙서 옆에 그려진 코 큰 남자 아니면 그 옆에 수염을 기른 남자가 바로 아마란투스일 것으로 짐작되는데, 이는 지극히 자연스러운 결론 아닐까?(사진 42) 그렇다면 현장에서 반지가 발견된 퀸투스 메스트리우스 막시무스는 누구일까? 아마란투스의 동업자일 수도 있고 단순히 거기서 반지를 잃어버린 사람일 수도 있다.

드물기는 하지만 거주자의 신원을 확실히 특정할 수 있는 경우도 있다. 대표적인 예가 '루키우스 카이킬리우스 유쿤두스의 집'인데, 다락방에서 유쿤두스가 작성한 금전출납 기록이 발견되었기 때문이다. 이처럼 확실한 증거라 할 순 없어도 상당히 신빙성 있는 근거로 그 신원이 확인되는 경우는 상대적으로 많은 편이다. 의문이 말끔히 해소되지는 않았지만 '베티의 집' 소유주는 아울루스 베티우스 콘비바와 아울루스 베티우스 레스티투투스 형제이거나 둘 중 한 명일 가능성이 상당히 높다.(이 견해에 회의적인 어느 고고학자는 최근 이 형제가 집주인의 피후견인이며, 반출입 물건에 도장 찍는 일을 담당했을 뿐이라고 주장했다.) '율리우스 폴리비우스의 집'은 집의 정면과 내부에 게시된 선거 벽보에 등장하는 인물의 이름 때문에 정해졌는데, 그는 벽보에 등장하는 후보자 겸 선거 운동원으로 보인다. 그런 한편 이 집은 카이우스 율리우스 필립푸스와도 관련이 깊다. 그 이름이 새겨진 반지가 수납장에서 나왔고(따라서 우연히 떨어뜨렸다고 볼 수 없다), 집 내부의 낙서에도 그의 이름이 언급되고 있기 때문이다.

주인의 신원이 파악되었을 때 우리는 그것으로써 다른 무엇을 알아낼 수 있을까? 아마란투스의 경우에는 어떤 집의 주인 이름을 알게 되었다는 만족 외에 더 이상의 정보는 확보되지 않았다. 반면 주인으로 파악된 사람에 대한 추가 정보를 얻거나 이름 자체만으로 흥미로운 사실이 밝혀진 경우도 있다. 베티우스 형제 중 한 명이 아우구스탈레스(신격화된 황제를 숭배하기 위한 행정 관청이자 사제단, 사교 클럽의 일종)의 일원이었다는 사실은 그들이 해방노예였음을 강력히 암시한다. 아우구스탈레스는 대부분 해방노예 출신으로 구성되었기 때문이다. 즉 율리우스 필립푸스와 율리우스 폴리비우스의 정확한 관계 여부를 떠나 이름 자체는 그들이 해방노예의 후손임을 말해주고 있다. 서기 1세기 중반 폼페이의 정치 엘리트 사이에서 그들의 지위가 얼마나 높았는가도 중요하지 않다. 율리우스라는 이름은 성이 율리우스였던 초기 황제들 중 한 명이 해방시킨 노예를 지칭하곤 했기 때문이다. 더욱이 이들은 노예에서 자유민으로의 신분 이동이 활발했던 로마 사회를 설명해주는 지표이기도 하다.

# 서기 79년: 온갖 수리와 재단장

폼페이의 주택이나 거주자에 관한 거의 모든 정보가 베수비오 화산 폭발 직전의 상태에 집중되는 것은 어쩔 수 없는 일이다. 그러나 재설계, 증축, 용도 변경 등의 흔적을 통해 어느 정도는 그간의 역사를 확인할 수 있다. 여느 도시처럼 폼페이는 항상 변화하고 있었다. 집주인들은 인근 부동산을 사들여 공간을 늘리고 벽을 뚫어 문을 만들었다. '메난드로스의 집'은 한때 규모가 확장되었다가 다시 줄어들었는데, 집주인이 옆집을 샀다가 다시 팔았기 때문이다. '베티의 집'은 작은 주택 두 채를 합치고 상황에 맞게 조정한 결과물이다. 점포들은 개업과 폐업의 흔적을 남기고 있다. 주거용이었던 곳이 주점, 축융 공장, 작업장 등의 여러 용도로 바뀌기도 했고 반대의 경우도 드물지 않았다.

사실 폼페이에서 눈에 띄는 변화들에 대해 서기 62년 지진의 여파라고 싸잡아 말하고 싶은 유혹이 없지 않다. 다른 증거가 발견되지 않는 경우 업종이나 용도 변경이 '62년 이후'에 일어난 것으로 간주하면 편리하게 정리되기 때문이다. 그러나 폼페이라는 도시에서 일어난 변화들 중에는 그보다 훨씬 더 오랜 역사를 지닌 것도 많기 때문에 좀더 신중할 필요가 있다. 예전에는 주택이었으나 지진 이후 작업장으로 바뀌었다고 생각되는 축융장 세 곳을 면밀하게 조사한 결과, 세 곳 모두 주거

기능을 겸하고 있었던 것으로 드러났다.(축융 작업으로 인한 악취가 엄청 났을 것이다.) 그리고 그중 한 곳은 62년 훨씬 더 전에 용도가 변경된 것이 확실하다.

그러나 베수비오 화산이 폭발하던 시점에 통상적인 변화와 수리 과정이라고 보기 어려운 건축 공사 및 재단장 작업이 여러 곳에서 진행되었던 것도 분명한 사실이다. 그밖에 여러 건물이 해체되거나 사용되지 않거나 훼손되었던 증거도 있다. 지금까지 살펴본 주택들만 해도 그 수가 적지 않다. '나폴리 공의 집'은 한때 화려한 응접실이었던 방이 화산 폭발 무렵에는 창고로 쓰였다. '율리우스 폴리비우스 집'도 마찬가지였다.(일부 방이 비어 있고 석회 단지가 발견된 것으로 보아 복구 작업이 진행 중이었던 것으로 여겨진다.) '비키니를 입은 베누스의 집'에서는 실내 재단장 작업이 시작되었다가 보류되었고, '파비우스 루푸스의 집'과 '베스타 여사제의 집'에서는 재단장 작업이 진행되고 있었다. '메난드로스의 집'은 목욕탕이 붕괴되어 사용하지 않는 상태였다. 상대적으로 규모가 작은 '아마란투스의 집'에서도 건축 재료가 발견되었지만 실제 작업이 이루어진 흔적은 없다.(수리를 계획했다가 포기했을 가능성이 높다.)

이 모든 활동에 대해 어느 건물에서나 일상적으로 시행되었던 수리로 보거나 이미 오래전인 62년의 지진에 따른 피해 복구 과정이라고 보기에는 무리가 있지 않을까.(일부 작업은 '62년 이후' 수리되었다가 나중에 추가로 시행된 것이 분명했다.) 아마도 서기 79년 폼페이 건물에서 진행되고 있던 수리와 단장 작업은 화산 폭발 전단계의 미진, 즉 최종 폭발이 있기 몇 주 혹은 몇 달 전부터 계속되었을 작은 규모의 지진 피해를 복구하려던 것으로 보인다. 따라서 서기 79년 여름의 상황이 폼페이의 집 주인들에게는 예사롭지 않았을 것이다. 상황을 낙관적으로 받아들인

이들은 벽화에 자꾸 금이 가서 수리를 해야 하는 게 짜증스러운 정도였겠지만 걱정이 많은 사람이나 미래를 걱정할 여유가 있는 사람들은 앞으로의 상황을 진지하게 생각 했을 것이다.

　다음 장에서는 '작업 중이던 화공들의 집'에 살았던, 낙관적인 어느 가족의 대응을 살펴보고자 한다.

4장

벽화와
장식

POMPEII

# 작업 중이던 화공들

서기 79년 8월 24일 아침, 서너 명의 화공이 '율리우스 폴리비우스의 집' 근처의 제법 규모 있는 저택에 도착했다. 두어 주 전에 시작한 벽화 작업을 계속하기 위해서였다. 지금도 발굴 중이고 그 형태가 완전히 드러나지 않았기 때문에 이 저택이 얼마나 큰지는 확실히 알 수 없지만 '웅장한 저택'이라고 표현할 만한 규모일지도 모른다. 현재 집의 뒤쪽만 발굴이 완료된 상태로, 페리스틸리움 정원과 주변의 방들 그리고 옆길로 통하는 작은 입구 정도가 드러나 있다.(평면도 10) 정원 뒷벽 너머 아본단차 대로를 면하고 있는 공간은 점포와 빵집이었다.(이에 대해서는 다음 장에서 상세히 살펴볼 예정이다.) 이러한 구조는 상류층 주거지와 상업시설이 나란히 배치되어 있는 폼페이 건물의 특징을 충실히 반영한다. '작업 중이던 화공들의 집'이라 불리는 이 집의 정문은 미발굴 지역인 북쪽 도로에 면하고 있었을 것이다.

서기 79년 당시 이곳에서는 실내장식을 대규모로 재단장하는 작업이 진행되고 있었다. 페리스틸리움의 주랑에서 석회 더미가 발견되었을 뿐만 아니라 부엌 근처에 모래, 모자이크용 각석, 기타 바닥재가 쌓여 있는 것으로 충분히 알 수 있었다. 화공들이 작업을 하던 방은 현재까지 발굴된 영역에서 가장 화려하고 인상적인데, 50제곱미터의 면적

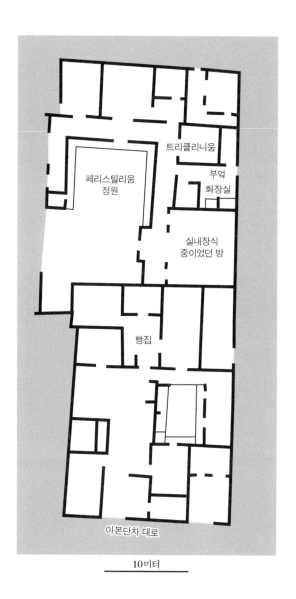

트리클리니움

페리스틸리움
정원

부엌

화장실

실내장식
중이었던 방

빵집

아본단차 대로

10미터

평면도 10. '작업 중이던 화공들의 집.' 아직도 발굴이 완료되지 않았다. 집 뒤쪽은 '순결한
연인들의 빵집'과 인접해 있다. 정문은 도면 위쪽에 해당되는 북쪽 어디쯤에 있을 것이다.

을 차지하며 정원에 면해 있다. 붓질을 완료하지 못할 만큼 갑작스러운 상황에서 화공들은 대낮 어느 때에 황급히 뛰쳐나갔을 것이다. 컴퍼스, 비계를 설치한 흔적, 회반죽 통, 재료를 혼합하는 통과 더불어 50개나 되는 작은 물감 통이 발견된 것으로 보아 장비와 물감 따위를 챙길 여유도 없었다.(페리스틸리움 북쪽의 방에는 잔가지로 엮은 광주리에 물감통이 쌓여 있었는데, 아마도 작업 기간 동안 창고로 사용했던 듯하다. 이곳의 물감통은 대부분 비어 있었다.)

창졸간에 작업이 중단되는 바람에 오늘날 우리는 완성되기 전의 작품을 구경할 수 있는 흔치 않은 기회를 얻었다. 이로써 화공들이 어떤 순서와 속도로 어떻게 작업했는지, 작업자는 몇 명이었는지를 재구성해 볼 수 있다. 지극히 상식적인 방식이지만 화공들은 벽면 윗부분에서 시작하여 아래로 내려오는 순서로 작업했다. 현재 맨 위쪽의 그림은 완전히 훼손되었으나 바닥에 떨어진 파편들을 살펴보면 당시 위쪽 벽면의 색칠이 끝난 상태였음이 확실하다. 격자무늬 천장도 마찬가지였다. 반면 윗부분과는 색이나 재료가 다른 아랫부분인 '다도dado'보다 더 아래쪽, 말하자면 맨 아랫부분은 회반죽 마감 작업조차 되지 않은 상태였다.

화산 폭발이 시작되었을 당시 화공들은 넓은 중간 부분 작업을 하고 있었다. 그들은 정통적인 프레스코 기법을 활용했다. 이는 회칠을 한 뒤 마르지 않은 벽면에 그림을 그리는 방식으로, 이렇게 하면 그림이 회반죽과 결합되면서 훨씬 더 차분한 색감이 만들어지고 힘없이 벗겨지지도 않는다. 그러나 이 기법은 회칠이 마르기 전에 칠 작업을 마쳐야 하기 때문에 매우 신속히 수행해야 한다. 프레스코 기법으로 작업했던 르네상스 시대 화가들도 이러한 문제를 안고 있었기 때문에 때로는 그림이 마르지 않도록 축축한 천으로 덮어놓기도 했다. 폼페이 일부 주택 벽화를 꼼꼼히 살펴보면 천으로 덮어두었던 흔적이 있는데, 이 집에서는 그런 흔적을 볼 수 없다. 대신 어떤 그림에서는 누른 흔적이 발견되었다. 이는 표면에 남아 있는 습기를 흡수하기 위해 화공이 벽면을 누른 자국이다.

북쪽 벽면을 자세히 보면 작업이 어느 단계까지 진행되었는지 확실히 알 수 있다.(사진 43) 넓은 중앙 패널 중 두 개는 이미 작업이 완료되었는데, 하나는 검은색으로 다른 하나는 빨간색으로 칠해져 있다. 두 패널에는 무늬가 거의 없는 대신 무리 지은 인물들이 아주 작게 묘사된

43. 화산 분출로 화공들이 떠나버려 작업이 중단된 벽. 얼핏 보면 볼품없는 미완성 작품이지만 당시 화공들의 작업 방법을 알 수 있는 귀중한 자료다. 중앙과 오른쪽 패널에는 엷은 색칠이 되어 있고, 인물이 많이 등장하는 중앙 부분은 전체적으로 밑그림을 그려놓은 정도다. 왼쪽 패널은 회칠만 되어 있는 상태다. 중앙 패널의 아랫부분에는 위험천만한 전차 경주를 벌이는 큐피드의 모습이 그려져 있다.

그림, 예컨대 요정을 안고 달아나는 육욕에 빠진 신의 모습이나 염소가 끄는 전차를 타고 경주를 벌이는 큐피드 등은 생동감이 넘친다.(앞서 달리던 두 대는 충돌하여 한 대가 넘어진 아찔한 광경을 연출하고 있다.) 두 개의 패널을 구분하고 있는 좁은 부분에는 비현실적인 건축물 문양이 그려져 있다. 극단적으로 가느다란 기둥이 꽃과 나뭇잎, 위태롭게 균형을 잡고 있는 새들과 어우러진 모습이다. 왼쪽 패널은 전혀 채색되지 않은 상태로, 마지막에 바른 회칠이 덜 마른 상태에서 도시의 종말을 맞은 것으로 보인다. 그와 같은 엄청난 재앙이 닥치지 않았다면 화공들의 일과가 끝날 무렵 이 패널은 검은색으로 채색되었을 것이다.

사람들의 시선을 집중시켰을 중앙의 그림 또한 마지막 단계에 있었다. 젖은 벽면에 황토색으로 그려진 밑그림은 전체 구도를 정하고 화가가 완성 단계에서 신속하게 작업해야 할 부분이 어디인지를 미리 알려주는 역할을 한다. 지금 알 수 있는 것은 그림 속에 여러 명의 인물이 있으며 조금 채색이 이루어진 윗부분은 파란색으로 예정되어 있다는 정도다.(인물들을 살펴보면 왼쪽에 한 명이 앉아 있고 오른쪽에는 대여섯 명이 서 있는 형태다.) 그동안 발견된 폼페이 벽화들을 참고할 때 이 그림은 신화 속 한 장면일 가능성이 크다. 이 패널은 밑그림에 인체 해부 형태까지 곁들여 비교적 상세히 표현하고 있다는 특징을 나타낸다.

우아한 건축물 문양의 밑그림은 그다지 상세하지 않다. 방의 동쪽 벽에도 미완성 벽화들이 있는데, 밑그림을 보면 직선과 (컴퍼스가 필요한) 기하학적인 곡선을 대충 그려놓고 비교적 복잡한 모양의 항아리를 그려놓은 것이 전부다. 지금 시점에서는 우아하고 기발해 보이기도 하지만 당시 이런 디자인은 꽤 상투적인 부분이었는지 대충 윤곽만 그려놓아도 화공이 알아서 새, 나뭇잎, 화려한 건축물 같은 디테일을 채워 넣었던 듯하다.

북쪽 벽 중앙 패널의 그림 주제도 명확하지 않다. 불규칙하게 뚝뚝 떨어진 거친 회반죽에 밑그림 대부분이 덮여 있기 때문이다. 그러나 이 또한 당시 화공들의 작업 방식을 알려주는 중요한 단서가 된다. 이 회반죽은 사다리나 비계 위에서 통에 담긴 내용물을 벽에 쏟았을 때의 형태를 나타내고 있기 때문이다. 화산 폭발의 충격으로 혹은 화공들이 급히 뛰쳐나가는 과정에서 사다리나 비계가 넘어지고, 그로 인해 회반죽이 쏟아진 것이 아닌가 싶다. 중앙 패널 아래를 보면 양쪽에 구멍이 하나씩 있고 둘을 잇는 선이 하나 있는데, 그림 작업을 할 때 물감통을 받쳐주는 임시 선반의 설치 흔적으로 생각된다.

물감의 화학 성분 분석을 통해서도 추가 정보를 얻을 수 있다. 폼페이 화공들은 열다섯 가지 재료를 각기 다르게 배합하여 기본색인 검정, 하양, 파랑, 노랑, 빨강, 초록, 주황 일곱 색상을 만들어냈다. 일부 안료는 현지에서 쉽게 구할 수 있었다. 예를 들어 검정은 검댕으로 만들었고 하양은 각종 석회암으로 만들었다. 그러나 현지에서 구할 수 없어 먼 지역에서 수입한 재료들도 있었다. 키프로스에서 나는 셀라도나이트로 초록색을 만들고, 역시 수입했을 것으로 추정되는 적철광으로 빨강을, 소위 '이집트 파랑'이라 불리는 색깔은 모래와 구리 그리고 특정 형태의 탄산칼슘을 섞어 가열해 추출한 것이다.(플리니우스에 따르면 이렇게 만든 파랑 안료는 기본적인 황토색보다 최소 네 배 이상 비쌌다.) 이런 물감은 '유기결합재有機結合材'(주로 달걀)를 포함하고 있는 것과 결합재 없이 물과 섞어 쓰는 두 종류로 나뉜다. 이 구분은 다시 두 가지 화법으로 연결된다. 결합재가 포함된 물감은 마무리 작업에 사용된다.(비현실적인 건축물 디자인에 더해진 소용돌이 문양이나 경주하는 큐피드들의 모습이 이러한 경우다.) 흔히 이런 마무리 작업에는 세코secco라고 하는 건식 프레스코 화법이 사용되는데, 글자 그대로 이미 마른 회반죽이나 도장塗裝 위에 그림을 그리는 것이다. 그러나 젖은 석회 위에 직접 작업할 때는 이런 결합재가 필요하지 않았다.(이것이 바로 프레스코 화법이다.)

전체 증거들을 종합해보면 대략적이나마 벽화 작업을 맡은 팀의 구성과 업무 분담에 대해 윤곽을 그릴 수 있다. 작업에는 적어도 세 명이 참여했을 것이다. 8월 24일 오전, 한 명은 북쪽 중앙 패널 작업을 하느라 바빴다. 또 한 명은 그의 옆에서 검은색을 엷게 칠하는 비교적 단순한 작업을 맡아 부지런히 일하고 있었다.(어쩌면 넘어져 쏟아진 회반죽 통은 이 사람의 것이었을지도 모른다.) 나머지 한 명은 동쪽 벽면에 아직 끝나지 않은 건축물 문양 부분을 맡고 있었다.(이 중앙 패널에 아직 회반죽이 칠해지지 않은 것으로 보아 후반 작업 구간이었던 듯하다.) 제4의 인물이 있어서 건식 프레스코 화법으로 세부 마무리 작업을 하고 있었는지도 모른다. 그러나 이런 작업은 (프레스코 작업과 달리) 빨리 끝내야 하는 시간의 압박이 없으므로 프레스코 작업이 끝난 뒤 다른 팀이 맡기로 했을 수도 있다. 당시 이런 작업을 하는 소규모 팀은 보통 숙련된 장인 둘에 그들의 작업을 도와주는 도제 한 명으로 구성되었다.

그들이 정확히 누구였고, 어떻게 고용되었으며, 어떤 대우를 받았고, 작업 중인 벽의 도안이 어떻게 채택되었는지에 등에 관한 모든 것은 추측에 의존할 수밖에 없다. 폼페이 벽화 중에서 작업자의 서명으로 보이는 것은 두 개만 확보되었으며, 그들의 품삯에 대한 폼페이 현지 자료는 없다. 우리가 찾아낸 최선의 관련 자료는 훨씬 더 나중인 4세기 초에 품삯의 상한가를 로마 법률로 정한 내용이다. 이 법률에서 '인물화 화가'의 일당은 '벽화 화가'의 두 배로, 제빵사나 대장장이의 세 배를 받을 수 있었다. 이때의 '인물화 화가'라 하면 중앙 패널 작업을 하던 사람에 해당되리라. 일부 학자는 초상화 화가에 한정된다고 주장하기도 한다. 어쨌든 '인물화 화가'가 중앙 패널 작업을 하는 사람이라면 이러한 실내장식 비용이 비싸기는 해도 최상위층 부자만 누릴 수 있는 정도의 사치는 아니었을 것이다. 의뢰인과 화공 사이의 협상이야 지금과 크게 다르지 않았을 것이다. 자금이 넉넉하다면 의뢰인이 원하는 어떤 그림이든 가능하지 않았을까? 그렇지 않은 경우에는 의뢰인의 요구 사항과 취향, 화공의 취향과 능력, 포트폴리오 등을 놓고 적당한 흥정과 타협이 이루어졌으리라.

분명한 것은 폼페이 주택의 독특한 그림, 생동감 넘치는 색채 배합, '시각적 테러'에 가까운 강렬한 색채의 향연은 '작업 중이던 화공들의 집'에서 살펴본 작업 방식의 결과물이었다는 점이다. 폼페이 뒷골목 '아마란투스의 주점'에서 두 집 건너에 위치한 작은 집은 화공이 직업이었거나 적어도 그와 관계된 작업을 생계 수단으로 삼았던 이들의 작업장이었을 것이다. 이 집의 정문 근처에 놓여 있는 목제 진열장에는 다림추, 컴퍼스, 숟가락, 주걱 그리고 물감 재료를 혼합할 수 있게끔 가루를 곱게 빻는 기구 같은 도구들이 있었고, 100개가 넘는 물감통이 있었기 때문이다. 가끔은 떠돌이 화공을 고용하거나 외부의 유명한 전문가를 불러 작업하기도 했겠지만 폼페이 대다수 집의 벽화는 이러한 작업장에서 책임졌을 것이다. 게다가 이런 작업장이 별로 많지 않다는 점으로 미루어 한 화공이 여러 집의 벽화를 그렸을 것이다.

유용한 기록이 없는 상태에서 특정한 화공의 '손길'을 찾는다는 건 솔깃하면서도 위험한 일이다. 때로는 영국 피시본에 있는 소위 '토기둡누스의 궁전'과 폼페이 남쪽 스타비아이에서 같은 화가의 작품을 찾았

다고 확신하는 저명한 고고학자도 있다. 폼페이 내부로 한정한다 해도
'누가 어떤 그림을 그렸다'는 온갖 종류의 (때로는 빗나간) 이론들이 떠
돌고 있다. 예를 들면 '비극 시인의 집'의 중앙 벽화에서 몇 개의 장면을
그린 화공은 '메난드로스의 집'의 유명한 메난드로스 그림(사진 44)을 비
롯하여 주택과 상점이 결합된 소규모 건물의 화장실 복도에 그려진 용
변 보는 남자 그림에 이르기까지 20여 주택에 그림을 그렸다는 주장이
있다. 나 또한 벽화 속의 화공 찾기 게임에 도전한 결과, '작업 중이던
화공들의 집' 북쪽 벽 아랫부분의 전차 사고를 당한 큐피드 그림과 '베
티의 집'에 있는 큐피드 그림(전면사진 21)이 워낙 비슷해서 다른 화공(또
는 화공들)의 작품이라고 생각할 수 없었다.

# 폼페이의 색깔

화산 폭발로 중단되지 않았다면 '작업 중이던 화공들의 집'에서 마무리된 작품은 현대인이 연상하는 '폼페이 그림'과 매우 흡사했을 것이다. 18세기에 폼페이가 재발견되면서 유럽에서는 '로마식' 인테리어가 유행하기 시작했기 때문이다. 유적지를 방문한 여행자나 폼페이에서 발견된 실내장식을 소개한 초기의 호화판 출판물을 접한 이들은 자신의 주택에 폼페이 벽들을 재현하기 시작했다. 파리 도심이든 영국 교외든 돈만 있으면 누구나 간단한 공식에 따라 로마 시대의 실내 분위기를 재현할 수 있었다. '폼페이 빨강'이라고 알려진 진홍색(아니면 마찬가지로 특색 있는 노란색)으로 패널을 칠하고 그 위에 비현실적인 건축물 문양, 날아다니는 요정, 그리스 신화 장면들을 장식했다. 그 덕분에 현대인에게는 폼페이식 실내장식이라는 고정된 인식이 형성되었다.

물론 이것이 허구적으로 만들어진 것은 아니다. 실제로 '폼페이 스타일'은 폼페이라는 고대 도시 실내장식에서 가장 흔한 형태였으며 진홍색은 검정, 하양, 노랑과 함께 로마인이 애용하던 색이었다.(다만 노랑으로 채색된 부분은 화산 잔해의 열기로 인해 원래보다 더 붉게 변색되었을 것이라는 점을 염두에 두어야 한다.) 벽화의 내용을 살펴보면, 연못에 비친 자신의 모습에 감탄하는 나르키소스라는 관능적인 주제를 비롯하여 자

식에게 칼을 꽂으려는 위협적인 메데이아 등의 신화 속 장면들이 생동
감 넘치는 다양한 건축물 문양과 결합되어 있다. 건축물의 일부를 환상
적으로 표현한 폼페이의 '건축물 문양'은 때로는 불안할 정도로 가늘게
표현되어 있으며, 또 때로는 실물과 혼동될 만큼 입체감을 살려 표현하
는 '트롱프뢰유trompe-l'œil'[실물과 같을 정도로 철저한 사실적 묘사를 구사
하는 일종의 속임수 그림] 기법을 활용하여 딱딱한 벽면 자체가 사라져
버린 듯한 시야 확장의 효과를 연출하기도 했다. 다른 두드러진 특징은
3단으로 분할된 디자인이다. 핵심 주제를 담은 넓은 중앙 부분, 상대적
으로 장식이 많은 윗부분의 장식용 돌림띠, 아래쪽인 다도(장두리판벽)

45. 폼페이 주택의 벽에서는 종종 기둥, 박공벽, 다도 등의 형태로 비현실적인 건축물 모습을 나타낸 벽화를
볼 수 있다. 위 두 그림은 서로 효과는 다르지만 기본적으로 세 영역으로 구획된 분할 방식만은 동일하다.

부분이다.(사진 45) '작업 중이던 화공들의 집'에서 살펴본 미완성 벽화도 그러한 구성이며 '폼페이 스타일'을 세심하게 재현한 현대의 모작들도 마찬가지다.

그렇지만 폼페이 화공과 의뢰인의 상상력은 이보다 훨씬 더 풍부하고 다채롭다. 폼페이 주택의 벽화들을 둘러보면 현대인의 고정관념보다 훨씬 더 다양한 대상, 주제, 양식들이 발견된다. 때로는 축소된 형태로 때로는 실물 크기로 그린 난장이, 성교 장면, 보기만 해도 간담이 서늘한 맹수 등은 말할 것도 없고, 감동적인 초상화와 정물화 또는 환상적인 건축물 그림 안에 우아한 풍경이 숨어 있기도 하다.(사진 46) 놀랍게도 오늘날 벽지와 매우 흡사한 장식 문양도 있다. 주택 주인들은 대개 검정과 하양

46. 바늘을 입술에 물고 있는 젊은 여성의 모습. 원래 10센티미터도 안 될 만큼 작은 크기지만 무척 인상적이다. 현대인들은 그림 속의 여성을 그리스의 여류 시인 사포가 아닐까 추정하지만 이를 뒷받침할 만한 근거는 없다.

이 교차된 디자인으로 복도와 하인들의 작업 공간을 꾸몄는데, 요즘으로 치면 '얼룩말 무늬'라고 할 수 있는 이 문양은 1960년대 런던의 주택에도 무난히 어울릴 법하다. 아트리움이나 응접실 같은 주요 공간에서는 우리가 생각하는 '폼페이 스타일'이 아닌, 줄무늬 안에 기하학적인 도형과 꽃문양이 교차된 장식을 볼 수 있다.(사진 47) 바닥 장식도 만만치 않다. 벽 그림으로 표현되는 거의 모든 주제, 예컨대 집 지키는 개를 비롯하여 실제처럼 느껴질 만큼 방대한 크기의 전투 장면에 이르기까지 바닥을 모자이크로 표현한 것도 있다. 이렇듯 폼페이 '실내장식'은 고정관념을 훨씬 넘어서는 다양성과 그만큼의 놀라움을 선사한다.

특히 인상적인 것은 정원의 뒷벽 전체를 도배하다시피 그려놓은 대형 벽화들이다. '비극 시인의 집' 정원 벽에는 나뭇잎 등으로 정원 분위기를 연출한 흔적이 엿보이는데, 실제 정원과 상상 속의 정원을 혼합한 듯한 인상이다. 다소 이국적인 풍경을 택한 집주인도 있다. 비교적 작은 규모인 '오르페우스의 집' 정문에 들어서면 페리스틸리움 정원과 더불어 실물보다 크게 그려진 나체의 오르페우스 벽화가 한눈에 들어온다. 전원 풍경을 배경으로 하여 바위에 걸터앉은 오르페우스가 리라를 켜고 있고 그 주변에서 여러 동물이 연주를 감상하는 평화로운 모습이다.(전면사진 2) 이 주택 정원의 다른 벽에는 바디에서 태어난 베누스가 다소 불편해 보이는 자세로 조개껍데기 안에 누워 있는 모습이 역시 거대하게 그려져 있다.(사진 97) 이것이 전부가 아니다. 또 다른 벽에는 앞쪽에 야자나무가 있고 멀리 교외 별장이 보이는 환상적인 풍경을 거느린 사원이 그려져 있는데, 그 안에는 이집트의 이시스, 사라피스, 떠오르는 태양의 상징으로서 어린아이의 형상인 하포크라테스 신이 묘사되어 있다.

사냥 장면 역시 폼페이 사람들이 좋아하는 벽화 소재였다.(전면사진 19)

47. 폼페이의 일부 벽면 장식은 놀라울 정도로 현대적이다. '금빛 큐피드의 집'에 장식된 이 문양은 천으로 된 장식용 벽걸이를 모방한 것으로 보이는데, 오늘날 주택의 벽지로서도 손색이 없다.

확실하지는 않지만 집주인일 가능성이 높은 사람의 이름을 따서 '케이의 집'으로 불리는 주택에도 그러한 취향이 반영되어 있다. 그리 넓지 않은 정원이지만 쫓고 쫓기는 사냥의 스릴을 선사하는 이 벽화는 정확히 가로 6미터 세로 5미터인 뒷벽 공간에 사자와 호랑이를 비롯한 각종 맹수가 등장하는 드라마틱한 사냥 장면으로 가득하다.(사진 48) 그 좌우의 벽에는 나일 강과 나일 강에서 살아가는 주민들의 정경, 즉 하마 사냥을 하는 피그미족, 스핑크스, 사당, 외투를 뒤집어쓴 양치기, 야자나무, 돛단배와 짐배(한 척에는 암포라가 실려 있다) 등의 그림이 그려져 있다. 그림 솜씨로 말하자면 살짝 서툰 감이 있지만 주인과 화가의 의도만은 확실해 보인다. 넓지는 않지만 이곳 정원에 들어서면 야생동물원 같기도 하고 낯선 이국땅 같기도 한, 전혀 다른 세상에 온 듯한 느낌을 주고자 했으리라.

　공들여 장식한 벽면의 돌림띠 장식(프리즈)에도 실로 다양한 주제의 그림이 담겨 있어 때로는 놀라움을 선사한다. 중앙광장의 일상을 담은 '율리아 펠릭스 저택'의 돌림띠 장식 그림을 비롯하여 다른 주택에서도 이를 확인할 수 있다. '메난드로스의 집' 목욕탕 입구 홀의 돌림띠 장식에는 신화 속 등장인물들을 풍자하거나 유명한 신화의 한 장면을 패러디한 그림들이 그려져 있다. 가슴이 튼실한 난쟁이의 모습으로 괴물 미노타우로스를 죽이는 테세우스, 사랑스럽다고는 할 수 없는 중년의 베누스가 어린 큐피드에게 화살 조준법을 설명하는 모습 등이다.(사진 51)

48. 동물 사냥 장면이 그려진 '케이의 집' 정원 벽. 현재 남아 있는 그림은 군데군데 지워져 있으며 솜씨가 엉성한 감이 없지 않다. 그러나 자연 풍경과 야생동물을 동원하여 확실히 도심의 작은 정원에 생동감을 불어넣고 있다.

같은 집의 페리스틸리움 기둥과 기둥 사이에 설치한 낮은 벽에는 넓지 않은 공간이지만 다양한 그림이 그려져 있다. 한쪽에서는 왜가리가 부드러운 식물들 사이를 활보하고 있는가 하면 다른 쪽에서는 사냥개가 사슴의 뒤를 추격하거나 수퇘지가 사자 뒤에서 코를 쿵쿵거리며 냄새를 맡고 있는 등 야생동물들의 모습이 뒤섞여 있다.

중앙광장 근처 아본단차 대로에 면한 수수한 작은 집은 그곳에서 의료 도구가 발견되어 오늘날 '외과의사의 집'으로 불리는데, 넓지 않은 페리스틸리움의 기둥과 기둥 사이 벽면에 피그미족을 그린 돌림띠가 장식되어 있다. 그림들은 피그미족이 여러 모험을 즐기는 모습과 이런저런 곤경에 처한 모습을 극적으로 표현하고 있다. 누군가는 악어 잡이에 몰두하고 있고(전면사진 22), 누군가는 불쌍하게도 하마에게 잡아먹히고 있다.(한 동료가 거대한 하마의 입에서 그를 끌어내려고 애쓰지만 불가항력으로 보인다.) 술을 마시는 피그미족이 경탄하듯 바라보는 가운데 성행위를 즐기는 남녀의 모습도 있다. 그러나 가장 인상적인 그림은 따로 있다. 솔로몬의 심판 혹은 그 비슷한 이야기를 피그미족 버전으로 묘사한 장면이다. 그림 속의 병사는 밑에 놓인 아이를 두 동강 낼 기세로 커다란 손도끼를 높이 쳐들고 있고, 한쪽에는 아이의 진짜 엄마로 추정되는 여자가 높은 연단 위익 세 관리에게 애원하고 있다.(사진 49) 폼페이에는 벽화를 비롯한 여러 장식물에 형상화된 피그미족이 드물지 않다.(앞서 언급한 '케이의 집'은 물론이고 어느 집의 화려하게 장식된 야외 트리클리니움의 석조 카우치 측면에도 피그미족이 등장한다.) 그러나 아기가 등장하는 장면은 폼페이 도시를 통틀어 이것이 유일하다.

그렇지만 강렬한 시각적 효과와 주제의 흥미로움으로 볼 때 폼페이 벽화의 최고봉은 역시 '신비의 빌라'에서 발견된 난해한 그림들이 아닐

49. 이 그림 속에서 피그미족은 솔로몬의 심판 이야기를 수행하고 있다.(솔로몬의 심판이 아닐지라도 비슷한 이야기임에는 분명하다.) 두 여자가 서로 엄마라고 다투는 와중에 탁자 위에 놓인 아기는 곧 두 동강이 날 기세다. 오른쪽에는 다투는 '엄마들' 중 한 명이 높은 단상 위의 심판관들을 향해 아기를 살려달라고 애원하고 있다.

까 싶다. 헤르쿨라네움 성문에서 불과 400미터 떨어져 있는 지점에 위치한 '신비의 빌라'는 농장을 겸한 호화로운 주택이다. 이 주택의 벽화는 '베티의 집' 정문의 프리아포스 벽화와 더불어 폼페이를 대표하는 그림으로, 오늘날 재떨이나 냉장고에 붙이는 자석 장식물을 비롯한 다양한 폼페이 기념품에 등장하고 있다. 다만 '신비의 빌라' 벽화가 프리아포스 벽화보다 유리한 점은 기념품 선물을 받는 대상을 고려하지 않아도 된다는 점이다. 아무래도 발기한 남근을 자랑스레 내보이고 있는 프리아포스 기념품을 선물할 대상은 한정적일 수밖에 없을 테니 말이다.

'신비의 빌라' 내부의 기다란 방에 들어서면 강렬한 붉은색 바탕에 실물 크기의 인물들이 사방을 빙 두르고 있어서 마치 바라보는 사람이 그림 속 인물들에게 포위된 느낌을 준다.(사진 50) 한쪽 끝에는 디오니소스 신이 아리아드네의 무릎에 비스듬히 앉아 있는 장면이 그려져 있다. 디오니소스는 영웅 테세우스에게 버림받은 아리아드네를 구해준 인물로, 아리아드네 무릎에 누워 있는 디오니소스는 폼페이 그림에 자주 등장하는 주제이기도 하다. 다른 쪽 벽면에도 인간과 신 그리고 동물이 그려진 흥미로운 장면이 있다. 발가벗은 한 남자아이는 엄마 옆에서 파피루스 두루마리를 읽고 있다.(전면사진 14) 한 여자는 음식이 담긴 쟁반을 들고 들어오는 중인데 관람자 쪽으로 고개를 돌리고 있어서 시선을 끈다. 늙은 사티로스는 리라를 연주하고 있고, 목양 여신('파니스카')은 염소에게 젖을 물리고 있다. 날개 달린 '악마'가 벌거벗은 여자에게 채찍질을 하고 있고, 역시 벌거벗은 다른 여자는 캐스터네츠를 치면서 춤을 추고 있고, 날개 달린 큐피드가 거울을 들고 있는 가운데 그 거울을 들여다보며 머리를 땋는 여자도 있다. 이와 같은 장면들은 벽면에 묘사된 다양한 장면 중에서 반 정도를 고른 것이다.

솔직히 말하자면 전체적으로 전혀 이해되지 않는 혼란스러운 모습이다. 지금까지 어떤 연구자도 두서없고 엉뚱해 보이는 이들 그림의 의미를 알아내지 못했다. 적어도 완전히 설득력 있는 설명은 제시되지 않았다. 어떤 이들은 디오니소스 신을 숭배하는 종교단체 입회 의식을 나타낸 것이라고 주장한다. 신과 연인 옆에 그려진 채찍질 모습과 남근으로 보이는 것이 드러난 부분에 주목한다면 방 전체가 일종의 '성역'이었을 수도 있다. 충분히 가능한 일이다. 그러나 이곳은 비전祕傳의 종교 의식이 치러질 만큼 숨겨진 공간은 분명 아니다. 오히려 그늘진 주랑에서 곧장 진입하는 트인 공간이고, 구조상 건너편으로 멋진 바다 풍경까지 볼 수 있으며 다른 쪽에는 멀리 산악 풍경을 감상할 수 있는 커다란 창이나 있다. 다른 주장에 따르면 이 그림들은 결혼에 대한 엉뚱하고 기발한 풍자로서, 큐피드의 손에 들린 거울을 보며 우쭐해하는 여자가 신부라고 주장한다. 그렇다면 이곳은 종교와는 거리가 먼 공간이 된다. 다소 기이하긴 하지만 일종의 응접실 장식이라는 관점이 타당해 보인다. '신비의 빌라'라는 명칭은 디오니소스 숭배 집단의 '비밀스러운' 입회 의식이라는 관점에서 붙여진 것으로, 벽화를 종교적으로 해석한 결과다. 하지만 이곳의 그림들은 오늘날의 기준에서 볼 때 여전히 알쏭달쏭하고 신비하다.

폼페이 건물 대부분은 예전의 색채와 광택을 잃었다. 이미 지적한 것처럼 폼페이 건물의 실내장식은 안타깝게도 색이 많이 바랬으며 심하면 형체조차 알아볼 수 없게 되었다. 예를 들어 '메난드로스의 집' 목욕탕에 그려진 풍자화는 감질나게 일부만이 남아 있다.(사진 51) 19세기 초 처음 발굴된 이후 (비, 햇빛, 서리, 한두 번의 지진 등이 복합적으로 작용한 결과) 사실상 사라져버린 이집트 정원의 풍경을 초기의 화려하고 산뜻한 색채로 되살린다는 것은 불가능할 터이다. 지금 방문한다면 그림

50. '신비의 빌라'에 장식된 그야말로 신비스러운 벽화들. 정면으로 멀리 보이는 벽면에는 디오니소스 신이 연인 아리아드네의 무릎에 편안히 기대어 있는 장면이 그려져 있다. 왼쪽 벽면에도 일련의 행렬을 이룬 사람들의 형상이 확인된다.(맞은편에는 커다란 창이 있다.) 그중에는 엄마인 듯한 여성이 두루마리 책자를 읽고 있는 소년을 바라보는 장면도 있다.(전면사진 14 참조)

51. '메난드로스의 집' 목욕탕에서 발견된 신들을 패러디한 그림으로, 지금은 색이 많이 바랬다. 지저분해 보이는 사랑의 여신이 심술궂은 어린아이 모습의 큐피드에게 활을 조준하는 법을 지도하고 있다.

은커녕 회반죽마저 거의 남아 있지 않을 테니 흐릿한 얼룩 이상의 무언 가를 보고 싶다면 믿음으로 무장한 눈과 엄청난 상상력을 발휘해야 할 것이다. 그나마 모사품이라도 우리 손에 남아 있는 건 폼페이 유적이 발견된 이후 이곳을 찾아와 열정적으로 그림을 그려준 여러 화가 덕분 이다. 고고학자와 탐미주의자들이 탁상공론에 빠져 있는 동안 그들은 부지런히 벽화를 모사하는 현실적인 작업을 하고 있었다. 원본 그림은 1860년대에 이미 사라졌을 것으로 추정된다.

폼페이 그림에는 다른 종류의 충격도 있다. 예컨대 '신비의 빌라' 응 접실 그림이 그토록 강렬한 인상을 주는 이유는 호기심을 자극하는 알쏭달쏭한 주제 때문만은 아니다. 관객을 완전히 둘러싼 그림과 등장 인물들을 받쳐주는 관능적인 붉은색 배경, 도장 작업으로 인한 광택이 어우러져 만들어내는 총체적 완결성도 크게 작용하고 있다. 말하자면 이곳은 폼페이 내에서도 온전하게 보존된 고대 벽화를 감상할 수 있는 몇 안 되는 장소다. 그러나 안타깝게도 사실은 다르다. 이런 제반 효과 들은 기적과도 같은 보존의 결과가 아니라 1909년 4월 발굴 이후 진행된 적극적인 복원 작업의 결과다. 물론 현재 모습이 원본의 느낌을 대략적으로 갖추고 있기는 하지만 현지 호텔 경영자가 발굴 작업을 민간 회사에 위탁하여 처음 지상에 모습을 드러냈을 때는 이렇듯 완전하지 않았고, 이후 서툰 보존 과정을 거치면서 상태는 더 악화되었다. 더욱이 이 유명한 벽화는 발굴 이후 몇 달 동안 고작 천에 덮인 채로 자연현상에 그대로 노출되어 있었으며, 1909년 6월에는 지진까지 발생했다. 그림을 덮었던 천은 지진 앞에 무력했고, 디오니소스가 아리아드네의 무릎에 기대어 누워 있는 그림의 윗부분이 떨어져나가고 말았다.

지진보다 더 심각한 문제는 지면에서 올라오는 습기였다. 외부에 노출된 순간부터 바닥에서 올라온 소금기가 그림에 침투하여 군데군데 지저분한 흰색 얼룩을 남기고 말았다. 발굴 이후 며칠 지나지도 않아 이런 훼손이 시작되는 바람에 석유를 섞은 밀랍을 반복적으로 표면에 발라 얼룩을 제거해야 했다. 고대에도 어느 정도 밀랍을 바르기는 했겠지만 결과적으로 인상적인 광택 자체는 고대의 것이 아님은 물론이며 진한 색채 역시 마찬가지다. 최근 '발굴'된 로마 시대의 채색작품들을 보면 배경이 눈에 띄게 엷은 색으로 칠해져 있다. 더불어 원래의 벽을 허물고 습기가 방지되는 벽으로 대체한 다음 그림도 원래의 벽에서 떼다 새로운 벽에 붙였다.(이런 방법이 당시 일반적인 관행이었다.) 1909년 가을 독일의 프레스코 복원 전문 작업팀이 현장에 도착하여 가능한 한 원래 상태로 복원할 때까지 이처럼 과격해 보이는 복원 작업은 계속되었다.

'신비의 빌라'는 세월에 바래지 않은 색채와 광채를 지닌 폼페이 유일의 건물이다. 그러나 그 상징적인 지위에도 불구하고 강렬한 색채와 광채가 고대의 것이 아니라는 점은 한편으로 우리를 씁쓸하게 한다. 이곳을 빛나게 하는 특징의 많은 부분은 현대 복원 작업의 산물이다.

# 실내장식 규칙

여러 채의 집과 별장을 소유했던 키케로는 그 집들을 장식할 조각품을 구입할 때 작품이 장소에 어울리는지 꽤 신경을 썼다. 기원전 40년대 어느 날 그는 조각품 구입을 대신해준 친구에게 불만 섞인 편지를 보내기도 했다. 그의 대리인 친구는 마르쿠스 파비우스 갈루스라는 인물로, 당시 치열한 경쟁을 거쳐 '바칸테' 대리석 조각상 한 쌍을 구입하는 데 성공했다. 바칸테는 디오니소스(즉 바쿠스) 신을 모시는 여사제이면서 방종과 무절제, 음주의 상징으로 알려져 있다. 편지에서 키케로는 조각상이 "아름답다"는 사실을 인정하면서도 건전한 서재에 전혀 어울리지 않으며, 뮤즈였다면 더할 나위 없이 적합했을 것이라고 했다. 장식에 대한 키케로의 불평은 이뿐만이 아니었다. 갈루스가 전쟁의 신인 마르스의 조각상을 입수했을 때 키케로는 고마워하기는커녕 "평화의 대변자인 내게 무슨 도움이 되겠느냐"며 투덜댔다.

키케로의 실내장식 논리는 명확하다. 장식품이 공간의 용도 혹은 자신이 부여하고자 하는 이미지에 맞아야 한다는 것이다. 그렇다면 폼페이 주택에 적용된 실내장식에서 우리는 어떤 논리나 원칙을 발견할 수 있을까? 그리고 여러 선택이 가능한 상황에서 특정 공간에 특정 그림을 배치하기로 결정한 이유를 찾아낼 수 있을까?

물론 개인의 취향도 어느 정도는 영향을 끼쳤을 것이다. '신비의 빌라' 그림의 경우, 정확한 의미가 무엇이든(디오니소스 신과 관련된 성스러운 의식이든, 결혼에 대한 풍자든) 전체적으로 상당히 독특하고 화려하다는 것만은 확실하다. 이것은 의뢰인이 벽화의 내용에 대하여 뚜렷한 자기 의견을 지니고 있었으며 적지 않은 비용을 지불할 만한 재력도 갖추고 있었음을 의미한다. '목신의 집'에 있는 알렉산드로스 모자이크도 마찬가지다. 지금으로서는 누가 어떤 이유로 그곳에 그러한 대작을 배치하려 했는지 알아낼 길이 없다. 그러나 수백만 개로 추정되는 테세라(각석)가 별도로 주문 제작되었든 동방에서 수입한 것이든 대단히 비싼 장식품이라는 데는 의심의 여지가 없다. 장식은 개인 취향만의 문제가 아니었다. 오늘날 사회에서도 인정되고 있듯이, 집을 어떻게 칠하고 장식할 것인가를 규정하는 문화 '규칙'들이 있게 마련이다. 폼페이에서 그런 규칙을 찾아낼 수 있을까? 찾을 수 있다면 그러한 규칙이 폼페이라는 로마 도시에 대하여 무엇을 말해줄까?

오랫동안 고고학자들은 이런 질문들을 붙잡고 씨름해왔다. 19세기에 처음 제시되어 호응을 얻었던 설명은 폼페이 벽화에 나타난 여러 양식의 원인이 유행이나 기호의 변화 때문이라는 것이었다. 달리 말하자면 폼페이 회화는 시대에 따른 변화를 보이고 있으며, 따라서 양식의 차이는 제작 시기의 차이를 말해준다는 것이다. 학자들은 특히 넓은 붓으로 얇게 바른 채색, 신화 속 장면, 상상의 건축물 문양 등을 정밀하게 조사하여 전형적인 '폼페이 벽화'를 파악했다. 그리고 완벽한 회화 양식의 연대표를 수립하기 위해 개별 벽화의 정확한 연대를 말해주는 다양한 단서들을 추적해왔다. 예를 들어 비트루비우스가 쓴 책이나 덜 마른 벽에 생긴 동전 자국에서 힌트를 구하기도 했다. 이런 주장에 따르면 문외한의 눈으로는 양식상의 차이를 구별할 수 없는 폼페이 벽화들이 시대에 따라 크게 네 가지 양식으로 구분된다.(폼페이는 나름 유행에 민감한 도시였다.) 고고학 용어로는 간단히 '4양식'(폼페이 안내서나 박물관 설명문에도 자주 보이는 고고학 용어)이라 불리는데, 이러한 양식들은 폼페이뿐만 아니라 로마 시대 이탈리아 전역에서 발견되었다.

제1양식의 유색 대리석을 모방한 벽돌 문양에서부터 제4양식의 바로크풍 혼합 건축물에 이르기까지, 양식 구분의 기준은 건축물 문양에 일종의 착시를 만들어내는 기법이다. 흔히 로마 이주민이 들여온 것으로 간주되는 제2양식은 입체감을 살려 실물과 착각을 일으키게 만드는 트롱프뢰유 기법이 특징이고, 제3양식은 좀더 섬세하며 장식성이 강한 것이 특징이다. 특히 제3양식에서 기둥은 단순한 막대로, 박공벽은 소용돌이 나뭇잎으로 단순화하고 있다. 아우구스투스 황제 시대에 책을 집필했던 비트루비우스는 당시 최신 유행이었던 제3양식을 매우 낮게 평가하면서 그런 그림은 비현실적일 뿐만 아니라 비도덕적이기까지 하다고 했다. "어떻게 갈대 하나가 지붕을 지탱하고, 나뭇가지 모양의 촛대가 박공 장식을 떠받칠 수 있는가? 어떻게 그렇게나 부드럽고 가느다란 작대기가 위에 앉은 인물을 떠받칠 수 있으며, 어떻게 꽃이나 반신 조각상이 뿌리와 싹으로부터 등장할 수 있는가? 이런 황당한 사기에 대해 사람들은 문제점을 느끼기는커녕 오히려 좋아할 뿐이다. 그런 것이 실제로 존재할 수 있는가에 대해서는 전혀 생각하지 않는다. (…) 진실성이라는 원칙을 따르는 작품 이외에 어떤 그림도 허용되어서는 안 된다." 비트루비우스가 좀더 살아서 제4양식을 봤다면 그것 역시 받아들이기 힘들었을 것이다. 하양과 빨강으로 비교적 차분하게 구성된 작품을 비롯하여 숨이 막힐 만큼 아름답거나 때로는 지나치게 선정적인 오락물

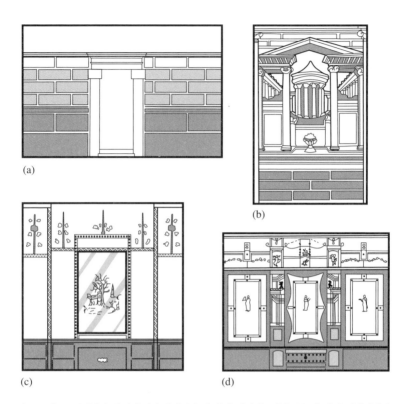

그림 11. 폼페이의 네 가지 벽화 양식. (a) 제1양식. 기원전 2세기. (b) 제2양식. 폼페이에서 이러한 양식은 대체로 기원전 80년 로마 이주민이 도착한 이후로 거슬러 올라간다. (c) 제3양식. 아우구스투스 시대(기원전 15)부터 서기 1세기 중반까지. (d) 제4양식. 폼페이가 멸망하기 직전에 유행하던 양식으로 서기 1세기 중반부터 계속되었다.

에 이르기까지 다양한 범주를 보여주는 제4양식 역시 비트루비우스가 강조한 '진실성'과는 거리가 멀기 때문이다.

실제 증거들을 보면 폼페이 주택의 실내장식이 시대에 따라 양식의 변화를 보이고 있다는 이론에 힘이 실린다. 무엇보다 폼페이 사람들의 실내장식에 대한 기호가 시간의 흐름에 따라 변했다는 말은 전적으로 타당하지 않을까. 고택 작업을 자주 진행해본 현대 건축가라면 20세기나 19세기 당시에 바른 벽지를 떼어낼 때 안에서 어떤 양식의 벽지가 나올지 정확하게 예측할 수 있다. 시대에 따른 실내장식의 유행과 변화가 분명하기 때문이다. 폼페이라고 그런 변화가 없을 리 없다. 실제로 유적지 건물을 보면 '4양식' 이론에 깔끔하게 맞아떨어지는 증거가 많다. 폼페이 벽화의 대다수, 수치로 말하자면 대략 80퍼센트가 마지막 단계인 제4양식 시기에 그려졌다. 잠정적이기는 하지만 서기 1세기 중반 이전의 주택에서는 벽화에 제4양식의 증거가 보이지 않는다.(여기서 '잠정적'이라는 표현을 쓴 것은 폼페이 건축물과 벽화의 연대 측정이 지니는 한계 때문이다.)

그렇지만 일부 고고학자가 '4양식' 발전 이론에 지나치게 얽매이는 경향을 보이는 것도 사실이다. 물론 서기 79년 폼페이를 방문했던 사람들은 누구나 집안 장식에서 지배적이었던 제4양식의 모습을 볼 수 있었겠지만 (오늘날 우리도 보고 있듯이) 도시 여기저기 표현되어 있는 다른 양식들도 보았을 것이다. 심지어 제1양식부터 제4양식까지 모두를 보여주고 있어 '4양식의 집'이라 불리는 주택도 있다. 아마도 오랜 세월에 걸쳐 부분적으로 꾸미고 재단장한 결과일 것이다. 이미 살펴본 '목신의 집'은 우선 건물 자체가 이상하리만큼 구식이어서 거의 박물관 같은 인상을 준다. 내부 인테리어도 마찬가지다. 집안 곳곳에 제1양식 벽화들이 훌륭하게 보존되어 있었으며 심지어 나중에 개축한 벽에도 예전 양식이 적용되어 있다. 이처럼 도시가 매몰되는 순간까지 제1양식 벽화를 정성스럽게 수정하고 덧칠하여 보존한 사례가 많은 것으로 볼 때 제1양식은 유행이 한참 지난 뒤에도 여러 건물, 특히 공공건물에서 단골로 이용되었던 듯하다. 중앙광장의 바실리카가 그 대표적인 사례다.(로마 시대 바실리카는 재판이나 정치, 상업 관련 집회가 열리는 다목적 건물이었다.) 말하자면 폼페이 장식은 실내든 실외든 구양식과 신양식이 혼합되어 사용되었다.

실제 현장에서는 이런 양식의 구별이 책에서만큼 명확하지 않다. 대부분의 책에서 선별적으로 소개된 '양식별 대표 사례'를 보면 구별이 꽤 명확한 것 같지만 실상은 그렇지 않다는 뜻이다. 일부 고고학자는 제3양식 1단계 A, B, C, 2A 등으로 더 세분화한 하위 분류를 만들어 시대별 양식을 다듬어왔지만 문외한의 눈에는 이들 양식 간의 차이점보다는 유사점이 더 많아 보일 뿐이다. 책을 통해 4양식에 대한 지식을 섭렵하고 폼페이를 처음 방문한 학생들 역시 마찬가지다. 제1양식은 분명하게 구별되는 차이가 있지만 제2양식, 제3양식, 제4양식을 정확하게 구분하기는 생각보다 어렵다. 오래전에 나 역시 같은 경험을 했다. 심지어 일부 전문가마저 제4양식을 '절충 양식', 즉 "이전 여러 양식에서 소재를 가져와 새로운 방식, 때로는 생각지 못한 방식으로 조합한 양식"이라고 설명하면서 기존의 구분에 이의를 제기했다. 제4양식이 "제3양식과 거의 구분되지 않는다"고 말하는 전문가도 있다. 그렇다면 시기상 거리가 멀어 비교적 소수에 불과한 제1양식과 제2양식만이 분명히 구별되는 상대가 된다.

그러나 '4양식' 이론의 더 큰 문제는 따로 있다. 해당 이론이 공간 기능과 장식 스타일 간의 연관성을 거의 고려하지 않았다는 점이다. 오늘날의 주택을 생각할 때 이 점은 디자인 선택의 중요한 고려 요소다. 따라서 침대며 옷장 등이 없는 빈집에 들어섰을 때 우리는 벽지 색깔과 무늬만으로 부부 침실, 거실, 아이들 방을 완벽하게는 아니어도 상당히 정확하게 구별할 수 있다. 더욱이 앞에서 말한 키케로의 일화는 공간 기능에 대한 관심이 로마 부유층의 조각상 선택에도 영향을 끼쳤음을 말해주고 있다. 물론 폼페이 주택은 현대 주택에 비해 특정 공간과 기능의 연관이 느슨해서 침실, 응접실, 거실, 주방, 식당, 다용도실 등의 구분이 지금처럼 엄격하지는 않았던 것으로 보인다. 그럼에도 불구하고 공간 기능이 장식에 영향을 미쳤을까?

적어도 어느 정도는 그렇다. 예컨대 얼룩말 무늬는 중요하지 않은 공간에 주로 사용되었다. 이런 문양으로 꾸며진 화려한 방이 두엇 있기도 하지만 전반적으로는 화장실, 노예 방, 다용도실, 복도 등에 칠하는 저렴한 장식이었다.(요즘으로 치자면 흰색 페인트로 대충 칠하는 식이다.) 정원의 벽화도 나름의 특징이 있다. 파릇파릇한 나뭇잎이나 (맹수, 피그미족이나 다른 이국적인 인물이 등장하는) 상상 속의 원시림 벽화로 단장하는 경우가 많았다. 이런 벽화는 벽과 정원의 경계를 모호하게 만들어 정원의 확장 효과를 내며, 보는 이로 하여금 제한된 공간을 초월하여 상상의 나래를 펴도록 해준다. 한편 더없이 진지하게 다루어지는 신화 속의 명장면을 익살스럽게 패러디한 개인 주택의 목욕탕 그림도 의미심장하다. 개인 주택의 목욕탕은 개인적인 휴식과 쾌락의 공간인 만큼 사회규범이 느슨하게 마련으로, '메난드로스의 집'의 '온탕'으로 들어가는 입구 바닥을 장식한 모자이크는 모종의 신호를 담고 있는 듯하다. 이 모자이크는 머리에 화관을 쓰고 커다란 남근을 드러낸 반나체의 건장한 흑인 노예가 걸어가는 모습으로, 양손에 들려 있는 도기 물병의 색깔이며 모양이 노출된 남근과 짝을 이루고 있다. 그 밑에는 목욕할 때 몸에서 배출된 땀이나 기름을 긁어내는 도구 네 개와 사슬에 매달린 주전자가 그려져 있는데, 전체적인 배치 역시 남근을 재현하고 있다.(사진 52)

주택 내 공간의 용도는 벽화의 주제나 바탕색 같은 실내장식 요소와 일반적으로 연관성을 보이고 있다. 예를 들어 현대 서구의 주택에서 침실이나 욕실에는 파스텔 색상이 쓰이는 경향이 있듯이 폼페이에서는 넓은 방의 배경색으로 검정이 자주 사용되었다. 검정 도료를 만드는 기

52. '메난드로스의 집' 온탕의 입구 바닥을 장식한 모자이크. 거의 발가벗은 흑인 노예가 커다란 남근을 자랑스레 드러낸 채 걸어가는 모습 아래에는 땀이며 기름기를 긁어내는 도구와 주전자가 역시 남근 모양으로 배치되어 있다. 발가벗고 목욕을 하는 이들에게 이것은 어떤 신호였을까?

본 재료가 저렴한 편이었다는 사실도 이 경향에 일조했을 것이다.(플리니우스에 따르면 인도에서 수입된 경우를 비롯하여 값비싼 검정 안료도 많이 있었다.) 반면 넓은 방의 바탕색을 노랑이나 빨강으로 선택한 이들은 상대적으로 지위가 높고 풍족한 사람이었다.

안료의 가격 그리고 로마 시대 작가들의 기록을 참고하면 스페인에서 채굴되는 특별한 붉은색 안료, 즉 진사辰沙는 '색상 사치'의 정점을 이룬다. 과학적으로는 '황화(제2)수은'으로 불리는 진사는 플리니우스에 따르면 워낙 수요가 많아서 법으로 상한가를 정해야 할 정도였다.(이집트 파랑 안료의 두 배가 넘는 금액이었다.) 말하자면 주인이 작업을 주문할 때 표준계약금 외에 별도 비용을 지불하게 만드는 몇 안 되는 값비싼 안료 중 하나였다. "물론 진사로 작업해드릴 수는 있습니다. 그렇지만 비용은 직접 지불하셔야 합니다. 별도의 추가 비용이 드는 것이니까요. 아시는 분이 있으면 직접 연락해서 구하는 편이 나을 겁니다." 협상은 이런 식으로 진행되었을 것이다. 그러고 보면 의뢰인과 건축업자의 협상 패턴은 수백, 아니 수천 년이 흘렀어도 크게 달라지지 않은 것 같다.

진사의 붉은색은 매우 아름답지만 다루기는 까다로웠다.(물론 이 점이 진사의 매력이기도 하다.) 진사는 기름이나 밀랍으로 특별한 도장을 해주지 않으면 특정 조건, 특히 공기에 노출되었을 때 급속히 변색되어 얼룩덜룩한 검은색이 되어버린다. 비트루비우스는 신분은 낮지만 부유한 로마의 '필경사'가 페리스틸리움을 진사로 칠했다가 한 달 만에 변색되어 낭패를 본 이야기를 들려준다. 제대로 알지 못했으니 당해도 싸다는 것이 교훈이라면 교훈이었다. '작업 중인 화공들의 집'에서 진행된 벽화 작업은 진사가 사용될 만큼 고급스러운 수준은 아니었다. 반면 누가 봐도 고급 인테리어를 느낄 수 있는 폼페이의 두 주택에서 진사 안료를 확인할 수 있었다. 바로 '신비의 빌라'와 '베티의 집'의 페리스틸리움에 면한 방이다.

다양한 벽화 양식은 공간 기능과 더불어 개방 정도와도 관련이 있었다. 제1양식이 주택의 아트리움에서 자주 발견되고 공공건물에도 지속적으로 쓰였다는 사실은 결코 우연이 아닐 것이다. 말하자면 주택에서 제1양식은 개방된 공간이라는 신호인 셈이다. 또한 방 크기에 상관없이 미술관처럼 신화의 장면을 벽화에 집중적으로 배치하고, 화려한 건축물 문양을 동원하여 손님에게 강한 인상을 주려는 방들도 있다. 이에 대해 어떤 학자는 간단한 경험 법칙, 즉 "깊은 원근감을 낼수록 방의 품격은 올라간다"는 주장을 내세우기도 했는데, 최소한 제2양식과 제4양식에는 들어맞는 듯하다.

그러므로 실내를 어떻게 장식할 것인가에 대한 폼페이 집주인들의 선택은 결국 유행과 기능 사이의 균형으로 요약된다. 이는 모든 계층에 공통되는 사실이다. 주택의 구조를 비롯한 건축 전반이 그렇듯이 실내 장식에서도 계층 간의 근본적인 차이는 없었다. 부잣집이든 가난한 집이든, 유서 깊은 상류층 집이든 해방노예 출신 졸부의 집이든, 실내장식 규칙이나 취향 측면에서 눈에 띄는 차이는 보이지 않는다. 가난한 서민의 집은 손님을 맞거나 공무를 보는 등의 공식적 기능은 없어도 장식에 관한 한 각자의 경제력에 따라 동일한 문화 규범을 보였다. 고고학자들은 트리말키오 같은 졸부의 천박함을 찾아내고자 적지 않은 노력을 기울였지만 결과적으로는 스스로의 계급적 편견을 투사한 데 지나지 않았다. 폼페이에서 부잣집과 서민의 집 벽화를 비교한 결과는 다음과 같이 요약할 수 있다. 서민의 집에는 인물이 등장하는 장면이나 극적이며 화려한 디자인이 적으며, 진사 같은 값비싼 안료가 쓰이지 않았고, 전반적으로 그림의 수준이 낮다.(물론 많지는 않지만 상류층 집에서도 싸구려로 보이는 칠이 발견된다.) 말하자면 폼페이는 가진 만큼 누리는 도시였다.

# 신화로 방을 채우다

18세기 발굴자들이 처음 폼페이 벽화를 발견했을 때 그들의 마음을 사로잡은 것은 기발하고 비현실적인 건축물 문양이 아니라 제3양식과 제4양식 벽화의 중앙에 등장한 인물들이었다. 고대 신화를 시각적으로 표현한 작품이 그처럼 많이 발견된 것은 그때가 처음이었기 때문이다. 더구나 이들 작품은 플리니우스를 비롯한 과거 작가들이 고대 미술의 백미라고 침이 마르도록 칭찬했던 사라진 회화 전통을 처음으로 대면할 기회이기도 했다. 물론 플리니우스가 원로원 의원이나 군주들의 애장품으로 언급한 그림은 이런 벽화가 아니라 기원전 4~기원전 5세기 유명한 그리스 화가들이 화폭에 그린 걸작들이었으며, 폼페이 벽화는 로마 변방에 위치한 작은 도시의 축축한 주택 회벽에 채색된 것이었다. 그러나 플리니우스가 말하는 아펠레스, 니키아스, 폴리그노토스 같은 유명 화가의 원본 작품이 존재하지 않는 상황에서 폼페이의 벽화는 '실재하는' 최고의 증거였다. 그에 따라 발굴자들은 눈길을 끄는 많은 작품을 벽에서 떼어내어 인근의 박물관으로 가져갔다. 물론 박물관으로 옮겨진 벽화는 벽을 장식한 인테리어의 일부가 아니라 '화랑의 미술품'에 가까운 모습이었다.

폼페이 화가와 의뢰인이 벽화 주제로 선정한 신화의 범주는 매우 광범위하다. 당연히 있을 법한 주제가 의외로 빠져 있기도 하다. 예를 들어 폼페이에서 오이디푸스 신화와 관련된 그림은 거의 보이지 않는 반면 오늘날에도 인기 있는 다른 특정 주제들은 오랫동안 사랑받아왔다. 다이달로스와 이카루스, 여신 디아나가 목욕하는 모습을 우연히 목격하여 결국은 화를 당하는 악타이온, 산 제물로 바쳐진 안드로메다를 구출하는 페르세우스, 연못에 비친 자기 모습에 감탄하는 나르키소스, 파리스의 심판이나 트로이의 목마 등 트로이 전쟁 이야기에서 비롯된 친숙한 장면들이 그것이다.

폼페이 사람들은 좋아했으나 우리에게는 낯선 주제도 있다. 스키로스 섬에서 지내는 아킬레우스의 모습으로, 트로이 전쟁 이전을 다룬 '프리퀄'로 보인다. 최소 아홉 작품이나 되는 이들 그림은 얼핏 여느 영웅의 싸움 장면과 차이가 없어 보이지만 여기에는 흥미로운 뒷이야기가 있다. 그리스 영웅 아킬레우스의 어머니이자 바다의 여신인 테티스가 트로이 전쟁에 참전하려는 아들을 숨겨둔 장소가 바로 스키로스 섬으로, 아킬레우스는 여장을 하고 스키로스 왕궁에서 리코메데스 왕의 딸들과 함께 생활했다. 아킬레우스의 도움이 있어야만 트로이를 무찌를 수 있다는 사실을 안 오디세우스는 도붓장수로 변장하여 스키로스 왕궁으로 찾아갔고, 재치 있는 전술로 아킬레우스를 '색출'하는 데 성공한다. 도붓장수(오디세우스)가 장신구, 장식품, 무기 등을 늘어놓자 '진짜' 여자들은 장신구와 장식품 앞으로 모여든 반면 아킬레우스는 무기를 선택하여 남자라는 사실을 들키고 만 것이다. 그림은 정체를 파악한 오디세우스가 재빨리 덤벼들어 아킬레우스를 붙잡는 장면이다.(사진 53)

폼페이 벽화에 최소한 네 번 등장하고 테라코타 상으로도 두 번 등장하는, 말하자면 폼페이에서는 널리 사랑받았으나 우리에게는 스키로

53. 폼페이 벽화에 자주 등장하는 여장 남자 이야기. 중앙에 있는 인물이 아킬레우스다. 그는 트로이 전쟁 참전을 피하고자 스키로스 섬으로 들어와 여장을 하고 리코메데스 왕의 딸들과 생활하고 있었다. 그러나 오디세우스가 특유의 재치를 발휘해 아킬레우스가 남자라는 사실을 '밝혀냈고' 그를 데려와 병사로서의 의무를 다하도록 했다.(그림에서는 오른쪽에서 아킬레우스를 잡고 있는 인물이 오디세우스다.)

스 섬의 아킬레우스보다 낯선 이야기도 있다.(사진 54) 극단적인 형태의 효<sub>孝</sub>를 형상화한 이야기가 그중 하나다. 미콘이라는 이름의 노인이 음식조차 제공되지 않는 감옥에 갇혀 굶어 죽을 위기에 처했는데, 출산한

지 얼마 안 된 딸이 아버지를 찾아와서는 아버지에게 자신의 젖을 먹였다는 이야기다. 집주인으로 추정되는 사람의 이름을 붙인 '마르쿠스 루크레티우스 프론토의 집'에 이 장면을 묘사한 벽화가 있는데, 그림 옆에는 친절하게 설명까지 적혀 있다. "가엾은 노인의 목에 드러난 혈관이 흘러드는 젖으로 고동치는 모습을 보라. 페로는 미콘의 얼굴을 바라보며 어루만지고 있다. 이는 부끄러움을 아는 염치pudor와 딸의 효심pietas이 결합된 참으로 슬픈 광경이다." 어쩌면 불필요한 설명이다. 해당 장면을 담은 그림이 주는 시각적 충격은 수도 로마에서도 화제가 될 정도였기 때문이다. 정확히 동시대인은 아니지만 비슷한 시기를 살았던 어느

54. 효심 깊은 딸이 옥에 갇혀 아사 직전인 아버지에게 젖을 먹이고 있다. 효심을 다룬 이런 신화가 폼페이 사람들의 관심을 끌었던 모양이다. 사진은 테라코타 상으로 표현된 것이며, 벽화 소재로도 여러 차례 등장한다.

로마 작가는 "눈앞에 펼쳐진 광경에 사람들은 놀라서 눈을 떼지 못한다"고 했다.

같은 장면이 이토록 자주 다루어진 이유는 무엇일까? 아마도 폼페이 사람들은 동일한 주제를 다룬 그리스 거장들의 작품으로부터 영감을 받았을 것이다. 그렇다면 사라진 그리스 걸작들을 폼페이 벽화가 흐릿하게나마 보여줄 수도 있다는 18세기 고고학자들의 예상이 완전히 빗나간 것은 아니다. 실제로 플리니우스를 비롯한 과거 작가들이 말한 훨씬 더 전의 그림에 대한 설명이 폼페이 벽화와 상당히 유사한 경우가 있기 때문이다.

'비극 시인의 집'에서 가장 유명한 벽화 중 하나는 그리스 함대가 트로이 원정에 나서기 전에 여신 아르테미스에게 순풍을 기원하는 의식을 치르는 대목으로, 아가멤논이 자신의 딸인 이피게네이아를 제물로 바치는 모습을 담고 있다.(사진 55) 거의 벌거벗은 소녀가 제단으로 끌려가고 있고 자신의 결정으로 인해 괴로워하는 아버지는 손으로 얼굴을 가린 채 침통해하고 있다. 끌려가는 딸을 외면하는 아버지의 모습에서 깊은 슬픔이 묻어난다. 그런데 이런 아가멤논의 모습은 기원전 4세기경에 그리스 화가 티만테스가 그렸다는 '이피게네이아의 희생'이라는 그림에 대해 플리니우스와 키케로기 설명한 내용과 정확히 일치한다. "화가는 (…) 아가멤논이 느끼는 강렬한 슬픔을 화필로는 표현할 수 없기 때문에 아가멤논의 얼굴을 베일로 가려야 한다고 생각했다." 그러나 전체적으로 폼페이 벽화는 티만테스가 그린 걸작의 정확한 모사와는 거리가 있었다. 티만테스의 작품에는 오디세우스와 이피게네이아의 삼촌 메넬라오스도 등장하며, 이피게네이아는 폼페이의 그림에서처럼 끌려간다기보다는 자신의 운명을 받아들이며 제단 옆에 차분히 서 있는 모습이다. 스키로스 섬에 숨은 아킬레우스가 여자들에 둘러싸여 있는 벽화들도 그리스 화가의 유명 작품을 모방했을 가능성이 크다.(플리니우스는 "율리시스[오디세우스]가 찾아냈을 때 아킬레우스는 여자 옷을 입고 숨어 있었다"고 간결하게 묘사하고 있다.) 자세한 묘사 부분이 유명한 그리스 작가

55. 그림 왼쪽의 아가멤논 왕은 아르테미스 여신의 제물로 끌려가는 딸 이피게네이아의 모습을 차마 보지 못하고 있다. 하늘에 아르테미스 여신의 모습이 보인다. 이 소묘의 출처는 19세기 윌리엄 겔 경이 저술한 유명한 폼페이 안내서 『폼페이아나』다.(사진 53의 출처이기도 하다.)

의 작품과 많이 다른 것을 보면 폼페이 벽화들은 원본을 그대로 모방하기보다는 동일 주제를 다양하게 표현했음을 알 수 있다.

폼페이 화가들은 '모방할 가치가 있는' 유명 걸작 목록을 토대로 작업했을 것이다. 그렇다고 해서 그들이 원본을 직접 봤다거나 모방에 필요한 정확한 견본을 가지고 있었다고 볼 수는 없다. 유명 작품들은 요즘으로 치면 레오나르도 다빈치의 「모나리자」나 반 고흐의 「해바라기」만큼이나 널리 보급되고 유통되는 미술작품이었을 테고, 그만큼 친숙하기 때문에 원본을 정확히 복제한다기보다는 원본의 느낌을 환기하는 선에서 새로운 장소에 맞춰 제작했을 것이다. 걸작을 창조적으로 모방하는 작업은 회화에 그치지 않았다. 스키로스 섬의 아킬레우스는 모자이크로도 표현되었으며, 잘 알려진 이론에 따르면 '목신의 집'에 있는 대형 알렉산드로스 모자이크는 플리니우스가 언급한 그리스 화가 필로크세노스의 그림을 모방한 것이다.

사실 더 중요한 질문은 벽면을 장식한 온갖 신화가 폼페이 사람들에게 어떤 용도였는가 하는 것이다. 가끔씩 쳐다보고 감탄하기도 하지만 언제나 그 자리에 배경으로 있는 고대의 벽지였을까? 어쩌면 오늘날 우리가 그러하듯이 폼페이 사람들도 수많은 벽화의 의미를 정확히 알지 못했던 것은 아닐까? 아니면 보는 사람에게 특정 메시지를 전달하기 위해 세심하게 계산되어 제작한 그림들일까? 그렇다면 과연 어떤 메시지였을까?

이에 대해서는 고고학자들의 의견이 갈린다. 일부 고고학자는 대부분의 벽화가 예쁜 장식에 불과하다는 입장이다. 다른 학자들은 복잡하고 때로는 비밀스러운 의미를 찾아내려 한다. 물론 그림이란 보는 사람에 따라 의미가 달라지게 마련이며, 그림의 의미를 민감하게 포착하는 이가 있는가 하면 둔감한 이도 있다. 그러나 이런 개인차와 무관하게, 보는 이들이 벽화를 둘러싼 의미를 눈치 채기를 바라며 의도적으로 삽입된 암시들이 적지 않았다. 폼페이 주택의 실내장식 '대부분'이 신화를 활용한 정교한 '암호'였다고 해석하는 독창적인 주장들은 설득력이 떨어지긴 하지만 화공과 의뢰인이 벽화에 담을 내용과 배치를 신중하게 계산하고 계획한 것만은 분명하다.

고대 작가들이 남긴 글에는 이러한 신화 속 장면이 사람들에게 어떤 영향을 끼치는지를 말해주는 생생한 사례들이 있다. 남편과의 이별을 앞둔 로마 여인이 트로이 전쟁의 영웅 헥토르를 그린 그림을 보더니 헥토르가 아내 안드로마케에게 남긴 작별 인사를 읊조리면서 눈물을 흘렸다는 내용이 있다.(그림 속의 헥토르는 출전을 앞두고 있었고, 다시는 돌아오지 못했다.) 폼페이에서는 이 로마 여인처럼 어떤 그림에 깊이 공감한 나머지 눈물을 흘렸다는 증거는 보이지 않는다. 그러나 자기가 바라보는 그림의 정확한 의미를 알고 곰곰이 생각하던 누군가가 '율리우스 폴리비우스의 집'(평면도 12) 벽면에 감상을 새긴 흔적은 남아 있다. '율리우스 폴리비우스의 집' 페리스틸리움 정원에 면한, 그 집에서 가장 크고 화려한 방에 그려진 대형 벽화는 디르케에 대한 복수 장면을 담고 있다. 폼페이 사람들이 특히 좋아했던 디르케 신화는 '복수'라는 단어에 길맞은 잔인한 이야기로, 내용을 요약하자면 테베의 왕비 디르케로 인해 고통받았던 피해자들에게 복수의 기회가 찾아오자 야생 황소의 뿔에 디르케를 묶은 뒤 날뛰는 황소의 뿔에 받혀 고통스럽게 죽어가도록 했다는 내용이다. 이 주제는 폼페이 사람들에게 그리 특별한 게 아니었을 것이다. 도시 안에서 같은 주제의 그림이 여덟 개나 나왔으니 말이다. 그러나 이 그림을 본 누군가는 감명을 받았고, 그 집 부엌에 한 줄짜

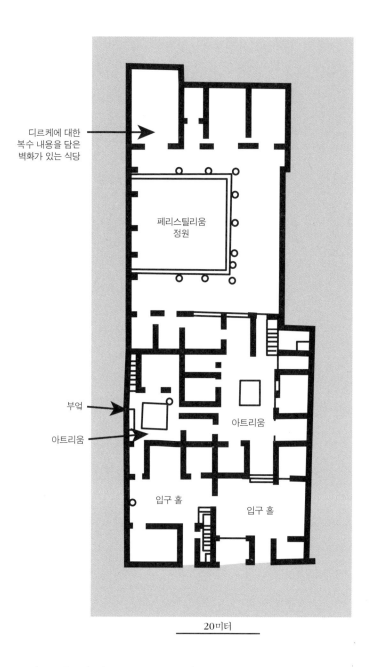

디르케에 대한
복수 내용을 담은
벽화가 있는 식당

페리스틸리움
정원

부엌

아트리움

아트리움

입구 홀

입구 홀

20미터

도면 12. '율리우스 폴리비우스의 집.' 입구의 홀이 유난히 넓은 것이 특징이다. 이곳의 페리
스틸리움에 면한 방에서 12명이 화산 폭발로 죽음을 맞았다.

리 감상평을 남겼다. "보라, 테베 여자들뿐만 아니라 디오니소스와 여사제 복장의 왕비도 있도다."

1970년대 그곳을 발굴하던 고고학자들에게 이 메시지는 영문을 알 수 없는 수수께끼였다. 이 낙서를 새긴 사람은 왜 부엌에다 뜬금없이 테베 여자들에 대한 말을 남겨놓은 것일까? 나중에 근처에서 문제의 벽화가 발견되고 나서야 메시지의 수수께끼가 풀렸다. 이 벽화에는 디르케가 황소 뿔에 묶여 벌을 받는 마지막 모습뿐만 아니라 디오니소스를 섬기는 여사제의 복장으로 붙잡힌 디르케의 모습(낙서에서 말하는 '여사제 복장의 왕비')도 있었고, 전경에는 디오니소스 신의 신전과 그를 모시는 제법 많은 여사제(테베의 여자들)까지 등장하기 때문이다. 낙서를 남긴 사람이 누구였든 간에 그는 해당 벽화에 특별히 주목했을 뿐만 아니라 그림이 테베라는 도시의 이야기라는 사실을 인식하고 있었고, 디르케를 디오니소스를 섬기는 여사제로 언급할 만큼 박식했다. 그러나 어떤 이유로 그가 그러한 낙서를 남기게 되었는지까지는 알아낼 도리가 없다. 어찌 됐든 무려 2000년이라는 세월이 흐른 뒤 자신이 남긴 낙서가 지적인 시각으로 벽화를 감상할 수 있었던 폼페이 시민에 대한 희귀하고도 결정적인 증거로 작용했다는 사실을 안다면 그는 적잖이 놀랄 것이다.

특정 장소에 특정 주제를 신중하게 계산한 것이 분명한 사례들도 있다. '옥타비우스 콰르티오의 집' 옥외에 설치된 식사용 카우치 위쪽에는 연못에 비친 제 모습을 물끄러미 바라보는 나르키소스의 그림이 있다. 집주인이든 화공이든 간에 이 주제를 택한 사람은 그곳에서 식사하는 사람들이 자신의 짓궂은 농담을 알아채고 재미있어할 것을 예상했다. 이곳 야외 식당은 로마 상류층의 고급 시설로, 비스듬히 앉는 카우치 사이로 빛을 받아 반짝이는 물이 흐르도록 되어 있다. '금팔찌의 집' 트리클리니움과 비슷한 구조라고 생각하면 한결 이해하기 쉽다. 사람들은 그곳에서 식사를 하다가 물에 비친 자기 모습을 발견한 순간, 신화와 현실이 포개지는 사실을 깨닫고 쓴웃음을 짓지 않았을까? 자기 모습을 사랑한 나머지 비극적인 결말에 이르게 되는 신화가 암시하는 교훈을 곰곰 생각해보면서 말이다.

'루크레티우스 프론토의 집'에 있는 미콘과 페로의 그림에도 이와 비슷한 암시 혹은 계산이 느껴진다. 더구나 벽화 옆에는 부끄러움을 아는 염치pudor와 효심pietas이라는 복합적인 미덕을 강조하는 설명까지 있지 않은가? 일부 고고학자는 미콘과 페로의 그림이 아이 방에 어울리는 장식이라고 생각한다.(괴이한 판단으로 보인다.) 하지만 이런 그림에는 그보다 구체적인 정치적 메시지가 담겨 있지 않았을까? 집 외벽에 쓰인 두 줄짜리 선거 구호에서 마르쿠스 루크레티우스 프론토의 미덕으로 가장 강조한 것이 부끄러움을 아는 마음, 즉 염치였다는 사실이 순전히 우연의 일치라고는 생각되지 않기 때문이다.

부끄러움을 아는 마음이 사람의 성공을 돕는 미덕이라면,
루크레티우스 프론토야말로 희망하는 관직에 앉아야 마땅하다.

마르쿠스 루크레티우스 프론토가 정말 그곳의 주인이었다면 미콘과 페로의 그림은 그가 내세우는 미덕을 반영하기 위한 수단으로 보인다.(집 안팎에 새겨진 글의 내용이 흡사한 것으로 미루어 마르쿠스 루크레티우스 프론토가 집주인일 가능성이 매우 높다.)

그러나 실내장식에 쓰인 그림의 조합이 중요한 의미를 나타내는 경우

가 훨씬 많았다. 인물이 나오는 중심 벽화를 원래 장소에서 떼어내 박물관에 보관하는 방법은 원래의 색깔과 디테일을 보존하는 데 크게 기여하기는 했지만 원래 상황에서 관계성을 생각하면서 그림들을 보기 어려워진 것도 사실이다. '비극 시인의 집'에 있던 그림을 예로 들자면, 지금은 하나하나가 화랑의 개별 작품인 양 나폴리국립고고학박물관에 전시되어 있지만 원래는 전체가 어우러져 트로이 전쟁과 관련된 하나의 주제를 구성하고 있었다. 예컨대 파리스와 함께 트로이로 떠나는 헬레네, 이피게네이아의 희생, 아킬레우스의 전리품이자 애첩이었던 브리세이스가 아가멤논에게 끌려가는 장면 등이다. 특히 아가멤논이 브리세이스를 데려감으로써 아가멤논과 아킬레우스 사이에 불화가 싹텄고 호메로스의 『일리아드』에서 다루는 엄청난 이야기가 시작되는데, 둘이 다투는 장면 역시 벽화에 포함되어 있다. 이들 벽화의 조합과 배치에는 단순한 주제의 통일성 이상의 무언가가 있다. 원래의 배치 구조를 보면 제작자가 메시지를 일방적으로 제시하는 것이 아니라 보는 사람의 입장에서 자꾸 생각하고 의문을 던지게 만드는 오묘하고 도발적인 데가 있기 때문이다.

원래는 헬레네가 등장하는 장면과 브리세이스가 등장하는 장면이 아트리움 벽에 나란히 배치되어 있었다.(전면사진 23) 트로이 전쟁에서 중요한 역할을 하는 누 여자가 떠나는 장면이다. 헬레네와 브리세이스는 옷차림새도 비슷한 데다 살짝 머리를 숙인 모습과 병사들로 둘러싸인 상황으로 양자의 유사성이 한층 강조되고 있다. 그러나 트로이 전쟁 이야기를 잘 아는 사람이라면 나란히 놓인 두 벽화를 보고 유사점뿐만 아니라 차이점에 대해서도 생각하지 않을 수 없다. 그리스 왕비였던 헬레네는 본인의 의지로 남편을 버리고 불륜 상대인 파리스와 떠나는 참이고, 그녀의 이런 행동은 그리스와 트로이 전체에 엄청난 비극을 불러들이는 기폭제가 되었다. 한편 트로이 출신의 전쟁포로인 브리세이스는 본인 의지에 반하여 아킬레우스 곁을 떠나 아가멤논 왕에게 넘겨졌다. 호메로스의 서사시에 따르면 브리세이스를 빼앗긴 아킬레우스의 분노가 친구 파트로클로스와 트로이 왕자 헥토르의 죽음을 초래한다. 그런데 하필 두 그림을 나란히 배치함으로써 여자의 정조, 책임, 지위, 섹스, 자발성, 고통의 원인 등이 모두 화제로 떠오르게 된다. 그림을 배치한 사람은 분명 트로이 신화를 훤히 꿰고 있었고, 그림을 보는 관중 역시 그러리라고 예상할 수 있다.

역시 헬레네와 파리스의 불륜을 묘사한 그림이 포함된 다른 조합에서는 보는 이를 불안하고 거북하게 하려는 주인의 의도가 느껴진다. 바로 그리스 신화 속의 영웅 이아손의 벽화가 발굴되어 '이아손의 집'이라 불리는 주택이다. 이곳의 작은 방에는 '폭풍 전야', 즉 비극이 일어나기 직전의 고요한 순간을 포착한 세 개의 그림이 있다. 첫 번째 그림은 메데이아가 자기를 버린 남편에게 복수하기 위해 자신의 아이들을 죽이기 직전에 아이들이 노는 모습을 지켜보는 장면이다. 다른 그림은 파이드라가 의붓아들 히폴리투스에 대한 짝사랑으로 자살을 감행하기 직전에 몸종에게 무언가를 말하는 장면으로, 의붓어머니를 강간했다는 말로 무고한 젊은이를 모함하는 내용을 담고 있다. 마지막 벽화는 헬레네가 도망치기 직전에 메넬라오스와 함께 살고 있는 집에서 파리스를 접대하는 그림이다. 문에 서 있는 큐피드는 향후 이들이 펼칠 애정의 도피 행각을 암시하고 있다.(사진 56)

세 그림은 세부 내용이 다르지만 가정의 불행과 파괴를 눈앞에 두고 있다는 사실은 같다. '비극 시인의 집'에서 나란히 배치된 유사한 주제

56. '이아손의 집' 벽화. 파리스와 헬레네가 도망치기로 결심하는 순간 큐피드는 문간에 서 있다. 이들의 도피 행각으로 트로이 전쟁이 일어나게 된다. 그러나 찬찬히 보면 그림에서 여러 메시지가 포착된다. 파리스는 여자처럼 다소곳이 앉아 있는 반면 헬레네는 당당하게 서 있다. 배경이 되는 건축물이 그리스가 아닌 폼페이를 연상시킨다는 점도 흥미로운데, 이는 신화 속의 불륜, 도피, 가정 파괴가 '현실'과 무관하지 않다는 이야기를 하고 싶었던 것은 아닐까?

의 그림을 봤을 때와 마찬가지로 사람들은 이들 그림을 비교하고 대조하고 싶은 충동을 느낀다. 메데이아와 파이드라는 로마의 나이 든 귀부인처럼 자리에 앉아 있는 모습이다. 하지만 나머지 그림에는 헬레네가 서 있고 '동방에서 온' 연인이 여자처럼 다소곳하게 자리에 앉아 있다. 이들 그림의 건축적 배경 때문에 관객이 느끼는 불안은 가중된다. 세 이야기를 더욱 긴밀하게 묶어주는 역할을 하는 것은 바로 폼페이 상류층의 주택 내부를 연상케 하는 건축 양식과 육중한 문으로, 말하자면 신화 속 이야기의 배경을 동시대 로마로 치환한 셈이다. 마치 불륜에서 유아 살해까지 그림 속의 끔찍한 가정사가 과거의 먼 이야기가 아니라고 말하는 것 같다. 즉 이런 불화와 불행은 언제 어느 가정에서든 일어날 수 있으며, 신화가 동시대 로마인의 삶과 무관하지 않다는 메시지를 던진다.

# 전망 좋은 방?

폼페이 발굴 이래 수백 년 동안 학자들은 이 도시의 주택 설계 및 실내 장식 등을 붙잡고 씨름해오고 있다. 제작 연대를 파악하고, 미적 측면과 기능적 측면 가운데 어떤 선택이 이루어졌는지를 파악하며, 신화 속 장면들의 의미를 파악하는 데 골몰해왔다. 그 결과 디자인 이론부터 실제 작업한 화공들의 기법이나 절차까지 모든 면에서 흥미로운 세부 사실이 계속 밝혀지고 있다.('작업 중이던 화공들의 집'은 1980년대 후반에 발굴되기 시작했으며, 지금도 발굴이 완료되지 않았다.) 그런데 로마 어느 소도시의 주택과 관련하여 여타 세부 사항에 묻혀 망각되곤 하는 중요하고도 두드러진 특징 하나가 있다.

기본 구조를 보면, 대부분이라 할 순 없지만 많은 폼페이 주택이 밀실공포증을 불러일으킬 만큼 폐쇄적인 공간이라는 점이다. 상당한 부잣집으로 추정되는 소수의 주택만이 바깥을 내다보는 전망용 창을 두고 있을 뿐 절대 다수의 방들은 외부가 아닌 내부를 바라보고 있으며, 창이라봤자 도로에 면한 작은 채광용 창을 두어 개 마련한 정도다. 또한 대부분의 방은 작고 어두웠다. 역시 일부 부잣집은 높은 아트리움과 넓은 내부 정원 및 통로를 갖추고 있었지만 절대 다수의 주택은 아트리움조차 비좁은 느낌이다.(아트리움 주변으로 방과 수납장이 많을 때는 더 비좁

앉을 것이다.) 손바닥만 한 정원은 느긋하게 휴식을 취하는 장소라기보다는 부족한 빛을 보충하는 채광정에 가까울 정도다.

그러나 벽화 장식은 전혀 다른 이야기를 들려준다. 교묘한 착시를 일으키는 방법으로 경계를 넘어서는 전망을 선사하기 때문이다. 그 과장의 정도가 심한 경우에는 정원을 둘러싼 벽화가 지평선 너머의 원경과 자연스럽게 섞여들어 경계가 모호해지고 있다. 얼핏 봐서는 주택에 심은 진짜 식물이 어디에서 끝나는지, 그림 속의 원시림이나 나일 강 풍경은 어디에서부터 시작되는지 헷갈렸을 것이다. 비교적 소박한 제1양식에서도 눈앞의 벽이 원래 어떤 재료로 만들어진 것인지 혼란케 하는 풍경들이 연출되고 있다. 회반죽 위에 그림을 그리고 스투코로 마무리한 벽인가, 아니면 진짜 대리석 벽인가?

집의 경계를 초월하는 느낌은 벽화의 주제로 인해 더욱 증폭된다. 폼페이는 이탈리아 남부의 소도시에 불과했지만 이곳의 문화적 그리고 시각적 기준점이 얼마나 멀리 확장되어 있는가를 보면 놀라울 따름이다. 고대의 문학과 미술 레퍼토리는 기본이고 지중해를 넘어 훨씬 더 이국적인 산과 들, 바다까지 확장되어 있다. 이렇듯 장식을 통한 상상의 세계는 폐쇄공포를 일으키는 비좁고 어두운 주택 구조와는 완전히 딴판이다. 폼페이 사람들이 보여주는 상상의 세계는 호메로스 서사시 이래 그리스·로마의 위대한 신화와 문학을 두루 포함하고 있으며, 고전 그리스 명작들을 생생하게 재현하거나 나름대로 개작하기도 했다. 나아가 스핑크스, 이시스 여신을 비롯하여 그곳의 주민과 기이한 관습에 관한 풍자에 이르기까지 이집트 문화의 흥미로운 요소들을 적극 활용했다. 물론 이런 다문화주의가 순전히 선의로 표출된 것은 아니다. 악어를 쫓거나 방탕한 성생활을 즐기는 피그미족이라는 정형화된 이미지는 건전하다고 볼 수 없는, 짓궂은 유머감각과 외국인 혐오가 뒤섞인 표현이다. 그러나 핵심은 이런 먼 지역의 풍경과 문화가 폼페이 벽화에 표현되었다는 사실이다. 이는 폼페이가 이탈리아 남부의 다양한 문화를 모태로 하고 있지만 동시에 세계로 뻗은 로마 제국의 일부였다는 사실을 여실히 느끼게 한다.

벽화뿐만 아니라 폼페이 건물에서 발견된 장신구와 장식품에도 이런 면모가 보인다. 인도 여신 락슈미의 작은 조각상(사진 11)은 폼페이의 문화적 다양성을 보여주는 이례적이고도 극단적인 사례일지 모른다. 그러나 폼페이 가정집에서 드넓은 바깥 세계를 조망하고 접하는 과정이 어떻게 가능했는지를 말해주는 다른 많은 증거가 있다. 적어도 장식에 정성을 기울일 만큼 경제적 여유가 있는 사람에게 물리적 거리는 전혀 문제가 되지 않았다. 펠로폰네소스 반도와 그리스의 여러 섬, 아프리카의 이집트, 누미디아, 튀니지, 오늘날의 터키 등지에서 수입한 값비싼 유색 대리석으로 제작된 기둥, 바다 타일, 식탁 상판 등을 어렵지 않게 볼 수 있기 때문이다. 전반적으로 우위를 점하는 주제는 역시 그리스와 그리스의 역사였다. '율리아 펠릭스 저택'에서는 기단에 새겨진 글씨 때문에 '미틸레네의 피타쿠스'로 불리는 조악한 테라코타 조각상이 발견되었다.(미틸레네의 피타쿠스는 기원전 6세기경에 활동했던 그리스의 현자이자 윤리학자였다.) 아테네 아크로폴리스처럼 보이는 장소를 배경으로 나무 그늘 아래 담소를 나누는 그리스 철학자들을 묘사한 우아한 모자이크도 있다.(폼페이 바로 외곽에 위치한 어느 빌라에서 출토되었다.) 물론 '목신의 집'의 명물인 대형 알렉산드로스 모자이크도 빼놓을 수 없다.

폼페이에서 가장 흥미로운 외국 물품 가운데 하나는 '율리우스 폴리비우스의 집'에서 나온 것이다. 앞에서 살펴본 디르케 그림이 있는 화려한 방에서 발견된 이것은 기원전 5세기에 제작된 그리스의 청동 주전자로, 화산 폭발 당시에 꾸렸을 듯한 짐꾸러미 속에 다른 귀중품과 함께 있었다. 새겨진 명문을 해석해보면 그것은 펠로폰네소스 반도에 위치한 그리스 도시 아르고스에서 헤라 여신을 기념하는 경기가 벌어졌을 때 주는 일종의 상품이다. 이렇듯 그리스에서 탄생한 주전자는 손잡이가 사라지고 뚜껑이 추가되는 등의 우여곡절을 겪으면서 종내 폼페이에 이르게 되었다.(손잡이가 사라진 이유는 한때 묘지에서 사용되었기 때문이라고 주장하는 이들도 있다.) 주인이 구매한 것이든 집안 대대로 내려오는 가보든 간에 폼페이 너머 바깥 세계와 그곳의 역사를 상기시키는 좋은 매개인 것만은 확실하다.

'작업 중이던 화공들의 집'에 있던 화공들이 미완성인 넓은 공간을 어떻게 채우려 했는지 우리는 영원히 알 수 없을 것이다. 허둥지둥 탈출을 시도한 그들이 안전하게 도망쳤는지, 도중에 화를 당하고 말았는지도 알 수 없다. 그러나 그들이 벽화를 통해 나름 '전망 좋은 방'을 꾸미는 작업을 하고 있었다는 사실만큼은 의심의 여지가 없다.

## 5장

# 먹고살기
## : 빵집 주인,
## 금융업자,
## 가룸 제조업자

POMPEII

# 수익 추구

폼페이 시내 '파비우스 루푸스의 집'에서 마리나 성문 쪽으로 가다 보면 바다 전망을 자랑하는 해안 주택지구가 나온다. 이들 화려한 저택 중 하나는 폼페이 매몰 당시 알루스 움브리키우스 스카우루스가 살았던 집이다. 그는 로마식 액젓 혹은 생선 양념인 '가룸'을 팔아 돈을 번 남자로, 폼페이에서 가장 성공한 가룸 제조업자이자 판매업자였다. 이러한 내용은 폼페이에서 발견된 가룸 항아리의 상표를 통해 알 수 있었는데, 움브리키우스 스카우루스와 동업자 또는 자회사 등에서 만든 가룸이 폼페이 전체 공급량의 3분의 1을 차지하고 있었다. 넓은 부지를 자랑하는 이 집은 최소한 두 개의 별도 건물이 합쳐진 것으로 보인다. 안타깝게도 1943년 연합군의 폭격 당시 극심한 피해를 입어 지금은 황폐한 상태이지만, 그처럼 열악한 상태에도 불구하고 몇 가지는 확실하다. 도시 역사의 마지막 단계, 말하자면 매몰 직전 이곳에는 하나 이상의 페리스틸리움과 세 개나 되는 아트리움이 있었고, 아래층에는 목욕탕이 있었다는 사실이다.(페리스틸리움 중 하나에는 관상용 물고기를 기르는 연못이 있었다.)

세 번째 아트리움 바닥을 장식한 모자이크를 보면 이곳 주인이 움브리키우스 스카우루스라는 사실을 알 수 있다. 검은색 배경에 흰색 각석으로 장식한 가룸 항아리 모양이 아트리움 사방 귀퉁이에 배치되어 있

다.(사진 57) 지금은 관리 차원에서 다른 곳으로 옮겨졌지만 항아리 각각
에는 "최상품 스카우루스 가룸, 기본 재료 고등어, 스카우루스 공장 제
조", "최고급 생선 양념", "최상품 스카우루스 가룸, 기본 재료 고등어",
"1등급 생선 양념, 스카우루스 공장 제조" 등 움브리키우스 스카우루스
가 판매하는 가룸을 홍보하는 문구가 포함되어 있다. 스카우루스의 공
장에서 제조된 제품을 무척 사랑한 어느 고객이 자기 집의 아트리움 바
닥을 가룸 브랜드로 장식했다는 부자연스러운 가정을 받아들이지 않
는 한 이곳은 스카우루스의 집이 분명하다. 실내장식 자체가 사업 광고
와 제품 판촉 기능을 겸하고 있는 사례다.

　집의 바닥 장식에 사업의 성공을 노골적으로 기념해놓은 폼페이 주

57. '움브리키우스 스카우루스의 집' 아트리움 바닥
을 장식한 가룸 항아리 모자이크. 사방 모서리에 네
개가 장식되어 있어 가룸이 부의 원천임을 짐작케 한
다. 사진 속 항아리에는 "최고급 생선 양념"이라는 광
고 문구가 쓰여 있다. 라틴어로는 'Liqua(minis) flos',
글자 그대로 해석하면 'liquamen의 꽃'이다. '리콰멘
liquamen'은 가룸이라는 단어로 더욱 널리 알려진 생
선 양념의 다른 이름이다.

민은 움브리키우스 스카우루스뿐만이 아니다. 대로에 면한 어느 넓은 저택의 입구로 들어서면 "수익이여, 오라!"는 모자이크 구호가 손님을 맞는다. 집의 크기만 봐도 주인의 소원이 실현되었음을 충분히 알 수 있지만 구석구석 둘러볼수록 헛된 소망이 아니었음이 확인된다. "수익은 기쁨"이라는 문구로 아트리움 바닥을 장식한 작은 집도 있다. 그러나 안타깝게도 이곳에서는 이 문구가 희망 사항을 넘어 현실이 되었다는 증거는 보이지 않는다.

# 로마의 경제

역사가들은 로마 제국의 경제생활, 무역과 산업, 금융기관, 신용제도, 수익 등을 놓고 오랫동안 논쟁을 벌이고 있다. 한쪽에서는 고대 로마 경제를 아주 현대적인 관점에서 바라보고 있는데, 이들의 주장에 따르면 로마 제국은 사실상 광대한 단일 시장이었다. 광대한 제국만큼 재화와 서비스에 대한 수요도 많아서 이를 통해 부를 축적하고, 생산성을 높이며, 무역도 전에 없던 수준으로 발달했다. 이를 주장하는 학자들이 즐겨 사용하는 증거는 의외의 장소에서 나왔다. 그린란드 만년설 깊은 곳에서 로마 시대 금속가공 작업으로 인한 오염 잔류물이 검출되었는데, 산업혁명 이전까지 이에 필적할 만한 사례는 없었다. 수중고고학 증거들 역시 같은 이야기를 들려준다. 지중해 바닥에서 발견된 난파선 중에 기원전 2세기부터 서기 2세기까지의 선박이 16세기 이전 어느 시대보나 많은데, 이는 로마 시대의 선박 건조 기술이나 항해술이 열악했다는 지표가 아니라 그만큼 해상 수송이 활발했다는 증거가 된다.

다른 학자들은 로마 시대 경제생활이 지금과는 근본적으로 다르며, 의심할 여지 없이 '원시적'이었다고 주장한다. 말하자면 사회적 지위와 결합된 부는 기본적으로 토지에 뿌리를 두고 있었으며, 어느 공동체든 주된 목적은 자급자족이었을 뿐 수익이나 투자를 위한 자원 활용은 없었다는 것이다. 이에 대한 근거는 다음과 같다. 장거리 운송의 경우 수많은 난파선이 말해주듯 선박은 무척 위험했고 육로 운송은 엄두를 내지 못할 만큼 비쌌다. 무역은 경제라는 떡 위에 얹힌 아주 미미한 양의 고명에 불과해서 규모도 작고 존경받는 직업은 더더욱 아니었다. 일부 주택 바닥의 모자이크에 새겨진 명문은 건전한 수익, 즉 이윤 창출을 반기고 찬양했던 증거일 수는 있지만 로마 문인이나 상류층 중에 무역, 상업, 상인 등을 좋게 말하는 이는 거의 없다. 전반적으로 상업은 저속한 직업이고 상인은 믿지 못할 종자들이라는 시각이 지배적이었다. 실제로 기원전 3세기 말부터 로마 사회에서 가장 높은 계급인 원로원 의원과 그들의 아들은 '외항선'의 소유 금지를 명시하고 있다. 당시 외항선은 선적량이 300암포라 이상인 선박을 의미했다.[로마 시대 암포라는 포도주 등을 담는 저장용 용기를 지칭할 뿐만 아니라 배의 중량을 재는 단위로도 사용되었다. 1암포라는 26킬로그램이다.]

게다가 로마는 복잡하고 정교한 경제를 지탱하는 데 필요한 어떠한 금융기관도 발전시키지 않았다. 앞으로 살펴보겠지만 폼페이에는 아주 제한된 '금융 활동'만 있었다. 신용전표 같은 것이 통용되기나 했을지, 아니면 주택 매매처럼 거래 규모가 큰 경우에는 현금을 가득 실은 손수레를 끌고 갔을지, 알 수 없다. 또한 로마 시대 금속 가공 작업이 그린란드를 오염시켰는지는 몰라도 18세기 산업혁명과 같은 기술혁명이 있었다는 흔적은 어디에도 없다. 로마 시대의 가장 큰 발명이라면 물레방아일 것이며, 그밖에 내세울 만한 업적은 별로 없다. 불을 때고 지렛대를 조작하고 수레를 끌 노예들이 넘쳐나는데 굳이 신기술 개발에 주력할 필요가 있었을까?

# 교외 생활과 농산물

현재 역사가들 대부분은 신중하게 이들 양극단 사이의 어디쯤을 지지하고 있다. 실제로 폼페이 자체는 '원시적인' 경제 모델과 '현대적인' 경제 모델의 특징을 모두 보이고 있었다. 폼페이에서 형성되는 부의 원천은 주로 주변의 토지였고, 으리으리한 대저택을 소유한 집안은 분명 인근 지역에 다른 부동산이며 소유지가 있었을 것이다. 경제 및 정치 단위로서 '폼페이'는 도심과 배후지로 구성되었으리라. 도시 바깥의 배후지가 대략 200평방킬로미터 정도였을 것으로 예상하기도 하는데, 조금 과한 감은 있지만 폼페이에 속하는 땅과 인근 도시들 사이의 경계가 어디인지를 말해주는 확실한 증거가 없기 때문에 그럭저럭 적당한 추측이다. 그동안 고고학자들의 주된 관심이 도시에 집중되어 있었기 때문에 아직까지는 이러한 부분이 꼼꼼히 조사되지 않은 상태다. 사실 두께가 몇 미터나 되는 화산 잔해에 묻혀 있던 별장, 농장 건물, 촌락 등이 발견된 것도 체계적인 발굴의 결과라기보다는 우연일 때가 많았다.

총 150개에 이르는 건물 유적이 도시 주변 지역에서 발견되었지만 발굴 작업이 체계적으로 이루어지지 않았기 때문에 구체적으로 어떤 건물이었고 주인은 누구였는지 등에 대한 정보는 모호할 뿐이다. '폼페이 별장'을 가진 사람이 키케로만은 아니었을 테니 당연히 일부는 부자들의 휴가용 별장이었을 것이고, 주인은 멀리 로마에 있었을 것이다. 또한 일부 건물은 농장이거나 별장과 농장이 혼합된 양식도 있었다. 그동안의 연구를 보면 가난한 농부의 오두막이나 헛간보다는 규모 있고 가치 있는 유적에 관심이 더 집중된 탓에 일부 고고학자의 불확실한 추측처럼 성벽 바깥 교외에 가난한 노동자들이 모여 살던 판자촌이나 무단 점유 거주지가 있었다 해도 아직까지는 그 흔적이 발견되지 않았다.

폼페이 유력 집안의 교외 소유지로 확실하게 밝혀진 곳이 있기는 하다. 1990년대 폼페이에서 동쪽으로 수 킬로미터 떨어진 스카파티에서 발굴 작업을 하다가 발견된 가족 묘지가 그것으로, 서기 1세기에 제작된 루크레티 발렌테스 가문의 묘비 여러 기가 묻혀 있었다. 집안 대부분의 남자가 데키무스 루크레티우스 발렌스라는 동일한 이름을 가지고 있으며, 두 살에 죽은 어린아이도 있었고, 생전에 걸출한 업적을 쌓은 청년도 있었다. 이 청년은 일종의 사회장을 치른 후 다른 곳에 묻혔으나 가문의 일원으로서 그의 업적을 기리는 비문이 이곳에 세워진 경우였다. 비문은 35쌍의 검투사가 참여하는 검투사 경기를 그의 아버지와 함께 후원한 사실을 기념하고 있다. 말하자면 인심 좋은 폼페이 후원자에 대한 내용이다.

도시 인에도 루그레티 발렌테스 집안과 관련된 일군의 집들이 있다. 아본단차 대로 끝부분 원형경기장 근처에 있는 집들로, 정원 벽에 조개껍질 속의 여신이 장식되어 있는 '베누스 여신의 집'도 그중 하나다. 이 주택들 중 한 곳에 낙서가 남아 있었는데 데키무스 루크레티우스 발렌스뿐만 아니라 가족 묘지에 언급된 두 명의 여자, 이우스타와 발렌티나도 등장한다. 덕분에 이 집이 루크레티 발렌테스 가문과 관련 있음이 한층 더 확실해졌다. 그런데 이들의 가족 묘지는 왜 하필 도시 외곽에 마련되었을까? 짐작건대 루크레티 발렌테스 가문의 교외 저택이 그곳에 있었기 때문일 것이며, 묘지 바로 근처에 부분적으로 그 형태를 간직하고 있는 저택이 그들 소유일 가능성이 높다.

대다수 폼페이 토착 귀족이 그렇듯이 루크레티 발렌테스 가문 역시 들판에 나가 직접 농사를 짓지는 않았지만 토지의 수확물로 부를 축적했다. 그들의 소유지 중 일부는 소작인에게 경작을 맡기고 일부는 좀더 직접적인 방식으로 관리했을 것이다. 농장 관리자가 임금 노동자나 노예를 부리는 작업용 농장 시설과 주인 가족의 고급스러운 주거공간이 결합된 경우도 드물지 않았다. '신비의 빌라'와 앞에서 말한 스카파티에서 발견된 집도 분명 그런 구조라고 생각된다. 차꼬, 즉 족쇄로 보이는 금속 장치는 이들 농장에서 노예 노동력을 활용했다는 분명한 증거다. 한 번에 열네 명을 채울 수 있는 이 족쇄는 교외 여러 건물에서도 발견되었는데, 성벽 바로 밖에 있는 '모자이크 기둥의 집'에서는 금속 족쇄를 차고 있는 사람의 뼈가 출토되기도 했다. 족쇄를 풀지 못해 끔찍한 최후를 맞은 노예와 죄수들의 이미지는 폼페이 멸망뿐만 아니라 영화 「타이타닉」과 같은 재난 이야기에 빠지지 않고 등장하는 단골 메뉴로, 그만큼 강렬한 소재이기 때문이다. 폼페이 초기 안내서들을 보면 이런 참상을 말해주는 몇 개의 사례가 항상 등장하는데, 상당한 허구와 과장이 덧붙여져 있다. 족쇄를 차고 있던 노예들이 농장 노동자인지 집안일을 하던 이들인지는 알 수 없지만 어쨌든 금속 족쇄에 묶인 상태로 발견된 이곳의 해골 사진은 확실히 안내서 속의 끔찍한 이야기에 힘을 실어준다.

폼페이 교외 지역의 일부는 젖과 털을 공급하는 양의 방목지로 사용되었다. 실제로 세네카는 서기 62년 지진으로 600마리나 되는 양떼가 죽었다고 주장하는데, 이는 일부 축산업의 규모가 상당했음을 시사한다. 이외에도 비옥한 화산토양에서 곡물, 포도, 올리브 등을 기르는 농경지의 풍경을 상상할 수 있다. 그곳에서 나는 작물은 고대 지중해 사람들의 기본적인 생계와 등잔불(올리브 기름) 등의 생필품으로서, 대부분 현지에서 소비되었다. 가용 농지 중 정확히 어느 정도가 어떤 농작물에 활용되었는지를 파악하기는 어렵다. 로마 작가들은 폼페이의 포도와 포도주를 특히 강조하곤 했는데, 실제 농장에서 포도주 생산의 흔적을 짐작할 수 있는 압축기나 대형 단지 등이 발견되기는 했지만 고대 문헌에 의존하다 보면 그 중요성이 과대평가될 우려가 있다. 왜냐하면 고대 문헌은 로마 상류층이 곡물보다는 포도에 관심을 가졌다는 사실의 반영일 수 있기 때문이다. 고고학 자료에서 포도나 포도주에 대한 내용이 두드러지는 것은 포도주 제조용품을 비교적 쉽게 그리고 빠르게 인지할 수 있기 때문이다.

현재 지명을 따서 명명한 '빌라 레지나'는 최근 폼페이 북쪽 보스코 레알레 인근에서 완전한 형태로 발굴된 소규모 농장이다. 포도밭이 주를 이루고 있으나 한편으로는 다양한 종류의 작물 재배 흔적도 나타났다.(사진 58) 1970년대에 처음 발견된 '빌라 레지나'는 중앙의 안뜰을 중심으로 1층에 열 개의 방을 갖춘 비교적 수수하고 규모가 작은 집으로, 부자들의 크고 화려한 교외 별장과는 거리가 멀다. 열 개의 방도 대부분은 농장 일과 관련된 공간이며 두 개의 공간에만 벽화 장식이 있는 것으로 보아 농장 주인은 재력가가 아니었던 듯하다. 그러나 화산 폭발 즈음 폼페이의 많은 집주인이 그랬듯이 이 집의 주인도 여기저기 내부 수리를 하느라 바빴다. 대문간의 상인방[창이나 문틀 윗부분 벽의 하중을 받쳐주는 지지대]이 떨어지지 않도록 지지대를 받쳐놓은 상태였고 기단 역시 지지물이 받쳐져 있었으며, 통로의 바닥 포장은 뜯어져 있고 주방과 벽화로 장식된 식당은 사용하지 않는 상태였다.

이곳의 농사 기구나 용품은 주로 포도주 제조와 관련된 것이었다. 대표적으로 압축기와 '돌리움'[복수는 '돌리아']이라고 하는 대형 포도주 저장 단지가 발굴되었는데, 무려 18개나 되는 돌리움이 땅에 묻혀 있었다. 18개의 단지에 포도주를 가득 채울 경우 그 양은 족히 1만 리터나 된다. 이것이 모두 자체 소비용이라면 그들은 1년 내내 얼큰하게 취한 채 살았다는 말이 되므로 당연히 판매용 포도주였음을 짐작할 수 있다. 그렇다고 해도 그 정도 양을 생산하기 위해서는 적어도 2헥타르가 넘는 포도밭이 필요하다.(인근의 작은 빌라에서는 무려 72개의 돌리움이 발견된

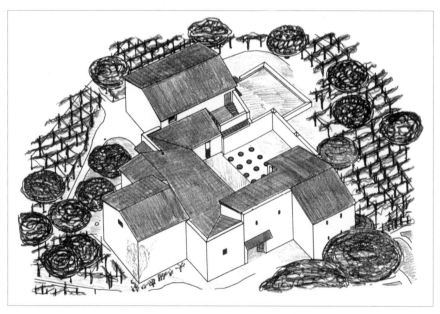

58. 폼페이 인근의 소규모 농장인 '빌라 레지나'의 복원 모습. 이곳은 포도밭으로 둘러싸인 크지 않은 농장으로, 중앙 안뜰에 포도주 저장용 대형 단지인 돌리움이 여럿 묻혀 있는 모습을 볼 수 있다.

것으로 보아 훨씬 더 넓은 밭을 소유하고 있었을 것이다.) 포도밭의 일부에서 뿌리로 인해 생긴 공동에 석고를 채워 본을 뜨고 남아 있는 씨앗이며 꽃가루 등을 분석한 결과, 포도나무가 기둥을 따라 자라도록 가꾼 흔적뿐만 아니라 다른 여러 종류의 식물이 재배된 흔적도 확인되었다. 지금까지 밝혀진 식물 종은 올리브, 살구, 복숭아, 아몬드, 호두, 무화과를 비롯하여 80종이 넘는다.

'빌라 레지나'에서 발견된 다른 흔적들도 포도나무 이외의 다양한 작물 재배를 말해주고 있다. 타작마당으로 보이는 공간은 곡물류가 재배되었음을 의미하며, 외양간 등에 까는 짚이나 여물로 사용되는 건초가 저장되었던 흔적도 보인다. 또한 대형 수레의 철제 바퀴와 부속품은 노새, 당나귀, 말 등의 대형 수레를 끄는 동물이 있었음을 알려준다. 현재 석고 모형으로 보존된 새끼 돼지 한 마리는 식용 가축으로 보이는데, 수리 중이던 방에서 발견되었다. 아마도 화산이 폭발할 때 돼지우리에서 뛰쳐나왔을 것이다. 포도밭에서는 집 지키는 개의 두개골도 발견되었다.

포도주의 생산 규모를 볼 때 수출용이라기보다는 현지 시장용이었던 것 같다. 폼페이 어느 여관 벽에 그려진 그림에서처럼 포도주는 수레에 실려 고객에게 운송되었을 것이다. 그림을 보면 수레 위에 가죽으로 만든 커다란 포도주 부대가 얹혀 있으며 부대에서 항아리 단지로 포도주를 덜어냈던 것 같다.(사진 59) 지금까지 파악된 폼페이의 포도주 가격(몇몇 주점에 적혀 있는 고객용 가격표) 그리고 소비자 가격과 도매 가격 사이의 이례적인 이윤 폭에 대해 논의한 로마 작가들의 언급을 토대로 계산해보면, 1만 리터의 포도주를 팔았을 때 농장 주인은 대략 5000~7500세스테르티우스를 손에 쥘 수 있었다. 농장에서 키우는 다른 과일과 곡식 및 가축의 일부를 팔아 좀더 벌 수 있었다 해도 포도주 생산과 장비 등에 들어가는 온갖 비용을 고려한다면 순이익은 훨씬 적었을 것이다.(폼페이에서 노새 한 마리 값은 500세스테르티우스가 조금 넘었다.) 물론 이 정도면 아주 빠듯한 살림은 아니다. 500세스테르티우스는 대략 4인 가족이 1년 동안 배고픈 상태로 최저 생계를 유지할 수 있는 금액이다. 참고로, 로마 군단 병사의 기본 연봉은 900세스테르티우스였다. 그렇다면 노예를 포함한 5~10인 내외의 인원이 생활하는 '빌라 레지나'의 경우 넉넉하고 풍족한 정도의 수입은 아니다. 그저 의식주를 해결하고 몇몇 방을 벽화로 단장하는 약간의 사치를 누리는 정

59. 포도주는 수레에 실린 커다란 부대에 담겨 상인이나 주점 주인에게 배달되었다. 위의 그림은 폼페이 어느 주점에 있던 벽화를 19세기에 소묘한 것으로, 지금 원본 그림은 매우 흐릿해져 있다. 남자들이 가죽 부대에 들어 있는 포도주를 암포라라고 하는 포도주 단지에 덜고 있다.

도였으리라.

그렇다면 폼페이는 이런 배후지의 넓은 농장과 토지 덕분에 외부로부터의 수입에 의존하지 않고 많은 인구를 부양할 수 있었을까? 현대 학계에서는 이에 대하여 좀처럼 합의점을 찾지 못한 채 열띤 논쟁을 벌이고 있다. 합의점을 찾기 힘든 이유 중 하나는 정확한 계산에 없어서는 안 될 일부 필수 수치를 추측에 의존해야 하기 때문이다. 폼페이 전체 인구는 물론이고 이 정도의 토지에서 로마인이 뽑아내는 산출량, 소비 수준 등이 모두 불확실하다.(1인당 하루 포도주 소비량을 4분의 1리터로 보면 적당할까, 아닐까?)

서기 79년 무렵 폼페이 도심에는 대략 1만2000명이 살았고, 교외 지역에 2만4000명 이상이 살았다고 가정해보자.(훗날 인구 수치를 참조한 막연한 추측이다.) 당시 토지의 비옥도와 기후를 감안하여 200평방킬로미터 중 곡물 경작지가 120~130평방킬로미터라고 한다면, 도시와 교외를 합친 전체 인구 3만6000명이 살아가는 데 필요한 식량이 무난히 생산되었을 것이다. 또한 2평방킬로미터 미만의 포도밭이면 폼페이 전체 인구가 하루에 4분의 1리터씩 마실 수 있는 포도주가 생산되었을 것이다. 올리브 기름의 경우 개인이 1년에 10리터씩 먹거나 태워 없앤다고 가정할 때 올리브나무 숲은 총 4평방킬로미터면 충분했을 것이다. 그러나 이러한 계산에 대하여 단일 작물이 계속 재배되었다고 상정할 필요는 없다. 포도덩굴 사이에 올리브와 여러 과일 나무를 심은 '빌라 레지나'를 보면 당시 농작물을 어떤 식으로 혼합 경작했는지 짐작할 수 있다.

물론 인구를 50퍼센트 늘려 잡거나 가용 농지를 줄이는 식으로 어림 수치를 하나만이라도 바꾸면 전체 상황은 크게 달라질 것이다. 위의 계산이 맞다 해도 때로 장기간의 가뭄이나 흉작 등으로 기근이 발생했다면 다른 지역으로부터 기본 식량을 들여와야 했으리라. 그러나 이런 특수 상황을 제외한 평상시에는 잉여분을 수출할 만큼 충분한 산물을 수확했을 것이며, 이를 뒷받침하는 증거들도 있다. 고대 작가들은 베수비오 화산 주변을 유명한 포도 품종 산지로 자주 언급했으며, '폼페이아나'라는 품명의 포도까지 있었다. 이곳이 포도 산지로 유명했다면 다른 지역에서도 폼페이 포도주가 광범위하게 팔렸음을 예상할 수 있다. 실제로 플리니우스는 싸구려 폼페이 포도주의 조악한 품질을 비웃기도 했다. 플리니우스의 이런 언급은 폼페이 포도주가 자체 소비용으로 생산된 투박한 술이 아니라 최근 어느 역사가가 주장했듯이 넓은 시장 수요를 충족시키기 위해 초과 생산된 품목이었다는 방증이다.("양을 위해 질을 포기하는 것은 흔히 있는 일이다.") 다른 지역에서 유명세를 얻었던 폼페이 농산물은 포도주뿐만이 아니었다. 1세기에 농서를 저술한 콜루멜라는 특히 폼페이 양파의 품질을 칭찬했고, 플리니우스는 폼페이 양배추에 대해 상세히 설명하면서 추운 날씨는 경작에 적합하지 않다는 '재배 노하우'까지 곁들였다.

폼페이 생산물이 지중해 주변과 너머까지 흘러간 흔적을 추적하는 데는 지상과 수중을 막론한 고고학 방법론이 유용했다. 양배추는 몰라도 2000년이 지난 뒤에도 파괴되지 않은 도기 포도주 단지의 행방을 찾기에는 확실히 쓸모가 있었다. 폼페이가 로마 식민도시가 되기 전으로 추정되는 기원전 1세기 초, 이미 나폴리 만의 포도주는 프랑스 남부로 수출되고 있었다. 프랑스 남동 지역인 칸에서 멀지 않은 앙테오르 앞바다에 임무를 완수하지 못한 채 난파한 화물선이 이를 확인해준다. 난파된 화물선에 실린 포도주 단지 마개에는 오스크어로 '라시우스'라는 희귀한 이름이 찍혀 있었다.(오스크 문자 덕분에 난파 연대를 추정할 수 있다.) 지금까지 밝혀진 바에 따르면 이와 같은 성을 가진 로마 사람은 폼페이와 인근 수렌툼(소렌토) 출신으로, 폼페이 성벽 밖 어느 묘비에도 라시아[라시우스의 여성형]라는 케레스 여신을 모시는 여사제 이름이 새겨져 있었다. 따라서 난파선에 실린 포도주가 폼페이나 인근에서 만들어졌을 가능성이 농후하다.

물론 목적지까지 안전하게 도착한 화물도 많았다. 북아프리카 카르타고에 도착한 폼페이 포도주 단지 일부에는 L. 에우마키우스라는 이름이 찍혀 있었다. 그가 포도주 제조업자인지 단순히 단지를 만든 사람인지는 확실하지 않지만(둘 다일 가능성이 있다) 어느 쪽이든 그가 폼페이 여사제 에우마키아의 아버지일 가능성이 높다. 에우마키아는 폼페이 중앙광장에 위치한 대형 공공건물을 후원한 유명한 인물로, 현재 그 건물은 그녀의 이름을 따서 '에우마키아 건물'이라 불린다. 에우마키우스라는 이름이 찍힌 포도주 단지는 카르타고뿐만 아니라 이탈리아 다른 지역을 비롯하여 프랑스와 스페인 등지에서도 나타났으며, 심지어 잉글랜드 동남부 미들섹스 주 스탠모어에서도 발견되었다. 그러나 이것을 로마 지배하의 영국까지 폼페이 포도주가 활발하게 팔린 증거로 삼는 것은 성급한 결론이다. 분명 매력적인 내용이긴 하지만 암포라만으로는 왕성한 무역의 증기가 될 수 없음을 명심해야 한다. 사실 이런 단지는 워낙 품질이 좋고 견고해서 한 번 쓰고 버려지지 않았으며 수십 년까지는 아니어도 여러 해에 걸쳐 재활용된 사례가 많다. 따라서 스탠모어에서 발견된 단지가 폼페이에서 만들어진 것은 맞지만 최종 내용물이 반드시 폼페이 포도주라고 단정할 수는 없다.

당연히 반대 방향으로도 많은 무역이 이루어졌다. 이론적으로 폼페이의 모든 수요가 주변 배후지로부터 충족되었을지라도 실제로 그렇게 이루어지지 않았던 것은 분명하다. 적어도 도시가 매몰되기 전의 폼페이는 그렇다. 포도주나 다른 음식을 저장하는 도기 단지들은 비교적 대규모로 수입이 이루어졌고, 다수는 가까운 이탈리아 지역에서 들여왔다. 폼페이 부자들은 폼페이 북쪽으로 대략 80킬로미터 떨어진 팔레르노산 포도주를 즐겼는데, 이 포도주는 로마 세계에서 최고급으로 치는 1등급premier crus 중 하나다. 멀리 떨어진 지역에서 수입된 품목도 있다. '메난드로스의 집'에서는 포도주 단지인 암포라와 여타 식품을 담는 단지까지 총 70개의 용기가 발견되었는데, 내용물과 원산지 추적이 가능한 표시가 많이 남아 있었다. 당연히 일부는 폼페이 현지 생산품으로 에우마키우스 이름이 찍힌 단지가 두 개, 수렌툼산 포도주 단지가 두 개이며, 크기가 작은 단지에는 폼페이에서 생산된 꿀이 담겨 있었다. 그러나 어떤 단지에는 스페인에서 생산된 올리브 기름과 액젓이 담겨 있었고, 크레타 섬이나 로도스 섬에서 제작된 단지도 있었다. 로도스 섬에서 제작된 단지에는 생포도가 아닌 건포도로 만든 당도 높은 스위트 와인 '파숨passum'이 담겨 있었다. 매몰 당시 내용물이 들어 있는 암포라와 비어 있는 암포라가 함께 발견된 '아마란투스의 집'도 상황은 비슷하다. 이중에는 처음 사용하는 단지와 2차, 3차 재활용된 단지들이 섞여 있을 것이다. 어쨌든 크레타 섬이 원산지인 용기들이 싱딩수(매몰 당시 갓 출하되었을 내용물이 가득 차 있는 단지 30개)가 있었고, 그리스 제품이 두 개, 하나는 가자에서 생산된 희귀품이었다. 현재 가자 지구는 전쟁으로 인해 비통한 상태에 있지만 그 당시만 해도 바다 건너 이탈리아로 포도주를 수출하는 어엿한 도시였다. 가자의 포도주 생산은 이후에도 발전을 거듭해 중세 초반에는 평판과 수익성이 뛰어난 포도주 생산 중심지가 되었다.

폼페이 수입업자들이 포도주, 올리브 기름, 가룸처럼 암포라와 같은 단지에 저장되는 내용물만 취급했던 것은 아니다. 앞에서도 미세 흔적들을 조사하는 미시 분석을 통해 외래 식물이나 품종의 존재를 밝혀냈다고 언급한 바 있다. 한편 이집트산 유리그릇이나 유색 대리석처럼 잘 깨지지 않는 물품은 추적하기에 한결 더 수월하다. 폼페이에서 흔히 볼 수 있는 도기 식기도 어쩌면 수입품일지 모른다. 실제로 90개 정도의 갈리아산 사발과 40개나 되는 도기 등잔이 들어 있는 화물상자가 포장 상태로 발견되었는데, 당연히 사용하지 않은 새것이었다. 아마도 물품을 받은 직후 베수비오 화산이 폭발하는 바람에 개봉되지 못한 듯하다. 고고학자들은 상자 속의 등잔이 갈리아에서 만든 것이 아니라 이탈리아 북부에서 제작된 것으로 보는데, 이 주장이 옳다면 '중간상인'이 여러 지역의 물품을 모아 포장해서 보낸 일종의 '위탁 화물'일 수 있다.

폼페이 항구가 정확히 어디 있었는지, 푸테올리[현재의 포추올리]나 로마 같은 대형 무역 중심지의 항구에 비해 규모가 얼마나 작았는지 등은 확실치 않다. 그러나 지금까지 논의로 보아 폼페이 항구가 다국적 언어와 물건이 빈번히 교류되는 무역항이었다는 사실만큼은 확실하다.

# 도시 생활과 각종 직업

폼페이에서 농업활동은 도시 외곽 지역에서만 이루어지지 않았다. 현재 추정하기로는 성벽 안쪽 토지 중 10퍼센트는 화산 폭발 즈음까지 농지로 활용되고 있었고, 초창기에는 농지 비율이 훨씬 더 높았을 것이다. 당연히 일부는 가축을 기르는 공간으로 쓰였을 것이다. 앞 세대 고고학자들이 동물 뼈를 간과한 탓에 폼페이의 가축 수가 상당히 과소평가된 편이긴 하지만 화산 폭발 당시 '목신의 집'에 있었던 소 두 마리의 뼈는 놓치지 않았다. 가축과 관련해서는 이번 장의 뒷부분에서 훨씬 더 극적인 발견 하나를 살펴볼 예정이다. 성내에서의 경작은 물론 활발했다. 앞서 우리는 무화과, 올리브, 레몬을 비롯해 여러 과실수를 키웠던 '율리우스 폴리비우스의 집'의 작은 '텃밭'에 대해 살펴봤다. 한편 도심지에서 이보다 훨씬 더 규모 있고 상업적으로 경작된 경우도 있었다.

원형경기장 근처에 있는 공터는 죽은 검투사들을 묻는 매장지 또는 가축시장이 아니었을까 추측되었으나 1960년대에 철저한 발굴을 거친 결과 빽빽한 포도 재배지였음이 밝혀졌다.(평면도 13) 포도나무 사이사이에는 올리브와 다른 나무들이 심어져 있었고, 탄화된 콩이 발견된 것으로 보아 채소를 함께 재배한 것으로 추정된다. 이 포도밭의 넓이는 0.5헥타르에 달하며, 남은 포도 압축기와 대형 돌리움으로 볼 때 수천 리터의 포도주가 생산되었을 것이다. 뿐만 아니라 부지의 일부로서 아본단차 대로에 면한 주점에서는 직접 포도주를 판매했고, 부지 내에 지어진 두 개의 옥외 트리클리니움에서 식사를 하는 손님들에게도 판매했다. 이외에도 폼페이 시내에는 규모가 작은 포도밭과 과수원은 물론 양배추와 양파 등을 키우는 채소밭도 많았다. 이와 같은 사실은 뿌리가 부패하면서 생긴 공동의 흔적, 탄화된 씨앗, 꽃가루, 세심하게 배치된 화단, 관개시설 등을 통해 밝혀진 것이다. 관개시설에 공을 들인 흔적이 역력한 어느 정원에서는 관상용이 아닌 판매용 화훼 재배가 이루어진 듯하다. 인근 주택에서 유리 단지와 작은 유리병이 다량으로 발견된 것을 보면 향수 제조용이었을 것으로 추측된다. 아주 최근에는 '묘목장'이 있었다는 증거가 발견되었는데 아마도 지역 정원사들에게 초본식물을 공급하던 곳으로 추정된다.

도시 내의 주택에서 쇠스랑, 괭이, 삽, 갈퀴 등의 농기구가 다량 발견되었다는 사실은 놀라운 일이 아니다. 그 농기구들은 성안에 살지만 매일 성 바깥 경작지로 나가 일했던 사람들 또는 도심 농지를 경작했던 사람들의 소유일 것이다.

그러나 폼페이 시내는 전반적으로 꽃이며 식물을 가꾸는 평화로운 전원 풍경과는 거리가 있다. 오히려 이곳은 항상 인파로 붐비고 상업활동이 왕성한 '시장 도시'였다. 물론 폼페이의 역사를 관통하는 핵심적인 부의 창출 기반은 토지와 농업이었다. 폼페이를 르네상스 시대 피렌체에 필적하는 제조업 및 상업 중심 도시로 간주한 이들도 더러 있으나 이는 오늘날의 환상에 불과하다. 르네상스 시대 피렌체의 경우, 경제적 번영의 토대는 제조업이었으며 제조업을 통제하는 길드와 제조업에 투자하는 수완 좋은 금융가들이 정치권력을 장악하고 있었다. 그러나 고

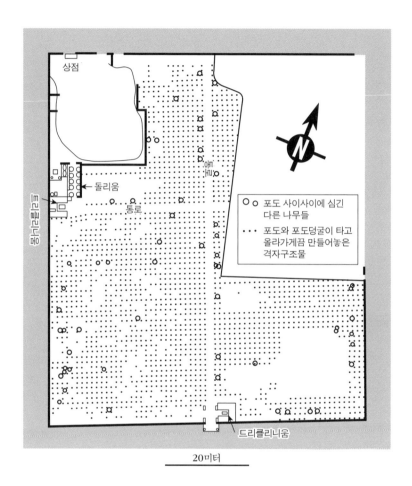

상점

돌리움

통로

아분
단차
대로

○○ 포도 사이사이에 심긴
다른 나무들

··· 포도와 포도덩굴이 타고
올라가게끔 만들어놓은
격자구조물

드리클리니움

20미터

평면도 13. 폼페이 성벽 내에 위치한 포도밭의 평면도. 매우 힘든 발굴 과정을 거친 결과 상
업적으로 운영된 포도밭에 함께 재배된 식물 분포를 밝혀낼 수 있었다. 워낙 '목이 좋은' 자
리라서 도로변 쪽에 주점과 식당을 내어 이곳에서 생산된 포도주를 손님들에게 직접 판매
했다. 북쪽으로는 아분단차 대로에 면해 있고, 남쪽으로는 원형경기장을 찾는 고객들이 이
용하기에 편리한 위치였다.

대 폼페이에서 축융공이나 방직공들은 경제적 세력의 원천이 아니었다. 또한 '금융업자' 루키우스 카이킬리우스 유쿤두스는 피렌체의 코시모 데 메디치 같은 인물이 아니었다.(유쿤두스의 생업에 대해서는 나중에 간략히 살펴볼 예정이다.) 그렇지만 폼페이는 세탁부터 등잔 제조에 이르기까지 각종 서비스업과 제조업이 번창했고, 교외 거주자까지 포함하여 3만 명 넘는 규모의 경제활동이 이루어지고 있었다.

이는 인프라 기반의 확립을 의미하는 것이기도 하다. 우선 시의회는 상인들이 사용하는 도량형 표준을 규제하는 분야에 신경을 썼다. 기원전 2세기에 이미 오스크 기준에 따라 당국에서 정한 도량형 표준이 확립되었고 중앙광장에 도량형기가 만들어졌다.(사진 60) 그리고 명문에 나온 것처럼 1세기 말에는 로마 도량형에 맞추려는 조정 작업이 진행되었다. 시의회의 판결이 어떤 내용이든 간에 그 조정 과정은 논란 속에서 정치적으로 짜깁기되었을 가능성이 농후하다. 20세기 말에 영국이 자체 도량형(파운드와 온스)에서 미터법(킬로 또는 그램)으로 바꾸는 과정과 크게 다르지 않았을 것이다.

상업활동에 대한 지방 정부의 개입은 좀더 나아간다. 조영관이 노점상들의 영업 구역을 할당해주었다는 사실은 앞에서 이미 살펴본 대로다. 이미도 조영관은 장이 서는 일정도 조율했을 것이다. 어느 대형 상점 밖에 새겨진 매우 지저분한 낙서에는 일주일 주기로 시장이 열리는 순서가 나열되어 있다. "토요일에는 폼페이와 누케리아, 일요일에는 아텔라와 놀라, 월요일에는 쿠마이……" 이것은 특정한 일주일간의 일회성 일정표라기보다는 지속적인 공식 일정표였을 것이다. 적어도 지금까지 대다수 고고학자는 그렇게 생각하고 있다. 쿠마이의 장이 일요일에, 폼페이의 장이 수요일에 선다는 다른 낙서는 무시되었지만 고정된 공식 일정을 조정하는 노력이 존재했다는 증거로 볼 수도 있다.

시의회가 주요 공공건물 및 상업용 건물을 관리하고 통제했을 가능성 역시 높다. 공공건물 관리 등에 대한 부분은 파악하기 쉬울 것 같지만 생각만큼 간단하지 않다. 확신에 찬 갖가지 주장에도 불구하고 중앙광장 주변의 대형 건물들이 실제 어떤 용도였는가라는 질문은 폼페이 고고학에서 명쾌하게 해결하지 못한 수수께끼 중 하나다.(참고로 중앙광장의 건물 절반은 연합군의 폭격 이후 재건된 것이다.) 현재 많은 이가 동의

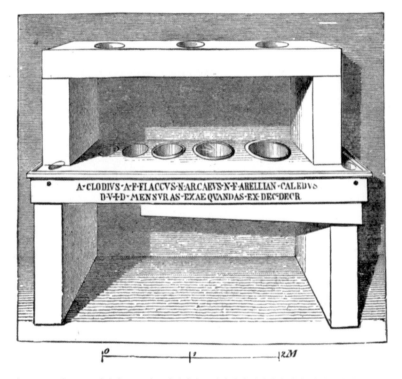

60. 속임수를 조심하시오. 공식 도량형기가 중앙광장에 설치되어 있다. 원래는 이전의 오스크 표준을 따랐으나 기원전 1세기에 로마 표준에 맞춰 조정되었다. 중간에 새겨진 명문에 이런 내용이 설명되어 있다.

하는 주장에 따르면 중앙광장 서북쪽 모퉁이에 있는 길고 좁은 건물은 일종의 곡물 시장이었고, 반대쪽인 동북쪽 모퉁이 건물은 육류와 어류 시장이었을 것으로 여겨진다. 곡물 시장에 대해서는 그 근처에 표준 도량형기가 있었다는 사실 말고는 이렇다 할 증거가 없지만 육류와 어류 시장에 대한 추측은 정확해 보인다. 그러나 이는 전체적으로 발견된 생선 비늘을 비중 있는 증거물로 받아들이는 대신 종교적 가능성을 배제한, 시장에 어울리지 않게 우아한 벽화 장식 등을 무시한 결론이다.(사진 61) 따라서 이곳을 시장이 아닌 사당이나 사원으로 보는 고고학자도 있는가 하면 윌리엄 겔은 사당 겸 식당으로 보았다.

상업에 대한 관권 개입이 어떠했든 간에 분명한 것은 폼페이 사람들이 꽤 다양한 직업에 종사하고 있었다는 사실이다. 현재 폼페이 거리를 거닐어도 제빵사가 쓰던 튼튼한 맷돌과 대형 화덕, 축융공이 모직물 가공 과정에서 사용했던 무두질통과 홈통을 어렵지 않게 발견할 수 있다. 한편 나폴리국립고고학박물관에는 손재주와 기술을 요하는 업종에 사용되었던 단단한 손도끼, 톱, 자와 저울, 다림추, 펜치, 정교하게 만들어진 검진 도구 등 여러 연장과 도구가 즐비하다.(일부 도구는 오늘날 우리가 쓰는 것과 신기할 정도로 닮아 있다. 앞서 살펴본 산부인과에서 쓰는 인체 내부 검사용 검경檢鏡이 대표적이다. 사진 7 참조.)

이러한 연장이나 공구들은 직업이나 상점을 광고하는 글 또는 명판과 깔끔하게 맞아떨어지기도 한다. 예를 들어 어느 작업장 밖에 붙어 있는 조잡한 간판에는 다림추, 흙손, 끌, 나무망치 같은 연장 그림과 함께 '건축업자 디오게네스'의 솜씨를 선전하고 있다. 여기에 덧붙인 남근 이미지는 행운을 바라는 상징적 표현으로 보인다. 종종 연장 그림이 묘지에 나타나는 경우는 고인의 기술을 기리기 위한 것으로, 니코스트라투스 포피디우스라는 측량사는 자신과 처자식을 위해 주문한 묘지 기념비에 측량용 막대, 말뚝, 독특한 십자가 모양의 조준기 같은 연장을 새겨 넣었다. 포피디우스의 직업인 측량사는 땅을 구획하고, 부동산 사이의 경계를 확정하고, 토지 분쟁 시 전문적인 의견을 제시하는 역할을 담당했다. 베스파시아누스 황제의 명을 받은 티투스 수에디우스 클레멘스가 개인이 불법 점유한 국유지 문제를 조사하러 폼페이에 왔을 때 필요한 인력이 바로 포피디우스 같은 사람이었으리라.

61. 시장으로 추정되는 중앙광장의 마켈룸에서 나온 벽화. 19세기에는 폼페이에서 가장 아름다운 그림 중 하나로 손꼽혀 찬사를 받았다. 특히 이 장면에 관심이 집중되었는데, 19세기에는 그림 속의 여자를 팔레트를 들고 있는 여성 화가로 보았다. 그러나 그녀가 들고 있는 것은 팔레트가 아니라 신에게 제물을 바칠 때 쓰는 접시다.

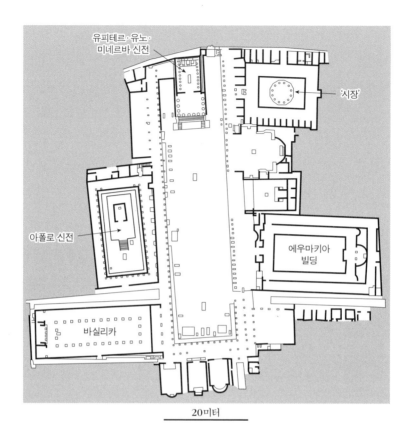

평면도 14. 중앙광장. 공공건물이 몰려 있는 폼페이 중심지다. 하지만 지금까지도 이곳에 있는 여러 건물의 명칭과 기능은 불분명하다.

도시 여기저기서 발견되는 그림과 조각은 이처럼 침묵에 빠진 연장에 생명을 불어넣거나, 최소한 사용 당시의 모습을 보여주곤 한다. 우리는 이미 중앙광장의 벽화에서 빵이나 신발 등이 거래되는 일상의 모습을 보았다. '베티의 집'에서 발견된 유명한 돌림띠 장식에는 여러 가지

일을 하고 있는 멋진 큐피드들을 볼 수 있다.(물론 여기서 졸부의 장식 취향을 발견한 사람이라면 천박한 인상을 받았을지도 모르겠다.) 어떤 큐피드는 포도주를 만드느라 분주하고, 어떤 큐피드는 축융 작업을, 어떤 큐피드는 향수 제조에 매달리고 있다. 화관을 만들고 있는 큐피드도 있고 (꽃을 상업적으로 사용한 또 다른 사례), 금속을 가공하는 작업장에서 보석류를 열심히 가공하는 큐피드, 대형 청동 꽃병을 만드는 큐피드도 있다.(전면사진 20) 금속을 가공하는 모습은 한때 가게 간판이었을 것으로 추정되는(간판치고는 몹시 우아한 편이지만) 대리석 현관에도 생생하게 표현되어 있다. 뒤편에 전시된 완성품으로 보건대 청동이나 구리 세공 과정으로 보이는 이 작업은 크게 세 공정으로 나뉜다. 왼쪽에서는 한 남자가 가공 전의 재료를 커다란 천칭에 올려놓고 무게를 재고 있다.(뒤에서 아이가 보채고 있지만 그는 일에 집중하고 있다.) 중앙 부분에서는 남자 둘이 공동 작업을 하고 있는데, 한 명은 모루 위에 놓인 금속을 망치로 두드리고 다른 한 명은 두 개의 집게로 쇠를 고정하고 있다. 오른쪽에서는 네 번째 기술자가 커다란 그릇을 앞에 놓고 마무리 작업을 하고 있다. 그리고 어느 곳에든 개가 있었던 상황을 이보다 더 잘 보여주는 사례는 없는 듯한데, 오리너구리처럼 표현된 개의 모습이 좀 당혹스럽기는 하지만 오른쪽 작업자 머리 위의 선반에 웅크리고 있는 피조물은 집 지키는 개가 확실하다.

인상적이진 않지만 그림이나 조각 이외의 낙서나 공지, 묘비 같은 문서 자료에도 여러 직업이 등장한다. 널리 알려졌으나 글로써 명시되지 않은 도공陶工이나 금속 가공업자 등의 직종은 제외하고 확실히 언급된 직업을 모두 헤아려보면 폼페이 사람들이 생업으로 삼았던 업종은 50가지가 넘는다. 방직공부터 보석 세공사, 건축가, 제빵사, 이발사, 묘비

62. 위의 조각은 금속을 가공하는 작업실의 일상을 훌륭하게 재현하고 있다. 특히 작업 중인 남자들 외에 어린아이와 개까지 있어서 한결 자연스럽고 완전한 인상을 준다. 남자들 뒤편에는 완제품이 전시되어 있다.

에 "공공 돼지치기"라고 설명된 니겔라라는 이름의 여자 해방노예도 있나. 간혹 예상치 못한 경우에 여자 이름이 나타나긴 하지만 니겔라처럼 직업과 관련된 예는 많지 않다. 가령 파우스틸라라는 여자는 요즘으로 치면 별 볼일 없는 전당포업자였다. 파우스틸라의 고객들이 남긴 낙서가 세 개 있는데 각자 빌린 금액과 지불한 이자(대략 한 달에 3퍼센트)가 적혀 있고, 두 명은 무엇을(각각 망토 두 개와 귀걸이 한 쌍) 담보로 잡혔는지까지 언급되어 있다.

직업과 유적지의 유물을 연결시키는 작업은 훨씬 더 어렵고 까다롭다. 제빵이나 축융처럼 지금까지 남아 있는 시설 덕분에 위치를 정확하게 알 수 있는 직업은 많지 않다. 도로에 면한 작은 점포들에는 붙박이 가구나 세간, 장비 등이 거의 남아 있지 않기 때문이다. 도구나 세간까지는 아니어도 과거 그곳에서 무엇을 만들거나 판매했는지 짐작할 만한 흔적도 많이 남아 있지 않다. "크술무스 제혁소"라는 벽에 새긴 글씨는 어딘가 제혁소가 있었다는 사실을 말해주는데, 합리적인 추론을 통해 깔개를 만들고 구두를 수선하는 곳을 정확히 찾아냈다. 사실 어떤 직종이든 겉보기에는 평범한 주택인 듯한 곳에서 작업이 이루어졌다. 가령 전당포업자인 파우스틸라에게 사무실이라고 할 만한 공간은 필요치 않았을 것이다. 벽화를 그리는 화공들의 사무실 역시 물감이 가득 들어 있는 진열장 때문에 확인되었을 뿐 다른 특징은 없었다. 또한 아트리움에 베틀 두어 개 들이고 여자 노예 몇 명만 추가하면 베를 짜는 작업은 자급자족을 벗어나 판매를 위한 사업으로 변모했으리라.

그렇지만 폼페이의 직업들에 대한 우리 지식에는 부분적으로 구멍이 뚫려 있다. 금속 제품이 폼페이 곳곳에서 다수 발견되었다는 점과 앞에서 말한 대리석 현판과 '베티의 집'에서 나온 돌림띠 장식에 묘사된 이미지를 토대로 판단할 때 금속 세공업은 고대 폼페이에서 꽤 규모 있는 사업이었음이 확실하다. 그러나 조금만 깊이 들어가면 의문점들이 남는다. 우선 어떻게 원료를 구했는지에 대해 거의 밝혀진 바가 없다. 더구나 지금까지 잠정적으로 확인된 소규모 작업장과 소매점 몇 군데(소매점 한 곳에서 고대 측량사의 조준기가 발견되었다)를 제외하면 실제 대장간은 베수비오 성문 밖에서 단 한 곳만이 발견되었다. 화재 위험성 등을 생각하면 주로 도심을 벗어난 외곽에서 이뤄졌을 가능성이 높기는 하다. 그런 측면에서는 도자기 제조도 마찬가지다. 성벽 내에서 발견된 도기 공장은 규모가 작은 두 곳에 불과했고, 그중 한 곳은 도기 등잔을 전문적으로 만드는 곳이었다.

이제 폼페이의 직업 중 세 가지를 골라 집중적으로 살펴보고자 한다. 작업이 이루어진 장소를 찾을 수 있고, 관련된 인물도 거의 특정이 가능한 사례인 빵집 주인, 금융업자, 가룸 제조업자다.

# 빵집 주인

'작업 중이던 화공들의 집'과 폼페이 주요 도로인 아본단차 대로 사이에 위치한 대형 빵집은 최근에야 완전한 모습을 드러냈다. 사실 빵집은 폼페이 거리에 흔하디흔한 점포로, 제빵 시설이 갖춰진 곳만 해도 30여 군데에 이른다. 일부 공간에서는 곡식을 빻는 작업부터 빵을 굽고 파는 과정에 이르기까지 모든 공정이 이루어졌다. 어떤 곳은 제분 장비가 없는 것으로 미루어 빻은 가루를 가져다 빵을 굽기만 했던 것으로 보인다. 또 일부 지역에는 신기하게도 빵집들이 몰려 있기도 했다.(중앙광장 동북쪽에는 100미터 남짓한 거리에 일곱 개의 빵집이 몰려 있다.) 그러나 기본적으로 빵집은 도시 안 도처에 있었기 때문에 폼페이 사람들이 빵을 사러 멀리 갈 일은 없었을 것이다. 더구나 임시 노점에서도 빵을 판매했고, 노새나 당나귀에 실어 집으로 배달하는 일도 가능했다.(사진 25, 64)

아본단차 대로에 있는 빵집은 제분 시설과 제빵 시설을 모두 구비하고 있었고, 직접 손님에게 파는 소매점까지 갖추고 있었던 것으로 보인다.(평면도 15) 위층에 발코니가 달린 2층 건물로, 화산 폭발로 위층이 무너지긴 했지만 그 잔해는 상당히 보존된 상태였다. 이는 매우 이례적인 경우로서 고고학적으로는 쾌거였지만 전문 지식이 없는 문외한 입장에서는 전체 구조와 모양을 파악하기가 훨씬 더 어렵게 느껴질 뿐이다. 부지 한쪽 귀퉁이에는 폼페이에서 흔히 볼 수 있는 거리 사당이 있다. 인도 위에 대충 만든 제단을 두고 외벽에는 종교적 희생을 표현한 그림을 그려놓은 식이다.

아본단차 대로에 면한 빵집은 입구가 둘이다. 하나는 빵집 내부로 연결되어 있고 제단 옆에 있는 다른 입구는 적당한 크기로 공간이 분리된 점포와 연결되어 있다. 1층에서 보면 완전히 별개의 공간처럼 보이지만 위층으로 올라가는 계단 위치를 보면 위층 공간은 하나로 연결되어 있었던 듯하다. 이 가게에서는 빵이 아닌 다른 상품이 판매되었을 테지만 한 명의 주인이 빵집과 함께 관장했을 것으로 추정된다.(이 가게에서 빵을 판매했다면 옆으로 두 공간을 연결하는 통로가 있었을 텐데 보이지 않는 것으로 미루어 다른 업종이라는 게 타당하다.) 또한 아본단차 대로 우측 골목의 문은 외양간으로 연결된다. 맞은편에는 카이우스 율리우스 폴리비우스의 대저택이 있다. 2장에서 베수비오 화산 폭발 직전에 변소의 오물통을 파내어 청소하면서 길가에 오물을 쌓아두었던 곳이 바로 이 골목이다.

빵집 내부로 들어가면 넓은 대기 공간이 있고 위층으로 올라가는 나무 계단이 있다. 왼쪽 벽에 숫자들이 쓰여 있는 것으로 보아 이 위치에서 주문 내용을 확인하거나 고객에게 물건을 건네는 판매 행위가 이루어졌을 것으로 여겨진다. 입구에서 몇 미터만 들어가면 요즘 이탈리아에서도 많이 볼 수 있는 대형 피자 화덕과 비슷한 화덕이 있어서 손님들은 누구나 빵을 굽는 모습이나 소리를 접할 수 있었을 것이다.(사진 63) 대기 공간 왼쪽은 반죽을 만드는 넓은 방으로, 창문으로 약간의 빛이 들었다. 작업자들은 그 빛에 의지하여 커다란 돌그릇에서 반죽을 섞거나 나무 탁자 위에 올려놓고 모양을 빚었다.(물론 지금 나무 탁자는 없

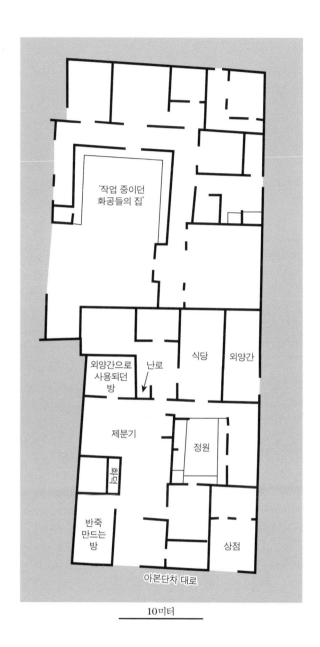

아본단차 대로

10미터

평면도 15. '순결한 연인들의 빵집.' 식당을 겸한 빵집이었다. 식당(트리클리니움)이 워낙 넓어서 빵집 주인과 가족 이외에 손님들이 사용했을 가능성이 높다. 화산 폭발 당시 방 두 개는 외양간으로 사용 중이었다.

지만 이것을 받쳐주던 석조 지지대는 남아 있다.) 어두침침한 환경에서의 고된 노동이었을 것이다. 그러나 분위기를 밝게 만들려는 시도가 없지는 않았다. 거울에 비친 자기 모습을 보고 감탄하는 나체의 베누스 그림이 한쪽 벽에 그려져 있었는데, 요즘으로 치자면 공장 벽에 걸린 수영복 미녀의 사진 정도 아니었을까?

반죽 모양이 만들어지면 방 한쪽 끝에 설치한 반출구로 내보내도록 되어 있어 굳이 들어서 옮길 필요가 없었다. 간혹 빵을 만들던 누군가는 빵에 자신의 서명을 새겨 넣기도 했다. 헤르쿨라네움에서 발견된 탄화된 빵 몇 개에 찍혀 있는 "퀸투스 그라니우스 베루스의 노예, 켈레르가 만듦"이라는 문구로 미루어 짐작하건대 이곳의 일부 또는 대부분의 노동자는 노예였던 것 같다. 반출구로 넘어온 반죽은 화덕용 쟁반에 담

63. '순결한 연인들의 빵집'에 있는 대형 화덕. 파손이 심하긴 하지만 62년 지진과 베수비오 화산 폭발 이전의 미진으로 생긴 균열을 수리한 자국이 지금도 선명하게 보인다.

겨 구워진 후 창고에 보관되거나 판매되었다.

지금과 달리 한때 번듯했을 이곳 화덕에는 화산 폭발 이전의 어느 시기에 생긴 커다란 균열을 수선하느라 회반죽을 바른 흔적이 남아 있다. 당연히 62년 대지진 이후일 것이다. 그리고 화산 폭발을 앞둔 며칠 혹은 몇 주 전에 있었을 지진으로 인해 추가된 균열도 나타나 있다. 당시 손상된 것은 화덕만이 아니어서 실내 전체에 걸쳐 수리 작업이 진행되고 있었다. 이때도 화덕에다 빵을 구웠겠지만 이전보다는 이용 횟수가 많이 줄어든 터였을 것이다. 19세기 중반에 발견된 다른 주택에서는 굳게 닫힌 화덕 덮개를 열자 81개나 되는 빵이 들어 있어 많은 관심을 끌어모으기도 했다. 2000년 넘는 세월을 통과하여 우리 앞에 모습을 드러낸 빵 덩어리라니, 이보다 더 극적인 일이 있겠는가? 당시 발견된 빵은 윗부분이 부채꼴 형태로 8등분된 둥근 모양으로, 가끔 벽화에서도 같은 모양이 확인된다.(사진 64) 그러나 이곳 빵집의 화덕 안에서는 그런 드라마틱한 내용물은 나오지 않았다.

빵을 굽는 넓은 공간 뒤쪽에는 네 대의 제분기가 있는데, 이 정도면 폼페이에서도 제빵 설비 규모가 큰 편에 속한다. 폼페이의 제분기는 동일한 표준설계에 따라 제작되었으며, 이탈리아 북부의 오르비에토 부근에서 채석된 돌을 사용했다.(폼페이 현지에서 나는 돌을 써도 무방했을 텐데 굳이 수입품을 사용한 것이 인상적이다.) 제분기의 원리는 간단하다.(사진 65) 속이 비어 있는 위쪽의 돌에 곡식을 부은 다음 버팀목과 손잡이를 이용해 돌리면 고정되어 있는 밑돌 사이에서 곡식이 갈리면서 받침 부분으로 떨어진다. 그러나 화산 폭발 당시에는 네 대 중 한 대만 멀쩡하게 작동되고 있었다. 다른 한 대는 위쪽 돌이 부서졌고, 두 대는 당시 집수리 작업에 사용되던 석회가 담겨 있었다.

제분기를 어떻게 돌렸을까? 사람이? 아니면 동물이? 양쪽 모두 가능했다. 그러나 이 집의 경우 반죽실에서 동물 두 마리의 뼈가 발견된 사실로 보아 노새, 당나귀, 작은 말 같은 동물이 제분기를 돌렸을 것이다. 두 동물은 화산 폭발 당시 벗어나려 몸부림치다가 죽은 것으로 추정된다. 제분 작업 공간에 면한 방들 중에는 마구간이 하나 있는데, 원래는 고급스러운 벽화로 장식된 화려한 공간이었다가 나중에 구유를 갖춘 동물 우리로 바뀌었다. 반죽실에서 죽은 두 마리 동물이 이 집 가축의 전부는 아니었다. 옆쪽 골목길에 면한 다른 마구간에도 다섯 마리가 갇혀 있었는데, 전통적인 뼈 분석에 따르면 4~9세 정도의 당나귀 네 마리와 노새 한 마리였다. 그러나 최근의 DNA 분석 결과 두 마리는 말이나 노새(암말과 수탕나귀의 잡종)였고, 세 마리는 당나귀나 버새(수말과 암나

64. 빵 파는 가판대. 아니면 지역 유지가 돈을 대고 빵을 무상으로 나눠주는 장면일 수도 있다. 이것은 19세기에 모사한 것이다. 빵을 비롯하여 상점이나 노점에서 사용한 목제 가구며 세간을 볼 수 있는 좋은 자료다. 지금은 이런 목조 제품에 사용된 금속 못 정도만 남아 있다.

65. 제분기. 중앙의 네모난 구멍에 나무 버팀목이 장착되어 노예나 노새의 힘을 이용해 맷돌을 돌렸다.

귀의 잡종)였음이 밝혀졌다. 문외한들은 동물 잔해를 분석하는 작업이 그리 어렵지 않을 것으로 생각하지만 실제로는 그렇지 않다.

골목길에 면한 마구간에서 발견된 동물 뼈는 지금까지도 처음 모습 그대로 그 자리에 놓여 있다.(사진 66) 언젠가 대중에게 공개되면 또 하나의 자극적이고 엽기적인 전시물로 유명세를 타겠지만 그러한 자극적인 요소에 앞서 이들 동물은 빵집의 일상을 보여주며 폼페이라는 도시의 생활 전반에 대한 귀중한 정보를 제공한다. 우선 일곱 마리라는 숫자는 빵집의 축소 운영이 일시적인 조치였음을 말해준다. 주인이 네 대의 제분기 중 한 대만 계속 가동할 작정이었다면 적지 않은 비용을 부담하면서까지 일곱 마리나 되는 동물을 키우지는 않았을 것이다. 더욱이 동물들은 곡식을 빻는 일뿐만 아니라 다 만들어진 빵을 배달할 때도 필요했다. 그렇다면 집 안에서 수레도 발견되었어야 하지 않을까? 그에 대해서는 두 가지로 추론해볼 수 있다. 하나는 거주자들이 도시를 탈출하는 과정에서 타고 나갔을 가능성, 다른 하나는 수레로 배달하지 않고 아예 동물의 등 위에 빵 바구니나 광주리를 실었을 가능성이다.

이들 동물의 잔해와 마구간을 통해 알 수 있는 정보는 다양하다. 마구간을 꼼꼼히 발굴하는 과정에서 처음으로 두 발 달린 동물이 아닌 네 발 달린 동물의 생활환경에 대해 쓸 만한 증거들을 확보할 수 있었다. 마구간 바닥은 자갈과 시멘트를 섞어 발라놓아 딱딱했고, 약간의 빛과 통풍이 가능하도록 골목 쪽으로 한 개의 창구멍이 뚫려 있었다. 길쭉한 구유는 나무로 만들어져 있고 화산 폭발 이전에 부서진 듯한 별도의 물통도 있었던 것으로 짐작된다. 두 마리가 발견된 위치를 보면 구유 근처에 묶여 있었던 것 같다. 그러나 한 마리는 골목으로 난 문을 통해 도망치려 한 흔적이 역력한 것으로 보아 애초에 묶여 있지 않았거나 묶인 줄을 끊어낸 듯하다. 마구간 위쪽 고미다락에서는 귀리와 누에콩이 저장된 흔적이 발견되어 동물들의 사료였음을 말해준다. 정리하자면, 네 발 달린 짐승의 생활은 지금과 크게 다를 것이 없었다.

이곳 빵집이 선사하는 놀라움은 이것이 다가 아니다. 제빵사와 가족과 노예들은 위층과 아래층 방에서 생활했을 것으로 보이는데 방들은 대부분 규모가 크지 않고 장식도 많지 않다. 내부에는 작은 정원이 있지만 워낙 협소해서 채광정 정도의 기능으로 보는 게 무방하다. 이곳조차 햇빛이 들지 않았다면 집은 전체적으로 매우 어둡고 음침했을 것이다. 이 정원에서 살짝 짓눌린 파리가 발견되었는데 어떤 종인지는 아직 확실치 않다. 부엌 화로 위에서는 마지막 식사의 흔적이 발견되었는데, 조류인 듯한 고기와 멧돼지 고기가 요리 중이었다. 진짜 놀라운 공간은 정원 쪽으로 커다란 창을 낸 식당으로, 옷으로 치면 '특대 사이즈'만큼이나 크고 장식도 화려하기 그지없다. 석회 더미가 발견된 것을 보면 화산 폭발 당시에 수리 중이었으며, 벽면은 빨간색과 검은색 배경을 번

갈아 칠한 여러 장의 패널로 장식되어 있었다. 삼면의 벽 중앙에는 술을 마시고 연회를 즐기는 모습, 서로의 품에 기대어 앉은 연인들의 모습이 그려져 있다.(전면사진 10) 오늘날 이 집이 '순결한 연인들의 집'이라 불리게 된 것도 이 그림에서 비롯된 것이다. 그동안 몇몇 폼페이 벽화에서 발견된 난잡한 성행위 장면에 비해 이들 벽화는 연인들의 사랑을 점잖게 표현한 것으로 인정되어 그러한 이름이 지어진 것이다.

전체적으로 작고 수수한 빵집에 그토록 넓은 트리클리니움이 있는 이유는 무엇일까? 소박한 사람이라도 사치하는 부분이 한 가지쯤은 있게 마련인데 이곳 빵집 주인의 유일한 사치 공간이 식당이었던 것일까? 그럴 가능성도 배제할 수는 없겠지만 이 식당을 장사의 수단으로 사용

66. 화산 폭발로 희생된 동물들의 뼈는 수레를 끌고 물건을 배달하던 동물들이 폼페이 경제활동에 얼마나 중요한 역할을 했을지 상기시킨다. 그러나 배설물로 거리를 더럽히는 데도 적지 않은 역할을 했을 것이다.

했을 가능성이 더 높다. 오늘날의 레스토랑 정도는 아닐지라도 사람들은 이곳에서 돈을 내고 (인근 주방에서 요리한 음식이든, 밖에서 가져온 것이든) 음식을 먹었을 것이다. 사실 식당으로 가려면 외양간을 거치거나 빵 굽는 화덕이며 제분기 등을 지나가야 하기 때문에 식당으로서 좋은 환경이라고 할 수는 없다. 그러나 가난한 사람들의 비좁은 숙소보다 더 많은 인원을 수용할 수 있는 공간이며 실내장식도 손님용 식당으로 손색이 없다. 아마도 폼페이에는 이런 공간이 더 있었을 것이다. 예컨대 집에 비해 지나치게 넓은 식당을 갖춘 또 다른 주택도 있었는데, 축융공을 응원하고 칭송하는 낙서가 유독 많이 발견된 점이 심상치 않다. 일부 고고학자가 추측하는 것처럼 축융공들이 단체로 저녁 식사를 하던 대여 식당이었을까?

지진으로 제분기 등이 고장 나기 전까지 우리의 주인공인 빵집 주인은 비교적 많은 빵을 구워냈고 식당업까지 겸해 수입을 올리고 있었다. 우리가 아는 것은 여기까지다. 그의 정확한 신원을 확인할 길은 없다. 그러나 다음에 소개할 폼페이 주민에 대해서는 이름까지도 분명히 소개할 수 있다. '금융업자' 루키우스 카이킬리우스 유쿤두스다.

# 금융업자

1875년 7월, 폼페이 발굴 역사상 가장 놀라운 발견이 있었다. 바로 153개나 되는 문서의 발견으로, '카이킬리우스 유쿤두스의 집'이라 불리는 건물의 위층 나무상자 안에 보관되어 있었다. 가로 10센티미터 세로 12센티미터의 나무판 위에 칠해진 밀랍 코팅을 금속 필기구로 긁어 기록한 식인데, 나무판 세 장을 묶어 3쪽짜리 문서를 만들고 표지에 해당되는 나무판에 문서 내용을 잉크로 요약해놓은 것도 많았다. 밀랍 코팅은 오래전에 지워졌지만 날카로운 금속 필기구가 코팅 밑의 나무판에까지 흔적을 남겼기 때문에 글자는 부분적으로 또렷하게 남아 있다.

문서 하나를 제외한 모든 내용은 루키우스 카이킬리우스 유쿤두스가 서기 27~62년, 말하자면 대지진이 있기 직전까지 금전 거래 내역을 기록한 것이다. 유일한 예외 문서는 가장 앞선 시기인 서기 15년에 루키우스 카이킬리우스 펠릭스라는 사람이 만든 것으로, 유쿤두스의 아버지나 삼촌이 아닐까 싶다. 아무튼 유쿤두스가 작성한 문서 대부분은 그가 처리한 경매와 관련 있다. 즉 경매에서 물건을 판 사람이 유쿤두스가 응당 치러야 할 금액을 지불했음을 공식화한 일종의 영수증이다.(여기서 '응당 치러야 할 금액'이란 판매 대금에서 유쿤두스 몫의 수수료와 기타 비용을 제한 금액을 뜻한다.) 그러나 16개의 문서는 유쿤두스가 시의

회와 맺은 여러 계약 내용을 담고 있다. 우리는 유쿤두스를 '금융업자'라고 부르지만 오늘날의 관점으로는 유쿤두스의 직업을 제대로 파악하기가 쉽지 않다. 사실 유쿤두스는 경매인, 중개인, 대금업자를 종합한 로마 특유의 업종에 종사했다고 볼 수 있다. 문서에서도 분명하게 드러나듯이 유쿤두스는 경매의 양쪽 당사자와 거래하여 이득을 올리고 있다. 즉 판매자에게는 수수료를 받고 구매자에게는 구매대금을 빌려주며 이자를 챙겼다.

폼페이 경제사 연구에서 이들 문서는 그야말로 '노다지'나 다름없다. 무엇이, 언제, 얼마에 거래되었는지 생생하게 기록된 150여 개의 문서를 통해 폼페이 사람들의 금전 거래를 직접 확인할 수 있기 때문이다. 더구나 이들 문서에는 최대 10명까지 증인이 등장하고 있으니 폼페이 인명 목록을 늘리는 데도 적지 않은 기여를 한 셈이다. 그러나 이들 문서와 관련된 주의 사항도 잊어선 안 된다. 우리로서는 이 문서들이 보관된 이유가 무엇인지, 27~62년까지 유쿤두스의 상거래에서 차지하는 비중이 어느 정도인지, 일부만 보관된 것이라면 선별 기준은 어떻게 되는지 등을 알 수 없다. 예를 들어 펠릭스와 관련된 문서를 하나만 보관해둔 이유는 무엇일까? 전임자를 추억하기 위해 지극히 감상적인 이유로 간직한 기념품일까? 아니면 다른 이유가 있을까? 유쿤두스는 27년부터 줄곧 경매일을 해왔는데 경매 기록이 54~58년에 유독 집중되어 있는 이유는 뭘까? 62년에 기록이 멈춘 이유는 무엇일까? 일부 고고학자의 생각처럼 유쿤두스가 62년 지진으로 죽은 것일까? 아니면 최근 기록은 다락에 두지 않고 꺼내기에 편리한 곳에 두었던 것일까? 생각할수록 의문투성이지만 확실한 사실 하나는, 어떤 시기에 대해서도 유쿤두스의 사업활동 전체를 완벽하게 그려낼 수 없다는 점이다. 이들 자료는 우리

67. 유쿤두스의 금전 거
래 내역이 기록된 서판.
원래 몇 개석 철해져 있
었으며 표지 안쪽 밀랍코
팅 부분에 글을 썼다. 이
방법은 거래 기록을 비
교적 안전하게 보관할 수
있게 만들어주었다.

가 알지 못하는 어떤 기준에 따라서 혹은 무작위로 뽑아둔 서류 모음
일 뿐 법원의 사건 기록처럼 빈틈없이 체계적으로 정리된 기록물은 아
니기 때문이다.

이와 같은 한계에도 불구하고 유쿤두스가 남긴 문서는 놀라울 정도
로 생생하고 상세한 자료임에 분명하다. 하나뿐인 카이킬리우스 펠릭스
의 문서를 보면, 펠릭스가 주재한 노새 경매에서 최종 낙찰가는 520세
스테르티우스였다고 되어 있다. 당연히 이 기록은 폼페이의 가축 금액
을 알 수 있는 핵심 증거다. 판매자와 구매자 모두 해방노예였으며, 펠릭
스가 직접 판매자에게 경매 수입을 건네지 않고 노예를 시켜서 전했다.
모든 문서에 날인하고 날짜를 기록했는데, 날짜는 그해 로마 집정관 두
명의 이름을 따서 연도를 기입하는 관행을 따랐다.

과거 마르쿠스의 노예였던 마르쿠스 폼포니우스 니코에게 팔린 노새 한
마리 금액: 520세스테르티우스. 마르쿠스 케리니우스 에우프라테스는

루키우스 카이킬리우스 펠릭스와의 계약 조건에 따라 상기 금액을 영수해야 함.

과거 마르쿠스의 노예였던 마르쿠스 케리니우스 에우프라테스는 카이킬리우스 펠릭스의 노예 필라델푸스에게 상기 금액을 받았음을 선언함.(날인)

드루수스 카이사르와 가이우스 노르바누스 플라쿠스가 집정관으로 있던 해[서기 15년] 6월 초하루 닷새 전에[5월 28일] 폼페이에서 성사된 거래임.

유쿤두스 본인의 경매 기록을 보면 매매 대상을 정확하게 적지 않을 때가 많다. 대부분은 "아무개[판매자의 이름]의 경매 건"이라고만 언급하고 있다. 그럼에도 불구하고 두 번의 노예 매매를 중개한 사실은 확실하다. 서기 56년 12월 움브리키아 안티오키스라는 여자가 자신의 노예 트로피무스를 팔아 6252세스테르티우스를 받았다. 두어 해 전에 1500세스테르티우스에 거래된 경우보다 무려 네 배의 금액을 받았으니 트로피무스라는 노예는 꽤 가치 있는 '상품'이었던 모양이다. 1500세스테르티우스는 앞서 말한 노새 대금의 세 배 정도밖에 되지 않는다. 다른 사회에 비해 자유민이 될 가능성이 높았다고는 해도 이 금액은 로마 노예의 처지가 얼마나 열악했는가를 말해준다. 더불어 로마 노예제도의 핵심 문제인 인간의 '상품화'라는 불편한 진실을 새삼 상기시키는 대목이기도 하다. 유쿤두스는 필기용 서판으로 많이 사용되는 '회양목'을 거의 2000세스테르티우스에 판매하기도 했다.(흔히 서판은 회양목 또는 소나무로 제작되었다.) "알렉산드리아의 마실루스 아들 프톨레미"가 소유한 리넨을 다량 판매했다는 기록도 보이는데, 이는 물품을 수입해 판매하는 해외 무역의 좋은 예라고 할 수 있다. 안타깝게도 리넨의 금액은 나와 있지 않다.

대체로 유쿤두스는 목돈이 오가는 고가의 물건을 다루지 않았으나 그렇다고 해서 싸구려 품목에 치중하지도 않았다. 기록상의 최고 낙찰 금액은 3만8078세스테르티우스다. '마르쿠스 루크레티우스 레루스의 경매 건'이라고만 적혀 있어 경매 물건이 무엇이었는지는 알 수 없지만 이 장 앞쪽에서 살펴본 소규모 농가 연간 매출액의 다섯 배가 넘는다. 기록 전체를 보면 낙찰가가 2만 세스테르티우스 이상인 건은 세 건밖에 안 되고 1000세스테르티우스 미만인 건도 세 건이었다. 평균 낙찰가는 대략 4500세스테르티우스다. 유쿤두스의 수수료는 건마다 달랐던 것으로 보이며 두 개의 문서에는 수수료가 2퍼센트로 명시되어 있다. 대부분 판매자에게 돌아간 최종 금액을 통해 수수료를 추산해보는 수밖에 없는데, 때로는 7퍼센트에 이르기도 한다. 경매업자로서 유쿤두스의 수입은 당연히 경매 건수와 낙찰가에 전적으로 의존한다.

경매가 유쿤두스의 유일한 수입원은 아니었다. 발견된 문서 중 16건은 유쿤두스가 시 정부와 맺은 계약에 관한 것이다. 로마 세계에서 흔히 그렇듯이 폼페이 시 정부는 지방세 징수를 민간업자에게 위탁했는데(물론 민간업자들에게도 수익이 배당된다) 유쿤두스는 최소 두 번 이런 세금 징수를 대리했다. 한 번은 노점상에게 부과한 것으로 보이는 시장세였고, 다른 하나는 공유지를 이용해 가축을 기르는 주민들에게 부과한 것으로 추정되는 방목세였다. 유쿤두스의 문서에는 이런 세금 징수와 관련한 영수증이 몇 개 보이는데, 예컨대 시장세로 1년에 2520세스테르티우스, 방목세로 2765세스테르티우스 등이었다.(총액을 2회로 분할 납부한 것도 있다.) 유쿤두스는 또한 공유지 부동산을 임대하여 직접 경영하거나 전대轉貸했던 것으로 보인다. 그중 하나는 연간 임대료가 6000세스테르티우스인 농장인데 그가 감당하기에는 살짝 벅찬 금액이 아니었을까 싶다. 재력이 부족해서라기보다는 현금을 융통하는 데 문제가 있었는지 때로는 임대료 납부가 연체되기도 했다. 또 다른 공유지 임대 건은 라틴어로 '풀로니카fullonica'라고 하는 축융장으로, 연간 임대료가 1652세스테르티우스였다.

여기서도 경제 영역에서 지방 정부의 역할은 이채롭다. 지방 정부는 세금을 걷을 뿐만 아니라 도심과 교외에 부동산을 소유하고 영리 목적의 임대 사업을 하고 있었으니 문서에서 말하는 '시 소유 농장'이야 놀랄 일도 아니다. 그러나 어떻게 시가 축융장을 소유하게 되었는지는 풀리지 않는 수수께끼다. 일부 역사가는 여기 나오는 '풀로니카'가 '축융장'을 의미하는 게 아니라 '축융세'라고 주장하는데, 그렇다 해도 여전히 의문은 남는다. 이렇게 보면 풀로니카는 유쿤두스가 모직물 가공 및 세탁업으로 사업의 다변화를 꾀한 것이라기보다는 또 다른 세금 징수 대리업무로 보인다. 어느 쪽인지 어떻게 알겠는가? 유쿤두스가 시에서 부동산을 빌린 유일한 임차인일 리는 없으니 시 소유 부동산은 이외에도 있었겠지만 세부 내용을 확인할 길은 없다. 그러나 유쿤두스가 남긴 기록을 보면 시 소유 부동산을 관리하고 임대하는 일이 어떻게 진행되었는지 알 수 있다. 시의 공유재산을 관리하는 업무는 선거를 통해 선출된 상류층 출신 관료가 아니라 '공공 노예public slave'가 맡았다. 문서에는 이런 업무를 맡은 노예에 대해 종종 '식민지 베네리아 코르넬리아 주민들의 노예'라는 공식 명칭을 사용하고 있는데, 유쿤두스의 서판에는 이런 신분의 노예 두 명의 이름이 언급되어 있다. 한 명은 서기 53년에 유쿤두스가 임대한 농장 임대료를 수령한 세쿤두스라는 인물이다.

다른 한 명은 세쿤두스를 대체한 인물로 보이는 프리바투스로, 그동안 밀린 모든 체납금을 수령했다는 언급이 있다.

유쿤두스가 남긴 서류에는 구매자와 판매자, 심부름꾼과 관리들 외에 약 400명이나 되는 주민 이름이 증인으로 나열되어 있다. 이들은 서기 1세기 중반에 폼페이에 살았던 인물로, 공공 노예를 비롯하여 폼페이 정계의 거물이자 3장에서 살펴본 대저택의 소유자인 크나이우스 알레이우스 니기디우스 마이우스 같은 인물에 이르기까지 출신과 지위가 다양하다. 니기디우스 마이우스는 유쿤두스의 경매 문서에 증인으로 등장한다. 유쿤두스의 문서를 가볍게 훑어보기만 해도 로마 사회 사교계는 물론 경제생활에서도 신분이 중요한 요소였음을 알 수 있다. 노예가 문서에 등장할 때는 항상 주인의 이름을 구체적으로 밝힘으로써 소유관계를 분명히 하고 있다. 자유민이 된 해방노예도 마찬가지였다. 증인을 나열하는 순서는 얼핏 봐서는 확실치 않다. 그러나 최근의 세심한 분석에 따르면 증인의 사회적 지위와 명성을 기준으로 순서를 정해 기록한 것이 분명해 보인다. 예를 들어 니기디우스 마이우스가 증인으로 등장하는 문서를 보면 항상 그가 첫 번째 자리를 차지하고 있다. 가끔은 세심하게 매긴 증인 순서에 누군가 이의를 제기했거나 다른 이유로 수정이 필요했던 모양인지, 굳이 이름 하나를 지우고(정확하게는 긁어내고) 위치를 바꾼 두 개의 문서가 있었다.

유쿤두스의 서류는 사회적 서열을 중시하면서도 한편으로 지위와 신분에 관계없이 자유롭게 매매하거나 대여하던 폼페이 사회의 특성을 잘 보여준다. 순서상으로는 마지막에 위치한 해방노예가 유서 깊은 상류층 가문 사람들과 나란히 거래의 증인으로 기록된 내용이 이를 말해준다. 문서에는 여자들도 제법 등장한다. 여자들은 증인 역할을 하지는 않았지만 기록된 115명 중 14명의 여자는 거래 당사자였으며 모두 경매의 판매자였다는 공통점이 있다.(앞에서 언급한 노예 판매자 트로피무스도 여기에 포함된다.) 물론 115명 가운데 14명이면 높은 비율은 아니지만 로마 제국 초기에 상업 분야에서 여성의 존재감이 생각보다 컸음을 알려준다. 물론 여성의 지위와 역할이라는 측면에서는 그 존재감이 미미했기에 당시를 암울한 시대라고 주장하는 이들도 있다.

사실 카이킬리우스 유쿤두스라는 사람 자체에 대해서는 다락에서 발견된 문서를 제외하면 상대적으로 알려진 것이 많지 않다. 유쿤두스 자신은 자유민으로 태어났지만 선조가 노예 출신이었다는 주장이 일반적이다. 또한 유쿤두스가 중개하는 경매가 어디서 이루어졌는지, 별개의 '사무실'을 두고 활동했는지는 알 수 없다. 그러나 집을 찬찬히 살펴보면 어느 정도 추가 정보를 얻게 된다. 우선 집의 규모가 크고 벽화 장식이 많다는 사실은 유쿤두스 사업의 높은 수익성을 말해주는 지표다. 정원 벽의 대형 야생동물 그림은 오랫동안 악천후에 노출되어 이제는 알아보기조차 어려울 만큼 희미해졌고, 페리스틸리움 주랑을 장식했던 사랑을 나누는 연인 그림은 현재 나폴리국립고고학박물관 '비밀의 방Gabinetto Segreto'[폼페이에서 발굴된 선정적인 조각과 그림을 주로 모아둔 방]에 보관되어 있다.(관점에 따라 감동적일 수도 있고 조금 외설적일 수도 있다.) 정문 옆의 모자이크 개는 집을 지키기에는 걱정스러울 만큼 유순한 모습이다. 앞에서 살펴본, 62년 지진을 묘사한 것으로 추정되는 유명한 대리석 부조 역시 이곳에서 나온 장식품이다.(사진 5)

우리는 어쩌면 유쿤두스의 얼굴을 알고 있는지도 모른다. 사각 기둥 위에 사람의 두상을 올려놓은 소위 '주상柱像' 두 기가 그의 집 아트리움에서 발견되었기 때문이다. 각주角柱를 받침 삼아 대리석이나 청동으로 만든 두상을 얹는 이런 양식은 로마 세계에서 흔히 볼 수 있다. 두상의 주인이 남자인 경우 기둥 중간쯤에 성기 장식을 붙여놓는데, 요즘 감각으로는 다소 기묘한 조합이지만 아무튼 아트리움 각주 중 하나에는 두상이 얹혀 있고 기둥에 붙여놓은 성기 장식도 그대로 남아 있다. 성긴 머리칼과 왼쪽 볼에 큼지막한 사마귀가 있는 개성적인 남자의 두상이다.(사진 68) 또한 두 개의 각주에는 똑같은 문구가 새겨져 있다. "해방노예 펠릭스가 루키우스를 위해 이 기둥을 세우다." 기둥에 새겨진 펠릭스와 루키우스, 다락방 문서 하나에 등장하는 루키우스 카이킬리우스 펠릭스 그리고 전체 문서의 주인공인 루키우스 카이킬리우스 유쿤두스 사이의 정확한 관계는 알 수 없다. 각주에 새겨진 펠릭스는 문서에 등장했던 금융업자일 수도 있고, 이름이 같은 집안의 해방노예일 수도 있다. 문서를 남긴 루키우스 카이킬리우스 유쿤두스도 각주 위의 두

68. '카이킬리우스 유쿤두스의 집'에서 발견된 청동 두상은 금융업자 자신일 수도 있고, 다른 집안 사람이나 조상일 수도 있다. 어느 쪽이든 두상은 중년의 폼페이 남자 얼굴을 사마귀까지 생생하게 표현하고 있다.

상과 무관할 수 있다. 일부 고고학자는 양식으로 보아 문제의 두상이 서기 1세기 중반 이전에 만들어졌기 때문에 루키우스 카이킬리우스 유 쿤두스일 가능성이 낮다고 주장한다. 그러나 꽤 현실적으로 묘사된 두상의 주인이 경매인이자 중개인이며 금융업자였던 우리의 주인공 유쿤두스일 것이라는 견해가 완전히 가당치 않은 것만은 아니다.

카이킬리우스 유쿤두스의 서판들이 폼페이에서 발견된 문서의 전부는 아니다. 1959년 폼페이 외곽에서 대형 서류보관소가 발견되었는데 서기 1세기에 작성된 서류들이 보관되어 있었다. 계약, 융자, 차용, 보증 등에 관한 이 서류들에는 항구도시 푸테올리에서 진행된 온갖 법적인 거래, 사업상의 거래가 상세하게 기록되어 있었다. 문서의 작성 주체는 술피키라는 푸테올리의 '금융업자' 가문이었다. 푸테올리 금융업자 가문의 서판이 나폴리 만을 넘어 40킬로미터나 떨어진 폼페이 근처까지 오게 된 경위는 정확히 알 길이 없다.

폼페이에서 발견된 기록들 중 특히 흥미로운 것은 어느 목욕탕 아궁이 안에 은식기와 함께 숨겨져 있던 밀랍 코팅 서판 두 장이다. 여기에는 디키디아 마르가리스라는 여자가 해방노예 포파이아 노테라는 여자에게 돈을 빌려준 내역이 기록되어 있었다. 돈을 빌린 포파이아 노테는 일종의 담보로 "심플렉스와 페트리누스 혹은 이름이 무엇이든" 노예 두 명을 넘겨주었다. 만약 포파이아 노테가 11월 1일까지 빌린 돈을 갚지 않으면 디키디아 마르가리스는 "12월 중순[13일] (…) 대낮에 중앙광장에서" 이들 노예를 팔아 빌려준 돈을 회수할 수 있었다. 노예를 팔았을 때의 가격이 빌린 돈보다 많거나 적을 경우를 위한 세부 합의 내용도 세심하게 기록되었다. (비록 남성 보호자가 디키디아 마르가리스를 대리하고는 있지만) 이번에도 여자들 사이의 금전 거래라는 점이 주목될뿐더러 노예가 살아 있는 담보물로 취급되어 사실상 넘겨졌다는 사실도 인상적이다. 그러나 더욱 흥미로운 것은 문서의 날짜다. 차용 관련 합의서인 해당 문서가 작성된 것은 서기 61년인데, 그로부터 18년이 지난 뒤에도 중요한 문건인 양 귀중품과 함께 안전한 곳에 보관되고 있었던 이유는 무엇일까? 빌려준 돈의 회수 혹은 노예 판매와 관련하여 마무리되지 않은 분쟁이 있어서 문서를 계속 보관해야 했던 것일까?

이런 문서를 보면서 '폼페이에서 글자를 읽고 쓰는 수준은 어느 정도였을까?'라는 궁금증이 생기지 않을 수 없다. 얼핏 보면 폼페이 사회는 문자 보급률도 높으며 교양 수준이 높다는 인상을 받기 쉽다. 지금까지 총 1만 건 이상의 문건이 발견되었는데 대부분은 라틴어로 적혀 있으며 일부는 그리스어와 오스크어로, 하나는 히브리어로 되어 있었다. 벽면에는 선거 포스터, 낙서, 가격표, 검투사 경기 광고, 가게 간판 같은 각종 공지가 덮여 있었다. 낙서의 대다수는 지금 우리에게도 익숙한 일상적인 내용들이다. "가게에서 청동 단지가 사라졌습니다. 찾아주시는 이에게는 감사의 표시로 65세스테르티우스를 드립니다"처럼 협조를 구하는 내용부터 "여기서 엄청 많은 여자와 즐겼다"와 같은 남자들의 치기 어린 허풍까지 다양하다. 그러나 일부 낙서에서는 진짜 지식인의 냄새가 풍긴다. 그리스어로 된 호메로스의 『일리아드』에서 인용한 문구는 물론이고 베르실리우스, 프로페르티우스, 오비디우스, 루크레티우스, 세네카 등의 유명한 라틴어 고전에서 따온 인용문 혹은 고전을 나름대로 개작한 내용이 50여 개나 되었다. 이외에 짤막한 시도 많다. 폼페이 시인들의 창작 시도 있고 통속적인 내용의 광시들도 있었다.

로마에는 문을 열어주지 않는 연인의 집 앞에서 남자가 고통스런 심정을 토로하는 듯한 장면이 연상되는 특이한 연애시 장르가 있다. 오늘날 라틴어를 배우는 학생들은 이런 시를 보면서 적잖은 생소함을 느끼는데, 실제 폼페이 대문에 적혀 있는 그러한 시를 본다면 기분이 어떨까?

두 팔로 당신의 목을 끌어안고
사랑스런 당신의 입술에 키스할 수 있다면……

이에 대해 비평가들은 공들여 쓴 시적 표현으로 보기는 어려우며 잘못 기억한 시구들을 엉성하게 이어 붙인 것에 가깝다고 한다. 또한 여자가 여자에게 쓴 것처럼 보이는 시의 경우 실제 상황으로 받아들여야 할지, 아니면 의도를 잘못 전달한 실패작으로 봐야 할지 판단하기 어렵다는 입장이다.

기존에는 이런 자료가 흥미롭고 인상적일 뿐만 아니라 폼페이 대중의 식자율이나 문화와 교양에 대한 갈망을 보여주는 증거로 인식되어 연구자들이 한껏 들떠 있었던 것이 사실이다. 그러나 최근 역사학자와 고고학자들의 관점은 사뭇 다르다. 명작에서 따온 짧은 문구들을 보면 처음에는 누구나 강렬한 인상을 받지만, 꼼꼼하게 살펴보면 인용문들이 이상힐 정도로 작품의 서두 또는 가장 유명한 문장에 집중되어 있음을 깨닫게 된다. 예를 들어 베르길리우스의 『아이네이스』를 인용한 36개의 문구 중 26개가 시집 1권 아니면 2권의 시작 부분이다.(그리고 4개는 7권이나 8권의 첫 구절이다.) 이것은 수준 높은 문학 지식의 증거라기보다는 유명한 문구에 얼마나 친숙했는가를 보여주는 증거가 아닌가 싶다. 오늘날 사람들이 "죽느냐, 사느냐, 그것이 문제로다"라는 문장을 인용했다고 해서 셰익스피어 문학을 이해한 증거가 될 수 없듯이 『아이네이스』1권의 첫 문장 "Arma virumque cano……"("무기와 인간에 대해서 나는 노래하노라……")를 벽에 써놓았다고 해서 베르길리우스 작품을 숙지한 증거로 보기는 힘들다.

또한 상류층 이하의 계층에서 문자 교육이 얼마나 확산되어 있었는지에 대해서도 의문이 있었다. 여자를 많이 건드렸다고 자랑하는 유치하고 저속한 낙서는 가난하고 교육을 받지 못한 폼페이 주민의 소행이라고 생각하기 쉽다. 그러나 폼페이 상류층이라고 해서 유치찬란한 '여자 정복기'를 떠들어대지 말란 법은 없다.(호메로스의 『일리아드』를 인용한 문구가 유곽에서 발견되기도 했다.) 또한 많은 낙서가 길거리가 아닌 주택 내부 벽에서 발견되었다는 점도 지적하지 않을 수 없다. 그것도 주로 부유층의 집이었고 일부는 벽면의 상당히 낮은 지점에서 발견되었다. 이런 낙서는 거리 노동자들이 아니라 부유한 집안의 일원, 때로는 (낙서의 낮은 위치로 보아) 그 집의 아이들이 남긴 것이다.

폼페이 사람들의 식자율 및 어휘능력을 액면 그대로 받아들이면 안 된다는 경고들도 무시할 수 없다. 더욱이 읽고 쓰는 능력은 시의회 의원, 상류층 남성, 일부 상인과 장인의 범위를 크게 넘어서지 못했다는 주장이 최근 제기되었는데, 전적으로 신뢰할 수는 없다. 이곳저곳에서 발견되는 낙서는 분명 흥미로운 자료이지만 주민의 읽고 쓰는 능력을 말해주는 핵심은 아니다. 어쩌면 다수의 낙서가 부유층 아이들이 아무렇게나 끼적거린 것일지도 모른다. 마찬가지로 선거 벽보도 그 내용을 신경 써서 읽는 사람이 많지 않았을 테니 역시 식자율을 말해주는 핵심 지표는 아니다. 중요한 것은 유쿤두스의 문서 일체, 포파이아 노테와 디키디아 마르가리스 사이에 작성되어 신중히 보관된 차용증서, 제조 공장과 배달 장소를 기록한 포도주 암포라 위의 상표와 기록 등이다. 이

런 자료에서 드러난 바를 종합하자면, 부유층이 아닌 서민 계층에게도
읽고 쓰는 능력은 필수였으며 업무를 처리하거나 생계를 해결하는 중요
한 수단이었다는 것이다.

# 가룸 제조업자

크기도 모양도 다양한 도기 용기에 표시된 상표와 실내 아트리움 바닥을 장식한 모자이크를 보면 아울루스 움브리키우스 스카우루스와 그의 가족이 가룸 사업에 종사했다는 사실을 어렵지 않게 확인할 수 있다. 가룸, 즉 액젓은 로마 요리에 없어서는 안 될 필수 식품으로 거의 모든 요리에 양념으로 쓰였다. 좋게 평가하자면 가룸은 베트남의 느억맘이나 태국의 남플라처럼 동남아시아 지방에서 많이 먹는 생선 발효 양념과 비슷하다고 할 수 있다. 아니면 가룸은 소금에 절여 삭힌 해물로 만든 냄새 고약한 조미료였는지도 모른다. 사실 로마인들 스스로도 가룸에 대해 애증이 교차하는 모순된 감정을 지녔던 것으로 보인다. 1세기 풍자시 작가 마르티알리스는 어느 글에서 이름이 얄궂게도 '플락쿠스Flaccus'인 남자가 6인분의 가룸을 먹어치운 애인 앞에서도 발기에 성공했다고 놀리고 있다.[라틴어 'flaccus'는 사람 이름인 동시에 형용사로 '축 늘어진' '처진'이라는 의미가 있다.] 한편 마르티알리스는 다른 글에서는 진지한 어조로 가룸을 "고귀한 음식", 즉 "귀족에게 어울리는 음식"이라고 표현했다. 가룸에 대한 호불호와 관계없이 전반적으로 가룸의 자극적인 냄새에 대한 언급이 많은 것으로 보아 고대 사람들도 냄새를 좋아하진 않았던 모양이다.

가룸의 제조 과정은 해산물에 소금을 섞어 커다란 통에 담은 뒤 두어 달 동안 햇볕에 쬐어 발효시키는 식이다. 유대인에게 판매할 소위 '코셔 가룸'이라면 어떤 해산물의 어느 부위를 넣어야 할지 각별히 신경을 썼을 것이다. 아무튼 소금에 절인 해산물을 두어 달 동안 햇볕에 발효시키고 나면 가룸뿐만 아니라 여러 가지 소스가 만들어진다. 맨 위에 뜨는 맑은 액체가 가룸인데, 비슷한 뜻으로 보이는 '리콰멘'과 정확히 어떤 차이가 있는지 현재로서는 알 수 없다. 발효 뒤에 가라앉은 침전물, 즉 '알레크'라는 앙금 역시 요리에 사용되었다. 라틴어로 '무리아'라고 불리는 소금물도 가룸 제조 과정에서 나오는 부산물이다. 플리니우스가 폼페이를 가룸으로 유명한 도시라고 말한 것으로 보아 가룸 생산의 핵심 공정은 폼페이에서 이루어졌을 것이다. 그러나 폼페이 시내에서는 가룸 생산에 쓰였을 장비의 흔적이 발견되지 않는 것으로 볼 때 도시 바깥 해안 근처에 있는 대형 염전에서 작업되지 않았을까 싶다. 도시 안의 가룸 가게들은 생산보다는 유통 및 판매에 관여했는데, 여섯 개의 대형 통에 담긴 가룸을 가게 앞에서 암포라 같은 작은 용기에 덜어 판매하는 식이었다. 발굴된 돌리아 안에 남은 알레크의 흔적을 분석한 결과 멸치로 만든 가룸이었던지 멸치 뼈 성분이 확인되었다.

움브리키우스 스카우루스와 그의 가족이 라벨을 통해 세심하게 용기를 구분하는 식으로 다양한 가룸을 만들고 팔았던 것만은 확실하다. 라벨에는 최상품임을 강조하는 과장된 광고 문구가 있다. '최상품'이나 '최고급' 등의 표현뿐만 아니라 '특상품'이나 '특상품 중의 최상품'과 같은 표현까지 동원되었다. 또한 그들은 권위 있는 전문가들이 가장 상급으로 치는 품질, 즉 순수하게 고등어로 만든 가룸이라는 사실을 강조하는 것도 잊지 않았다. 라벨은 전체적인 사업 구조, 움브리키우스 스카우루스 집안과 연결된 자매업체의 정보까지 제공하고 있다. 일부 라벨에는 '스카우루스 공장'에서 만들었다는 사실이 명확히 표기되어 있지만 '아울루스 움브리키우스 아바스칸투스 공장' 또는 '아울루스 움브리키우스 아가토푸스 공장'으로 표기된 제품도 있다. 공장 이름이 다른 것은 공장 주인이 과거 움브리키우스 스카우루스의 노예였으며 당시에도 부분적으로는 예전 주인에게 의존하면서 가룸 공장이나 판매점을 운영했음을 알려준다. 움브리키우스 스카우루스 집안에서 취급한 가룸은 자체 생산품에 한정되지 않았다. 왜냐하면 스페인에서 가룸을 수입해 폼페이에서 판매한 사실을 말해주는 라벨들도 더러 발견되었기 때문이다.(스페인은 로마 제국 최대의 젓갈 생산지였다.)

가룸 사업에서 놀라운 부분은 수익 규모다. 상점을 포함해 폼페이 사람들의 사업 대부분이 소규모였고, 그로부터 얻는 수익 역시 고만고만해서 생계를 이을 정도이거나 약간의 여윳돈을 챙기는 수준이었다. 화산 폭발 당시 탈출하다가 죽은 이들이 지니고 있던 현금이나 서랍 안에 남겨진 돈을 확인해보면 1000세스테르티우스를 넘는 경우가 드물었다. 그러나 움브리키우스 스카우루스 집안의 가룸 사업은 규모가 달랐다. 저택 규모와 남아 있는 제품의 양을 보면 사업이나 수익 규모가 평균 이상으로 컸음을 알 수 있다. 지금까지 확인된 바에 따르면, 서기 1세기 전까지 움브리키우스 스카우루스 집안은 폼페이에서 왕성한 활약을 펼쳤거나 주목받는 집안이 아니었다. 말하자면 아울루스 움브리키우스 스카우루스는 1세기 중반에서야 가룸 사업으로 부자가 되었고, 같은 이름의 아들은 시 정부 최고 요직인 두오비리를 지냈다. 안타깝게도 아버지보다 먼저 죽은 아들의 묘비가 헤르쿨라네움 성문 밖에 있었다.

아울루스의 아들, 메네니아 부족의 일원이자 사법권을 지닌 두움비르였던 아울루스 움브리키우스 스카우루스를 추모하며. 시의회에서 기념비를 세울 토지와 장례식 비용으로 2000세스테르티우스를 지원하고, 중앙광장에 그의 기마상을 세우기로 결정했다. 아버지 스카우루스가 이 기념비를 세우노라.

시의회의 지원은 비슷한 시기에 치러진 마르쿠스 오벨리우스 피르무스의 장례식에 비하면 그렇게 후한 대우는 아니다. 물론 시의 주요 인사에게만 주어지는 크나큰 영광임에는 분명하다. 그러나 다른 증거 없이 묘비만으로는 움브리키우스 스카우루스 집안이 냄새 고약한 생선 양념을 팔아 큰돈을 번 인물이라는 사실을 알 수 없다.

이것 역시 로마 경제의 근본 토대, 그리고 누가 혹은 무엇이 로마 경제를 움직였는가를 파악하기 어려운 이유 중 하나다.

## 6장

# 누가
# 도시를
# 통치했는가?

POMPEII

# 투표, 투표, 투표

젊은 아울루스 움브리키우스 스카우루스는 누구나 인정할 만한 정치 경력을 쌓았다. 그는 시민들의 투표에 의해 1년 임기의 두오비리, 즉 시에서 가장 높은 신분을 대표하는 '두 남자' 중 한 명이 되었다. 묘비에는 나와 있지 않지만 두오비리가 되기 전에 그는 1년 임기의 '조영관'(아이딜리스)에도 선출되었을 것이다. 하급직인 조영관을 맡으면 거의 자동으로 시의회('오르도'라는 시의회 의원은 종신직이다) 진출이 가능해질 뿐만 아니라 고위 공직에 입후보할 자격이 생기기 때문이다. 말하자면 먼저 조영관을 거치지 않고는 누구도 두움비르(2인 연대직인 두오비리의 단수 표현)가 될 수 없었다. 시에서 두오비리보다 높은 지위는 하나밖에 없었다. 5년마다 두오비리는 신규 시의회 의원을 들이고 주민 명단을 갱신하는 작업을 시행하는데, 이때의 두오비리에게는 '두오비리 퀸퀜날리스'[직역하자면 '5년째 두오비리']라는 특별한 직함이 주어진다. 그들이야말로 도시의 진정한 실세요 거물이었다. 앞으로 살펴보게 될 인물 중 한 명은 두움비르를 다섯 차례나 지냈으며 그중 두 번은 퀸퀜날리스였다. 가룸 생산으로 성공한 졸부 출신의 움브리키우스 스카우루스는 정계에서 상당히 성공한 축에 속하지만 그 정도의 위치에 도달하지는 못했다.

폼페이에서 발견된 2500건이 넘는 선거 벽보를 보면 매년 치러지는 선거의 특징과 분위기를 생생하게 느낄 수 있다. 폼페이 선거 벽보는 요즘처럼 벽에 붙이는 포스터가 아니라 일종의 '그림'이었다. 빨간색이나 검은색 물감으로 눈에 띄는 구호 등을 쓰는(그리는) 것이다. 해마다 선거가 치러졌으므로 해가 바뀌면 예전 내용을 덮고 그 위에 새로운 내용을 쓰기도 했다. 예나 지금이나 선거 벽보는 많은 사람이 볼 수 있는 눈에 잘 띄는 장소를 택하는 것이 기본이므로 유동 인구가 많은 대로변에 집중적으로 나타나 있지만 무덤 앞에서 발견되거나 주택 내부에서 발견되기도 했다. 후자의 경우 '율리우스 폴리비우스의 집'이 대표적인데, 카이우스 율리우스 폴리비우스를 두움비르로 뽑아달라는 내용이 저택 정면 외벽뿐만 아니라 내벽에도 쓰여 있다.

선거 벽보 내용은 상당히 정형화된 틀을 따르고 있다. 후보자의 이름과 조영관 또는 두움비르 같은 지위가 적혀 있다.(두 명의 후보가 거론되기도 했는데, 아마 한 팀으로 입후보한 경우일 것이다.) 항상은 아니더라도 선거 벽보에 지지자의 이름과 지지하는 이유까지 명시된 경우도 드물지 않다. 주로 "더없이 훌륭한 젊은이 포피디우스 세쿤두스를 조영관으로 뽑아주십시오" 또는 "아프리카누스와 빅토르가 조영관에 입후보한 마르쿠스 케레니우스를 위해 선거운동을 하고 있습니다"와 같은 형태다. 때로는 불특정 다수가 아닌 특정 유권자에게 직접 호소하는 형식을 띠기도 한다. "트레비우스와 소테리쿠스여, 루키우스의 아들 루키우스 포피디우스 암플리아투스를 조영관으로 선출해주시오."

가끔은 벽보 작업자의 이름이 명시되기도 하는데, 아마도 벽보 작업을 전문으로 하는 직업이 있었던 듯하다. 지금까지 확인된 '벽보장이'의 이름은 모두 30명 정도이며 돈을 받고 서비스를 제공하기는 했지만 그들이 모두 '전업' 벽보장이는 아니었다. 벽보 작업팀의 일원이었던 어떤 이는 자신의 본업이 축융공임을 보란 듯이 밝히고 있다.("축융공인 무스티우스, 백색 도료 작업을 하다.") 이들에게는 일종의 '구역'이 있을 것으로 여겨진다. "달빛에 의지하여 혼자" 작업했다는 서명을 남긴 아이밀리우스 켈레르를 기억하시는지? 아이밀리우스 켈레르가 서명한 선거 벽보가 그의 주거지 근처인 북부 지역에서 집중적으로 나타나는 것이 이러한 예상을 뒷받침한다.(그의 주거지는 "아이밀리우스 켈레르가 여기에 산다"는 글로써 추정한 것이다.) 루키우스 스타티우스 레켑투스를 지지해달라고 호소하는 벽보에는 "그의 이웃 아이밀리우스 켈레르가 작업했다"는 서명과 함께 섬뜩한(?) 경고까지 쓰여 있다. "비열하게 벽보를 지우는 인간은 10년 동안 재수가 없을 것이다."(경쟁 후보 쪽에서 공들여 작업한 벽보에 물감을 부어버리거나 석회를 뿌려버릴 것을 염려한 기색이 역력하다.) 이들이 적당한 벽면을 어떻게 선택했는지에 대한 구체적인 증거는 없지만 통상적으로 건물 소유자의 암묵적 동의가 있었을 것으로 짐작된다. 그렇지 않다면 정성들여 작업한 벽보가 다음 날 물감으로 뒤덮이는 사태를 감수해야 했을 것이다.

정형화된 형태이기는 하나 선거 벽보를 통해 폼페이라는 도시의 정치 문화에 관한 다양한 정보를 얻을 수 있다. 우선 지지자들의 이름에서 흥미롭고 신기한 이야기가 발견되기도 한다. 대외적인 표명 자체는 후보자가 살살 부추겨서 나온 것이겠지만 어떤 지지 선언은 지극히 개인적인 차원인 듯 보인다. 또한 베스파시아누스 황제가 파견한 티투스 수에디우스 클레멘스의 권위에 기대는 선전 내용도 보인다. 후보자가 "수에디우스 클레멘스의 지지를 받고 있다"고 명확히 밝힌 벽보의 경우 티투스 수에디우스가 황제의 대리인이라는 지위를 이용해 폼페이 정치판에 영향력(또는 간섭)을 행사했음을 알 수 있다. 어떤 이들은 주민 집단의 입장을 대변하고 있는데 축융업자, 제분업자, 양계업자, 포도 따는 일꾼, 깔개 제작자, 연고 판매업자, 어부, 이시스 교도 등이 특정 후보에 대한 지지를 표명한 것이 바로 그러한 예다. 그렇다면 마르쿠스 에피디우스 사비누스를 조영관으로 미는 '캄파니엔세스'는 누구일까? 마르쿠스 케리니우스를 지지한다는 '살리니엔세스'는?

여기서 폼페이 선거제도를 짚어볼 필요가 있다. 로마의 일반적인 선거 방식은 전체 유권자가 하위 집단으로 나뉘어 집단마다 지지 후보를 결정하는 방식이었다. 말하자면 각 집단의 자체 투표를 통해 집단 다수의 지지를 확보한 후보자를 선출하는 것이다. 이런 제도는 절차가 복잡하다는 점 때문에 민회에서 거수로 의사를 표시하는 아테네 민주주의보다 못하다는 평가를 받기도 하지만 알고 보면 오늘날 대부분의 국가에서 활용하는 선거제도에 훨씬 가깝다. 그렇게 본다면 캄파니엔세스, 살리니엔세스, 포렌세스, 우르불라넨세스 등은 특정 지역에 근거한 유권자 집단을 의미하며, 명칭은 도시 성문 이름에서 따왔을 가능성이 높다. 고대 폼페이 사람들이 현재의 헤르쿨라네움 성문을 포르타 살리스 혹은 살리니엔시스라 불렀다는 사실은 이미 언급한 바 있다. 시내뿐만 아니라 교외 지역에도 이런 선거구가 있었을 것이다.

투표 당일, 중앙광장에 나온 주민들이 선거구별로 모여 투표를 실시하고 여기서 다수표를 얻은 당선자에게 환호하는 모습을 상상해볼 수 있다. 정확히 어떻게 투표를 했는지는 분명하지 않지만 어떤 형식이든 비밀투표였을 것이다. 앞서 폼페이 중앙광장 주변에는 출입을 통제하는 장치가 유독 많다고 했는데, 이런 장치의 주된 목적은 선거하는 날 투표권 없는 이들의 출입을 막기 위한 것이라는 독창적인 주장이 최근에 제기되었다.

모든 유권자는 남성이었다. 한두 명의 여왕이 배출되었던 예외적인 군주제를 제외하고 그리스나 로마 세계의 도시 및 국가는 여성에게 어떤 형태로든 정식으로 정치권력을 넘기지 않았으며, 여성 시민들에게 투표권을 허락하지도 않았다. 그러나 폼페이의 선거 벽보에서 발견된 놀라운 사실은 절반 이상의 벽보에서 특정 후보자의 지지자로 여성 또는 여성 집단의 이름이 언급되었다는 점이다. 이것은 당시 여성들이 자신들의 참여가 배제된 정치 과정에 적극적으로 관심을 가지고 있었다는 증거일까? 이해관계가 얽혀 있다는 게 좁은 의미에서의 정치 참여는 아닐지도 모르지만 일부 경우는 확실히 그렇게 보이기도 한다. 조영관에 출마한 루키우스 포피디우스 세쿤두스를 지지한다고 이름을 올린 타이디아 세쿤다의 경우 선거 벽보에도 명시되어 있다시피 후보자의 할머니였다. 이처럼 많은 경우 여성들의 지지 동기는 가족 또는 개인적인 충성심이었을 것이다. 그런 한계에도 불구하고 여성들의 지지 표명은 확실히 의미가 있다. 여성들의 지지가 과시적 가치를 지녔다는 사실은 그 자체로 폼페이 정치에서 여성의 존재감을 보여주는 또 다른 지표이기 때문이다.

선거 벽보에 등장한 여성들의 이름에는 다른 의미가 숨어 있는지도 모른다. 아본단차 대로변의 술집 외벽에는 서로 다른 후보를 지지하는 여성들로서 아셀리나, 아이글레, 즈미리나, 마리아라는 이름이 나열되어 있다. 이들이 술집에서 일하는 여급들이라는 추측은 타당해 보인다.(그리스 계통으로 보이는 아이글레와 즈미리나라는 이름은 그들이 노예임을 말해준다.) 그렇다면 이 선거 벽보는 투표권은 없지만 지지하는 후보자를 위해 그녀들이 벽보장이에게 부탁한 결과일 수도 있다. 한편 전혀 다른 가능성, 즉 일종의 조롱이나 풍자일 수도 있고 부정적인 효과를 의도한 일종의 역선전이었을 수도 있다. 예컨대 거리의 풍자가나 정적政敵이 선거 벽보에 술집 여급의 이름을 지지자로 집어넣어 후보자를 조롱하거나 이미지를 훼손하려 했을지도 모른다.

이런 벽보를 의뢰한 사람이 누구였는지는 알 수 없다. 그러나 카이우스 율리우스 폴리비우스와 그의 친구들이 벽보 내용을 반기지 않았던 것만은 확실하다. 즈미리나가 'C.I.P'(율리우스 폴리비우스는 워낙 유명해서 이니셜로 써도 모두 알 수 있는 인물이었다) 지지를 표명한 벽보를 누군가가 훼손한 흔적이 엿보이기 때문이다. 앞서 벽보장이 아이밀리우스 켈레르가 섬뜩한 경고문까지 덧붙여 우려를 표명한 데는 이런 상황도 포함된 것이리라. 다른 이름은 모두 또렷한데 즈미리나의 이름만을 부분적으로 훼손한 흔적은 마치 후보자가 자기한테 어울리지 않는 지지자만 지우려 한 것처럼 보인다.

이처럼 어딘지 부적절해 보이는 지지 표명으로 역선전 효과를 노렸다고 여겨지는 사례는 이뿐만이 아니었다. 물론 지금까지 그 어떤 선거 벽보에도 상대 후보의 단점을 나열하거나 특정 후보에게 투표하지 말라고 유권자를 설득하는 내용은 보이지 않는다. 그러나 아주 이상한 지지자들을 거론한 벽보는 분명 있다. "밤술을 즐기는 모든 이"가 조영관에 춘마한 마르쿠스 케리니우스 바티아를 지지힌다는 벽보는 호의에서 비롯된 일종의 농담일 수도 있고, 늦은 밤 술자리에서 즉흥적으로 의뢰된 것일 수도 있다. 그러나 '소매치기'나 '도주노예'나 '게으름뱅이' 등으로부터의 지지 표명은 상대방의 이미지에 흠집을 내서 반대 투표를 유도하려는 의도로밖에는 보이지 않는다.

그렇다면 지지자들은 주로 어떤 기준으로 특정 후보를 선택하고 표를 던졌을까? 벽보에 언급된 근거는 벽보 자체만큼이나 진부하고 틀에

박힌 내용이다. 가장 반복적으로 애호되었던 단어는 '디그누스dignus'로, 직역하자면 '자격이 있는' 또는 '합당한'이라는 뜻을 지닌다. 라틴어로 이 단어는 공적 품위와 명예라는 중요한 의미를 가리킨다.(예를 들면 기원전 49년 율리우스 카이사르가 루비콘 강을 건너 정적 폼페이우스와 내전을 벌인 것도 자신의 '디그니타스'를 지키기 위함이었다.) 구체적으로 어떤 행동과 처신이 선거에서 승리를 가져다주고 그런 품위를 지키게 해주는지, 즉 조영관이나 두움비르가 되게 해주는지에 대해서는 수많은 선거 벽보 어디에도 드러나 있지 않다. 선거 벽보는 아닌 듯한, 이미 오래전에 사라진 어느 낙서에서는 마르쿠스 카셀리우스 마르켈루스를 "빼어난 조영관이자 훌륭한 경기 후원자"라고 칭송하고 있다. 선거에서 특정 후보를 지지할 때 "좋은 빵을 가져다준다"거나 "도시 재정을 낭비하지 않을 것이다" 등의 내용보다 더 구체적인 이유를 밝힌 벽보는 보기 힘들다. "좋은 빵을 가져다준다"는 말은 카이우스 율리우스 폴리비우스를 지지하는 벽보에 언급된 내용으로, 빵집 주인인 카이우스 율리우스 폴리비우스의 자질을 뜻하는 것일 수도 있고 빵을 무료로 제공한다는 일종의 공약일 수도 있다. "도시 재정을 낭비하지 않을 것이다"라는 문구는 브루티우스 발부스를 지지하는 벽보의 내용으로, 그가 시 재정을 낭비하지 않고 신중하게 집행할 것이라는 암시일 수도 있고 공익을 위해 사재를 아낌없이 내놓을 것이라는 뜻일 수도 있다.

물론 저녁 식사 자리, 중앙광장, 주점 등 사람이 모이는 모든 곳에서 도시 정책과 정치에 대한 유권자들의 논쟁이 활발하게 펼쳐졌다면 선거 벽보의 정형화된 문구에 굳이 지지 근거를 기재할 필요가 없었을지도 모른다. 어쩌면 폼페이는 정치적 담화가 일상화된 그런 도시였을 수도 있다. 그러나 폼페이 여자들처럼 폼페이 남자들에게도 후보 선택의 가장 중요한 기준은 혈연, 개인적 의리, 친분 등이었을지도 모른다. 혈연 관계를 명확하게 표시한 사례는 타이디아 세쿤다가 유일했지만 다수의 지지자는 스스로를 해당 후보의 '클라이엔테스' 혹은 '이웃사촌'이라고 밝히고 있다. 물론 이 또한 엄연한 '정치'일 테지만 그 분위기는 사뭇 다르다. 각종 선거 벽보의 기능은 확실히 설득보다는 서술에 가까웠고, 논쟁으로 유권자의 마음을 돌리려는 시도보다는 단순히 지지를 보여주려는 의도로 읽히기 때문이다. 그렇게 본다면 후보자의 집 내부에서 선거 벽보가 발견된 이유도 충분히 납득이 된다.(카이우스 율리우스 폴리비우스가 자기 이름으로 불리는 그 집에 정말로 살았다는 합리적인 가정 아래 말이다.)

조영관이든 두움비르든, 젊은 아울루스 움브리키우스 스카우루스의 선택을 독려하는 포스터는 아직까지 발견되지 않았다. 베수비오 화산이 폭발하기 20년 전, 심지어 62년 대지진 이전에 관직을 지냈을 테니 그리 이상한 일은 아니다. 그러나 도시 역사 초기에 만들어진 선거 벽보가 남아 있는 경우도 있기는 하다. 일부 벽보는 기원전 80년경 공식 식민도시가 만들어지기 이전으로 거슬러 올라가며, 열두 개의 벽보는 오스크어로 되어 있다. 물론 대다수는 도시 역사의 후반에 작업된 것이며, 대지진 피해와 그로 인해 촉발된 각종 수리 및 재단장 작업 이후의 것들이다. 이 기간에 등장한 후보들은 족히 100개가 넘는 벽보에서 중복되게 등장하고 있다. 이처럼 증거가 특정 시기에 집중되어 있다는 한계 때문에 역사학자들은 문구 자체에서 무엇을 알아내려 하기보다는 다른 부분들에 더 관심을 가져왔다.

벽보를 통해 선거운동의 순서를 확인하는 시도는 매우 복잡한 연구에 속한다. 그러나 연구자들은 폼페이가 멸망하기 전 10년 기간의 폼페이 선거 연표를 완벽하게 재구성하고자 했다. 몇 년에 누가 어떤 자리에 입후보했을까? 이를 위해서는 여러 번 덧칠한 벽면을 꼼꼼히 조사하는 실질적인 '고고학' 방법론이 동원되었다. 이것이 가능했던 것은 선거가 끝나고 나서도 벽보를 지우지 않았기 때문으로, 즉 예전 벽보를 제거하지 않고 두었다가 이듬해 선거에 출마한 새로운 후보자의 벽보로 덮어버리는 식이었다. 가장 위에 칠해진 것부터 확인한 결과, 일부 후보자의 선거 벽보가 다른 벽보에 덮이지 않은 채 그대로 남아 있는 사례를 여러 차례 볼 수 있었다. 이로써 그들이 서기 79년에 치러진 마지막 선거에 출마한 후보자들이었음을 추론할 수 있다.(선거는 봄에 치러졌고 7월에 정식 임기가 시작되었을 것이다.) 확인 결과 폼페이 역사에서 마지막 해에 조영관에 출마한 후보자는 마르쿠스 사벨리우스 모데스투스로, 크나이우스 헬비우스 사비누스와 짝을 이뤄 출마했으며 당시 경쟁자는 루키우스 포피디우스 세쿤두스와 카이우스 쿠스피우스 판사였던 것으로 보인다. 같은 식으로 추적해보면 당시 두움비르 직위에 출마했던 후보는 카이우스 가비우스 루푸스와 마르쿠스 홀코니우스 프리스쿠스였다.

충충이 덮인 선거 벽보를 하나하나 벗겨가는 과정에서 주의해야 할 점은 어떤 것이 어떤 것 위에 그려졌는가를 파악해서 선후관계를 판단하는 일이다. 이렇게 하면 이론적으로는 선거 후보 연대표 작성이 가능해진다. 그러나 벽이 부식되고 칠이 바래서 벽보 사이의 선후관계를 밝히기가 쉽지 않기 때문에 가장 나중의 후보자를 알아내는 것보다는 훨씬 더 복잡한 작업이다. 도시 여러 지역에서 발견된 증거를 제대로 통합하고 맞춰보는 것 역시 만만치 않게 복잡한 작업이어서 시기를 서기 70년대로 제한하더라도 모두가 수긍할 만한 후보자 연대표는 수립되기 힘들다. 그러나 한 가지 사실만은 합의되었다. 두움비르에 출마한 후보보다는 조영관에 출마한 후보자가 훨씬 더 많았다는 사실이다. 실제로 어느 복원 결과에 따르면 71~79년 사이에 2인 연대직인 두오비리에 출마한 후보자는 매년 두 명에 불과했다. 달리 말해 후보자의 수와 정원 수가 같다는 의미다.

그런 경우라면 선거 벽보의 목적은 특정한 후보자를 선택해달라고 유권자를 설득하는 게 아니었을 것이다.(분명 몇몇 해에는 정원 두 명에 후보자도 두 명이었던 것이 사실이다.) 이렇게 보면 폼페이라는 도시의 민주주의가 '고작 이런 정도였나?' 하는 실망감을 감출 수 없다. 활기찬 민주주의 문화의 외양을 띠고 있지만 속내를 들여다보면 유권자들은 핵심 선출직의 투표에서 선택의 여지가 없는 셈이다. 그도 그럴 것이 보통의 로마 도시와 마찬가지로 폼페이에서도 먼저 조영관이 되지 않고는 그 누구도 두움비르가 될 수 없었고, 매년 두 명의 조영관만이 선출되었으므로 그보다 높은 고위직을 향한 경쟁은 사실상 거의 불가능했다.

때로는 조영관이 되기 위해 치열한 경쟁이 펼쳐지기도 했다. 79년 후보로 나선 크나이우스 헬비우스 사비누스는 이전에 적어도 한 번 이상 출마해서 낙마한 경험이 있는 인물이었다. 이전에 작성된 것으로 보이는 선거 벽보에서 이런 사실을 확인할 수 있다. 두움비르 선거도 자격을 갖춘 출마자가 두 명 이상일 때는 경쟁이 가능했는데, 이런 상황은 두움비르보다 명망 있는 자리인 두움비르 퀸퀜날리스가 되고자 할 때이거나 1년 이상 두움비르 자리를 유지하고자 할 때 발생되었을 것이다. 사실 조영관들이 두움비르로 선출되지 못하는 상황이 벌어진 경우(누군가 죽었거나, 떠났거나, 공직에 대한 심경의 변화가 생겼을 때일 것이다) 어떤 이들은 단순히 공백을 메우기 위해서라도 두움비르를 1년 이상 유지했을 것이다. 즉, 폼페이에서 공직과 명성을 얻기 위해 가장 경쟁이 치열한 관문은 조영관 자리였다.

폼페이 정치 문화와 관련해 명심해야 할 요소 중 하나는 유권자의 수가 많지 않았다는 점이다. 이전 장에서 언급한 폼페이 전체 인구에 대한 개략적인 추정을 돌이켜보면, 도심 인구는 1만2000명 정도였고 교외 인구는 2만4000명 정도였다. 이러한 계산에 흔히 쓰이는 간단하고 유용한 방법에 따르면, 이들 가운데 절반 정도는 노예였을 것으로 추정된다. 그리고 나머지 인구에서도 절반 이상은 투표권이 없는 여자와 아이들이었으리라. 이로써 도시의 유권자는 약 2500명, 교외의 유권자는 약 5000명으로 추산된다. 말하자면 폼페이 도시에 거주하는 유권자의 수는 영국의 제법 규모 있는 종합 중등학교 또는 미국 고등학교 학생 수와 비슷한 수준이다. 교외 주민까지 포함한다 해도 일반적인 대학의 학생 수 절반에도 미치지 못한다.

이런 비교는 유용한 균형감각을 갖게 해준다. 최근 폼페이 선거와 관련하여 '선거 요원'이나 투표 당일의 '질서 유지' 수단, '선전원'이나 '유세' 등의 역할에 대해 많은 논의가 있다. 이러한 용어들은 모두 규모 있고 체계적으로 진행되는 절차를 상정한다. 폼페이 주민들 사이에도 여러 이념적인 논쟁과 분열은 있었을 것이다. 특히 동맹시 전쟁 이후 식민지 이주민들이 들어왔을 때는 다양한 형태의 내적 긴장이 있었다. 그러나 선거 벽보 자체가 말해주듯이 폼페이 역사의 마지막 시기에 치러진 대부분의 선거는 혈연, 지연, 개인적인 친밀도 등을 중심으로 진행되었다는 결론을 부정하기 힘들다. 그렇다면 폼페이처럼 개인의 신분이나 투표권을 증명할 공식 수단이 없는 사회에서 어떻게 투표 참여를 감시하고 감독했을까 하는 질문이 제기될 수 있다. 노예나 외국인이 개입하여 참정권을 빼앗거나 부당하게 행사하는 것을 어떻게 단속했을까? 답은 간단하다. 불과 수천 명에 불과한 유권자가 중앙광장의 입구에 설치된 장애물을 통과한 뒤 선거구별로 모였을 때 불법 침입자는 금세 발각될 수밖에 없었을 것이다. 같은 선거구에서는 서로 모르는 얼굴이 없을 테니 말이다.

# 공직에 따르는 부담?

유권자 규모가 폼페이 정치 문화의 특징을 말해주는 유일한 요소는 아니다. 도시의 자치권이 어느 정도였으며, 지역 주민의 의사결정 권한은 어떤 것들이었을까 하는 문제도 있다. 폼페이에서는 시민권자 중 남자들이 모인 민회에서 조영관과 두오비리를 선출했다. 이때의 민회는 조영관과 두오비리 선출 이외의 어떤 기능도 없었다.(로마 시대 이전에 가지고 있었던 광범위한 권한은 로마 식민도시가 되면서 사라졌다.) 그렇지만 조영관은 지방 의회, 즉 오르도의 일원이기 때문에 민회는 간접적으로 시의회 의원을 선출하는 셈이다. 나중에 살펴보겠지만 시의회 의원 전체는 아니더라도 다수가 이런 식으로 뽑힌다. 그렇다면 이들 선출직 공무원은 무엇을 했을까? 이들 혹은 오르도는 어떤 권한을 가지고 있었을까? 유권사의 선택이 중요했던 이유는 무엇일까? 기원전 1세기 초부터 폼페이 지방 정부는 전쟁이냐 평화냐 등의 중요한 국가 정책을 결정할 필요가 없었다. 그런 중대 결정은 모두 수도 로마에서 이루어졌기 때문이다. 그러나 지역 현안은 지방 정부가 결정하는 것이 로마의 관행이었다. 그렇다면 지방 정부와 의회에서는 정확히 어떤 문제들을 다루었을까?

어느 정도 이와 관련한 증거가 폼페이에서 발견되었다. 묘비, 공공건물, 조각상 기단 등에 새겨진 명문을 비롯하여 루키우스 카이킬리우스 유쿤두스의 밀랍 서판이나 여러 비공식 문서에도 지방 관료 또는 시의회의 조치와 결정이 기록되어 있거나 언급되어 있다. 예컨대 시의회가 폼페이 도량형을 로마 표준에 맞추기로 결정했다는 사실과 조영관이 상인들의 영업 구역을 할당하고 승인했다는 사실은 앞서 살펴봤다. 또한 유쿤두스가 남긴 문서를 통해 지방세가 올랐다는 사실을 알 수 있었고, 시 소유의 부동산을 시의회와 선출직 관료들이 임대하거나 관리했다는 사실도 알 수 있었다. 이런 관리는 평소 '관노비'라 할 수 있는 노예들이 맡고 있었지만 비중 있는 결정은 시의회와 관료들 몫이었다. 폼페이 주요 관직의 명칭 역시 관련 업무의 속성을 드러내고 있다. '사법권을 지닌 두오비리'는 법률 문제를 관장했을 것이다. 그리고 때때로 '도로와 신전, 공공건물을 책임지는 두오비리'라 불리는 조영관은 수도 로마 조영관의 임무로 추측건대 도시의 직물, 건물, 도로 등을 관장했을 것이다.

다른 문헌에도 이외의 여러 활동이 나와 있다. 우선 시의회가 지역 명사나 황족의 조각상 설치 결정권을 가지고 있었던 것은 확실해 보인다. 다시 말해 어떤 시민이 사비를 들여 개인적으로 조각상을 만들 수 있었다 해도 대중 앞에 조각상을 세우려면 오르도의 허가가 필요했을 것이다. 지역 유명 인사의 사회장社會葬 비용이나 묘지 비용 지원을 결정하는 일도 시의회의 업무이지 권한이었다. 공공건물의 경우 시의회에서 예산을 정하면 두오비리가 작업을 수행할 업체를 찾아내고 최종적으로는 작업 완료를 승인하는 책임을 졌다. 이런 절차는 식민지 초기에 건설된, 실내극장('오데온') 입구에 새겨진 명문에 소개되어 있다.(사진 69) "두오비리, 즉 카이우스의 아들 카이우스 퀸크티우스 발구스, 마르쿠스의 아들 마르쿠스 포르키우스가 시의회의 결정으로 계약자를 지정하여 실내극장 건설을 맡기고 작업 결과를 승인했다." 이는 로마가 폼페이를 점령하기 이전 시대까지 거슬러 올라가는 오랜 관행이었다. 앞에서 살펴본 것처럼 시내 대형 목욕탕에 설치된 해시계에 새겨진 오스크어 명문에는 기원전 2세기의 관리였던 마라스(대표적인 오스크 이름)의 아들 마라스 아티니우스가 "벌금으로 걷은 돈으로" 해시계를 설치했다고 적혀 있다.

여기서 존경의 표시로 세우는 조각상, 장례식, 건축 공사 등을 강조하는 것은 초점을 벗어난 언급일 수도 있다. 현재 발견된 대부분의 증거가 조각상 기단, 묘비, 공공 건축물에 새겨진 명문 등에서 확인한 것이기 때문이다. 그러나 기부, 자선, 공적으로 혹은 사적으로 베푸는 관용도 폼페이 선출직 공무원의 중요한 의무였다. 주민들은 선출직 관료들이 자신의 재산을 지역사회에 아낌없이 내놓기를 기대했으며 때로는 그런 역할을 요구하기도 했다. 실내극장 건설을 맡아 처리했던 두오비리는 자신들의 돈으로 원형경기장을 지은 다음 "식민지 주민들에게 영원히 주었다."

서기 1세기 초반 세 번에 걸쳐 두움비르를 지낸 아울루스 클로디우스 플라쿠스의 무덤에는 원형경기장에 비하면 약소한 편이지만 그가 상당한 규모의 다양한 기부를 실천한 사실이 상세하게 기록되어 있다. 우선 그는 중앙광장에서 아폴로 신을 기리는 대회를 개최했다. 행진, 투우와 투우사, 권투 선수, 음악 공연과 쇼 등이 어우러지는 이 행사에는 유일하게 이름이 언급된 필라데스라는 유명 배우도 참석했다.(이로써 우리는 중앙광장의 흥미로운 이용 정보를 확보할 수 있다. 예컨대 투우 같은 행사가 벌어질 때를 대비하여 출입을 통제하는 장애물을 세우지 않았을까.) 그가 두움비르 퀸퀜날리스였던 해에도 중앙광장에서 비슷한 행사를 개최했는데 음악 공연을 제외한 모든 구성이 거의 같았다. 그다음 날 원형경기

69. 실내극장에서는 어떤 공연이나 행사가 치러졌을까? 위의 그림은 극장이라 할 때 음악
과 춤을 떠올리는 지극히 19세기적인 환상으로, 상당히 잘못된 정보를 전달하고 있다. 그러
나 현재는 지붕이 없어 야외극장처럼 보이는 이곳이 지붕이 있었을 때는 어떤 모습이었는지
그려보는 데는 유용하다.

장에서는 '운동선수', 검투사, 수퇘지와 곰 같은 맹수들이 등장하는 쇼를 선보였는데 일부 비용은 본인이 대고 나머지는 동료들이 충당했다. 세 번째로 두움비르가 되었을 때는 이전보다 규모가 작은 행사였던지, 묘비에는 "동료들과 함께 최고의 검투사와 악단이 나오는 공연을 개최했다"는 정도로 말을 아끼고 있다.

이렇듯 각종 경기와 볼거리 제공은 자선의 한 관례였던 것으로 보인다. 벽면의 광고에서 강조하는 바에 따르면 크나이우스 알레이우스 니기디우스 마이우스는 50년대에 두움비르 퀸퀜날리스로 재직할 당시 "한 푼의 국고 부담 없이" 대규모 검투사 공연을 무대에 올렸다. 때때로 오락거리 제공은 건축 공사로 대체되기도 했다. 원형경기장의 명문들을 보면 여러 두오비리가 "의회의 결정에 따라 경기와 조명 대신" 석조 관중석을 설치했다는 기록이 있다.(원래는 목재로 만들어진 것을 석조로 대체한 듯하다.) 오르도가 오락성 경기나 '조명'에 필요한 돈을 시설 확충에 사용하도록 했다는 뜻으로, 이때의 '조명'이란 간혹 밤에 열리는 행사가 있어 특별한 조명 시설이 필요했음을 의미하는 것일까?

두움비르나 조영관은 현금을 직접 공금으로 내놓기도 했다. 아울루스 클로디우스 플락쿠스는 "처음 두움비르로 재직할 당시 1만 세스테르티우스를 공금으로 내놓았다"고 한다. 이는 보통 로마 제국의 다른 지방에서 지방자치단체장과 지방 의회 신규 의원들이 일종의 입회비 형식으로 부담했던 것이었으리라. 전체적으로 이런 입회비는 도시 예산에서 상당한 비중을 차지했을 것이다. 플락쿠스의 지출 내용이 특히 강조된 것은 그가 '시세'보다 많은 금액을 내놓았음을 세상에 알리려는 후손들의 의지였을 것이다.

로마 세계에서 지방 정부의 공직이란 오늘날과는 근본 개념부터 상당히 달랐다. 우리는 지방의원이 공동체를 대변하는 과정에서 개인적 지출이 발생한다면 당연히 보상받아야 한다고 생각하지만 당시 오르도의 일원이나 선출직 관료들은 자신의 특권에 대한 일종의 지불이라고 생각했다. 즉 지위란 비용이 따르는 것이었다. 결국 폼페이에서 유권자가 공직 후보자 가운데 누군가를 선택하는 일이란 서로 돈을 내겠다고 경쟁하는 자선가들 중에서 누구를 고를지를 결정하는 일이었다.

폼페이 발굴에서 끝내 발견되지 않은 문서가 있다. 그것은 바로 시의 통치 조직, 관료들의 직무, 의회 규칙 등에 관한 상세한 정보를 담은 문서로, 로마 식민지인 폼페이는 (라틴어로 '렉스$_{lex}$'라고 하는) 공식 헌법 혹은 헌장을 청동판에 새겨 어느 신전이나 시 정부 건물에 전시했을 것이다. 그러나 아직까지는 발굴되지 않았다. 아마 베수비오 화산 폭발 직후에 찾아온 구조대가 가져갔거나 약탈자들에게 도난당했을 것이다. 아무튼 원본이 없으니 학자들로서는 남아 있는 다른 문서들을 통해 폼페이 헌법의 내용을 채우는 수밖에 없었다. 이 작업이 가능한 이유는 로마 세계 대부분의 지역에서 로마의 법조문이 공통으로 적용되었기 때문이다. 즉 스페인 어느 식민지의 법률이 폼페이에서도 통용되었다고 할 수 있다.

로마의 여러 지역 사이에 통일된 법률 적용을 지나치게 강조한 측면이 없지 않시만 이런 주장은 상당히 일리 있다.(사실 법률뿐만 아니라 다른 여러 영역에서도 로마 세계의 통일성이 많이 적용된 편이다.) 현재 남아 있는 다른 지역의 법률들을 살펴보면 폼페이의 관행과 일치하는 부분을 볼 수 있기 때문이다. 한 예로 스페인 어느 지방 도시의 헌장에는 두오비리와 조영관이 검투사 경기 같은 오락을 위해 개인 비용을 제공하도록 공식화하고 있다. 렉스[민회에서 제정한 법률]의 법률 용어로는 다음과 같이 설명되어 있다.

> 본 법령 선포 후 처음 임명된 두오비리 이후의 모든 두오비리는 시의회
> 의 결정에 따라 임기 내에 유피테르·유노·미네르바를 비롯한 여러 신과
> 여신들을 위한 공연이나 흥미로운 볼거리를 나흘간 가급적 해가 떠있는
> 동안 제공해야 한다. 또한 이러한 볼거리와 공연에 두오비리 각각은 개
> 인적으로 2000세스테르티우스 이상 지출해야 하며, 두움비르가 공금
> 에서 2000세스테르티우스까지 가져다 쓰는 것은 적법하다.

이는 꼼꼼함이 돋보이는 로마식 법률 문안의 전형적인 예다. 공연 등
이 '해가 떠 있는 동안' 지속되어야 한다고 명시한 내용을 보라.(반나절로
줄여서는 안 된다는 뜻이다.) 아울루스 클로디우스 플락쿠스의 묘비를 참
고하면 폼페이 헌법에도 이와 유사한 조항이 포함되었을 가능성이 확실
하다.

현재 남아 있는 지방 헌법들을 보면 폼페이 헌법에서도 분명코 다루
었을 사안들을 두루 언급하고 있다. 어떤 사안을 지방에서 심리하고 어
떤 사안을 수도인 로마 법정에서 다루어야 하는지 등의 구체적인 법률
집행과 절차에 관한 사안을 비롯하여 오르도의 회의 일정, 의원이 되
기 위한 거주 요건까지 다양한 내용을 포괄하고 있다.(앞서 언급한 스페
인 지방 헌법에서는 시내 혹은 1.6킬로미터 이내 교외 지역에서 5년 이상 거주
한 자라는 자격 요건을 명시하고 있다.) 그러나 사라진 폼페이 법률에 이런
세부 사항들이 정확히 얼마나 유사하게 반영되었는지를 확인하기는 어
렵다.

역시 스페인 버전의 어느 헌법에서는 선출직 관료가 어떤 부하 직원

을 두어야 하며 그들에게 얼마의 급료를 지불해야 하는지를 정확하게 명시하고 있는데, 법률 표현 그대로 살펴보자면 다음과 같다.

누구든 두오비리가 되는 이는 두오비리에게 허락된 권리와 권한을 누리게 되는바, 각각의 두움비르는 수행원이자 경호원인 릭토르 2명, 하인 1명, 필경사 2명, 전령 2명, 서기 1명, 포고를 알리는 포고원 1명, 창자 점쟁이 1명, 피리 연주자 1명 등을 둔다. (…) 두오비리 밑에서 일하는 이들에게는 각각 다음과 같이 급료를 지급해야 한다. 필경사 1200세스테르티우스, 하인 700세스테르티우스, 릭토르 600세스테르티우스, 전령 400세스테르티우스, 서기 300세스테르티우스, 창자 점쟁이 500세스테르티우스, 포고원 300세스테르티우스.

이 정도는 세밀함을 넘어서는 수준이다. (피리 연주자의 급료를 누락하기는 했지만) 각각의 두움비르가 어떤 부하를 두어야 하는지를 얼마나 명확하게 규정하고 있는가를 보라. 해당 조항을 보면 지방 관료의 역할과 수행 방법에 대해서도 분명히 알 수 있다. 창자 점쟁이(제물로 바쳐진 동물의 창자를 살펴보고 신의 뜻을 점치는 사람. 9장 참조)와 피리 연주자는 두움비르의 종교적인 역할을 암시한다. 월등히 좋은 대우를 받는 필경사(1200세스테르티우스)와 서기는 두움비르 직책 수행에 상당한 분량의 문서 작업이 동원되었음을 말해준다. 반면 공지 사항을 소리쳐 알리는 포고원은 문서에 의한 정보 전달뿐만 아니라 구두 전달 역시 중요했음을 알려준다. 행사나 행진이 있을 때 로마의 공식 상징인 권표權表, 즉 막대기 다발 속에 도끼를 끼워 묶은 파스케스fasces를 들고 가는 수행원인 릭토르에 대한 언급은 두오비리가 일정 정도 화려한 의장을 동원하여 대외적으로 자신의 권위를 과시했음을 말해준다.

여기서 제기되는 질문은 폼페이의 두오비리도 동일하거나 유사하게 부하 직원의 보좌를 받았을까 하는 점이다. 폼페이에서 발견된 문서 증거에는 이런 부분이 눈에 띄게 나타나지 않는다. 유쿤두스 서판에 소개된 시의 업무를 처리하는 '공공 노예' 한 명, 어느 여관 벽에 이름을 남긴 네 명의 '서기' 정도가 전부다. 물론 자료가 없다고 해서 보좌관이 없었다고 볼 수는 없다. 이런 경우 고고학에서는 흔히 "증거의 부재가 부재의 증거는 아니다"라고 표현한다. 그럼에도 불구하고 남아 있는 몇몇 자료를 살펴보면 폼페이의 두오비리는 다른 지역의 두오비리보다 적은 인원을 거느렸을 것이라는 의구심을 떨치기 힘들다. 폼페이 두오비리의 보좌관 구성이 스페인의 예와 같다면 그들에게 주는 급료만으로도 아울루스 클로디우스 플락쿠스가 내놓은 금액의 75퍼센트가 탕진되었을 것이다.

그러나 잊지 말아야 할 중요한 점이 있다. 폼페이 시 정부 운영과 관련하여 현대 학자들이 자신 있게 주장하는 많은 내용은 폼페이 내부나 주변에서 발견된 증거가 아니라 (비슷하기는 하지만 분명히 차이가 있는) 다른 지방의 문서를 바탕으로 했다는 것이다. 폼페이의 오르도가 100명으로 구성되었다거나 두오비리와 조영관이 토가 프라에텍스타(수도 로마에서 원로원 의원들이 입었던 가장자리가 자주색인 토가)를 입었다는 등의 빈번한 주장은 사실일 가능성이 높지만 어디까지나 이것은 '비슷하지만 다른' 도시에서 밝혀진 내용을 토대로 한 추측일 뿐이다.

폼페이 정치 및 도시 운영과 관련하여 아직까지 공백으로 남아 있는 가장 흥미로운 부분은 일상적으로 진행되었던 실무들이 아닐까 싶다. 예를 들어 시의회 회의는 어떻게 진행되었을까? 두움비르나 조영관은 하루를 어떻게 보냈을까? 더 간단한 질문으로, 공식적인 정치 관련 업무는 어디서 수행되었을까? 그러한 업무의 대부분이 중앙광장 근처에서 진행되었으리라는 가정은 타당하지만 정확히 어딘지는 알 수 없다. 대개는 중앙광장 남단에 위치한 세 개의 건물이 지방 정부와 관련된 공간일 것으로 보이며, 현대 폼페이 지도에도 '지방 의회 회의실', '관청', '기록 보관소' 등으로 표시되어 있다.(평면도 14) 그러나 이런 추측을 뒷받침하는 유일한 증거는 건물의 분명한 용도를 확인할 수 없는 위치 그리고 시의회 의원과 다른 관료들에게 회의 장소가 필요했을 것이라는 지극히 상식적인 짐작뿐이다. 당연히 반론의 여지가 없는 탄탄한 주장은 아니다. 수도 로마의 경우 원로원 의원들은 신전에서 모이는 일도 드물지 않았다. 그렇다면 폼페이에서도 마찬가지 아니었을까?

　재판은 중앙광장에 위치한 바실리카라는 크고 화려하게 장식된 건물에서 진행되었을 것이다.(사진 70) 두움비르는 이곳에서 소송 절차를 관리 감독하고, 한쪽 끝에 위치한 높은 단에서 판결을 내렸을 것이다. 그러나 높은 단의 오른쪽 앞에 석상을 놓는 기단이 시야를 가린다는 점이 설득력을 떨어뜨린다. 특히 바실리카를 법정 기능만을 지닌 상설 법정 건물로 판단하는 것은 작은 도시에서 소송을 포함한 법적 분쟁에 투입되는 시간과 자원을 과대평가한 게 아닐까? 로마인들이 법률에 남다른 재능을 보였다고는 해도 고대 다른 도시에서와 마찬가지로 폼페이에서도 대부분의 분쟁은 정식 소송 절차를 밟기 전에 해결되거나 범죄에 대한 단죄까지 이루어졌을 가능성이 높다. 중앙광장을 묘사한 그림에서 이미 살펴보았듯이 두오비리조차도 때로는 비공식 절차를 통해 분쟁을 처리했던 것으로 여겨진다. 주랑 아래 앉아 당사자들의 이야기를 들으며 법률 분쟁을 해결해주는 듯한 장면을 기억할 것이다.(사진 28)

70. 중앙광장에 위치한 바실리카의 내부 모습을 복원한 그림. 작은 도시에 비해 크고 화려한 장식이 인상적이며, 주랑의 기둥에는 많은 낙서가 남아 있다.

중앙광장 한쪽에 위치한 웅장한 건물 바실리카에 대해서는 의문도 많고 논란도 많지만 실제 증거를 토대로 한 가지는 분명히 말할 수 있다. 많은 사람이 바실리카 주변에서 한가로운 시간을 보냈다는 사실이다. 폼페이의 그 어느 곳보다 많은 양의 낙서가 바실리카 주변에서 발견되었는데, 그야말로 '무수하다'고 할 수 있다. 그러나 법률 혹은 소송과 관련된 것으로 볼 만한 낙서는 거의 없다.("작은 문제라고 무시했다가는 큰코다친다"는 격언 정도가 그런 분위기를 풍길 뿐이다.) 이미 충분히 불운한 키우스라는 사람에게 더욱 심한 불행이 닥치기를 바라는 인상적인 2행 시("그리하여 타고 있는 불길이 이전보다 더욱 거세지기를")를 포함하여 대부분은 지금까지 여기저기서 살펴본 전형적인 거리 낙서들이다. 반면 서툰 말장난으로 위장하고 있지만 두오비리와 부하들을 언급한 게 아닐까 싶은 낙서도 하나 있다. "아켄수스를 잘못 가지고 놀다가는 자기 고추를 태운다." 라틴어 '아켄수스Accensus'는 '불'이라는 의미로 통용되기 때문에 이 문장은 통상적으로 "물건을 함부로 내두르다가는……"이라는 식의 저속한 유머로 볼 수 있다. 그러나 수도 로마의 헌법에서는 아켄수스라는 단어가 바로 두움비르나 조영관의 '부하'라는 뜻으로 사용되고 있다. 그렇다면 두움비르 부하와 관련된 농담으로 볼 수도 있지 않을까?

어쩌면 여기에 폼페이 정치생활의 모습을 보여주는 단서가 있을 수도 있다. 상류층을 대상으로 하는 라틴어 문헌, 19세기 그림과 소설, 폭력과 스캔들이 난무하는 현대 영화 등에서 그려낸 폼페이의 정치생활보다는 훨씬 더 편안하고 일상적이면서 생소한 모습이었을지도 모른다. 우리는 폼페이의 오르도 회의 장면을 정확히 복원할 수 없다. 의원들이 어디서 얼마나 자주 만났고, 몇 명이 참석했는지, 구체적으로 어떤 주제를 놓고 토론을 벌였는지 알 길이 없다.(전직 조영관이 출마하는 두오비리 선거에 대한 논의가 오르도 회의 주제였을까? 그런 식으로 선거 관련 사항들을 사전에 결정했을까? 시에서 소유한 농장의 운영 문제, 말하자면 루키우스 카이킬리우스 유쿤두스의 임대료 체납 같은 긴을 논의했을까?) 그러나 토가를 차려 입은 사람들이 세계의 지배자라도 되는 양 엄숙하고 진지한 태도로 연설을 하거나 격식을 따지면서 거들먹거렸을 가능성은 희박하다.(심지어 이런 이미지는 수도 로마의 원로원들에 대해서도 오해를 불러일으킬 수 있다.) 오르도 회의는 생각했던 것보다 덜 화려하고 격식도 조촐한, 우리 기준에서 볼 때 다소 초라한 풍경이었을 것이다.

두오비리와 조영관에게도 마찬가지 논리가 적용된다. 이런 직책에는 분명히 화려함이나 과시 등의 요소가 어느 정도 포함되었을 것이다. 아울루스 클로디우스 플락쿠스의 묘비명이나 다른 도시 헌장에 언급된 릭토르 혹은 근사한 토가 등에 관한 부분이 그러한 이미지를 암시하고 있기 때문이다. 그러나 [공식 행사 이외에] 일상은 전반적으로 화려하지 않고 격식을 차리지도 않았으며, 어쩌면 대충 임시변통으로 진행되었을 것으로 보인다. 사실 지방 정계 실력자들에게 걸맞은 그럴싸한 일정을 꾸며내기는 어렵지 않으며, 실제로 그런 시도를 한 학자도 많다. 아침에 일어나면 파트로네스로서 클라이엔테스를 맞는 문안의식을 치르고, 중앙광장에 위치한 관청으로 출근해 재무를 보거나 각종 계약서에 서명을 하거나 소송 사건을 처리하고, 목욕탕을 찾아 지역 사람들을 만나 교류하고…… 저녁이면 만찬을 즐기는 그런 모습으로 말이다. 실제로 이런 활동에 대한 증거가 어느 정도는 존재한다.(흥미롭게도 푸테올리에서 찾아낸 서명된 문서에는 이른 아침부터 재정 업무를 시작하여 오전 중에 처리하는 경향이 뚜렷이 확인된다.) 그러나 이런 일정이 얼마나 규칙적이고 체계적으로 진행되었는지, 이들 활동이 실제로는 어떤 풍경이었는지를 밝히는 일은 별개의 문제다. 이들 관료가 얼마나 바빴는지, 하루에 공무에 할애하는 시간이 얼마나 되었는지, 시정을 보는 과정에서 어떤 전문성을 발휘했는지, 이들 가운데 디수는 법률 교육을 거의 혹은 전혀 받지 않았을 텐데 어떻게 법률 문제들을 처리했는지 등은 모두 풀리지 않은 수수께끼로 남아 있으며, 이외에도 폼페이 정치활동과 관련하여 우리의 호기심을 자극하는 수수께끼는 무수하다.

# 성공한 인물들의 면면

폼페이 지방 정부의 일상은 풀 수 없는 수수께끼로 가득하지만 공직에 선출된 사람들에 대해서는 내용이 풍부한 편이다. 선거 벽보가 사라져 버리고 출마한 후보의 이름조차 남아 있지 않은 초기 시절에도 누가 두 오비리와 조영관으로 선출되었는지는 물론 그들이 재직했던 연도까지도 상당 부분 파악이 가능하다. 유쿤두스의 문서에 등장하는 이름과 날짜, 공공건물 건축 공사나 검투사 경기를 후원했던 인물들을 기리는 명문, 묘비명에 새겨진 이름과 관직 등을 토대로 공직자 목록을 만들어 내는 일은 세심한 주의가 요구되는 까다로운 작업이지만 그간의 결실이 적지 않다.

결과적으로 수십 년 동안 활동한 고위 공직자들의 이름 절반 이상을 파악할 수 있었다. 그중 아우구스투스와 티베리우스 황제 통치 기간의 인물이 적어도 3분의 2를 차지한다.(당시 폼페이에서 건축 공사가 유독 많았던 것도 중요한 원인이다.) 이들 중 일부는 이름만 남아 있는 반면 상세한 관련 내용까지 깊이 파악되는 인물도 적지 않다. 개인적인 업적과 야망, 후대에 남기고 싶어했던 이미지뿐만 아니라 더러는 실제 얼굴 모습까지 확인된 이들도 있다.

우선 이들 선출직 공직자는 일정한 공통점을 가지고 있다. 모든 폼페이 주민이 선거에 출마할 자격을 지닌 것은 아니며, 심지어 자유시민이라고 해도 마찬가지였다. 로마 세계의 다른 도시와 같은 체제라고 가정한다면, 폼페이에서 조영관이나 두움비르 후보로 나선 사람은 공식적으로 자유시민으로 태어난 성인 남성으로서 부자여야 하며 대중의 존경을 받는 인물이어야 했다. 따라서 해방노예는 이러한 고위직에 도전할 수 없었다. 노예로부터 풀려난 이가 로마 시민으로 당당히 살아가면서 투표권도 행사할 수 있다는 사실은 노예제 사회에서 유례를 볼 수 없는 융합 정책이라 할 수 있으나, 해방노예 출신으로서 아무 제약 없이 정치에 입문할 자격은 다음 세대부터 허용되었다. 당대 이후부터 또한 가난한 사람들의 공직 출마를 금지한 것은 공직 보유에 수반되는 여러 의무 조항 때문만은 아니었다.(가난한 이들이 어떻게 입회비와 필수적인 자선활동 등을 감당할 수 있겠는가?) 다른 도시의 경우 10만 세스테르티우스가 공통적으로 요구되는 최소 재산이었으니, 공직 출마에 필요한 최소한의 재산 요건을 갖추지 못하는 가난한 사람들은 공식적으로 출마가 불가능했다. 또한 배우 같은 각종 '부적절한' 직업을 가진 이들도 배제되었고, 공직 출마가 가능한 최소 연령도 법으로 규정하고 있었다. 이에 따라 폼페이에서 25세(어쩌면 30세) 이하는 조영관이 될 수 없었다.

이런 제약에도 불구하고 폼페이 선출직 관료들의 면면은 제법 다양했다. 가까스로 최소 재산 요건에 도달한 사람이나 상당한 재력가도 있고, 대대로 내려오는 토호 귀족이나 신흥 벼락부자도 있었다. 앞서 살펴본 바와 같이 아울루스 움브리키우스 스카우루스 집안은 가룸 판매로 큰돈을 벌어들인 신흥 졸부 집안이었고, 카이우스 율리우스 폴리비우스는 그 이름만으로도 황실 노예의 후손임을 알 수 있다. 앞으로 살펴볼 홀코니우스 루푸스 같은 인물은 폼페이 지방에서 대대로 권세를 누린 유서 깊은 집안 출신으로, 홀코니우스 가문은 토지를 통해 부를 축적한 전형적인 토호 귀족이었다.

수십 년 동안 학자들은 이런 다양성 속에서 일정한 패턴을 찾으려 노력해왔다. 예를 들면 신흥 부자가 유독 두드러진 활약을 보였던 시기를 찾아낼 수 있을까? 어쩌면 대지진 이후였을까? 그동안 뛰어난 인재들의 엄청난 노력이 이 문제에 투입되었지만 결론은 식상한 사실 한 가지뿐이었다. 대대로 폼페이에서 살아온 몇몇 명문 귀족이 기원전 1세기 초부터 베수비오 화산 폭발 때까지 시의 정치적 실세로 활약했다는 것이다. 해당 시기 내내 신흥 가문에서는 많은 공직 인물을 배출했으며 그중 절반은 조영관과 두오비리에 오르기도 했지만 폼페이 상류층으로서의 안정적인 기반을 다지지는 못한 것으로 보인다. 말하자면 폼페이는 신구 세력이 융합된 사회였음에도 불구하고 구세력이 우위를 차지했다.

드물기는 하지만 두오비리 중 한 명은 지역 주민이 아니라 외지인이었다. 지역 거주라는 규정에 어긋나는 경우였지만 그가 황제 또는 황족이었기 때문에 문제가 되지는 않았을 것이다. 그 해당 인물인 칼리굴라는 두 번에 걸쳐 폼페이 두움비르를 지냈는데, 한 번은 티베리우스 황제 시절인 서기 34년이었고 또 한 번은 황제가 되고 나서 6년 뒤였다.(특히 첫 번째인 서기 34년 당시 칼리굴라는 거주 자격 요건에 위배되었을 뿐만 아니라 두움비르 연령 요건에도 한참 못 미치는 나이였다.) 칼리굴라가 암살당한 서기 41년 1월, 그는 폼페이의 두움비르 퀸퀜날리스 임기 중이었다. 그동안 그가 두움비르로서의 실질적인 업무를 수행했을 것이라는 생각은 환상에 가깝다. 그가 폼페이 두움비르나 두움비르 퀸퀜날리스로 있을 때마다 "사법권을 지닌 장관"이 추가로 임명되었기 때문이다. 황제가 확실하게 '믿고 맡길 만한' 경험 많은 인물이 주로 '장관'에 임명되었으며,

그들의 활약은 황제의 두움비르 직무 대행으로 그치지 않았다. 원형경기장 폭동 직후와 62년 대지진 직후에도 식민지 장관이 비상시국을 이끌었다.

그렇다면 칼리굴라는 왜 두움비르직을 맡은 것일까? 먼저 추진하고 나선 쪽은 어디였을까? 황궁일까 폼페이일까? 일각의 주장에 따르면, 이름뿐인 명예직일지라도 로마 중앙 정부는 황제나 황자를 지방 정부 구성원에 끼워 넣음으로써 지방의 상황을 파악하고 통제하려 했다. 말하자면 지방 도시 운영상에 어떤 위기가 발생했을 때 사후 징벌이나 난국 타개를 위한 방편이었다는 것이다. 아무 도움도 안 되는 미치광이 칼리굴라가 무슨 도움이 되었을까 싶으나 이름뿐이라도 황족의 존재는 지방 정부에 대한 감시와 개입을 한결 수월하게 해주었을지도 모른다. 그러나 황제나 황족의 이름이 두오비리에 오르는 것을 도시의 영광으로 생각하여 폼페이 쪽에서 먼저 발의했을 가능성이 높다. 해당 직책을 받아들이겠노라는 칼리굴라의 결정은 아마도 폼페이 지방 정부와 황실 관계자 사이의 세심한 협상 결과였으리라. 이는 오늘날 거리가 먼 방계일지라도 영국 왕실의 일원이 어느 학교의 바자회 참석을 약속할 경우, 배후에서 세심한 주의를 요하는 협상이 이루어지는 현상과 크게 다르지 않을 것이다.

시의원 중에도 더러 이례적인 임명에 따라 영예를 얻은 이들이 있었다. 어린아이에 불과한 누메리우스 포피디우스 켈시누스는 '입회비도 내지 않고' 불과 여섯 살의 나이에 오르도 회원이 되었는데, 이는 그의 돈으로 이시스 여신의 신전을 재건한 공적 덕분이었다. 적어도 명문에는 그렇게 적혀 있다. 이는 해방노예였던 아버지가 아들의 이름으로 기부함으로써 아들의 앞길을 닦아준 예로 짐작된다. 이처럼 지나치게 어린 나이에 시의원이 된 또 다른 인물이 있다. 그는 유서 깊은 토박이 상류층 가문의 자제인 데키무스 루크레티우스 유스투스로, 스카파티에서 발견된 묘지의 주인공이다. 그 또한 여섯 살 나이에 돈을 내지 않고 의원으로 지명되었다가 열세 살의 나이에 요절했다. 이들 '명예 회원'은 오르도 사이에서 온전한 권한을 행사하지는 못했을 것이다. 다른 지역에서 발견된 문서에 따르면 당시 시의원 사이에도 여러 등급이 있었으며, 어떤 이는 토론에서 발언권을 갖지 못했음이 암시되어 있다. 그럼에도 불구하고 10대 이전의 아동 회원이 있었다는 사실이 오르도에 대한 기존 관념을 흔드는 새로운 내용임에는 분명하다.

조영관, 두오비리, 시의원은 재산과 영향력과 권력의 측면에서 폼페이 최고의 자리였다. 그들은 도시의 지배계급, 시쳇말로 '데쿠리온 계급'을 형성했다.(시의원을 의미하는 라틴어 '데쿠리온decurion'에서 나온 단어다.) 그러나 폼페이의 실세들은 수도 로마의 부유한 실세들에 비해 한참 뒤처져 있었다. 폼페이에서는 10만 세스테르티우스 정도면 출마할 수 있지만 아우구스투스 황제 이래 수도 로마에서 원로원 의원이 되려면 그보다 열 배나 되는 액수가 필요했다. 로마 사회 위계질서의 최고봉이라 할 수 있는 원로원 의원 가운데 이탈리아 지방 도시 출신도 상당히 있었으나 폼페이 출신이거나 폼페이에 가문을 둔 인물은 아직까지 밝혀지지 않았다. 그리고 원로원 의원 중에서 폼페이 인근에 멋진 해변 별장을 소유한 이는 있었지만 이곳이 고향인 의원은 없었다.

이러한 사실이 폼페이 시민들의 영향력 또는 수도 로마와의 미미한 유대관계를 의미하는 것은 아니다. 폼페이 사람들이 동맹시 전쟁 와중에 로마 시민권을 얻은 뒤 그리고 초대 황제 아우구스투스(기원전 31~서기 14) 치하에서 확립된 1인 통치가 사실상 수도의 민주주의 선거를 짓밟아버리기 전까지만 해도 폼페이 주민들은 로마에서의 선거와 입법 과정에 투표할 자격을 지니고 있었다. 물론 투표를 하기 위해 로마까지 가야 하는 수고를 감수했을 때의 이야기다. 폼페이 주민은 대부분 '메네니아 부족'과 같은 유권자 집단에 등록되어 있었으며, "아울루스의 아들, 메네니아 부족의 일원이자 사법권을 지닌 두움비르인 아울루스 움브리키우스 스카우루스"와 같은 식으로 죽은 지 한참 지났어도 공식 명칭에 포함되어 있었다. 그러나 폼페이 주민들 중 일부는 로마 중앙 정부 실력자들과 긴밀한 유대관계를 맺고 있었다. 지금부터 마르쿠스 홀코니우스 루푸스라는 인물의 이력을 통해 이 부분을 살펴볼 예정이다. 아우구스투스 황제 치하에 살았던 홀코니우스 루푸스는 폼페이 두움비르를 다섯 번이나 지냈을뿐더러 그보다 높은 두움비르 퀸퀜날리스도 두 번이나 지냈으니 대단히 성공한 인물이었다. 그의 가문은 전통적인 시의원 집안은 아니었지만 독자적인 상표를 가진 포도주 생산으로 이름을 떨친 유서 깊은 집안이었다.(플리니우스는 '호르코니안Horconian' 혹은 '홀코니안Holconian' 포도주를 폼페이 특산물로 언급했다.) 홀코니우스 루푸스는 아마도 지금까지 밝혀진 인물 가운데 가장 성공한 폼페이 주민이자 막대한 영향력을 지녔던 사람으로 확인되고 있다.

실물 크기의 대리석으로 조각된 마르쿠스 홀코니우스 루푸스의 입상은 현재 나폴리국립고고학박물관에 있지만 한때는 아본단차 대로의 교차로에 있었다.(사진 71) 작은 광장이라 할 수 있는 이곳은 아본단차 대로에서도 가장 넓은 구역으로, 그 옆에는 스타비아 목욕탕과 커다란 아치가 있었다. 이 아치에는 그의 가문에서 배출된 다른 인물들의 석상도 있었을 것이다. 중앙광장에서 멀지 않은 이곳은 시의회에서 감사의 마음으로 (혹은 신중한 계산으로) 다른 중요 인물과 로마 고위층의 석상을 세워둔 장소이기도 하다. 광장에서 가장 눈에 띄는 자리는 황제와 황족들의 석상이 차지하고 있고, 지역 명사들의 석상은 혹여 황족보다 눈길을 끌세라 주변으로 배치되어 있다. 그러나 홀코니우스 루푸스는 나머지와는 살짝 떨어진 자리에 외따로 있다는 인상을 주는데 이런 위치 때문에 난리통에도 조각상이 사라지지 않고 남겨지지 않았을까 싶다. 베수비오 화산 폭발 이후 로마 구조대는 곧장 중앙광장의 조각상들로 직행했던 듯하며, 이 때문에 현대 고고학자들이 찾아낼 조각상은 거의 남아 있지 않았다. 그들이 홀코니우스 루푸스의 조각상을 빠뜨린 이유는 조각상이 모여 있는 곳에서 조금 떨어진 지점에 있었기 때문으로 풀이된다.

위풍당당한 군인 형상인 그의 입상은 세심하게 공을 들인 흔적이 역력한 흉갑에 망토를 두르고 있는데, 원래 오른손에는 창이 들려 있었다. 1850년대 처음 발견된 순간에는 채색된 흔적까지 남아 있었다. 망토는 붉은색이었고, 흉갑 아래로 보이는 튜닉은 흰색에 끝부분만 노란색이었으며, 신발은 검은색이었다. 전체적으로 대단히 훌륭한 작품이 아닐 수 없다. 유일하게 눈에 거슬리는 부분은 몸체에 비해 작은 편인 두상으로, 왠지 조화롭지 못한 인상을 준다. 실제로 이 두상은 몸통에 맞는 짝이 아니다. 지금 우리가 보는 석상의 머리는 (어디까지나 추측이지만) 62년 지진 이후 교체한 것으로 추정되는데, 꼼꼼히 들여다보면 다른 석상의 머리를 떼다 홀코니우스 루푸스의 석상에 붙였음을 알 수 있다.

그렇다면 이런 고대판 신원 도용 사건에서 다른 사람의 목 위에 머리가 얹히는 굴욕을 당한 인물은 누구일까? 어느 독창적인 주장에 따르면 교체된 머리는 41년 암살된 이후 무용지물이 된 칼리굴라 황제 조각상의 일부로 보인다. 칼리굴라가 폼페이에서 두 번이나 두움비르를

71. 폼페이에서 가장 성공한 시민으로 꼽히는 마르쿠스 홀코니우스 루푸스의 조각상은 원래 스타비아 목욕탕 외곽에 놓여 있었다. 황제만큼이나 위풍당당한 모습이 인상적이다. 실제로 이 석상의 머리는 칼리굴라 황제의 석상에서 떼어다 붙인 것으로 보인다.

지낸 사실을 감안할 때 그의 조각상이 제작되었을 가능성이 높을 뿐만 아니라 교체된 두상을 세밀하게 조사한 고고학자들은 칼리굴라 특유의 머리 모양을 수정한 흔적이 남아 있다고 주장한다. 암살로 생을 마감한 불명예스러운 황제의 두상을 재활용하는 발상은 다소 황당하지만 사실 로마 세계에서 이런 식의 '두상 교체'는 흔한 일이었다.

조각상은 나폴리국립고고학박물관으로 옮겨졌지만 기단 부분은 지금도 스타비아 목욕탕 외곽에 놓여 있어 홀코니우스 루푸스가 거쳤던 주요 관직이 상세히 소개된 명문을 볼 수 있고, 그가 폼페이의 두움비르를 여러 차례 지낸 사실도 확인할 수 있다. 그러나 명문의 '헤드라인'으로 부각된 부분은 그가 "대중의 요구에 따라 군사 호민관"을 맡았다는 내용이다. '군사 호민관'이란 로마 군대에서 젊은 장교들에게 내리는 직위다. 그런데 "대중의 요구에 따라"라는 말은 무슨 의미일까? 아마도 이 직위는 아우구스투스 황제가 현지인의 추천으로 하사한 일종의 명예직으로서, 그런 정황상 "대중의 요구에 따라"라는 표현이 덧붙여진 듯하다. 수도 로마의 경우 '군사 호민관'은 공식적으로 원로원 의원 다음으로 높은 '기사'의 직위이므로 당연히 받는 이에게는 대단한 영광이었고 황제 자신에게도 그에 상응하는 이득이 있었으리라. 로마 전기작가 수에도니우스는 『아우구스투스의 생애Life of Augustus』에서 이런 일반 정책을 이야기하면서 "아우구스투스의 목적은 존경할 만한 위치에 있는 인물을 적절히 공급하는 것"과 충성심 확보라고 덧붙였다.

이러한 영광 중에는 황제 혹은 황제 측근과의 정기적인 접촉이 포함되었을 것이다. 명문에는 홀코니우스 루푸스가 "식민지의 파트로네스"였다는 내용이 있는데, 이는 도시를 대표하여 수도 로마의 실세들과 협상하는 반관반민半官半民의 역할을 뜻한다.(예를 들면 황제나 황제의 아들이 폼페이의 두움비르로 임명될 때 그가 중재하고 처리하곤 했을 것이다.) 마지막으로 홀코니우스 루푸스는 폼페이의 '아우구스투스 사제'였다. 초대 황제 아우구스투스는 죽기 전까지도 신에 가까운 종교적 특권과 명예를 누렸는데 이곳 폼페이에서는 충직한 홀코니우스 루푸스가 아우구스투스 숭배와 관련된 제반 업무를 관장했다.

다시 조각상으로 시선을 돌리면, 군인 복장이라는 점이 포착된다. 홀코니우스 루푸스가 군에 복무했으리라고 생각할 만한 근거는 없다. 다만 정교한 흉갑 장식은 홀코니우스 루푸스의 권위를 시각적으로 부각시킴으로써 실제 전투와는 무관한 군사 호민관의 직위를 강조한 듯하다. 그러나 수도 로마의 건축물이며 기념물에 익숙한 사람이라면 홀코니우스 루푸스의 조각상에서 아우구스투스 포룸을 떠올릴 것이다. 수도 로마 중심에 위치한 아우구스투스 포룸은 조각상, 미술품, 눈부시게 빛나는 유색 대리석으로 꾸며진 광대한 건축물 단지로서 아우구스투스가 지은 가장 호화로운 기념물 중 하나였다. 이곳 단지의 중심은 복수의 신 마르스 신전으로, 전쟁의 신인 마르스가 아우구스투스의 삼촌이자 양부인 율리우스 카이사르를 암살한 이들에게 복수를 안겨주었다는 의미를 지니고 있다. 아우구스투스 포룸에 있었을 마르스 신의 조각상은 현재 남아 있지 않다. 그러나 여러 편본의 모조품을 통해 홀코니우스 루푸스의 흉갑 디자인이 마르스 신의 흉갑을 모방한 것임을 알수 있다. 즉, 폼페이의 거물 홀코니우스 루푸스는 아우구스투스를 지키는 수호신의 복장을 본뜬 형상인 셈이다.

당연해 보이는 일이지만 홀코니우스 루푸스가 두움비르로서 후원한 몇몇 건축물을 보면 아우구스투스 황제의 철학과 정책이 반영되어 있다. 홀코니우스 루푸스가 세 번째 두움비르 재임 기간에 아폴로 신전의 증축 작업을 진행했다는 사실은 앞에서도 언급한 바 있다. 남겨진 명문을 보면 벽을 올리는 과정에서 인접한 건물의 일조권 침해에 대한 보상으로 홀코니우스 루푸스와 동료가 해당 건물 주인에게 3000세스테르티우스를 지불했다는 기록이 있다.(이 건물 주인은 처음에 공사를 반대한 모양이다.) 나중에 홀코니우스 루푸스는 (형제 또는 아들인) 마르쿠스 홀코니우스 켈레르와 함께 기원전 2세기에 건설된 대극장을 수리하는 공사를 계획하는데, 이는 훨씬 규모가 크고 비용이 많이 드는 일이었다.(평면도 16) 원래 건물 정문에 있었을 명문들에는 그들이 "사비를 들여 지붕덮인 주랑, 칸막이한 특별석 및 객석"을 만들었다고 적혀 있다.

이런 목록만으로는 무엇이 달라졌는지 확실히 파악하기 어렵다. 그러나 좌석 수가 늘어났을 뿐만 아니라 재단장된 지붕 있는 주랑이 (가난한 시민, 노예, 여자들에게 배정된) 위층의 신규 좌석과 아래층의 특별석을 효과적으로 나누는 기능을 했을 것이다. 건물 밖에서 곧장 위층 좌석으로 올라가도록 설치된 별도의 계단 입구는 한눈에 봐도 허름한 반면 상류층 남자들의 차지인 아래층 좌석은 고급스럽다. 이는 극장 관객을 계급에 따라 면밀히 분리하려는 아우구스투스 황제의 정책에 따른 개축 공사였다. 더욱이 좌석 구분은 훨씬 더 엄격해서 오늘날의 극장에서처럼 가격이 아니라 법으로 구분되었다. 극장에서 홀코니우스 루푸스뿐만 아니라 아우구스투스 황제를 기리는 명문들이 발견된 사실은 결코 우연이 아니다.

이는 황제의 의도 그리고 로마 중앙 정부의 정책 변화가 홀코니우스 루푸스처럼 양쪽 진영에 발을 걸치고 있는 중재자를 통해 어떻게 변방의 폼페이에서 실현되었는지를 보여주는 좋은 예다. 또한 집안의 성공이 어떻게 대물림되는지를 가늠할 수 있는 단서이기도 하다. 홀코니우

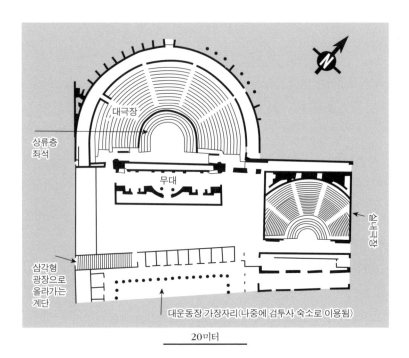

상류층
좌석

대극장

무대

삼각형
광장으로
올라가는
계단

대운동장 가장자리(나중에 검투사 숙소로 이용됨)

20미터

평면도 16. 대극장과 주변 건물 평면도. 대극장은 아우구스투스 황제의 정책에 따라 마르쿠
스 홀코니우스 루푸스가 복원하고 증축한 건물이다. 앞쪽은 상류층 남성들의 좌석으로, 이
들의 자리와 뒤쪽 일반인 자리는 신중하게 분리되어 있다. 건물 옆에는 지붕이 덮인 실내극
장과 검투사들이 이용했던 대운동장이 있으며(사진 94), 위쪽으로는 옛 '미네르바와 헤라
클레스 신전'이 있는 삼각형 광장이 있다.

스 루푸스가 자신과 아들인 켈레르의 이름으로 대극장에 거액을 기부
함으로써 홀코니우스 가문의 미래를 보장하고자 했다면 그 뜻을 이룬
것으로 보인다. 폼페이에서 치러진 마지막 선거에서 두움비르에 출마한
마르쿠스 홀코니우스 프리스쿠스라는 후보자는 그 이름으로 보아 홀코
니우스 루푸스의 손자 아니면 증손자일 가능성이 높기 때문이다.

# 상류층 남성이 전부는 아니었다?

선거 벽보의 내용, 기부에 관한 기록, 두오비리와 조영관의 명단을 보면 폼페이의 주요 인사는 모두 상류층 남성이었다는 인상을 갖게 된다. 어떤 의미에서 이는 공식적인 사실이다. 재산 요건을 충족하지 못한 사람 그리고 부자라도 해방노예들은 주요 공직을 얻을 수 없었으며, 여성은 고귀한 집안 출신에 야망과 능력을 겸비했어도 도전이 불가능했다. 그러나 사회적 서열이 낮은 계층일지라도 집단적으로 폼페이 정치에 영향을 끼쳤다는 단서들이 꽤 남아 있으며, 적지 않은 영향력을 지녔던 폼페이 도심의 일부 지도층 여성에 관한 증거도 버젓하다.

최근 폼페이 외곽인 스카파티에서 발견된 가족 묘지 이야기로 돌아가 보자. 이곳에 묻힌 가족 구성원들 중에서 가장 성공한 인물은 마르쿠스 홀코니우스 루푸스처럼 로마 기사의 직위를 가지고 있었다.(이름이 기록되어 있지는 않지만 아마도 데키무스 루크레티우스 발렌스일 것이다.) 직위를 하사한 인물은 티베리우스 황제였다. 발렌스는 검투사 경기에 후한 액수를 기부한 후원자였고, (지금쯤은 독자들도 예측하고 있겠지만) 명문의 표현에 따르면 "이런 관대한 기부에 대한 답례로" 시의회에서는 그의 장례식(현재 명문에서 단어 자체는 지워져버렸지만), 묘지, 송덕문과 기마상 제작에 공금을 지원하기로 결의했다.

여기까지는 그리 놀라울 것이 없다. 그러나 명문에는 시의회뿐만 아니라 그에게 경의를 표하기로 결의한 다른 집단에 대해서도 소개하고 있다. 아우구스탈레스와 시종들이 그를 기리는 입상을 제작하기로 결의했고, 나테스nates와 스카빌리아리scabiliari도 마찬가지였다.(아우구스탈레스 옆에 다른 집단이 명기된 것으로 보이는데 안타깝게도 지금은 거의 알아볼 수가 없다.) 이미 앞서 언급되었던 포렌세스forenses는 그를 위해 '방패'를 기부하기로 했다.(그의 초상을 새긴 방패를 제작했다는 의미다.) 나테스와 스카빌리아리의 정체에 대해서는 이런저런 추측이 제기되고 있으나 아직까지는 미지의 대상이다. 가장 개연성 있는 추정은 스카빌리아리가 극장의 '딱따기 치는 사람들'을 지칭한다는 것이다. 스카빌리아리라는 단어는 라틴어 스카벨룸scabellum과 종종 연관되는데, 스카벨룸이란 발로 밟아서 소리를 내는 커다란 캐스터네츠로 팬터마임 등에 자주 사용되었다. 그렇다면 나테스는 방석장수일 가능성이 있다. 딱딱한 석조 의자에 장시간 앉아 있노라면 방석만큼 요긴한 상품도 없었을 것이다. 그러나 이것은 나티스 혹은 나테스라는 단어가 '엉덩이'를 의미한다는 데서 나온 추론일 뿐이다.

그들이 어떤 집단인지와 무관하게 한 가지 확실한 사실이 있다. 시의회 이외에도 도시 내의 많은 단체와 조직이 지역 명사에게 경의를 표하는 데 관심을 가지고 있었을 뿐만 아니라 그에 따른 현금 조달 능력과 더불어 그러한 결정을 내릴 제도적 구조를 갖추고 있었다는 점이다. 루크레티우스 발렌스의 기념비에서 확인된 조직들 외에 벽면에 단편적으로만 남아 있는 글에도 두어 개의 지역 협회가 등장한다. 노예, 해방노예, 자유민 출신이 뒤섞인 '주재자'와 '추종자'들의 기록이 있는데 그중 어떤 대목에는 기원전 40년대라는 시기가 명확히 새겨져 있다. 아마도 교차로 및 사당과 관련된 협회가 아닐까 싶다. 다른 곳에서는 '아우구스투스 번영 교외 지구'라는 단체도 등장하는데, 자체 임원을 두고 있을 뿐만 아니라 극장 좌석 비용을 지원했다는 후원 내용이 담겨 있다. 일부 학자는 '아우구스투스 번영 교외 지구'가 기본적으로는 교외 선거구였으며 별도의 사회적, 제도적 기능을 발전시킨 것이라고 추정해왔다. 그러나 이 조직이 기원전 7년에 재편된 것으로 보이는 점에 근거하여 그 존재 의미와 기능을 다르게 해석하는 이들도 있다. 기원전 7년은 정확히 아우구스투스 황제가 로마 지방 조직을 재편한 시기로, 황제에 대한 지방 조직의 충성을 강화하는 방향으로 조정되었다. 그렇다면 '아우구스투스 번영 교외 지구'에 로마의 입김이 작용했던 것은 아닐까? 9장에서 살펴보겠지만, 상대적으로 신분이 낮은 주민들로 이루어진 조직이 종교 차원의 로마 황제 숭배에 관여한 사실을 참고할 필요가 있다.

짐작하겠지만, 오르도 아래 계층으로 내려갈수록 단서가 워낙 빈약해서 그들 집단이 정확히 무엇을 했으며, 어떻게 구성되었는지, 과연 얼마나 '공식적인' 활동을 했는지 밝히기 어렵다. 예를 들어 나테스가 일부의 주장대로 '방석장수'라면 이들과 포렌세스의 지위는 약간의 차이가 있었을 것으로 추정되지만 정확히 어떤 차이였는지는 알 수 없다. 심지어 일부 집단은 합법과 불법의 경계선상에 있었던 것처럼 보인다. 예컨대 역사가 타키투스는 원형경기장 폭동 이후 로마 중앙 정부가 '불법 집단'을 해체했다고 말하는데, 이들은 과연 어떤 집단이었을까?

이처럼 오르도 이외에 이런저런 집단이며 단체 그리고 조직과 관련된 구체적인 사항은 온통 흐릿하고 불분명하다. 그러나 많은 사람이 다양한 조직을 형성했다는 사실만큼은 의미 있을 뿐만 아니라 이들 조직이 상류층 조직과 유사한 원칙으로 운영되었고 때로는 비슷한 역할을 했다는 사실도 의미심장하다. 예를 들면 조각상 설립이든 극장 수리든 각종 기부활동은 이런 조직들에게도 중요한 일이었다. 결국 폼페이는 모든 계층에서 기부가 중시되고 실제로 실천되는 일종의 '기부사회'였다.

이런 단체나 집단 가운데 가장 중요한 곳은 아우구스탈레스였던 듯하다. 아우구스탈레스는 데키무스 루크레티우스 발렌스가 죽었을 때 그에게 경의를 표한 집단들 중 하나로, 사실상 '해방노예들의 오르도'라고 할 수 있었다. 폼페이 내에서만 보면 아우구스탈레스라는 집단에 대한 증거는 매우 단편적이다. 개별 구성원에 대해서는 많은 증거가 있지만 아우구스탈레스가 어떤 조직이었는지를 말해주는 전체적인 증거는 거의 없다. 따라서 이번에도 다른 도시에서 밝혀진 사실들을 종합하여 전체 그림을 그릴 수밖에 없다. 명칭을 보면 아우구스투스와 후대 황제들에 대한 종교적 숭배와 관련되어 있음이 확실하지만 그들의 역할을 좁은 의미의 '사제단'으로 한정하기에는 무리가 있다. 왜냐하면 대부분의 도시에서 아우구스탈레스는 연회나 건축 공사 후원에 관여했고, 심지어 일원이 되기 위해 오르도처럼 입회비를 내야 했던 것으로 보이기 때문이다.

폼페이 외곽의 묘지에는 생전에 아우구스탈레스였던 이들을 기리는 대형 묘비들이 보인다. 이는 그들이 폼페이에서 재력과 권력을 누렸음을 뜻한다. 특히 해방노예 출신이 확실한 카이우스 칼벤티우스 퀴에투스를 기리는 묘비에는 "그의 관대한 기부 덕분에", "시의회의 결정과 대중의 동의로" 비셀리움에 앉는 영예를 얻었다고 자랑하고 있다.(사진 72) 비셀리움은 도시 유명 인사에게 제공되는 극장 내의 특별석, 즉 특별한 경의를 표하는 좌석이다. 고대 폼페이에서 마르쿠스 홀코니우스 루푸스 같은 대대로 내려오는 명문 귀족 출신이 카이우스 칼벤티우스 퀴에투스 같은 해방노예 출신 졸부를 어떻게 대우했는지는 알 길이 없으나, 적어도 죽은 뒤에는 폼페이 최고의 명문 귀족과 해방노예 출신 졸부 사이의 차별을 찾아볼 수 없다. 폼페이는 분명 신분과 서열을 중시하는 사회였으나 소위 '데쿠리온 계급' 이외의 사람에게도 다양한 출셋길이 열려 있었고, 개인의 노력과 업적에 따라 사후에도 충분한 영예를 누릴 수 있었다.

그러나 우리는 폼페이가 남성 중심의 계급사회라는 고정관념을 깨는 가장 놀라운 기념물을 중앙광장에서 볼 수 있다. 광장 동남쪽 모퉁이에 있는 도시에서 가장 큰 이 건물은 아우구스투스 황제 시대에 세워졌다.(평면도 14, 사진 73) 중앙광장의 다른 건물과 마찬가지로 이곳의 기능 또한 오랫동안 논란의 대상이었다. 시장? 노예시장? 다목적 홀? 다양한 의견이 제시되고 있지만 합의점을 찾기는 쉽지 않을 듯하다. 그러나 해당 건물이 무엇으로부터 영감을 받아 설계되고 건축되었는지는 논란거리가 아니다. 건물 정면에 놓인 두 개의 석상이 로마 아우구스투스 포룸

72. 폼페이 밖으로 나가는 길가에 세워진 해방노예의 무덤. 비문에는 카이우스 칼벤티우스 퀴에투스가 시의회의 결의와 시민의 동의로 얻은 각종 영예가 열거되어 있다. 죽음에 관한 한 유서 깊은 폼페이 명문 귀족과 신흥 졸부 사이의 차이점을 찾기 어렵다.

의 작품을 모방했다는 사실을 앞서 소개했듯이, 소용돌이치는 아칸서스[지중해 연안 지방에 자생하는 가시가 있는 다년초 식물] 문양과 각종 조각으로 장식한 대리석 문틀은 당시 수도 로마에서 유행하던 양식을 그대로 반영하고 있다. 또한 아우구스투스 황제를 기리는 유명한 기념물인 평화의 제단 문틀과도 무척 흡사하다. 어느 미술사가는 아우구스투스 황제의 아내 리비아가 로마에 세운 거대한 포르티코와 비슷하다고 분석했다.

이는 여러모로 적확한 비교가 아닌가 싶다. '에우마키아 빌딩'이라고 알려진 이곳 역시 한 여성의 후원으로 건설되었기 때문이다. 현관 두 곳

73. 19세기 발굴 당시에 제작된 에우마키아 빌딩의 상세 모형으로, 현재 나폴리국립고고학박물관에 전시되어 있다. 건물 오른쪽으로 아본단차 대로가 있고, 중앙에는 에우마키아 빌딩의 토대인 넓은 뜰이, 아래쪽에는 중앙광장에 늘어선 기둥들이 보인다.

에 있는 명문에는 폼페이 명문 귀족의 딸로 태어나 다른 명문 귀족 가문과 결혼한 여사제 에우마키아가 "자신과 아들의 이름으로 (…) 자비를 들여" 건물을 지었다고 밝히고 있다. 아나나 다를까 건물 한쪽에는 축융공들의 지원 자금으로 세운 에우마키아의 조각상이 있다.(사진 74) 축융공들이 돈을 댔다는 점에 근거하여 건물 전체가 방직공들을 위한 공간일 가능성을 제시하는 이들도 있다. 사실 에우마키아라는 여성에 대해서는 밝혀진 내용이 거의 없다. 그녀가 이 기념비적인 건물을 건설하기까지 배후에서 진행된 여러 결정과 절차, 구체적인 건물 설계 등에 얼마나 깊숙이 그리고 적극적으로 관여했는지에 대해서도 추측만 가능할 뿐이다. 아들의 출세를 위해 이와 같은 대공사를 계획했을 가능성도 농후하다. 그러나 한 가지만은 확실하다. 완성된 건물에 에우마키아라는 이름이 선명하게 남아 있다는 것이다. 이는 대극장 수리 및 증축 공사를 후원한 마르쿠스 홀코니우스의 인장이 대극장에 찍혀 있는 경우와 차이가 없다. 또한 에우마키아가 이 건축으로 수도 로마의 문화를 폼페이로 들여오는 전달자 역할을 했다는 점도 마르쿠스 홀코니우스와 비슷하다. 사실 폼페이에서 자신의 이름을 걸고 통 큰 기부를 했던 여성은 에우마키아뿐만이 아니었다. 중앙광장에서 발견된 다른 명문을 보면 그곳 주요 건물 중 하나가 마미아리는 다른 여사제의 업적임을 분명히 밝히고 있다.

그렇다고 해서 폼페이에서 여자들이 누린 권력을 과대평가하는 우를 범해서도 곤란하다. 여사제 역시 공적인 지위이기는 하지만 두움비르가 되는 것과는 확연히 다르기 때문이다. 또한 기부 행위는 거액일지라도 공식 권력을 갖는 것과 거리가 있었다. 이런 한계에도 불구하고 에우마키아는 폼페이라는 도시에서 공적인 명성을 얻는 여러 방법 중 하나를

74. 에우마키아가 중앙광장에 세운 건물에 있는 그녀의 석상. 차림
새가 수수한 이 여인의 통 큰 기부 덕분에 폼페이에서 가장 큰 건물
중 하나가 중앙광장에 건설되었다.

성공적으로 수행한 인물인 것만은 분명하다. 다시 말해 그녀는 폼페이에서 '성공한 인물' 가운데 한 명이었다.

7장

육체의 쾌락
: 음식,
포도주,
섹스,
목욕

# 전채 요리용 겨울잠쥐

1950년대 중반, 폼페이 원형경기장에서 멀지 않은 작은 주택에서 흥미로운 도기가 하나 발굴되었고, 곧 '겨울잠쥐 단지'로 확인되었다.(사진 75) 단지 내부를 보면 벽면을 따라 소용돌이 형태의 골이 나 있는데, 이것은 안에 사는 겨울잠쥐가 오르락내리락하는 통로였다.(요즘으로 치면 다람쥐 쳇바퀴의 기능에 해당된다.) 입구에서 가까운 내부 벽면에는 먹이를 채워주는 두 개의 먹이 칸도 만들어져 있다. 또한 단지 옆면과 바닥에는 작은 구멍들이 있어서 통풍과 약간의 빛도 들었을 것이다. 단지는 위쪽으로 뚜껑을 덮게 되어 있는데, 겨울잠쥐가 밖으로 나오지 못하게 하는 동시에 겨울잠쥐의 생체시계에 혼란을 주는 기능도 했을 것이다. 즉 동면에 들지 못하도록 뚜껑을 열어놓거나 잠을 재워야 할 때는 뚜껑을 덮어 어둡게 했을 것이다.

이런 식의 재구성이 아무래도 의심스러울지도 모르겠다. 하지만 이상하게 생긴 단지는 기원전 1세기의 어느 작가가 로마의 농업에 대해 이야기하면서 "겨울잠쥐를 단지에 넣고 통통하게 살찌운다"라고 언급한 내용과 거의 일치한다. "많은 사람이 집 안에 이 단지들을 두어 키웠다. 옹기장이들은 이런 단지를 특별한 형태로 제작했는데, 내벽에 길을 내고 먹이를 담아두는 칸도 만들어 그 안에 도토리·호두·밤 등을 넣을 수 있게 했다. 뚜껑을 덮어두면 동물들은 어둠 속에서 살이 오른다." 이러한 단지는 폼페이와 인근 지역에서도 몇 개 발견되었다. 이런 정황으로 볼 때 토실토실 살이 오른 겨울잠쥐가 로마의 별미 요리였다는 데는 의심의 여지가 없을 듯하다. 현재까지 남아 있는 로마 시대 요리책에도 속을 채운 겨울잠쥐 요리법이 소개되어 있다.(서기 5세기 혹은 6세기에 편찬된 이 책의 저자는 아우구스투스 황제 시대의 미식가로 유명한 아피키우스라고 알려져 있다. 그러나 그는 책이 편찬되기 몇 세기 전의 인물이므로 이 책과는 무관해 보인다.) 책에는 "돼지고기소와 고추, 견과류, 실피움[회향의 일종으로 추정된다], 가룸과 함께 다진 겨울잠쥐 고기를 빚어 만든다"고 되어 있다. 페트로니우스의 소설 『사티리콘』에서 중심 소재가 되는 트리말키오의 화려한 연회에서도 전채 요리에 "꿀을 얹고 양귀비 씨를 뿌린 겨울잠쥐"가 포함되어 있었다.

로마인들의 무절제하고 사치스러운 식습관은 오늘날 로마인의 모든 생활문화 가운데 가장 유명해서 신화화된 측면도 있는데, 이 가엾은 동

75. 폼페이에서 발견된 겨울잠쥐 단지. 로마인들은 영화에서 보듯 실제로 겨울잠쥐 요리를 먹었다. 사진 속의 (높이가 20센티미터 정도에 불과한) 작은 단지에 겨울잠쥐를 넣고 뚜껑을 덮어 달아나지 못하게 해 놓고는 잡아먹기 전까지 살을 찌웠다. 내벽에 튀어나온 골은 요리될 동물이 운동을 하도록 만들어놓은 길이다.

물은 그러한 환상의 극히 일부일 뿐이다. 다양한 자세로 발가벗고 기대어 앉은 남녀가 주변에 늘어서 있는 노예들로부터 포도를 받아먹거나 가룸에 절여 속을 채운 은쟁반 위의 겨울잠쥐 요리를 먹는 호화판 로마 연회는 폭력과 스캔들이 난무하는 자극적인 영화를 비롯하여 TV 다큐멘터리에서도 익숙한 모습이다. 로마 요리의 기이한 측면들은 종종 학생들의 '토가 파티'에서 대담하게 모방되거나 비교적 수명이 짧은 레스토랑의 아이템으로 채택되었다.(이런 자리에 빠지지 않는 것이 바로 정통 로마 가룸의 어설픈 모조품인 멸치 액젓이거나 실물 대신 설탕으로 만든 쥐다.)

이번 장에서는 먹고 마시는 것부터 섹스와 목욕 등 폼페이 사람들이 즐겼던 다양한 오락거리를 살펴볼 예정이다. 논의가 진행될수록 (겨울잠쥐 단지에서 이미 확인했듯이) 현대 영화 등에 등장하는 로마인의 생활이 완전히 헛소문은 아니었음을 확인하게 될 것이다. 동시에 실제로는 무절제하고 선정적인 쾌락주의자라는 고정된 인식을 넘어 좀더 복합적이고 흥미로운 면모를 확인할 수 있으리라.

# 폼페이의 식생활

로마인들의 음식과 식습관이 신화화된 데는 로마인 자신들의 탓도 크다. 황제의 전기작가들은 지배자의 식사 습관을 중시해서 한껏 부풀려 쓰곤 했는데, 실질적으로 황실 연회는 황제가 손님들을 환대하는 자리였을 뿐만 아니라 로마 사회의 위계질서를 강조하고 부각하는 기회이기도 했다. 사실 여부는 확실치 않으나 기이한 취향을 지녔던 3세기 황제 엘라가발루스는 특히 음식을 색깔별로 제공하는(어떤 날은 모든 음식이 녹색이고 어떤 날은 파란색인) 만찬을 벌였다고 한다. 또한 자기는 멀쩡한 음식을 먹으면서 지위가 낮은 하객들에게는 분수를 지키라는 뜻으로 나무나 밀랍으로 만든 음식을 제공했다고 한다. 로마 상류층의 식사 규칙과 관습의 세세한 부분을 시시콜콜 언급한 로마 작가도 많았다. 대체로 그 내용은 이러하다. 여자는 남자와 마찬가지로 비스듬히 앉아 있어야 할까, 아니면 똑바로 앉아 있어야 할까? 카우치를 같이 쓰는 상황에서 가장 예의 바른 자세는 어떤 것인가? 만찬에는 몇 시에 도착하는 것이 예의 바른 행동인가?(그 답은 첫 번째 손님이 되어서도, 마지막 손님이 되어서도 좋지 않다는 것이다. 따라서 때로는 적당한 시기에 입장하기 위해 밖에서 서성이기도 했을 것이다.) 음식을 어떤 순서로 먹어야 하는가?

기대 밖의 기발한 요리작품에 열광하기는 예나 지금이나 마찬가지였다. 소설 속 트리말키오의 연회에서 반복적으로 언급된 농담은 어떤 음식도 겉보기와 다르다는 것이었다.(해방노예이면서 귀족인 체하는 트리말키오 자신처럼 말이다.) 수퇘지로 만든 어떤 코스 요리는 가장자리를 작은 돼지들로 두른 형태로 대접되었는데, 알고 보니 이 작은 돼지들은 케이크였고 중앙의 수퇘지를 가르자 안에서 개똥지빠귀 떼가 날아올랐다. 그만큼 신기하고 극적이진 않지만 비슷한 속임수를 활용한 기법이 아피키우스의 요리책에도 소개되어 있다. 특히 기억에 남을 만한 요리는 '멸치가 들어가지 않은 멸치 캐서롤'이다. 책에는 "식탁에 앉은 그 누구도 자기가 먹는 것이 무엇인지 눈치 채지 못할 것이다"라고 적혀 있는데, 어떤 종류의 생선이든 해파리나 알 등을 섞어서 만들면 만찬에 참석한 모두의 눈을 속일 수 있다는 뜻이었다.

더러 폼페이 벽화에는 로마인의 식생활에 대한 현대인의 고정관념에 딱 어울리는 사치스러운 파티 장면이 그려져 있다. '순결한 연인들의 빵집' 식당 벽화(전면사진 10)에는 깔개와 쿠션이 깔린 카우치에 비스듬히 앉은 두 쌍의 연인이 있다. 방탕한 모습이라고 말할 수는 없으나 다른 종류의 무절제함이 느껴진다. 우선 카우치 근처 두 개의 탁자에는 술과 술잔이 놓여 있으며 이미 술을 상당히 많이 마신 분위기다. 연인들 사이에 있는 세 번째 남자는 의식을 잃은 채 카우치에 널브러져 있고 뒤쪽의 여자도 몸을 가누기 힘든지 연인이거나 노예인 자의 부축을 받고 있다. 같은 방에 있는 다른 그림 역시 비슷하면서도 다른 광경을 보여준다. 야외를 배경으로 한 이 그림에는 차양을 드리운 카우치가 있고 한 노예가 커다란 그릇에 포도주를 섞고 있다.(예전에는 흔히 포도주와 물을 섞어서 마셨다.)

식당에서 발견된 그림 때문에 '트리클리니움의 집'이라 불리는 주택에서도 비슷한 소재를 다룬 벽화들을 볼 수 있다. 어떤 그림에는 막 도착하여 카우치에 앉은 남자의 신발을 벗겨주고 있는 노예가 보이고 그 옆에는 만취한 손님이 구토를 하고 있다.(사진 76) 손님들이 카우치에 앉아 공연을 감상하는 다른 그림에서는 인상적인 장식품 하나가 눈길을 끈다. 얼핏 보면 종업원 같지만 사실은 음식과 술이 담긴 쟁반을 들고 있는 젊은 남자의 청동 조각상이다.

그렇다면 폼페이의 실제 식당과 식사 문화는 이들 벽화의 이미지와

76. '트리클리니움의 집'에서 발견된 로마인들의 파티 그림을 19세기에 모사한 작품. 노예든 자유시민이든 시중을 드는 사람은 손님들보다 훨씬 작게 그려져 있다. 그러나 이들은 이런 행사에 없어서는 안 될 존재였다. 한 명은 손님의 신발을 벗기고 있고(왼쪽) 한 명은 만취한 손님을 돌보고 있다.(오른쪽)

부합했을까? 부분적으로는 그렇다. 이미 3장에서 살펴봤듯이 폼페이 상류층에게도 이런 분위기의 화려한 만찬은 특별한 경우에 한정되었으며 대부분의 식사는 일반 식탁에 앉거나 페리스틸리움 어딘가에 대충 차려놓고 급히 때우는 식이었다. 반면 몇몇 트리클리니움은 세세한 부분까지 공들여 호화롭게 장식한 흔적이 역력하다. 그 대표적인 경우가 정원을 바라보는 트리클리니움을 갖춘 '금팔찌의 집'으로, 눈부신 대리석 재료는 물론이고 졸졸 흐르는 물을 이용한 조경 시설까지 마련되어 있다.(사진 35) 폼페이 시내와 인근에서 가끔 발견된 은식기라든가 우아한 만찬 용품들 역시 우리의 고정관념이나 농담 그리고 상투적 표현에 등장하는 부유한 로마인의 만찬 모습을 연상케 하는 요소다.

'메난드로스의 집' 욕실 밑 지하 저장고에서는 (대부분이 식기인) 118점의 은제품이 발견되었는데, 천으로 곱게 싸서 나무상자 안에 간직되어 있었다. 재난을 피해 집을 떠나면서 주인이 보관해두었거나 (급히 포장한 흔적이 없는 것으로 보아) 집을 수리하느라 잠시 옮겨둔 것인지도 모르지만 세트로 맞춘 술잔, 접시, 공기, 숟가락이 포함되어 있었다.(나이프는 은보다 강한 금속으로 제작되었다.) 그중에는 두 개의 후추통 혹은 양념통도 있는데, '트리말키오식'의 가장假裝 기법인지, 하나는 작은 암포라 모양으로 다른 하나는 향수병 모양으로 만들어졌다.

19세기 말에는 폼페이에서 몇 킬로미터 떨어진 보스코레알레 근교에서 100점 이상의 은 제품이 발굴되었다. 베수비오 화산 폭발 당시 안전하게 보관할 셈으로 깊은 포도주통 안에 숨겨둔 게 아닐까 싶은데, 그 안에서 (주인 아니면 도둑일) 남자의 시체도 함께 발견되었다. 특별해 보이는 세트 중에는 역시 트리말키오의 연회를 떠올리게 하는 한 쌍의 술잔이 있었다. 소설 속에서 트리말키오는 은으로 만든 해골이 식탁 위에 오르자 "먹고 마시고 즐겨라! 내일은 죽을 테니"라는 짧고도 강렬한 노래를 부른다.(이 가사는 로마의 대중적인 교훈이다.) 아니나 다를까 보스코 레알레에서 발견된 한 쌍의 은잔에는 해골들이 유쾌한 파티를 벌이는 모습이 장식되어 있다.(사진 77) 해골 하나하나에는 박식한 그리스 철학자들의 이름이 붙어 있고 "쾌락이야말로 인생의 목표다" 등의 철학적인 문구까지 덧붙여놓았다.

폼페이 벽에 그려진 음주 및 만찬 장면 속의 물건이 발굴 유물과 정확히 일치하는 경우도 있다. 어느 호화로운 무덤 벽면에 그려진 은식기들은 '메난드로스의 집'에서 발견된 만찬 식기의 일부와 거의 똑같다. 더 인상적인 것은 '폴리비우스의 집' 커다란 방(한때는 식당이었으나 베수비오 화산 분출 당시에는 창고 혹은 보관소로 사용되었던 방)에서 발견된 받침대 없는 청동 조각상이다. 쟁반을 나르는 듯한 자세로 팔을 뻗고 있는 이 조각상은 기원전 6세기 그리스 조각 양식을 모방한 듯하다. 손에 들린 쟁반은 램프 받침이며 값비싼 등잔 받침대가 조각상 자체라고 주장한 학자도 있었지만 '트리클리니움의 집'에서 발견된 벽화에서 보듯이 음식을 들고 있는 일종의 '말없는 종업원'일 가능성도 충분하다. 다른 집에서 발견된 관련 유물을 보면 이런 가능성에 더욱 무게가 실린다. 벌거벗은 채 음경을 길게 늘어뜨린 네 명의 노인이 작은 접시 하나씩을 들고 있는데, 접시의 용도는 전채 요리나 한 입씩 먹는 앙증맞은 조각 음식들을 담아내는 것이다.(전면사진 12) 놀랍게도 이런 디자인은 현대에 부활하고 있다. 이탈리아의 유명 주방용품 회사에서는 달랑거리는 음경을 슬쩍 생략한 쟁반 모형을 제작하여 비싸게 판매하고 있다.

그러나 아무리 성대한 만찬일지라도 실제의 식사는 식당을 둘러싼 벽화 그림처럼 우아하거나 호화스럽지 않았을 만한 근거들도 있다. 어

77. 부자들의 만찬에 어울리는 재치 있는 메시지. 폼페이 인근 보스코레알레에서 발견된 이 은술잔은 유쾌하게 파티를 즐기는 해골들의 모습을 묘사하고 있으며, 옆에는 도덕적인 교훈을 새겼다.

쩌면 벽면의 그림들은 현실의 반영이라기보다는 이상적인 식사(구토를 포함한 모든 것)를 표현한 것인지도 모른다. 물론 깔개나 쿠션 등을 받침으로써 딱딱한 석조 카우치가 한결 안락해지기는 했을 것이다. 왼쪽 팔꿈치를 카우치에 괴고 반쯤 드러누운 채 오른손으로 음식을 먹는다는 발상이 우리에게는 아무래도 부자연스럽지만 반복되는 과정에서 익숙해졌을 것이다. 그럼에도 불구하고 현재 카우치가 남아 있는 폼페이 식당들을 볼 때 호화 만찬을 즐기기에는 다소 비좁아 보인다. 그중 최상급 트리클리니움 시설로 보이는 '금팔찌의 집'에서조차 웬만큼 날렵한 사람이 아니고서는 카우치에 오르는 것조차 쉽지 않았을 듯하다. 나무 계단 또는 노예라는 인간 계단의 도움을 받았을 수도 있으나 문제가 완전히 해소되지는 않았을 것이다. 더구나 지금의 기준으로 볼 때 세 명이 앉기에는 카우치가 지나치게 좁은 느낌을 떨칠 수가 없다. 폼페이 사람들도 아마 그렇게 생각한 모양이다. 발굴된 은식기 중에서 여러 종류의 그릇들이 세 쌍이 아닌 두 쌍으로 정리되어 있다는 점은 '하나의 카우치에 3인'이라는 원칙이 지켜지지 않았다는 암시로 보인다.

식사 시중에 관한 세부 사항 역시 수수께끼다. 규모 있는 응접실 등에 놓인 이동식 카우치는 공간에 융통성과 여유를 주었을 테지만 카우치가 '붙박이'인 트리클리니움은 그럴 수가 없다. 그런 공간에는 음식이며 음료를 놓아두는 탁자 역시 고정되어 있는 경우가 많았으며 탁자의 넓이도 아홉 개의 접시와 술잔 등을 놓으면 꽉 찰 만큼 협소했다.(심지어 카우치당 두 명씩 자리를 잡았다면 여섯 명만 모여도 술잔이며 접시를 놓기에 넉넉해 보이지 않는다.) 그렇다면 이동식 탁자와 시중을 드는 노예가 중요한 역할을 했을 텐데 문제는 그들이 들어올 만한 공간이 없다는 것이다. 특히 현대 레스토랑을 기준으로 생각해보면 시중 드는 사람이 식사하는 사람 뒤에서 돌아다니면서 음식과 음료를 채워주어야 하는데 그럴 공간이 없다.(아시다시피 카우치는 보통 벽에 붙어 있다.) 더구나 '금팔찌의 집'처럼 탁자도 없이 중앙에 연못이 있는 경우는 어떻게 음식을 먹었을까? 이에 대해서는 소 플리니우스가 남긴 기록이 좋은 참고가 된다. (구분의 편의를 위해 흔히 대 플리니우스로 불리는) 삼촌이 베수비오 화산 폭발 당시 현황을 살피러 갔다가 참변을 당한 반면 삼촌을 따라 나서지 않아 살아남은 소 플리니우스는 당시의 이야기를 편지로 남겨놓았다. 이 편지 중에 이탈리아 중부 토스카나 지방에 있는 본인 소유의 별장을 설명하는 대목이 있다. 그 내용에 따르면 별장에는 근사한 정원이 있고 정원 한쪽에는 식사 공간이 마련되어 있으며 식사 공간 앞에는 연못이 있었다. 연못의 물은 카우치 자체에서 솟구쳐 나오는 물줄기로 채워졌다. 식사를 할 때는 연못 가장자리에 커다란 접시들이 놓이며 작은 접시와 곁들임 음식들은 물에 띄워놓았다. 아마 '금팔찌의 집'에서도 그러한 원리가 적용되었으리라. 이론적으로 이러한 설비며 준비 방식이 훌륭해 보이기는 하지만 실제로는 물줄기에서 튀어나오는 물방울 때문에 초대 손님들이나 음식이 축축했을 것이다.

그렇다면 이처럼 시설이 고정되고 제한된 식당에서 대접된 음식의 종류에 대해 의문이 생기지 않을 수 없다. 『사티리콘』의 저자 페트로니우스한테 영향을 받은 우리는 화려한 음식이 담긴 대형 접시들부터 떠올리는 경향이 있다. 그러나 수퇘지 속에 살아 있는 새들을 넣은 요리는 사치스러운 여러 요리 중 하나일 뿐이다. 폼페이에서 발견된 일부 조리기구를 보면 트리말키오가 연회에서 내놓은 것만큼 현란하지는 않아도 상당히 복잡하고 정교한 요리가 가능해 보인다. 조리 도구의 종류는 대형 냄비를 비롯하여 프라이팬, 체, 거르개, 무스를 만드는 정교한 틀 등이었다.(특히 모형을 만드는 틀 중에는 요즘 젤리 틀과 놀라울 정도로 유사한 것도 있다. 유독 귀가 커다란 토끼 모양, 뚱뚱한 돼지 모양 등이 그렇다.)(사진 78) 하지만 이런 도구들은 이동식 카우치가 있는 넓은 공간에서나 활용되지 않았을까 싶다. 아무리 호화롭고 우아하게 꾸며진 트리클리니움이라도 좁은 곳에서는 복잡하고 화려한 요리를 제공할 수 없었을 것이다. 공간은 좁은 데다 한쪽 손으로만 음식을 먹는 상황을 감안할 때 간단하거나 크기가 작은 음식, 즉 한 입 그기로 만든 음식이 나오지 않았을까? 오늘날의 샌드위치처럼 손으로 집어먹을 수 있는 간단한 음식 이상의 풍성한 식사가 불가능했다면 결국 영화 속의 화려한 로마 연회 이미지는커녕 비좁고 불편한 장면이 상상될 뿐이다.

가난한 사람들에게 이러한 트리클리니움의 환경적 제약이란 고려할 필요조차 없는 문제였다. 그들은 속을 채운 수퇘지나 꿀에 절인 겨울잠 쥐 같은 요리는 꿈도 꿀 수 없었을 테니 말이다. 트리클리니움 식사란 부유한 사람들을 위한 것이었으며, 그들보다 덜 부유하지만 가끔은 '순결한 연인들의 빵집' 식당 같은 공간에서 돈을 지불하고 특별한 식사를 즐기는 사람들을 위한 것이었다.(다만 '순결한 연인들의 빵집'의 식당은 마구간과 제분소 사이, 즉 결코 매력적이라고 할 수 없는 장소에 있다.) 대다수 폼페이 주민의 일상 음식은 화려함과는 거리가 멀었다. 실제로 그들의 식단은 빵, 올리브, 포도주, (요즘으로 치면 체다보다는 리코타에 가까운) 치즈, 과일, 콩류, 몇몇 텃밭에서 키운 채소가 주재료인, 건강에는 좋지만 늘 똑같은 메뉴가 반복되는 풍경이었을 것이다. 가끔은 (지금보다 오염이 덜 된 나폴리 만에서 잡힌) 생선이 식탁에 오르거나 드물게 육류를 먹기

78. 폼페이에서 발견된 연회용 조리 도구들. 아래 바닥에는 대형 양동이와 통이 있다. 위의 선반에는 좀더 정교한 조리 도구들이 있는데 국자, 얕은 냄비, 틀, 달걀반숙기로 보이는 것 등이다.

도 했다. 가장 흔히 먹는 육류는 역시 돼지고기로, 아마도 큼직한 고깃 덩어리보다는 소시지나 블랙푸딩 형태로 먹을 때가 많았을 것이다. 또한 가끔 맛보는 양이나 염소고기, 닭고기나 계란이 식탁을 다채롭게 해주었을 것이다.

그나마 이러한 식단은 제법 규모 있는 저택의 발굴 과정에서 확인된 고기 분포의 추정으로, '베스타 여사제의 집'을 1년 동안 조사한 결과 약 250개의 동물 뼈가 발견되었다.(정확히 어떤 동물인지 확인되지 않은 뼈는 1500개가 넘는다.) 그중에서 70퍼센트는 돼지 뼈였고 양이나 염소 뼈는 10퍼센트를 조금 넘었으며 소뼈는 2퍼센트였다. 이는 어디까지나 개략적인 수치로, 어떤 동물들은 실제보다 적게 파악되었을 것이다.(12개로 확인된 닭뼈는 아무래도 너무 적은 듯하다.) 또한 '미확인' 분량이 무척 많기 때문에 확실한 결론을 도출하기에는 무리가 있다. 그럼에도 불구하고 이 조사는 로마 세계에 대한 전반적인 고찰에서 검증된 사실, 즉 돼지고기가 가장 흔한 육류였다는 증거와 일치했다. '빌라 레지나'의 수리 중인 방에서 발견된 새끼 돼지를 기억하는가? 아마도 그 새끼 돼지는 저녁 식탁에 오를 운명이었을 것이다.

한편 폼페이 일반 가정의 기본 식단을 말해주는 생생한 메모 형태의 기록이 도심지 주택(주점과 연결되어 있는 어느 주택)의 아트리움 벽에서 발견되었다. 모년 모월에 8일 동안 구입한 식품 및 생필품 목록과 가격이 깔끔하게 정리되어 있었는데, 그런 메모가 흔히 그렇듯 목적을 짐작하긴 어렵다. 시기도 확실치는 않지만 대략 베수비오 화산 분출이 발생하기 얼마 전이었을 것으로 추정된다. (거주자이거나 손님일 수도 있는) 누군가가 자신의 최근 지출 내역을 기록해둔 것이리라. 구매 목록에 적힌 모든 라틴어를 해석할 순 없었지만 8아스짜리 'sittule'란 단어는 양동이가 아니었을까 싶다.(4아스는 1세스테르티우스.) 1아스인 'inltynium'은 등잔, 1데나리우스(즉 16아스)짜리 'hxeres'는 말린 과일이나 견과류로 추정되는데 다소 비싼 듯하다.

목록에 적힌 분량이 일주일 치의 전부라면(그럴 것이라는 쪽이 지배적이다) 아무래도 단조로운 식단이라고 볼 수밖에 없다. 기록자가 누구든 따로 저장해둔 식품이 있거나 자체적으로 자급되는 식량이 없는 상태라면 말이다. 메모의 주인공은 '빵' '거친 빵' '노예들에게 줄 빵' 중에서 한 가지 이상은 매일 구입했다. 첫날은 '빵' 구입에 8아스를 썼다. 둘째 날은 '빵'에 8아스, '노예들에게 줄 빵'에 2아스를 썼다. 마지막 날은 '빵' 과 '거친 빵'에 2아스를 썼다. '노예들에게 줄 빵'은 계산상의 구분일 수도 있고 특정한 종류의 빵을 가리키는 것일 수도 있지만 '거친 빵'과는 다른 종류의 빵인 게 확실하다. 왜냐하면 어떤 날은 두 가지 빵을 모두 샀기 때문이다. '노예들에게 줄 빵'이 구체적으로 무엇이든 간에 문제의 구입 목록은 폼페이의 빵집에서 만들어지는 다양한 종류에 대한 정보를 제공할 뿐만 아니라 폼페이 일반인의 식사에 없어서는 안 될 핵심 메뉴로서의 중요성을 확실히 알려주고 있다. 빵 구입비를 모두 합치면 54아스인데(13.5세스테르티우스) 이 항목은 기록된 일주일간의 지출에서 가장 많은 액수다.

빵 다음에는 사흘에 걸쳐 기름을 사는 데 40아스를 썼으며, 역시 사흘 동안 포도주를 사는 데 23아스를 썼다. 이보다 더 자주 샀지만 값이 적은 품목은 '소시지'(1아스), 치즈(나흘 동안 두 종류를 샀는데 총 13아스밖에 안 된다), 양파(5아스), 리크(1아스), 뱅어(2아스), ('bubella'라는 단어로 보아) 소의 어느 부위로 생각되는 품목(1아스) 등이 있다. 이상으로 보면 식단은 기본적으로 빵, 기름, 포도주, 치즈 그리고 다른 몇 가지가 곁들여지고 육류는 거의 없는 형태다. 식품을 구매한 내용이 담긴 이보다 짧은 두 개의 목록 역시 일반적인 현황을 확인시켜준다. 빵은 두 목록에 다 포함되어 있다. 그리고 한 목록에는 포도주(1아스), 치즈(1아스), 기름(1아스), 돼지기름(3아스), 돼지고기(4아스)가 포함되어 있다.(최근 청과 시장에 다녀온 내역을 기록하지 않았나 싶은) 다른 목록에는 양배추, 비트, 겨자, 박하, 소금 등이 구매 품목으로 적혀 있다.(약간 비싼 2아스짜리 양배추를 제외하고는 모두 1아스였다.)

이런 구매 목록에 나타나는 소박하고 건강해 보이는 식단에 대해 현대인은 낭만적인 환상을 품기 쉽다. 실제로 로마 시인들은 때때로 건강에 좋은 농민의 식단을 찬미했다.(그들은 스스로 가난하다고 주장하면서 일반 서민과는 거리가 먼 생활을 했다.) 그들은 식탁에 마주 앉은 사람이 동의한다면 값싼 포도주, 소박한 빵과 치즈 등이 진수성찬보다 낫다고 떠들어댔다. 굳이 따지자면 사실은 그러하다. 그러나 폼페이 서민의 식생활은 현대 영화에서 그리는 로마인의 호화로운 식사 장면과는 상당히 거리가 멀었으며, 폼페이 벽화에 그려진 식사 모습과도 거리가 있었다. 솔직히 오늘날 우리에게 선택의 기회가 주어진다면 건강에 좋은 로마 서민의 식사보다는 트리말키오와 함께하는 만찬을 택하지 않을까?

# 카페 문화

상점이나 작업실 위에 위치한 비좁은 숙소에서 빵, 치즈, 과일로 구성된 식단의 무한 반복을 벗어나는 가장 좋은 방법은 역시 외식이었다. 숙소에는 기본적인 식단 이상의 뭔가를 조리할 시설이 없거나 제한되어 있었으므로 선택의 여지가 없었다. 그래서인지 오랫동안 폼페이에는 바, 선술집, 따끈한 음료를 파는 테르모폴리움thermopolia(고대 표준어가 아닌데도 요즘 안내서에는 종종 이렇게 표기하고 있다) 등의 저렴한 카페 문화가 있었다. 노변에 늘어선 이 점포들은 행인, 즉 시간 여유가 있는 외지 방문자나 숙식 환경이 열악한 현지인을 유혹했을 것이다. 실제로 돌 계산대 위에 커다란 포도주통(돌리아)이 설치되어 있고 뒤쪽에 물건 진열대가 놓여 있는 풍경은 폼페이 거리 모습 가운데 가장 익숙한 것이기도 하다.(전면사진 4)

종종 화려하게 꾸며진 가게의 계산대는 색색의 대리석 조각을 이어 붙인 장식, 우아한 꽃문양의 그림, 원기 넘치는 남근 이미지 등을 통해 폼페이의 다양한 장식 취향을 보여준다. 건물 정면에는 간판 또는 내부에서 파는 물건을 홍보하는 광고가 붙어 있었다. 원형경기장 근처 작은 포도밭이 딸려 있는 어느 주점은 외벽에 근사한 불사조를 그려놓고 그 옆에 다음과 같은 문구를 곁들였다. "불사조는 행복합니다. 당신도 그럴 수 있습니다." 이곳은 앞서 언급한 '접객업자'를 뜻하는 에욱시누스가 운영하는 주점이다. 자신을 불태운 재로부터 부활한다는 신화 속의 새를 벽에 그려 넣어 손님을 맞는다니, 기발한 발상이 아닐 수 없다. '불사조 주점'의 활기를 보여주기에 이보다 더 좋은 소재가 어디 있겠는가?

지금까지 폼페이에서 발굴된 이런 점포의 수는 150군데가 넘는다.(미발굴지를 포함해 도시 전체로 추산하면 족히 200곳은 넘을 것이다.) 이쯤 되면 폼페이라는 도시는 언제든 계산대에 설치된 대형 통에서 포도주를 마시고 스튜로 배를 채울 수 있는 '패스트푸드점'으로 가득한 도시가 아니었을까 싶다. 물론 맥도널드 같은 오늘날의 패스트푸드점에 비하면 덜 '가족적인' 분위기였을 것이다. 로마 작가들의 글에 소개된 주점이나 선술집은 폭음이나 알코올중독, 값싼 음식의 과소비 등을 넘어 갖가지 악덕이나 타락과 연관된 어둡고 위험한 지역으로 묘사되어 있기 때문이다. 말하자면 이런 주점이나 선술집은 사기꾼에 협잡꾼인 비양심적인 주인이 운영하는 섹스, 매춘, 도박, 범죄 등이 만연한 공간으로 그려져 있다.

시인 호라티우스는 도시에서의 불건전한 쾌락을 갈망하는 자신의 시골 농장 관리인에 대해 이야기하면서 "매음굴과 기름에 찌든 주점"이라는 표현을 썼는데, 두 공간을 짝지어 거론한 데는 당연히 깊은 의미가 있으며 함께 이용할 경우 일종의 요금 할인이 있다는 암시도 내비친다. 지나치다 싶을 만큼 신랄한 풍자로 유명한 유베날리스는 로마의 항구도시 오스티아에 있는 술집을 묘사할 때 좀도둑, 살인자, 망나니들뿐만 아니라 관곽장이, 키벨레 여신을 섬기는 의무를 팽개치고 술독에 빠져버린 거세한 사제 등 온갖 부도덕하고 불쾌한 인물이 우글거리는 칙칙하고 타락한 공간으로 보았다. 황제들 역시 주점을 법적인 통제가 필요한 공간으로 인식했다. 네로 황제는 주점에서 채소와 콩 이외에 어떤 조리된 음식도 팔지 못하도록 했으며, 베스파시아누스 황제는 채소까지 금하고 콩만 허가했다. 하지만 이런 금지가 얼마나 효과적이었는지, 이런 규제를 통해 개선코자 했던 건전한 환경은 구체적으로 어떤 것이었는지는 명확하지 않다.

술집이 있든 없든 폼페이에는 섹스, 매춘, 도박, 범죄 같은 문제가 있었다. 그러나 대다수 주점의 실상은 로마 상류층 작가와 입법자들이 생각하는 것보다 건전하고 다채로운 모습을 띠었다. 사실 로마 상류층은 무해한 대중오락 장소를 도덕적으로 바람직하지 못한 곳으로 트집 잡을 기회만 노리고 있던 이들이었다. 폼페이 발굴 결과를 보면 이런 업소들은 요즘 사람들이 흔히 생각하는 것보다 더 복잡하고 다채로운 기능을 했음을 알 수 있다.

우선 폼페이에는 정말로 200군데나 되는 술집이 있었을까? 이 수치는 도시 인구를 대략 1만2000명으로 추산할 때 남녀노소와 노예를 막론하고 인구 60명당 한 개의 술집이 있었다는 말이 된다. 물론 여기서 거주 인구의 숫자는 특별히 의미가 없을지도 모른다. 음식이며 주류 판매는 폼페이를 찾는 외지 방문자들, 말하자면 항구를 드나드는 선원, 하루 일정으로 근교에서 찾아온 사람, 장기 육로 여행을 하다가 잠시 들른 사람 등과도 밀접한 연관이 있기 때문이다. 어느 도시든 그 지역의 상주인구를 감안할 때 초과 규모의 시설들이 있게 마련이지만 폼페이 정도의 도시에 주점이 200개라는 사실은 상당한 공급 과잉이 아닌가 싶다.(임대주 역시 큰돈을 벌긴 힘들었을 것이다.) 주점 출입이 잦지 않았을 노예나 상류층 부인들을 고려한다면 특히나 그렇다.

사실 이 주점들이 모두 오늘날의 '술집bar' 같은 공간은 아니었을 것이다.('선술집'이나 '여관' 같은 비슷한 부류도 마찬가지다.) 우선 돌리아가 설치된 계산대와 진열대는 분명 무언가를 판매하기 위한 곳이었음을 말해준다. 그러나 판매 상품이 반드시 그 자리에서 먹을 수 있는 즉석 음식이나 주류란 법은 없으며, 완전히 다른 상품일 수도 있다. 말하자면 이러한 술집들 중 일부는 계산대에서 견과류나 렌틸콩 등을 파는 식료품점이었을 가능성도 있다.

실제로 주점이었다 해도 주인이 계산대에 설치된 대형 통에서 포도주나 스튜를 국자로 떠주는 식의 풍경은 잘못된 것인지도 모른다. 그 통은 물과 공기가 스며드는 투과성이 높은 도기로 만든 것이며 수지를 이용해 밀봉한 흔적도 없다. 설치된 방식이나 구조로 볼 때 세척하기에 대단히 어려울뿐더러 바닥에 남은 액체 찌꺼기를 비워내기도 만만치 않아 보인다. 내용물의 흔적이 비교적 많이 남아 있는 인근의 헤르쿨라네움을 살펴본 결과 그 안에는 액체가 아니라 마른 식품(과일, 강낭콩, 병아리콩 등)이 채워져 있었던 것으로 확인되었는데, 일부는 간식으로 팔렸을 것이다. 더러 발견된 받침대나 고정 장치가 암시하듯 포도주는 계산대가 아닌 바닥이나 선반 위의 통에 담겨 있었으며 곧바로 주전자에 덜어서 대접되었을 것이다. 또한 따뜻하게 먹는 음식은 별도의 난로에 얹어둔 냄비에서 요리되어 손님에게 내접되었을 것이다.

이런 장소들이 정확히 어떻게 "불건전한 쾌락"과 연결되었는가를 밝히기는 쉽지 않다. 폼페이 시대에서 초보적이나마 용도 등에 따라 지역을 나눈 '구역 구분'의 흔적을 찾아내려는 노력, 또는 술집과 유곽을 '일탈 행동' 구역과 연계함으로써 공공장소나 행사가 이루어지는 공적 공간과 분리하려는 노력은 부분적으로만 설득력을 지닐 뿐이다. 물론 2장에서 살펴본 것처럼 시내의 다른 번화가에 비해 중앙광장 근처에 이러한 시설이 적은 것은 사실이다.(약삭빠른 이들은 당연히 유동 인구를 고려하여 중앙광장 근처에 유흥 시설을 지으려 했을 것이다.) 그러나 이런 상대적인 부재도 부분적으로는 착각에 불과할 뿐만 아니라(앞서 말한 것처럼 지금 레스토랑이 있는 자리에 세 개의 주점이 있었다), 부동산 가격이나 임대료 등을 비롯한 다양한 요인의 작용 결과일 수도 있다. 또한 주점 밀집 구역이 따로 있지 않았다 해도 주점들이 음식, 술, 섹스와 같은 오락거리와 긴밀히 연관되어 있었다는 데는 의심의 여지가 없다.

아본단차 대로변에 위치한 주점의 선거 벽보에 이름을 올린 (그리고 일부는 지워지기도 한) 여자들, 즉 아셀리나, 즈미리나, 아에글레, 마리아 등은 아마도 주점에서 일하는 작부이거나 종업원이었을 것이다. 20세기 초반에 이곳은 부분적으로만 발굴된 상태였고 지금까지도 발굴이 완료되지 않았지만 주점에서 일하는 여급이 네 명이었다면 어떤 식으로든 지금보다는 넓은 공간이었을 것이다. 전체가 드러나진 않았어도 현재까지 이곳에서 출토된 물건과 장식 등을 참고할 때 폼페이 주점의 분위기를 느낄 수 있다.

주점 건물의 외벽 아래쪽은 붉은색으로 칠해져 있고 위에는 선거 구호들이 쓰여 있다. 정면으로 눈에 띄는 간판이나 광고 따위는 없지만 두어 집 떨어진 길모퉁이에 그려진 근사한 청동 술잔 그림이 거리의 사람들에게 주점이 있음을 알렸을 것이다. 또한 도로를 향해 주점의 정면이 트여 있으며 'ㄴ'자 형태의 계산대가 있다. 단단한 석조 구조물의 계산대 양쪽 옆면에는 붉은색이 칠해져 있고 윗부분은 색색의 대리석 조각이 덮여 있었다. 내부에는 네 개의 돌리아가 설치되어 있고, 그 끝에는 작은 화덕에 물을 끓이는 용도로 짐작되는 청동 용기가 장착되어 있었다. 아마도 난로 위에서 끓고 있는 물주전자 정도가 아니었을까 싶다.

79. 종들이 매달려 있는 곳은? 사진 속의 독특한 남근 모양 등잔은 어느 주점 입구에 걸려 있었다. 밤이면 어두운 입구를 비춰주었을 테고, 산들바람이 불면 풍경처럼 딸랑딸랑 소리도 냈을 것이다. 가운데에 있는 작은 인물상은 15센티미터가 조금 넘는 크기다.

포도주 항아리는 계산대 뒤쪽의 벽 앞에 쌓여 있었다. (포도주 항아리와 함께 발견된 다양한 물건들로 보아) 위쪽에는 주점에 필요한 잡다한 물건들을 얹어둔 나무 선반이 설치되었을 것으로 짐작된다. 뒤쪽으로는 위층으로 올라가는 계단이 있다.

주점에 들어가는 손님들은 도로에 면한 계산대 위에 걸린 청동 등잔을 먼저 보았을 것이다.(사진 79) 맨 처음 이 등잔을 발굴한 사람들은 유난히 독특한 디자인에 충격을 받았던지 발굴 유물을 소개하는 책자에 그려 넣지 않았다. 그도 그럴 것이 작은 피그미족 인물상에 등잔이 매달려 있는 구조인데, 거의 발가벗은 피그미족은 자기 몸집만큼이나 커다란 남근을 드러내고 있다. 오른쪽 팔은 부서지고 없지만 원래는 칼이 들려 있었을 것이며, 전체적으로 자신의 거대한 남근을 자르려는 자세였을 것으로 여겨진다. 또한 거대한 남근 끝에는 작은 남근이 자라나고 있다. 남근을 비롯한 신체 곳곳의 끝부분에는 여섯 개의 종이 매달려 있다. 폼페이와 인근에서는 이러한 유물이 여러 개 발견되었으며(그로부터 칼에 대한 추정도 확신을 얻을 수 있었다), 계산대 위에 매달린 이것도 그중 하나로서 등잔이자 풍경이고 초인종인 셈이다. 주점에 오신 것을 환영합니다!

하나의 방에서만 (발 모양으로 만들어진 우아한 등잔까지 포함하여) 모두 일곱 개나 되는 도기 등잔이 발견된 것으로 미루어 이곳에서는 주간뿐만 아니라 야간에도 영업이 활발했음을 알 수 있다. 그밖의 유물들, 즉 물이나 포도주를 담는 여러 개의 청동 항아리, 저장 용기에서 포도주를 따를 때의 필수품이었을 청동 깔때기 등은 나름대로 화려하고 기발한 인상을 주긴 하지만 전반적으로는 실용적이고 수수했다. 깔때기는 주점을 대표하는 필수품 중의 필수품이어서 길모퉁이 광고 벽보에도 술과 관련된 다른 용품과 함께 그려질 정도였다. 한편 폼페이 사람들은 음료를 마실 때 유리 용기를 자주 사용한 것으로 보인다. 유리 용기는 충격에 약하다는 재료의 특성상 오늘날 남아 있는 게 많지 않은데, 베수비오 화산 폭발 당시뿐만 아니라 현대에도 파손되는 불운을 당했다. 실제로 이곳 주점에서 출토된 대여섯 개의 유리 용기가 제2차 세계대전 당시 파괴되었다. 우아한 유리 사발과 입구가 넓은 컵 등이었다.(바닥에 구멍이 하나 뚫린 소형의 유리 암포라도 있었는데, 이 구멍은 물이나 포도주에 특별한 맛 혹은 향을 첨가하기 위한 용도로 추정된다.) 다른 종류의 식기로는 저렴한 도기 컵과 접시, 모양이 예쁜 두 개의 병(하나는 어린 수탉 모양이고, 다른 하나는 여우 모양), 두어 개의 나이프 등이었다.

주점 내부에는 지금까지 확인된 것 외에도 많은 물건이 있었음을 말해주는 여러 흔적이 남아 있다. 진열장이나 보관함 같은 목제 가구가 있었음을 암시하는 부속품 및 경첩과 가장 최근의 매출 금액으로 짐작되는 67개의 동전이 발견되었다. 액면가가 큰 것은 몇 개 없고 1아스, 2아스, 그보다 작은 4분의 1아스짜리 동전들이었다.(전체 액수는 30세스테르티우스 조금 넘는 정도였다.) 발견된 위치로 보아 계산대에서는 주로 아스를 취급했던 듯하다. 돌리아 안에서 발견된 두 개의 동전은 계산대에 놓인 통의 다른 용도에 대한 힌트를 제공한다. 즉 단위가 큰 화폐는 대부분 뒤쪽 선반 위에 보관되었을 것이다. 여기서 발견된 현금액수는 폼페이 주점의 술값에 관한 다른 증거들과도 잘 맞아떨어진다. 다른 상점에서 발견된 낙서를 보면 (잔 단위였는지 주전자 단위였는지는 알 수 없으나) 저렴한 포도주는 1아스, 조금 나은 것은 2아스, 최고급 팔레르노 포도주는 4아스(1세스테르티우스)에 구입할 수 있었다.(팔레르노에 불을 붙일 수 있다는 플리니우스의 말을 참고할 때 포도주라기보다는 알코올 도수가 높은 브랜디에 가까웠을 것이다. 물론 로마인들의 음주 습관에 따라 물을 섞어 마셨다면 얘기가 달라진다.) 입구에서 반겨주는 반라의 피그미 등잔을 제외하면 그나마 '타락'의 신호에 가까운 것은 거울 두 개에서 나온 파편이 전부다. 그렇다면 주점에서의 "불건전한 쾌락" 운운한 것은 근거 없는 모함이었을까?

사실 중요한 것은 (물건이 아니라) 종업원과 손님의 행동이나 태도였을 것이다. 또한 그들의 태도와 행동을 반드시 물리적인 환경과 연관지어 생각할 필요는 없다. 그런 의미에서 폼페이 주점 두 곳에서 발견된 연작 그림은 폼페이 사람들과 주점의 전반적인 분위기를 파악하는 데 소중한 자료다. 바로 폼페이 사람들의 '술집 풍경'으로, 손님들의 흥을 돋우려는 의도가 노골적으로 드러나 있다. 익살과 풍자가 가미되어 희화화되거나 이상화되어 있기는 해도 폼페이의 카페 문화를 알려주는 최고의 길잡이임에는 분명하다.

첫 번째 연작 그림은 '살비우스('피난처'라는 의미)의 주점'에서 나왔는데 도심의 목 좋은 위치에 자리한 작은 주점이다. 전면 주실主室의 한쪽 벽면, 계산대 맞은편에 그려져 있던 네 점의 이 그림들은 현재 나폴리 국립고고학박물관에 보관되어 있다.(전면사진 13) 왼쪽 위의 그림을 보면 밝은 색상의 옷을 입은 남녀(여자는 노란색 망토, 남자는 빨간색 튜닉)다소 어색한 자세로 키스를 하고 있다. 인물들 위에는 "나는 미르탈리스와 (…) 하고 싶지 않다"라는 글이 덧붙여져 있다.(안타깝게도 핵심 단어가 소실되었다.) 남자가 미르탈리스와 무엇을 하고 싶지 않다는 것인지, 미르탈리스는 도대체 누구인지 알 길이 없다. 어쩌면 이것은 식어버린 열정을 나타내는 삽화인지도 모른다. 요즘으로 치자면 "더 이상 미르탈리스랑 만나고 싶지 않아. 끝내야겠어" 정도의 뜻이리라. 아니면 키스하는 남녀의 경직된 자세로 보아 그림 속의 여자가 미르탈리스이며 남자는 현재의 만남을 원치 않는다는 뜻으로도 해석할 수 있다.

다음 장면을 보면 여급이 가져온 포도주를 두고 두 주점 손님 사이에 다툼이 벌어진 모양이다. 한 사람이 "여기야"라고 하고 다른 사람은 "아니, 내 거야"라고 한다. 술을 가져다주는 여급은 술꾼들의 다툼에 말려들고 싶지 않은 듯 "누구든 원하는 사람이 가져가요"라고 하고는 그들을 놀리듯이 제3의 손님에게 술을 주려고 한다. "오케아누스, 와서 마셔요!" 여급의 이런 반응은 단순한 말대꾸 이상의 행위로서, 손님을 존중하는 서비스라고 보기는 힘들다. 다음 그림은 남자 둘이 술을 마신 후 주사위 게임을 하는 장면으로, 여기에도 역시 의견 대립이 있다. 탁자 위에 앉은 남자가 "내가 이겼어"라고 소리치자 다른 남자가 "아니, 내가 이겼어. 그건 셋이 아니라 둘이야"라고 받아치는 모습이다. 연작의 마지막 그림에서는 상황이 악화되어 서로 욕을 하고 주먹질하며 싸운다. "쓰레기 같은 놈아, 셋이잖아. 내가 이겼어." "무슨 소리. 더러운 새끼, 내가 이겼어." 보다 못한 주인이 나서서 그들을 밖으로 내쫓는다. 이런 경우 술집 주인이 흔히 그러하듯 이 주인도 "싸우려면 나가서 싸우세요"라고 한다. 고대에 이 주점을 찾은 손님들은 이 그림이 전하는 메시지를 확실히 이해하고 있었을 것이다.

그림은 성, 음주, 게임의 장면이 익숙하고도 살짝 신랄하게 그려져 있지만 지나치게 부도덕하지는 않다. 가벼운 키스 장면, 취중 농담(그러나 식당 벽화들에서 보았던 구토 같은 심각한 취기는 없다), 게임 결과를 놓고 티격태격하는 장면, 술집이 난장판이 되지 않기를 바라는 주인의 모습이 전부다. 다른 주점에서 발견된 벽화도 크게 다르지 않다. 역시 길모퉁이의 좋은 자리에 위치한 주점은 전면도로 명칭에 따라 '메리쿠리오 거리 주점'이라 불린다.(전면사진 11) 이 주점은 도로를 면한 계산대를 거치지 않고 길에서 곧장 안쪽 공간으로 들어갈 수 있는데, 최대 네다섯 개의 탁자가 놓였을 듯하다. 이곳 탁자에 앉은 손님들이 감상하기에 적당한 벽면에 그림이 그려져 있고, 그림 주변에는 군데군데 설명이 붙어 있지만 그림의 일부라기보다는 손님들이 남긴 낙서로 보인다.

이 주점에도 종업원의 시중을 받으며 술을 마시는 남자들이 보인다.(남자들끼리의 전형적인 술자리 풍경이다.) 손님이 원해서든 아니든 종업원은 부지런히 잔을 채워주고 있다. 어떤 그림에서는 남녀가 불분명한 종업원이 손님이 내민 잔에 술을 채워주는 있는데, 누군가가 이 남자의 머리 위에다 "차가운 물 좀 가져다줘"라고 낙서해놓았다. 포도주 잔에 섞을 물을 시키는 내용인 듯하다. 비슷한 장면을 그린 다른 그림에는 "세티안 한 잔 추가요!"라고 쓰여 있다. 세티안은 아우구스투스 황제가 즐겼다는 포도주로, 눈雪을 넣어서 차갑게 마시면 특히 맛이 좋은 것으로 정평이 나 있었다. 이곳에도 게임을 즐기는 장면이 있고(전면사진 6), 주점 내부 풍경이라는 사실을 특히 강조하는 전형적인 그림도 하나 있다.(사진 80) 여행자로 보이는 일단의 사람들이(두 명은 모자가 달린 독특한 망토를 입고 있다) 탁자에 둘러앉아 식사를 하는 모습이다. 이들의 머리 위로는 작은 물건을 보관힐 만한 공간이 마련되어 있다. 소시지와 푸성귀 등 여러 음식이 선반에 박힌 못 위에 걸려 있고, 천장에서 드리운 선반을 지지하는 일종의 틀 같은 것도 보인다.

그러나 한때 이곳 벽을 장식하고 있던 그림 하나는 눈에 띄게 다른 주제를 담고 있다. 발과 정강이 부분을 제외한 원본 그림은 오래전에 소실되거나 파괴되어 지금은 19세기에 제작된 동판화로만 남아 있다. 현재 이 판화는 매우 특이한 줄타기 장면을 보여주고 있다. 거의 발가벗은 남녀가 두 줄의 밧줄 위에 올라탄 채 커다란 포도주 잔을 들고 있거나 마시고 있다. 더구나 남자는 어렵지 않은 일이라는 듯 여자 뒤쪽에서 자신의 거대한 음경을 여자에게 삽입하고 있다. 밧줄로 포도주 잔을 들고 줄타기를 하면서 성관계까지 하다니, 이 기묘한 모습에 그 누가 경악하지 않을 수 있겠는가. 그러나 그림의 원본이 판화만큼 기묘하지 않다는 사실을 알게 되면 조금은 마음이 놓일 것이다. 줄타기용 밧줄이라는 요소는 원작자가 그린 안내선 혹은 그림자가 남긴 흐릿한 흔적을 현대 화가가 오해한 결과일 가능성이 농후하기 때문이다. 그러나 줄타기라는 기묘한 요소를 제외한다고 해도 문제의 그림은 다른 주점에 그려진 얌전한 키스 장면에 비해 상당히 선정적이고 도발적인 풍경이다. 이것이 의미하는 바는 무엇일까? 일부 고고학자는 문제의 그림이 선정적인 연극의 한 장면일 것이라고 생각했다.(또한 거대한 음경은 당시 유행하던 팬터마임에 나올 법한 소품으로 추정했다.) 그런가 하면 다른 그림들이 모두 주점에서 벌어지는 풍경을 묘사하고 있으므로 문제의 그림 또한 주점에서 볼 수 있는 행위라고 보는 견해도 있다. 어쩌면 손님이 참여하는 일종의 쇼일 수도 있고, 파장 무렵 주점의 여종업원과 섹스를 나누는 (혹은 그러기를 바라는) 것일 수도 있다.

그렇다면 이런 그림은 주점의 "도덕적 타락" 운운하는 로마 작가들의 비난을 진지하게 받아들여야 함을 의미하는 걸까? 확실히 적어도 일부 주점에서는 먹고 마시고 게임하고 추파를 던지는 가벼운 농담 이외에 입맞춤을 넘어선 성적 행위가 있었다는 암시가 있다. 예를 들면 어느 주점 외벽에는 선거 벽보 문구의 커다란 'O'자 내부에 작은 글씨로 다음과 같은 낙서가 쓰여 있다. "여주인이랑 잤다." 다른 주점 벽에서는 분명 성적인 맥락에서 거론된 것으로 짐작되는 여자들의 이름이 있다. 때로는 "노예 펠리클라는 2아스", "노예 소녀 수케사는 값이 비쌈" 등의 가격까지 적혀 있기도 하다. 심지어 여자들의 몸값 목록으로 보이는 것도 있다. "아크리아 4아스, 데파프라 10아스, 피르마 3아스."

　이런 자료를 해석할 때는 신중할 필요가 있다. 오늘날 시내 어느 주점이나 버스 정류소에 "트레이시는 창녀다" 또는 "돈나는 5달러면 빨아준다"와 같은 문구가 괴발개발 쓰여 있는 걸 보았다고 해서 두 여자가 실제 매춘부라고 생각하지는 않을 것이다. 또한 '5달러'라는 금액이 성적 서비스 제공에 따르는 정확한 금액이라고도 생각하지 않을 것이다. 이런 낙서가 사실일 수도 있지만 거론 대상을 모욕하려는 의도일 가능성도 배제할 수 없다. 폼페이에서도 마찬가지다. 물론 일부 학자는 이런 문구를 액면 그대로 받아들이고, 이를 토대로 폼페이 매춘부 목록을

80. 주점 풍경. 네 남자가 탁자에 둘러앉아 남자 종업원의 시중을 받으며 술을 즐기는 모습이다. 종업원은 난쟁이처럼 작게 묘사되어 있다. 남자들의 머리 위로는 주점의 음식들이 주렁주렁 매달려 있다.(사진은 19세기에 원작을 보고 그린 소묘다.)

만들며 비용의 평균 단가까지 파악하려 한다. 그러나 이들 '가격표'는 그런 것과는 거리가 멀다. 사실 아스 단위는 현대에 붙인 것일 뿐 원본에는 여자들의 이름과 숫자만 있었다.

노골적이고 선정적인 글이 유독 많이 나타난 일부 주점에 대한 설명을 이 정도로 끝내기에는 무리가 있다. 그런 글에 어울리는 장식까지 더해진 경우는 특히 그렇다. 폼페이의 일부 음주 시설은 다소 성적인 요소가 있어도 단지 주점인 데 반해 일부는 주점이라기보다는 어엿한 유곽 환경이라고 단정할 수밖에 없다. 지금까지 살펴본 아본단차 대로의 주점과 메르쿠리오 거리 주점 역시 그런 부류로 구분되곤 했다. 아본단차 대로의 주점은 주로 거대한 남근을 자랑하는 피그미족 등장 때문에, 메르쿠리오 거리의 주점은 줄타기하는 남녀 곡예사 그림 때문에 이와 같은 평가를 받아왔다.(지금은 머리 하나만 남아 있지만 원래는 성교하는 남녀를 그린 것으로 추정되는 또 다른 그림도 이런 판단에 일조한다.) 최근의 어느 계산에 따르면 도시 전체에 35개의 유곽이 있었다고 한다. 즉 폼페이는 자유시민으로 한정할 경우 성인 남자 75명당 하나꼴로 유곽을 둔 도시였다. 여기에 외지 방문객, 교외 거주자, 노예까지 더한다 해도 지나치게 높은 비율이 아닌가 싶다. 즉 기독교 도덕주의자들이 말하는 무절제와 방탕으로 얼룩진 로마 도시라는 이미지를 합리화하고도 남을 수준의 성산업이라 할 것이다.

간단히 말하자면 이것이 바로 유명한 '폼페이 성매매업소 문제'다. 그렇게 작은 도시에 35개나 되는 유곽이 있었다고 봐야 할까? 아니면 가장 온건한 추정치에서 말하는 것처럼 도시 전체에 하나만 있었을까? 유곽을 찾아냈다면 그것이 유곽임을 어떻게 확인할 수 있을까? 성매매가 이루어지는 유곽과 '건전한' 주점을 어떻게 구별할까?

# 유곽 둘러보기

로마의 성 문화는 지금과 달랐다. 이미 살펴본 것처럼 로마에서 여자는 고대 지중해 세계 어느 지역에서보다 더 눈에 띄는 존재감을 드러내고 있다. 폼페이만 해도 여자들은 거리에서 쇼핑을 하고, 남자들과 만찬을 즐기며, 재산을 처분하고, 통 큰 기부도 했다. 그러나 정치 분야가 그러했듯이 여전히 남성 지배 사회였고, 남근은 권력·지위·부의 상징이었다. 따라서 남근을 형상화한 이미지가 폼페이 곳곳에서 상상을 초월할 정도로 다양하게 그리고 빈번히 등장한다.

이는 오늘날 폼페이를 찾는 사람들에게 괴로울 정도는 아니어도 당혹감을 안겨주기에 충분했다. 초기 학자들은 이런 물건들이 가능한 한 대중의 눈에 띄지 않도록 나폴리국립고고학박물관 내부 '비밀의 방'에 두거나 따로 숨겨두었다.(1970년대에 내가 처음 유적지를 방문했을 때도 '베티의 집' 입구에 있는 거대한 남근을 자랑하는 프리아포스 신 벽화는 가려져 있었으며 방문객이 요청할 때만 보여주었다.) 최근에는 이런 유물들의 용도를 '주술용' '액막이용' '악마의 눈을 피하는 부적'으로 조명하면서 성적인 성격을 깎아내려는 추세를 보이고 있지만, 기본적으로 그것들이 '성적'이라는 사실을 외면할 수는 없다. 손님을 맞는 건물 입구에도, 빵을 굽는 오븐 위에도, 도로 표면에도 남근의 형상이 새겨져 있을 뿐만 아니라 날개가 달린 남근 형상의 종들도 곳곳에 보인다.(사진 81) 남근 형상을 활용한 다양한 물건 중에서 특히 기발한 상상력이 돋보이는 작품은 역시 '남근 새' 모양의 종(풍경)이 아닐까 싶다. 한껏 부푼 채 날개까지 달려 있는 모양이 금방이라도 날아갈 기세다. 그 옛날 폼페이에 산들바람이 불 때면 딸랑딸랑하는 소리를 냈을 것이다. (내가 보기에는) 당시 더없이 중요한 요소인 남자다움에 대한 당당한 찬미와 짓궂은 장난기가 결합된 결과물이 아닐까 싶다.

그런 세계에서 세간의 존경을 받는 부유한 기혼 여성, 즉 폼페이 대형 저택에 거주하는 기혼 여성의 주요 역할은 두 가지였다. 첫째는 출산이라는 위험천만한 일이고(현대 이전 모든 시기에서 그렇듯이 고대 로마에서도 출산은 주요한 사망 요인이었다), 둘째는 주택과 가정을 건사하는 일이었다. 로마 시대의 어느 유명한 묘비명은 이런 세태를 정확하게 묘사하고 있다. 남편이 아내 클라우디아에게 바치는 이 비문에서는 그녀의 아름다움, 대화술, 우아함 등을 두루 칭찬하고 있지만 핵심은 역시 "그녀는 두 아들을 낳았고 (…) 가정을 잘 지켰고 모직물을 짰다"는 것이다. 서민 여자들의 실제 생활(가게 주인, 집주인, 사채업자)은 좀더 다양했겠지만 근본 전제에 어떤 차이가 있었을까 싶다. 당시는 여자가 자신의 인생, 운명, 성을 통제할 수 있는 사회가 아니었다. 로마 시인과 역사가들이 말하는 선정적이고 음탕하며 '자유분방한' 것처럼 보이는 수도 로마여자들의 이야기는 많은 부분 허구이며, 황실에 속한 극히 예외적인 사람들에게나 해당되는 이야기였다. 아우구스투스 황제의 아내 리비아는 전형적인 로마 여자와는 거리가 멀어도 한참 멀었다.

로마 상류층 남자들은 기본적으로 성기 삽입을 쾌락 및 권력과 직결된 것으로 생각했다. 성행위 상대는 어느 성별이든 가능했다. 로마 세

81. '남근 새'는 로마 세계에서도 가장 특이한 창작품 중 하나다. 여러분이 보기에는 어떠한가? 인상적인가, 공감이 가는가, 아니면 그저 우스꽝스러운가?

계에서는 남성 간의 성행위도 많았으며 '동성애'를 배타적인 생활 방식이나 성적 기호로 간주했다는 단서는 거의 없다. 로마 남자들은 요절한 경우를 빼고는 모두 결혼을 했다. 기혼남이 아내에 대해 정절을 지키는 것을 가치 있게 여기거나 특별히 존경할 만한 행위로 보지도 않았다. 다만 쾌락 추구에 관한 한 다른 상류층 남자의 아내, 딸, 아들은 금지 영역이었다.(이 영역을 침범했을 때는 법에 의해 중대한 처벌을 받았다.) 반면 노예와 사회적 지위가 낮은 사람들은 남자든 여자든 먼저 취하는 사람이 임자였다. 남자가 자기 노예와 잠자리를 갖는 것도 아무 문제가 되지 않았다. 적어도 부분적으로는 그것이 노예의 존재 이유이기도 했다. 노예와의 성관계가 여의치 않은 가난한 시민들은 당연히 매춘부를 찾아갔을 것이다. 부자들은 만찬의 느긋한 즐거움을 만끽하는 것과 마찬가지로 성적 쾌락 역시 '자기 집에서' 누릴 수 있었던 반면 서민들은 밖으로 나가야 했다.

그렇다고 해서 성적 측면에서 아무 문제가 없는 낙원이었던 것만은 아니다. 남근을 적극 숭배하는 대부분의 문화가 그러하듯 남근의 힘은 불안을 수반한다. 그것은 아내의 정절이나 자녀의 친자 여부에 대한 불안일 수도 있고, 이상적인 남성성에 부응해야 하는 자기 능력에 대한 불안일 수도 있다. 수도 로마에서 어떤 남자가 여자 역할을 한다는 것, 한마디로 다른 남자에게 성기 삽입을 허락한다는 것은 정치 생명을 끝내기에 충분한 것이었다. 실제로 일부 학자는 동성애 관계에서 수동적인 대상을 향한 모욕적인 말이나 행동을 단서로 삼아 로마 사회가 동성애를 혐오했다고 판단했다. 칼로 자신의 거대한 음경을 자르려는 자세를 취하고 있는 작은 피그미족 청동상(아본단차 대로 주점 카운터 위에 매달려 있던 등잔 장식)을 생각해보자. 자신의 거대한 음경을 공격하는 이런 모습에 다른 어떤 함의가 담겨 있다 할지라도 그것이 성적 불안감의 표출이라는 사실은 명확하다. 물론 우스꽝스럽고 기상천외한, 그리하여 유머와 무질서 등을 통해 기존 질서를 전복하려는 의도로 볼 수도 있겠지만 남성의 성적 불안이라는 불편한 메시지 역시 피하기 힘들다.

그렇다고 로마 시대의 개인적인 남녀관계가 지금까지 말한 일반론처럼 삭막하고 천편일률적이었던 것은 아니다. 남편과 아내 사이든, 주인과 노예 사이든, 평범한 연인 사이든, 그곳에서도 서로에 대한 관심과 애정을 수반하는 온갖 유형의 이성관계가 꽃을 피웠다. 예를 들어 폼페이 외곽 주거지에서 발견된 여성의 시체 위에 놓인 값비싼 금팔찌에는 "주인이 노예 소녀에게"라는 문구가 새겨져 있다. 이는 성적 착취의 구조에서도 애정이 존재할 수 있음을 환기시킨다.(물론 주인의 애정에 '노예 소녀'가 얼마나 화답했는지는 알 수 없는 노릇이다.) 또한 도심과 외부를 가리지 않고 폼페이 곳곳의 벽에는 사랑의 열정, 질투, 슬픔 등을 생생하게 표현한 글이 많다. "마르켈루스는 프라에스티나를 사랑하지만 프라에스티나는 거들떠보지도 않는다네" 또는 "레스티투투스는 많은 여자랑 바람을 피웠다네" 등의 내용은 그때나 지금이나 보편적인 감정이다. 그럼에도 불구하고 로마 세계에서 남녀관계의 기본 구조는 상당히 야만적이었고 결코 여성에게 우호적이지 않았다.

이런 맥락에서 매춘은 거리(성매매업소)에서뿐만 아니라 로마인들의 상상에서도 나름의 위치를 차지했다. 우선 로마 정부 입장에서 매춘은 하나의 수입원이었을 것이다. 그 예로 칼리굴라 황제는 매매춘에 세금을 부과했다고 알려져 있다. 하지만 매매춘 세금이 얼마나 정확하게 부과되었고, 어떤 용도로 쓰였으며, 얼마나 오래 시행되었는지 등의 세부 사항에 관한 구체적인 증거는 없다. 수익성을 논외로 할 때 당국의 매춘에 대한 주된 관심은 이를 감시하는 것이 아니라 그런 행태와 '훌륭한' 시민, 특히 로마 상류층 부인들 사이에 분명한 선을 긋는 것이었다. 매춘은 공식적으로 '인파미스infamis', 즉 배우나 검투사를 비롯한 여러 '불명예스러운' 직업으로 분류되었다. '인파미스'로 분류된 직업 종사자에게는 도덕적인 평가뿐만 아니라 특정한 법적 불이익도 따랐다. 매춘부의 일부는 노예였겠지만 로마 시민권자인 매춘부들은 시민의 권리인 체벌 금지 혜택을 누릴 수 없었다. 또한 포주와 남창男娼은 공직에 출마할 수 없었다.(로마인의 성생활 논리에 따르면 남창들은 사실상 여자나 마찬가지였다.) 일설에 따르면, 매춘부들은 심지어 일반 여성의 옷을 입지 못하고 남자가 입는 토가를 입어야 했다. 그들에게 남성의 옷을 입힘으로써 훌륭한 시민과의 구분을 명확히 한 것이다.

어쩌면 로마 매춘부는 실제보다 로마인의 상상 속에서 훨씬 더 크게 부각되었을 수도 있다. '행복한 창녀' 이미지 또는 유괴되어 성노예로 팔린 비극적인 희생자, 나아가 대중의 혐오와 조롱의 대상에 이르기까지 매춘부는 로마인의 상상 속에서 실로 다양한 이미지로 부각된다. 예컨대 기원전 3~기원전 2세기 로마의 희극 무대에서는 매매춘이 중요한 주제였다. 이런 연극에서 다루는 전형적인 사랑 이야기는 대개 못된 포주한테 휘둘리는 노예 매춘부와 그녀를 사랑하는 귀족 청년이 주인공이다. 둘은 서로 사랑하지만 결혼은 이뤄질 수 없다. 청년이 포주에게 돈을 지불하고 여자를 빼내지만 청년의 아버지는 그들의 사랑을 허락하지 않는다. 그러나 '희극'이라는 말이 암시하듯 이런 연극은 해피엔딩으로 끝난다. 청년이 사랑한 노예 매춘부는 원래 훌륭한 집안 출신의 여자였으나 유괴되어 포주에게 팔려간 것이었다. 그러니 '진짜' 매춘부는 아니라는 식이다. 아무튼 이런 연극을 통해 우리는 바람직한 행실과 매매춘 사이의 경계가 생각만큼 명확하지 않았을지도 모른다는 다소 불편한 진실을 감지하게 된다.

그동안 고고학자들은 폼페이 매춘부들을 좀더 정확히 파악하고 성매매업소의 물리적 흔적을 찾아내려고 노력해왔다. 그러나 그들이 제시하는 성매매업소의 개수는 전적으로 어떤 기준을 설정하느냐에 달려 있다. 더러는 선정적인 그림이 있다는 사실만으로 성매매 공간이라는 근거가 되어버린다. 이런 해석에 따른다면 침대에서 남녀가 사랑을 나누는 벽화가 세 개나 장식되어 있는 '베티의 집' 주방 쪽의 작은 방조차 주인 혹은 요리사가 부업으로 운영한 매매춘 공간일 것이다. 또한 '베티의 집' 정면 현관에 잔글씨로 적힌 '에우티키스'가 2아스라는 저렴한 비용에 서비스를 제공한다는 낙서는 이를 뒷받침하는 추가 증거가 된다. 물론 주인이 좋아하는 요리를 재미있게 표현한 것일 수도 있고(그의 숙소가 주방 옆일 가능성이 적지 않다), 에우티키스의 서비스 운운하는 낙서 혹은 욕설은 매매춘과는 무관할 수도 있다.

성매매 공간에 관한 판단 기준을 좀더 높게 잡는 이들도 있다. 어느 학자는 특정 장소가 영리 목적의 성매매 공간으로 쓰였음을 말해주는 세 가지 조건을 제시했다. 그것은 일반인의 접근이 쉬운 작은 방에 놓인 돌침대, 성적인 장면을 담은 노골적인 그림들, "나, 여기서 씹했다" 같은 선정적인 내용의 낙서들이다. 이 조건에 충족되는 장소를 고른다면 폼페이 내의 성매매업소는 단 한 곳으로 줄어든다. 이런 관점으로 접근할 때 주점 위층이나 뒷방은 주점 손님이 돈을 내고 성행위를 하는 공간이었을 가능성이 있으나 엄밀한 의미에서 성매매업소는 아니다.

이런 판단과 관련하여 고고학자들이 맞닥뜨리는 함정과 어려움은 한둘이 아니다. 선정적인 낙서를 해석하는 작업, 돌침대와 거리에서 직접 들어가는 출입구를 갖춘 단칸방이 성매매 공간인지 가난한 사람들의 셋방인지를 판단하는 작업이 쉽지 않다는 이야기는 앞서 언급했다.(게다가 돌침대가 특별히 매춘과 관계있다고 생각할 근거는 무엇인가?) 그러나 핵심은 역시 섹스와 돈이 완전히 분리되지 않았던 다른 장소들과 매매춘 전용 업소와의 차이가 무엇인가 하는 점이다.

어쩌면 매춘부는 일반인과는 완전히 구분되는 다른 부류의 여자들 (혹은 남자들)이라는 로마인들의 수장, 로마 희극에서 그려놓은 유곽과 포주의 정형화된 이미지에 우리가 너무 쉽게 속아 넘어간 것인지도 모른다. 폼페이 '매춘부'의 대부분은 주점이 문을 닫은 후에 내부 또는 다른 장소에서 고객과 성관계를 한 여급이거나 여주인이었는지도 모른다.(혹은 꽃집 아가씨, 돼지치기, 베 짜는 아가씨일 수도 있으리라.) 그녀들 중 다수가 실제로 (로마 상류층 남성들의 주장대로) 토가를 입었는지 알 수 없을뿐더러 스스로를 매춘부로 간주하거나 자신이 일하는 장소를 성매매업소로 생각했을지도 심히 의심스럽다. 오늘날 퇴폐 안마시술소나 시간제로 방을 빌려주기도 하는 호텔이 성매매업소가 아닌 것처럼 가끔 매춘을 하는 주점 여급이나 여주인도 자신의 일터를 성매매업소로 생각하지는 않았으리라. 그렇다면 폼페이에서 성매매업소를 찾는다는 건 일종의 범주 오류에 가깝다. 돈을 매개로 하는 섹스는 먹고 마시고 자는 행위와 마찬가지로 도시 곳곳에 퍼져 있었을 테니 말이다.

예외는 있다. 폼페이 중앙광장에서 동쪽으로 5분 거리, 스타비아 목욕탕 바로 뒤에 위치한 이 건물은 성매매업소라는 정체성에 요구되는 가장 까다로운 조건을 모두 충족하고 있다. 이곳에는 다섯 개의 작은 독방이 있는데, 각각에는 붙박이 침대가 있고 벽에는 다양한 체위의 성관계를 나누는 선정적인 그림들이 보란 듯이 그려져 있다.(사진 82) 또한 약 150개의 낙서가 남아 있는데 "나, 여기서 썹했다"와 같은 성관계를 암시하는 내용의 낙서가 상당히 많다.(물론 모든 낙서가 그런 종류는 아니다. 적어도 한 사람은 무언가에 감동을 받아 베르길리우스의 시를 인용한 글을 남기기도 했다.) 전체적으로 이곳은 어둡고 지저분한 공간이다. 길모퉁이에 위치하며 건물에 면한 양쪽 길로 통하는 문이 하나씩 있다.(평면도 17) 지금은 관광객이 한쪽 문으로 들어와 다른 문으로 나가도록 일방통행으로 관리되고 있는데, 현재 입구 역할을 하는 문이 고대에도 주요 출입구였을 것으로 보인다. 이 출입구로 들어가면 넓은 복도가 나오고, 양쪽으로 좁은 방이 마련되어 있다.(오른쪽에 셋, 왼쪽에 둘이다.) 복도 끝에 내부를 볼 수 없도록 석조 칸막이가 설치된 공간은 변소로 밝혀졌다. 변소를 이용하는 이들의 '프라이버시'를 보호하기 위해서이거나 고객들이 서로 눈이 마주치는 멋쩍은 일이 없도록 하기 위한 조치일 것이다.

대부분 흰색으로 칠해진 벽은 베수비오 화산 폭발 시점을 기준으로 할 때 비교적 최근에 재단장한 것으로 보인다.(서기 72년에 제조된 동전 자국이 발견되었기 때문이다.) 칸막이 방으로 들어가는 입구 위쪽에는 선정적인 벽화들이 그려져 있는데, 남자가 여자 뒤에서 또는 위나 아래에서 성관계를 하는 다양한 체위를 보여주고 있다. 다른 그림과 구별되는 특이한 두 개의 그림이 있다. 한 그림에는 크게 발기한 남근 두 개를 지닌 남자가 등장한다.(아마도 '하나보다 둘이 낫다'는 신념에 따른 것 같다.) 또 다른 그림에는 남자가 침대 위에 있고 그 옆에 여자가 서 있는데 성행위가 아닌 서판을 들여다보는 모습이 이채롭다. 선정적인 그림을 들여다보는 듯한 이 장면은 자기 지시적인 농담으로 볼 수도 있다.

82. 폼페이 성매매업소 벽에 그려진 성행위 그림. 자세히 보면 실제 환경보다 훨씬 더 좋아 보인다. 더 편안해 보이는 침대와 두툼한 베개까지 놓여 있다. 왼쪽 옆에는 램프가 세워져 있는데, 야간이라는 사실을 알려주는 단서다.

작은 방에도 역시나 작은 석조 침대가 붙박이로 구비되어 있는데, 여기에 쿠션이나 덮개 같은 부드러운 무언가가 덮여 있었을 것이다. 공간 입구를 어떻게 차단했는지를 보여주는 흔적은 현재 전혀 남아 있지 않다. 이는 1860년대의 엉성한 발굴 때문일 가능성이 높다. 변소에 높은 칸막이를 설치해서 안을 들여다볼 수 없게 했다면 이들 방 역시 커튼이라도 쳐서 내부를 가렸을 것이라는 게 합리적이다. 전부는 아니지만 대부분의 낙서는 이런 방 안에서 발견되었으며, 단편적으로 누가 어떻게 이곳을 이용했는지에 대한 단서를 제공한다.

우선 이곳을 찾은 남자들은 벽에 자기 이름을 남기기를 두려워하거나 꺼리지 않는다. 그만큼 성매매를 죄악시하는 분위기가 아니었음을 알 수 있다. 지금까지 파악한 바로는 유명한 폼페이 상류층 남자의 이름은 등장하지 않았다. 앞서 살펴본 대로 성욕을 해소해줄 노예를 두지 못한 남자들이 주요 고객이었을 것이다. 한 남자는 자기 직업이 '연고 장수'라고 명확하게 밝히고 있다. 이러한 낙서는 폼페이에서 비교적 지위가 낮은 사람들에게도 문자 교육이 이루어졌음을 말해주는 좋은 지표이기도 하다. 한편 "플로루스" "펠릭스가 포르투나타랑 했다" "포스포로우스가 여기서 섹스를 했다" 등과 같이 낙서에 언급된 인물은 대부분 한 명이다. 그러나 "헤르메로스, 필레테로스, 카피수스가 여기서 섹스하다"와 같은 낙서는 여럿이 함께 즐겼음을 암시한다. 집단 성관계로 보이지만 남자들끼리의 성행위 가능성은 높지 않다.

매춘부들은 누가 누구인지 밝히기가 더 어렵다. 벽에 거론된 이름들은 그리스계와 동방계로 여겨지는 게 많은데, 이는 그들이 노예 신분이었음을 의미한다.(흥미롭게도 앞서 살펴본 주점의 벽화 옆에 쓰여 있던 '미르탈리스'와 비슷한 '미르탈레'란 이름도 나온다.) 그러나 이런 이름이 '직업상'

지은 것이라면 여자들의 실제 출신과는 무관할 수도 있다. 남자 매춘부가 있었다는 명확한 증거는 없다. 그러나 낙서 중에 더러 항문성교(라틴어로 pedicare, 보통은 남자들 사이의 성교를 뜻함)를 언급하는 표현이 있는 것으로 보아 남자 매춘부의 가능성이 전혀 없다고 단정할 수도 없다. 금액이 적힌 경우도 있는데 주점 벽에서 흔히 보았던 '2아스'보다는 다소 높은 금액이다. 예를 들면 어떤 남자는 "1데나리우스를 내고 끝내주는 섹스를 했다"고 되어 있는데, 이는 16아스에 해당되는 금액으로 성매매업소에서 일하는 여자보다 주점 여종업원과의 성관계가 저렴했다고 볼 수 있다. 아니면 앞서 말한 것처럼 어떤 여자에 대해 '2아스' 운운하는 것 자체가 실제 가격이라기보다는 모욕의 표현이라는 가설을 뒷받침하는 증거일 수도 있다.

낙서 내용도 중요하지만 낙서 분포에서 더 많은 정보를 얻을 수 있을지도 모른다. 최근 연구에 따르면 주요 출입구에서 가까운 두 개의 방에서 전체 낙서의 4분의 3가량이 발견되었다. 왜일까? 어쩌면 이 두 개의 방은 일종의 대기실을 겸했으며 기다리느라 무료한 남자들이 벽면에다 이런저런 생각이나 자랑 등을 늘어놓은 건 아니었을까? 그보다 간단하고 개연성 있는 해석은 이 두 개의 방이 입구에서 가깝기 때문에 상대적으로 더 빈번히 이용되었다는 것이다. 즉 손님이 들어왔을 때 가장 가까운 빈방을 찾아들었다는 가정이다.

성매매 전용 공간으로 보이는 이곳이 어떻게 구성되고 운영되었는지는 추측에 의존할 수밖에 없다. 여기서 일하는 여자들은 포주가 거느린 노예였을까? 임시직이었을까? 일종의 프리랜서였을까? 그나마 힌트가 되는 것이 있다면 길가의 외부 출입구를 통해 올라가는 위층의 존재다. 위층에는 다섯 개의 방이 있는데, 하나는 다른 방들보다 상당히 큰 편

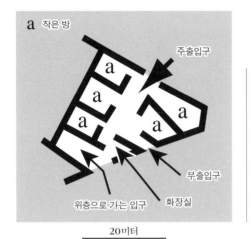

주출입구

a
a
a
a
a

부출입구

위층으로 가는 입구    화장실

20미터

평면도 17. 성매매업소. 화려하
고 멋진 부분은 전혀 없이 작고
비좁기만 하다. 화장실 이외에
복도에 면한 다섯 개의 코딱지
만 한 방이 전부다. 손님과 주인
이 어디서 돈을 주고받았는지
는 미지수다. 위층의 용도 역시
마찬가지다. 별도의 임대 아파트
였을까? 아니면 포주와 매춘부
들이 생활하는 공간이었을까?

이다. 그리고 복도 겸 방의 연결 통로인 발코니가 있다. 여기에는 붙박이
침대도 없고 선정적인 벽화나 남아 있는 낙서도 없다.(장식 자체가 없다
고 볼 수 있다.) 따라서 이곳에서 어떤 일이 일어났는지를 증명해줄 단서
가 전혀 없다. 이곳 역시 성매매 공간이었을 수도 있고 아래층에서 일하
는 여자들의 생활공간이었을 수도 있다.(이렇게 본다면 포주가 큰 방을 차
지했을 것이다.) 아래층의 성매매와 직접적인 연관이 없다면 별도의 셋방
이었을 수도 있다.(그런 경우 주소는 '유과 위층'쯤 되었을 것이다.) 그렇다면
아래층 업소에서 일하는 여자들은 손님을 받는 작은 방이 곧 숙소였을
것이다.

　솔직히 이곳은 전체적으로 비좁고 음침한 공간이다. 몇 해 전 복구를
마친 이후로 많은 관광객이 유적지에 들어서자마자 이곳으로 몰려들고
있지만 음침한 분위기는 본래 그대로다. 확실히 이곳이 방문자들에게
즐거움을 주는 시간은 길지 않다는 통계가 있다.(보통 방문자들은 이곳에

서 대략 3분 정도 머무는 것으로 추산되었다.) 그럼에도 불구하고 현지 관광 안내인들은 과거 이곳에서 일어났을 법한 특별한 만남에 대해 정확하지 않은 이야기들을 부풀리고 포장하여 호기심을 자극한다. 예를 들면 이렇게 설명한다. "여기 그림들은 단순한 장식이 아니라 대단히 실질적인 목적을 가지고 있었습니다. 매춘부들이 라틴어를 하지 못했으니까요. 그래서 손님은 그림 중 하나를 가리켜 매춘부에게 자기 취향을 알려야 했답니다."

# 기분 좋은 목욕

"포도주, 섹스, 목욕은 우리 몸을 망치지만 삶의 중요한 부분이기도 하다. 포도주, 섹스, 목욕." 서기 1세기 어느 시점에 제작된 것으로 보이는 묘비명에 새겨진 날카로운 지적이다. 로마에서 발견된 이 묘비는 동업자 메로페가 해방노예 티베리우스 클라우디우스 세쿤두스를 기리기 위해 세운 것이다. 52세까지 살았던 것을 보면 티베리우스 클라우디우스 세쿤두스는 포도주, 섹스, 목욕에 과도하게 탐닉하지는 않았던 모양이다. 그러나 "목욕, 포도주, 섹스는 죽음을 앞당긴다"라는 비슷한 내용이 멀리 터키에서도 발견된 것으로 보아 이 문구는 로마인들 사이에 널리 알려진 상식이자 금언이 아니었을까 싶다.

이번 장에서 지금까지는 고대 폼페이의 포도주와 섹스에 대해 살펴봤다. 그렇다면 목욕 문화는 어떠할까? 현재 스타비아 목욕탕, 중앙광장 목욕탕, 중앙 목욕탕으로 불리는 세 개의 대형 공중목욕탕 단지를 비롯하여 역시 대중을 상대로 하는 소규모의 민영 목욕탕들은 어떻게 운영되었을까?

로마에서 목욕은 '로마 문화'를 대표하는 것으로, 로마인은 어디를 가든 목욕을 했다. 그런 의미에서 목욕은 단지 청결 수단만이 아니었다. 당시 목욕이란 우리에게는 별개로 보이는 다양한 활동, 즉 땀을 빼고

운동을 하고 뜨거운 증기를 쐬고 수영을 하고 공놀이를 하고 일광욕을 하고 '긁어내고' 문지르는 다양한 활동의 종합이었다. 뿐만 아니라 터키식 목욕이나 이발, (가장 큰 대도시 버전의) 도서관까지 온갖 부가활동과 시설을 포함하고 있다. 따라서 이 모든 활동이 가능한 목욕탕 건물은 로마 세계에서 가장 많은 공을 들인 첨단 건물에 속했다. 폼페이의 대형 공중목욕탕 세 개가 차지하는 면적을 합하면 중앙광장보다 넓지만 수도 로마의 공중목욕탕에 비하면 좁은 편이다. 예컨대 3세기 로마에 지어진 카라칼라 목욕탕은 시설의 일부인 수영장만 해도 폼페이 중앙광장 목욕탕보다 넓었다.

목욕탕은 사회를 평등하게 만들어주는 매개체인 동시에 로마 사회의 불평등한 모습이 극명하게 드러나는 장소이기도 했다. 극빈자를 제외한 모든 시민은 목욕탕을 이용했으며, 일부 노예도 주인의 시중을 들기 위해 목욕탕에 출입할 수 있었다. 큰 부자들은 개인 주택에 별도의 목욕탕을 갖추었다. 폼페이의 대저택 '메난드로스의 집'을 상상하면 된다. 그러나 대개는 부자들도 가난한 사람들과 함께 어울려 목욕을 즐겼다. 말하자면 부자들은 만찬만큼은 시설이 잘 갖춰진 자기 집에서 즐겨도 목욕은 밖에서 즐겼다.

한편 목욕은 특성상 모든 사람을 평등하게 만든다. 전라 혹은 반라로 목욕을 즐길 때(두 가지 관습이 모두 있었다는 증거가 있다) 적어도 가난한 이와 부자의 차이는 없다. 아니, 어쩌면 가난한 이들은 육체노동 덕분에 부자보자 더 건강하고 보기 좋은 몸매를 뽐냈을 것이다. 목욕탕은 사회, 정치, 경제적 서열을 나타내는 이런저런 꾸밈이나 표식 없이 날것의 로마 사회를 보여주는 곳이었다. 관복을 상징하는 줄무늬 토가도, '원로원 의원' 전용의 샌들도 없었다. 현대의 어느 역사가가 말한 것처럼 이곳은 "사회계급 제도라는 오존층에 난 구멍"이었다.

그러나 목욕탕과 목욕하는 사람들에 대해 로마 작가들이 들려주는 이야기를 살펴보면 그곳 역시 사람들 사이의 경쟁, 질투, 불안, 사회적 차별과 과시로부터 자유롭지 않았음을 알 수 있다. 이것은 남녀의 구별을 떠나 육체적 아름다움에 관한 문제이기도 하다. 어느 고대 전기작가에 따르면 아우구스투스 황제의 어머니는 임신 당시 몸에 흉터가 생기자 그 이후로 목욕탕 출입을 하지 않았다.(전기에서는 이것이 그녀의 아들이 신의 후손임을 나타내는 징표라고 해석한다.) 로마의 풍자시인 마르티알리스는 목욕탕에서 탈장된 사람을 비웃던 한 남자가 얼마 후 자신에게도 같은 증상이 나타나자 기겁하는 모습을 조롱하는 풍자시를 남겼다.

목욕탕에서 지위를 드러내거나 과시하는 경우도 있었다. 기원전 2세기 무렵 로마 집정관의 아내가 연루된 악명 높은 사건이 그러한 사례로, 그녀는 이탈리아를 여행하던 중 폼페이에서 가까운 어느 도시에서 남자 목욕탕을 쓰려고(남탕의 설비가 여탕보다 나았던 모양이다) 남편의 지위를 이용해 남자들을 목욕탕에서 내쫓았다. 뿐만 아니라 남편인 집정관은 남자들을 신속히 내보내지 못한 점과 목욕탕을 깨끗하게 해놓지 않았다는 사유로 지방 관료인 재무관을 매질하기까지 했다.

목욕탕과 지위라는 주제에서는 동일하지만 행복한 결말을 보여주는 다른 이야기도 있다. 어느 날 하드리아누스 황제가 목욕탕에 갔는데(심지어 황제들마저 가끔은 공중목욕탕을 이용했던 모양이다) 한 퇴역 군인이 목욕탕 벽에 등을 대고 문지르는 모습을 보았다. 황제가 그 이유를 묻자 그는 형편이 어려워 때를 벗겨줄 노예를 고용하지 못했다고 했다. 이를 딱히 여긴 하드리아누스 황제는 남자에게 노예 몇 명과 관리할 비용을 하사했다. 나중에 황제가 다시 목욕탕에 가게 되었는데 남자들이 모두 벽에다 등을 문지르고 있었다. 이번에도 황제가 관대함을 보여주었을까? 안타깝게도 아니었다. 황제는 서로 등을 밀어주라는 묘안을 내놓았다.

이런 목욕 문화의 도덕성에 대해서는 모순된 견해가 병존했다. 많은 로마인이 목욕을 좋은 문화로 인식했고 의사들이 건강을 위해 목욕을 추천했던 것은 사실이다. 그러나 동시에 목욕이 도덕적으로 타락한 습관이라는 강한 의혹도 제기되었다. 나체라는 특성과 더불어 김이 모락모락 나는 뜨거운 물에 몸을 담근다는 호사와 쾌락이 어떤 이들에게는 위험한 조합으로 보였던 것이다. 철학자 세네카가 목욕탕 건물 위층에 사는 것을 불평한 이유는 단순히 소음 때문만이 아니었다.

고고학자들은 로마 주택에 대해 그랬던 것처럼 로마 목욕탕에 대해서도 정형화된 틀을 만들고 표준화시키려는 경향을 보였다. 우선 냉탕과 온탕을 비롯해 목욕탕의 여러 부분에 라틴어 명칭을 붙였다. 예를 들자면 프리기다리움frigidarium(냉탕), 테피다리움tepidarium(미온탕), 칼다리움caldarium(온탕), 라코니쿰laconicum(한증탕), 아포디테리움apodyterium(탈의실) 등이다. 이러한 용어는 로마인들도 때때로 사용했던 것으로, 스타비아 목욕탕에 새겨진 명문에는 라코니쿰과 데스트릭토리움destrictorium(때밀이방)이라는 시설에 대한 내용이 기록되어 있다. 그러나 당시에는 오늘날의 도면이나 안내서와 같이 표준화된 명칭을 사용하지는 않았다. 나로서는 다수의 로마인이 실제로 "테피다리움에서 만나자"라고 말했을지 상당히 의심스럽다.

이처럼 인상적인 라틴어 명칭들을 보면 로마인의 목욕에 정해진 순서가 있지 않았을까 싶지만 그렇지는 않다. 고고학자들은 항상 로마인의 이런저런 관행을 지나치게 체계화하는 경향을 보이는데, 로마 목욕 문화의 전문가로 불리는 이들은 목욕을 시작할 때와 마무리할 때 냉탕에 들어가고 중간에는 뜨거운 탕에서 즐기는 방식이 있었다고 주장했다. 그러나 이를 뒷받침할 만한 확실한 증거는 없으며, 탕의 종류가 많았던 만큼 다양한 순서가 있었을 것이다.(일부 전문가는 온탕에서 냉탕으로 움직였다는 반대 이론을 지지하기도 한다.) 또한 목욕탕에 가려면 최소한 두 시간이 필요했다거나 남자들은 항상 오후 시간에 즐겼다는 주장 역시 근거가 없다. 규칙과 기준을 정하려는 현대인 특유의 욕망으로 과정을 단순화했을 뿐 실제로는 취미에 따라 순서를 '고르고 섞는' 다양한 방식이 가능했을 것이다.

폼페이 스타비아 목욕탕을 꼼꼼히 살펴보면 비교적 규모 있는 목욕탕 건물에서 제공되는 다양한 시설과 오락거리가 명확히 드러난다.(평면도 18) 폼페이 도심에 위치한 세 개의 공중목욕탕 중 한 곳인 스타비아 목욕탕은 베수비오 화산 폭발 당시 수리 중이었으나 여자들이 사용하는 공간은 정상적으로 운영되고 있었다. 전반적으로 79년 당시는 목욕 공간의 부족으로 시민들이 꽤 불편을 느꼈을 것이다. 대규모 공중목욕탕 중에서 제대로 운영되는 곳은 중앙광장 목욕탕 한 곳뿐이었기 때문이다. 새로 짓는 중앙 목욕탕은 최신식으로 설계되었지만 아직 완공되지 않은 상태였다. 영리 목적으로 운영되는 사설 목욕탕, 즉 공중목욕탕에 비해 규모가 작은 편이고 손님도 선별적으로 받았을 민영 목욕탕들도 모두 운영되고 있지는 않았다. 사설 목욕탕 중 하나는 (아마도 장사가 되지 않아) 오랫동안 방치된 상태였고, 아파트 건물 아래층에 있는 소위 사르누스 목욕탕도 한창 복구 중이었기 때문이다. 임대 광고의 표현에 따르면 "품격 있는 고객을 위한 고급 목욕탕"인 '율리아 펠릭스 저택'의 목욕탕은 당시 정상적으로 운영되는 몇 안 되는 목욕탕 중 하나였다. 수요는 여전한 반면 공급이 부족한 상황을 감안하면 호황을 누렸을 것이다.

스타비아 목욕탕은 폼페이에서 가장 오래된 목욕탕으로, 로마 식민지로 흡수되기 한참 전에 지어졌다. 역사가 오래된 만큼 건축과 재건축의 역사도 복잡해서 제대로 알아내기가 쉽지 않다.(제2차 세계대전 당시 드레스덴 폭격으로 인해 그동안의 연구 기록이 소실된 점도 상황을 더 어렵게 했다.) 이곳에 들어선 최초의 건물은 뜰 형태의 운동 공간(팔라이스트라)

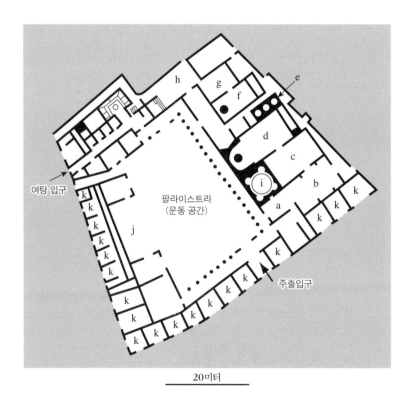

평면도 18. 스타비아 목욕탕
a 남탕 입구  b 남자 탈의실  c 미온탕  d 온탕  e 아궁이  f 온탕  g 미온탕  h 여자 탈의실  I 냉탕  j 수영장  k 상점

과 일렬로 늘어선 그리스 양식의 '반신욕장'인데, 일부 고고학자는 건설 연대를 기원전 5세기 무렵으로 추정하고 있다. 그러나 현재 우리가 보고 있는 목욕탕은 2세기 중반에 진행된 대대적인 증개축의 산물이다. 재단장 및 증축 작업은 도시가 멸망할 때까지 계속되었는데 우물이 아닌 수로에서 직접 물을 공급하는 작업도 이에 포함되었다.(사진 83) 스타비아 목욕탕이 시의 소유이며 시에서 직접 운영했다고 보는 이유는 단지 규모 때문만이 아니다.(물론 이런 정도로 큰 복합건물을 민간이 운영했다고 보기는 어렵다.) 스타비아 목욕탕의 명문에 시의 공금을 들여 만들었다는 내용이 있을 뿐만 아니라 벌금을 모은 돈으로 해시계를 제작했다는 오스크어 명문도 이를 뒷받침한다. 그리고 기원전 1세기에는 스타비아 목욕탕에 라코니쿰(한증탕)과 데스트릭토리움(때밀이방)이 추가되었는데, 명문에 "경기나 기념물의 비용을 지원하도록 법이 정한 의무에 따라 두오비리가 기부한 돈으로" 만들어졌다는 기록이 있다.

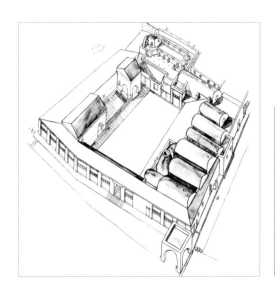

83. 스타비아 목욕탕. 복원도의 중앙에는 야외 운동 공간이 있다. 오른쪽에 있는 아치형 지붕 건물이 남녀 목욕탕이다. 건물 앞으로는(아래 왼쪽) 아본단차 대로가 있고, 구석에는 마르쿠스 홀코니우스 루푸스 가문과 관련된 거대한 아치가 있다.

목욕탕 정문은 아본단차 대로변에 있고 근처에 마르쿠스 홀코니우스 루푸스 조각상이 있다. 안으로 들어서면 작은 광장을 이루고 있는데, 아본단차 대로를 바라보는 쪽으로는 점포들이 늘어서 있고 점포 내부로 들어서면 기둥이 줄지어 선 뜰이 나온다. 운동을 하거나 앉아서 휴식을 취하는 이 공간의 어느 지점에서 목욕탕 요금을 받았을 것이다. 공중목욕탕 중에는 요금을 전혀 받지 않는 곳도 있고 약간의 요금을 받는 곳도 있었다. 스타비아 목욕탕이 요금을 받았다면 요금소로 가장 좋은 지점은 중앙 목욕탕으로 들어가는 입구였을 것이다.(평면도 18에서 a)

내부의 목욕실 배치는 극히 실용적으로 이뤄졌다. 스타비아 목욕탕은 하나의 아궁이에서 장작을 지펴 전체에 열을 제공하는 식으로, 아궁이는 마루 밑 난방 시스템인 온돌과 연결되어 있었다. 이것은 로마 세계에 남아 있는 난방 시스템 중 가장 오래된 것으로(캄파니아에서 발명된 것으로 추정된다), 화로를 이용하던 이전의 난방 시스템보다 훨씬 더 효율적이다. 중앙광장 목욕탕에서는 여전히 화로를 이용한 난방 시스템이 활용되고 있었다.(사진 84) 온돌 방식의 기본 원리는 방들의 바닥과 지면 사이에 낮은 타일 기둥을 세워 공기층을 만들어놓고 아궁이에서 불을 지피면 뜨거운 열기가 이 공기층 공간을 뜨겁게 달구는 식이다. 따라서 아궁이에서 가까운 목욕실이 더 따뜻할 수밖에 없는데, 스타비아 목욕탕 역시 아궁이 양쪽에 위치한 두 개의 목욕실이 가장 뜨끈한 구조를 보이고 있다. 즉, 이 두 공간이 온탕이고(d와 규모가 작은 편인 f), 그 옆의 두 공간이 미온탕이었다.(c와 규모가 작은 g)

왜 이렇게 두 개씩 짝을 이루었을까? 규모가 작은 탕(f, g)은 여탕으로, 스타비아 목욕탕에서는 남탕과 분리되어 있다. 여자들은 아본단차 대로의 정문 대신 옆길로 난 샛문을 이용해야 했는데, 실제로 샛문에는 '여탕'이라는 표시가 있었다고 한다.(발굴 직후에는 육안으로 확인할 수 있었다.) 남자들이 이용하는 정문으로 들어가면 바람이 잘 통하는 뜰이 나오지만 여자들은 길고 비좁은 복도를 걸어가서 탈의실(h)에서 옷을 벗은 뒤 작은 목욕실로 들어가도록 되어 있다. 이런 배치는 중앙광장 목욕탕도 마찬가지였다. 이곳에서도 여탕은 규모나 화려함 면에서 남탕보다 덜했다. 반면 중앙 목욕탕은 시설이 분리되어 있지 않은 것으로 볼 때 여자들은 아예 이용할 수 없었거나 남녀의 이용 시간을 구별했을 것이다. 그도 아니면 고대 도덕주의자들을 격노케 만들었던 남녀 혼탕이었을지도 모른다.

스타비아 목욕탕을 찾은 남자들에게는 다양한 선택이 가능했다. 그들은 아름다운 스투코 장식이 돋보이는 탈의실에서 옷을 벗었는데(b) 소지품을 보관하는 사물함 기능의 벽감들이 지금도 남아 있다.(사진 85) 목욕탕에는 탈의실을 지키는 종업원도 있었을 것이지만 로마 작가들에 따르면 도난 사건이 빈번히 발생했다. 왜 귀중품을 집에 두고 오지 않았을까? 탈의실에서 옷을 벗은 뒤 남자들은 다양한 놀이와 운동을 즐길 수 있는 밖으로 나간다. 이곳에는 수영장이 있고(j), 돌로 만든 두 개의 공이 발견된 것으로 보아 볼링 같은 게임을 즐겼던 듯하다.

일반적으로 로마인들은 목욕을 할 때 몸에 기름을 바르거나 때를 미는 일을 개인 노예에게 맡겼다.(애초에 그런 목적으로 데려온 노예들이다.) 물론 하드리아누스 황제의 일화에 등장하는 인물처럼 스스로 몸을 닦는 이들도 있었을 것이다. 정확히 어느 목욕탕인지는 알 수 없지만 두오비리가 돈을 대어 별도의 공간을 지었다는 것으로 보아 때밀이 서비스를 담당하는 종업원도 있지 않았을까 싶다. 목욕탕 안에서는 증기를 쐬며 땀을 뺄 수도 있고, 작은 탕(요즘으로 치면 온수욕조hot tub 비슷한) 안에 앉아 있기도 하고, 냉탕에 뛰어들 수도(i) 있었다. 냉탕은 초기에 라코니쿰, 즉 한증탕이었다가 나중에 냉탕으로 바뀐 것으로 보인다.

볕이 잘 들지 않는 좁은 집에 살거나 작업장 위층 셋방에 사는 사람들에게 이런 목욕탕은 그야말로 진정한 '인민의 궁전'이었을 것이다.(전면 사진 16) 로마 목욕탕은 수영과 물놀이는 물론 취향에 따라 다양한 오락 시설을 즐길 수 있는 넓은 공간을 더없이 화려하게 꾸며놓았다. 목욕탕의 반원통형 천장은 화려한 색상으로 채색되었고 천장의 작고 둥근 창을 통해 눈부신 햇빛이 스며들었다. 햇빛이 들지 않을 때도 줄지어 늘어놓은 등잔 덕분에 목욕탕 안은 항상 환했다. 중앙광장 목욕탕에서는 무려 500개나 되는 등잔이 보관된 창고가 발견되기도 했다.

당시 목욕탕 시설의 위생 환경을 의심한 사람은 현대의 관광객뿐만이 아니었다. 당시는 소변이나 기타 인체 오물로 인한 오염을 완화시킬 염소 소독 같은 방법이 없던 시대였다. 또한 여러 개의 탕을 가득 채운 물은 자주 교체되지도 않았다. 때로는 깨끗한 물을 탕 속에 서서히 추

84. 중앙광장 목욕탕에서 나온 청동 화로. 마르쿠스 니기디우스 와쿨라라는 남자가 기부한 화로인데 폼페이에서 자주 마주치는 시각적 언어유희가 여기서도 보인다. '와쿨라'는 '암소'라는 의미로, 아니나 다를까 화로에는 선명한 암소 장식이 보인다.

가하여 물을 흘려보냄으로써 오염 정도를 희석시켰겠지만 목욕탕의 온수 욕조는 그 자체로 대량의 박테리아 번식장이었을 것이다.(18세기 유럽의 온천을 생각하면 이해가 한결 쉬울 것이다.) 마르티알리스는 목욕탕의 대변에 관한 농담을 했고, 로마 의사였던 켈수스는 상처가 아물지 않았다면 목욕탕에 가지 말라는 현명한 조언을 했다.("그랬다가는 괴사 현상이 일어나기 십상이다.") 목욕탕은 폼페이 서민들에게 경이와 쾌락, 화려한 아름다움을 두루 맛볼 수 있는 경이로운 공간이기도 했지만 동시에 그들을 죽게 만들 수도 있는 위험한 공간이었다.

　나체 상태로 남녀가 어울릴 수 있다고 상상할 때 목욕탕은 당연히 섹스와 연결된다. 주점이 그렇듯 목욕탕 중 일부는 목욕탕이라는 미명 아래 성매매가 이뤄지는 곳으로 인식되었고, 손님을 잡으려는 매춘부들이 주변을 서성였다. 이런 문제는 로마 법률가들에게도 고민거리였다. 어느 작가는 매춘에 연루된 이에게 정확히 어떠한 법적 처벌을 내려야 할지를 논하면서 (이탈리아가 아닌) "모 지역"에서 있었던 경우를 언급하기도 했다. 그 지역의 어느 목욕탕에서 손님들이 벗어놓은 의복을 지키는 노예를 고용했는데, 그 노예는 자기 임무 범위를 훨씬 넘어선 서비스를 제공했다. 그렇다면 고용주인 목욕탕 주인을 포주로 봐야 할까?

　실제로 폼페이에서도 우리는 이런 문제와 맞닥뜨리게 된다. 도시 성벽 밖, 마리나 성문 근처에 위치한 소위 '교외 목욕탕'이 문제의 공간이다. 1980년대에 발굴된 이곳은 상업적으로 운영되던 사설 목욕탕으로, 목욕 공간은 1층에 있고 위층에는 가정집을 비롯한 숙박시설이 있었다. 이곳은 도심의 공중목욕탕 단지에 비해 규모가 훨씬 작으며 여탕은 없었던 것으로 보인다. 다만 바다가 내려다보이는 멋진 전망 때문에 손님들은 널찍한 테라스에서 일광욕을 즐기면서 바다를 감상할 수 있었다.(일광욕 테라스는 운동을 위한 장소는 아니었다.) 서기 1세기 초에 지어진 이곳도 베수비오 화산 폭발 당시 수리 공사가 진행되고 있었다.

이곳이 오늘날 흥미를 끄는 이유는 탈의실 때문이다. 탈의실 벽의 맨 위쪽에는 여덟 가지의 역동적인 성행위 장면이 그려져 있는데 지금도 확인이 가능하다. 대개의 장면에는 두 명의 남녀가 어울려 있지만(한 장면은 두 명의 여자일 수도 있다) 세 명 또는 네 명이 집단적으로 성관계를 나누는 장면도 있다.(사진 86) 현재 벽화는 한쪽 면에만 남아 있는데, 원래는 다른 두 벽면에도 있었으리라 추정된다. 그렇다면 총 24가지 체위를 보여준 셈이다. 이러한 선정적인 그림들 밑에는 나무 상자 혹은 바구

85. 복원 전의 스타비아 목욕탕 남자 탈의실. 천장에는 스투코 장식이 되어 있고 오른쪽에는 벗은 옷을 보관하는 일종의 '보관함' 기능의 벽감들이 있다.

니 그림이 그려져 있으며 각각 숫자가 매겨져 있다.(I~XVI까지의 숫자는 지금도 선명하다.) 왜 하필이면 성행위 그림을 그렸으며, 그 밑에 각각 다른 숫자가 적힌 상자가 짝지어져 있을까?

답은 간단하다. 이곳이 탈의실이었기 때문이다. 벽화 밑에 선반의 흔적이 있는 것으로 보아 이곳은 스타비아 목욕탕 탈의실처럼 옷을 보관하는 붙박이 벽감 대신 상자나 바구니에 옷을 담아 선반에 두었을 것이다. 선반 위의 선정적인 그림은 손님들이 각자의 바구니 번호를 잘 기억하도록 돕기 위한 재미있는 '비망록'인 셈이다. 이를테면 '6번-스리섬' 식으로 기억해두는 것이다. 어떤 이들은 해석을 한층 심화하여 이들 그림이 위층에 있는 성매매업소를 광고하는 기능을 했으며, 심지어 가능한 옵션을 제공하는 일종의 메뉴판이었다고 주장한다.("7번 체위로 30분 부탁해요.") 어쩌면 이곳은 탈의실의 여자 노예가 매춘부 역할까지 겸했다는 "모 지역"의 사례와 같은 경우일 수도 있다. 위층으로 올라가는 입구 중 한쪽에는 (제법 비싼 편인) 16아스에 아티스가 서비스를 해준다는 낙서가 있는데, 이 역시 탈의실 그림과 관련이 있을 것이다.

여러 주장 가운데 과연 무엇이 옳은지는 알 수 없는 노릇이다. 어쨌든 이들 그림에는 흥미로운 반전이 있다. 지금도 여덟 개의 그림은 보존 상태가 싱딩히 좋다고 볼 수 있지만 베수비오 화산 폭발 전에 그림 위에 물감을 덧씌운 흔적이 발견되었다. 방의 나머지 그림이나 장식에는 거의 손을 댄 흔적이 없는데 유독 이곳에만 그런 흔적이 남아 있다. 누군가가 이 그림들을 덮어버리려 한 것일까? 왜? 목욕탕 주인이 바뀌었다고 주장하는 이들도 있다.(그렇다면 주인은 성매매업소로 추정되는 위층 시설에 대한 투자도 중단했을 것이다.) 이 설명은 타당해 보인다.

어쩌면 이런 종류의 선정적인 그림에 질려버린 탓인지도 모른다.

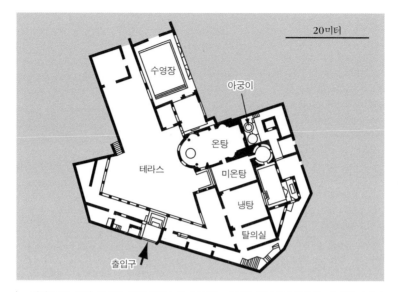

평면도 19. 교외 목욕탕. 영리 목적으로 운영되는 소규모 사립 목욕탕으로, 바다를 조망하는 넓은 테라스를 중심으로 배치되었다. 이곳을 유명하게 해준 선정적인 벽화는 탈의실에 있다.

86. 교외 목욕탕 탈의실. 세세한 부분은 현재 판별하기 힘들지만 아래쪽에 숫자가 매겨진 상자 그림은 여전히 선명하게 보인다.(사진 속에는 III부터 VI까지 숫자가 보인다.) 위에는 다양한 체위의 성행위 장면을 묘사한 그림이 그려져 있다.

## 8장

# 오락과 게임

POMPEII

# 주사위 게임

4세기의 어느 로마 역사가는 늦은 밤 수도 로마의 주점에서 들려오는 묘한 콧소리를 성행위와 관련된 것으로 오해하여 경멸조의 언급을 쏟아냈다. 아마도 그는 서민들의 생활에 관심을 가질 여유나 의지가 없었던 모양이다. 그가 들은 소리는 성적인 유희와 무관하며, 그저 도박판에서 생겨난 것이었다. 사람들이 주사위 게임에 몰입한 나머지 무의식중에 숨을 고를 때 나는 민망한 콧소리였던 것이다. 고대 로마인의 생활 소음을 오늘날 이렇게 즉각적으로 복원할 수 있는 경우도 드물 것이다. 당연히 문제의 소리는 폼페이 주점에서도 많이 들렸을 것이다. 7장에서 살펴본 주점 벽화들로 판단하건대, 도박과 주사위 게임은 폼페이 주점에서 음식이나 술을 마시면서 흔히 즐기던 유희였음이 분명하다.

그림 속 남자들이 정확히 어떤 게임을 하고 있는지는 알 수 없다. 요즘도 그렇지만 로마에는 형식도 명칭도 다른 다양한 보드게임이 있었다. '강도들' 아니면 '군인들'이라고 해석되는 '라트룽쿨리latrunculi'는 로마 시대의 인기 있는 게임으로, 폼페이 사람들도 꽤 즐겼던 것 같다. 선거 벽보에 "라트룽쿨리를 하는 사람들"이 특정 후보를 지지한다는 내용이 있었기 때문이다.(어쩌면 거론된 후보는 이들의 지지를 반기지 않았을 수도 있다.) '두어데킴 스크립타duodecim scripta', 즉 '열두 줄 장기'도 로마 문헌에 자주 나오는 게임이다. 게임 규칙이 설명된 자료는 없지만 학자들은 여기저기서 발견된 단편적인 언급들을 분석해 게임 규칙을 복원하려 노력 중이다. 예를 들어 라트룽쿨리는 요즘 체커 게임처럼 상대의 말을 움직이지 못하게 봉쇄하거나 포위하는 방식이다. 하지만 그때나 지금이나 대부분의 게임은 세부 내용이 조금씩 달라도 기본 원칙은 같은데, 즉 주사위를 던져서 나온 숫자만큼 판에서 말을 옮기거나 점수를 따내는 식이다. 순전히 우연에 의해 결정되는 주사위 숫자가 승리의 결정적인 요소였지만 말들을 움직이는 데는 다양한 전략과 기술이 동원된다. 클라우디우스 황제는 주사위 게임을 총칭하는 '알레아alea' 기술에 대한 책까지 집필했다고 하는데 안타깝게도 지금은 전하지 않는다.

승부 결과에 돈을 거는 것도 이런 게임의 핵심 요소였다. 주점 사람들의 게임이지만 제법 큰돈이 오가기도 했다. 이런 게임으로 흔치 않은 거액을 벌어들인 사람이 자랑스레 남겨놓은 낙서도 있다. "누케리아에서 알레아로 855.5데나리우스를 땄다. 맹세코 사실임." 이 금액을 환산하면 3422세스테르티우스로, 병사 연봉의 네 배에 달하는 큰돈이다. 물론 이런 거액을 따는 경우는 드물었을 테고 대부분은 훨씬 더 적은 금액이 오갔을 것이다. 누케리아에서 큰돈을 딴 낙서의 장본인이 극구 사실임을 강조한 것도 그만큼 드문 일이었기 때문이리라. 한편 이런 정보는 폼페이 카페 문화를 향유하던 계층을 이해하는 데 도움을 준다. 주점에서 돈을 걸고 게임을 하는 이들은 상류층 기준으로 볼 때 가난한 부류였겠지만 어느 정도는 여유 자금과 시간이 있는, 그러나 사회적 지위가 낮은 계층이었을 것이다. 예나 지금이나 진짜 궁핍한 사람, 즉 극빈자에게는 푼돈의 도박일지라도 사치인 법이다.

매춘 규제에는 상당히 미온적이었던 로마 입법 당국도 이런 게임과 도박금지 법령 제정에는 매우 적극적이었다. 그러나 규제의 실제 효과는 미미했던 것으로 보이며, 이중 잣대로 사람을 차별한다는 비난을 면하기도 어려웠을 것이다. 무엇보다 지위 고하를 막론하고 로마 사회 전체가 이런 게임을 즐겼기 때문이다.(클라우디우스 황제가 알레아 전략과 기술에 관한 책을 집필했다는 사실도 이런 사회 분위기를 반영한다.) 고대 사회에서 도박은 로마인의 특징으로까지 여겨질 정도였다. 기원전 1세기 어느 괴짜 이론가는 『오디세이아』에서 페넬로페에게 구혼하는 남자들이 주사위 게임을 하는 장면을 근거로 호메로스가 로마인이었다고 주장할 정도였다. 그런데 곳곳에서 게임판이 자주 발견된 로마와는 달리 폼페이에서는 게임판을 찾아볼 수 없다. 아마도 나무로 만든 게임판을 주로 사용했기 때문에 남아 있지 않은 것으로 보인다. 가끔 주사위를 섞는 용도로 확인된 통이 발견되긴 했지만 그저 작은 컵일 뿐이라는 주장이 제기되면서 명쾌한 결론을 얻을 수 없었다. 그러나 주사위나 득점 계산에 쓰였던 산가지는 대저택을 포함한 도시 곳곳에 있었다. '메난드로스의 집'에서도 근사한 주사위 두 개와 수십 개의 산가지가 발견되었다.

로마 당국이 제한하려 했던 것은 집 안이 아니라 주점에서의 도박 게임이었다. 왜일까? 그들은 도박이 구성원의 사회적, 경제적 위계질서를 저해할 수 있다고 생각했을 것이다. 즉 소유 재산을 기준으로 엄격하게 등급이 나뉜 문화라면 주사위 몇 번 던진 결과로 개인의 지위가 뒤바뀌는 현상에 반대할 수밖에 없다. 이런 관점에서 볼 때 누케리아에서 횡재를 맞은 남자는 사회질서를 교란할 소지가 다분한 위험 인자였다. 그러나 최근 제기된 흥미로운 주장에 따르면, 로마 상류층이 주점 도박을 문제 삼은 이유는 '오티움otium', 즉 여가의 활용이라는 일반적인 문제의식과 관련 있는 듯하다. 여가를 올바르게 활용하는 방법은 무엇일까?

여가활동에 적절한 시간은 언제일까? 상황에 따른 여가활동이 따로 정해져 있었던 것일까? 부잣집에서 하는 게임과 도박은 용인되고 주점에서는 안 되었던 것일까? 명쾌하게 해결되지 않은 의문들이 꼬리에 꼬리를 문다.

그러나 사회 전체 혹은 상류층의 생각이 무엇이었든 주사위 게임이 폼페이 사람들의 여가활동 중 하나였음은 분명하다. 지금부터 그들이 '오티움'을 즐기는 다른 방법, 즉 검투사 경기를 비롯한 각종 볼거리에 대해 살펴볼 예정이다. 고고학적 관점에서 주택이나 주점에서 소박하게 이루어진 주사위 게임의 흔적이 그리 많지 않은 반면 이런 대규모 볼거리는 극장과 원형경기장을 비롯하여 많은 이야기를 남기고 있다. 그러나 본격적으로 살펴보기 전에 분명히 해두고 싶은 점이 있다. 폼페이 사람들은 배우나 검투사를 구경하기보다는 소박한 보드게임을 하는 데 더 많은 시간을 보냈다는(혹은 소비했다는) 사실이다.

# 스타에 빠지다? 극장과 배우

폼페이는 극장이 발달한 도시였다. 서기 79년 당시에는 상태가 썩 좋지는 않은, 두 개의 석조 상설 극장이 있었다. 하나는 건설 연대가 기원전 2세기까지 거슬러 올라가는데, 마르쿠스 홀코니우스 루푸스의 후원 아래 증개축 과정을 거치면서 5000명 정도를 수용하는 규모로 확대되었다.(사진 87) 이때 커튼을 설치하는 데 사용된 부속품과 함께 상설 벽돌 무대의 일부가 지금도 남아 있다.(로마 시대의 커튼은 지금처럼 위에서 아래로 늘어뜨리는 식이 아니라 지면에서 위로 끌어올리는 방식이었다.) 또 다른 극장은 바로 옆에 위치한 2000석 규모의 실내극장으로, 로마 식민지 초기에 원형경기장을 건설한 이들에 의해 건립되었다.(사진 69) 참고로 수도 로마에 최초의 석조 상설 극장이 지어진 시기는 기원전 50년경으로, 폼페이우스가 동방 원정에서 획득한 전리품으로 자금을 대었다고 알려져 있다. 아무튼 로마 최초의 상설 극장보다 20년 앞선 시기에 변방의 소도시 폼페이에는 이미 두 개의 상설 극장을 보유하고 있었다.

폼페이 유적지에서 부유한 대저택을 둘러볼 때나 나폴리국립고고학박물관에 소장된 그림과 모자이크 작품 사이를 거닐 때나 우리는 무대 혹은 극장 공연을 주제로 한 그림들과 계속 마주치게 된다. 이미 살펴본 것처럼 '메난드로스의 집'이라는 명칭은 페리스틸리움 중앙의 움푹 들어간 부분에 그려진 메난드로스 그림 때문이다.(사진 44) 주택 중앙 출입구로 들어오면 정면에 메난드로스의 그림이 눈에 들어오는데, 기원전 4세기에 활동한 그리스 희극작가인 메난드로스는 그림 속에서 파피루스 뭉치를 들고 앉아 있고 의자와 파피루스 뭉치에는 흐릿하지만 메난드로스라는 이름이 적혀 있다. 맞은편에도 비슷한 인물이 한 명 그려져 있다. 다른 극작가를 표현한 것으로 보이는데 일부 학자는 그가 에우리피데스일 것으로 추정한다.

폼페이 성벽 바로 밖에 위치한 '키케로 별장'에서 발견된 두 개의 모자이크도 메난드로스의 작품을 모티프로 하고 있다. 정교하게 제작된 작은 테세라로 모자이크한 이 작품에는 사모스의 디오스코우리데스라는 제작자의 '서명'까지 남아 있다. 하나는 탁자 주변에 둘러앉아서 술을 마시는 세 명의 여자를 묘사하고 있고 다른 하나는 탬버린, 심벌즈, 플루트를 연주하는 악사들을 묘사했다.(전면사진 1) 모든 인물이 가면을 쓴 것으로 보아 실제 모습이 아니라 연극 장면임을 알 수 있다.(한 여자는 인상적인 '쭈글 할멈' 가면을 쓰고 있다.) 이것은 어떤 연극일까? 다행히도 그리스 레스보스 섬에서 비슷한 모자이크 작품이 발견되었으며, 그 모자이크 각각에 제목이 달린 덕분에 키케로 별장의 모자이크가 메난

87. 폼페이 대극장 무대가 보이는 풍경. 무대에서 가까운 앞쪽에는 상류층이 앉는 넉넉한 좌석이 있다. 사진에 보이는 목조 무대는 원래 있던 것이 아니라 공연을 위해 새로 지은 것이다.

드로스의 작품 속 한 장면이라는 사실을 밝힐 수 있었다. 탁자에 앉은 여자들은 「아침식사 중인 여자들」의 한 장면이고, 악사들은 「신들린 아가씨」의 한 장면으로 보인다.(「신들린 아가씨」를 보면 신들렸다고 주장하는 여자의 말이 사실인지를 시험하기 위해 음악이 사용된다.) 한편 '카스카 롱구스의 집'에서는 에우리피데스의 비극 『헤라클레스의 자녀들』의 한 장면을 묘사한 벽화가 발견되었다. 역시 모든 등장인물이 완벽하게 가면을 쓰고 있어 희극작품으로 추정되며 출처가 확인되지 않은 다른 그림과 짝을 이루고 있다. 배가 불룩 튀어나온 늙은 노예가 젊은 부부 앞에서 무언가 장황한 설명을 늘어놓는 모습이다.

무대 뒤의 흥미로운 세계를 묘사한 작품도 있다. '비극 시인의 집'의 응접실 겸 서재 역할을 했을 타블리눔의 중앙을 차지하고 있는 모자이크는 무대 위로 오를 준비를 하는 배우들의 모습을 보여준다.(전면사진 17) 무대에 올릴 작품은 전통 비극이나 희극이 아니라 '사티로스극'이다. 이 것은 일종의 명랑한 익살극으로, 기원전 5세기 아테네에서 비극 세 편을 연달아 상연한 뒤에 관객의 긴장을 풀어주기 위해 베푸는 가벼운 오락물이다. 모자이크에서 왼쪽 끝에 위치한 두 명은 막 염소 분장을 끝낸 사티로스 코러스로, 반은 염소이고 반은 사람인 이 신화 속 인물의 코러스는 사티로스극의 형태를 가장 확실하게 증명해주는 특징이다. 나머지 사람들은 아직 준비가 덜 되었는지 뒤쪽에 있는 배우는 (역시 염소 복장인) 무대 의상을 입고 있는 중이고, 피리 부는 악사는 음을 고르는 중이며, 중앙에 앉은 감독은 배우들에게 마지막 지시를 내리고 있다. 감독의 발치와 뒤쪽 탁자에는 가면들이 준비되어 있다. 이 가면들은 이 모자이크의 주제가 연극 장면임을 암시하는 기능을 한다. 사실 이런 가면은 폼페이의 집안 장식에서 가장 흔히 볼 수 있는 요소로, 과장스럽게 그려진 건축물 문양 위에 뜬금없이 얹혀 있기도 하고 벽면 중간 어디쯤에 매달려 있기도 하다. 마치 이런 그림 장식을 통해 집 전체를 극장으로 만들어버린 느낌이다.

중요한 질문은 이런 그림이나 모자이크가 실제 폼페이 극장에서의 공연과 어떤 관계를 갖고 있는가 하는 것이다. 앞서 우리는 폼페이 주택이나 주점의 장식이 이상화 또는 희화화된 형태(음주나 식사 또는 도박)로 주민들의 생활상을 반영하고 있음을 살펴봤다. 그렇다면 폼페이 주택의 바닥과 벽면에 표현된 그리스 고전극 장면은 폼페이 극장에서 그러한 연극이 상연되었음을 말해주는 것일까? 두오비리가 기부의 의무로 연극 공연을 후원했다면 메난드로스나 에우리피데스처럼 상류층이 선호할 만한 전통적인 고전작품을 그리스어로 혹은 라틴어로 번역하여 상연하는 쪽을 택하지 않았을까?

오늘날 몇몇 학자는 그렇게 받아들이고 있다. 그러나 폼페이 극장에서 어떤 연극이 얼마나 자주 상연되었는지에 대한 직접적인 증거가 없으며, 검투사 경기를 광고하는 낙서나 벽보는 많지만 극장 공연을 알리는 광고나 벽보도 남아 있지 않다. 이에 따라 대다수 학자는 폼페이 극장에서 그리스 고전극이 많이 상연되었다는 주장을 인정하지 않는다. 폼페이 이곳저곳의 벽에 남겨진 인용 문구를 봐도 그리스 고전극에서 가져온 것은 없다.(고전극만이 아니라 연극에서도 주목할 만한 인용구가 없는 편이다. 연극에서는 세네카의 비극작품에서 한 줄을 인용한 게 전부다.) 사실 고전극 장면을 묘사한 다양한 그림과 모자이크는 그리스의 유명한 미술작품에서 기인한 것으로, 그리스 문화와 상징이 로마에 끼친 일반적인 영향을 말해주기는 하지만 연극 공연과 직결되지는 않는다.

폼페이 극장에서는 그리스 고전극보다는 여러 이탈리아 토속 장르가 자주 상연되었을 것으로 짐작된다. 여기에 주로 언급되는 장르는 소위 '아텔라 소극笑劇'으로 캄파니아 지방의 오스크 도시 아텔라에서 만들어진 극 형식이다. 현재는 몇몇 단편만 남아 있는데 원래는 오스크어로 창작되었을 것이다. 등장인물 중에는 식충이 만두쿠스, 허풍선이 부코처럼 전형적인 성격의 인물이 고정적으로 출연하며, 중세 도덕극이나 교훈극에 비유되기도 한다. 그런가 하면 플라우투스, 테렌티우스 등의 작품에 보존된 다른 양식의 로마 희극들도 상연되었다. 심지어 현대적인 의미에서 '연극'이라고 보기 힘든 공연도 있었다. 한편에서는 애초에 실내극장은 연극 공연을 올리기 위해 만든 게 아니라 초기 식민지 이주민들의 회의장으로 건설된 것이라는 주장도 있다.

이상의 모든 주장은 충분히 그럴듯하지만 어디까지나 가능성일 뿐 뒷받침하는 구체적인 증거는 없었다. 그러나 최근의 몇몇 연구 덕분에 폼페이의 극장 문화에 한 걸음 다가갈 수 있게 되었다. 학자들은 폼페이 멸망 직전 100여 년 동안 이탈리아에서 크게 유행했던 두 가지 극장르에 관심을 돌리게 되었는데, 그것은 일반 서민들은 물론 황제도 좋아했던 마임과 팬터마임이다. 당시 다양한 형태를 띠고 있었던 마임은 거리나 저택이나 극장에서 짧은 막간극 또는 주요 작품으로 공연되었다. 「결혼」「축 융 공」「베 짜는 아가씨들」(어느 학자는 「스웨덴 아마사」라는 고전 연극과 비슷하다고 보았다) 등의 외설적인 희극은 보통 가면을 쓰지 않은 남녀 배우가 연기했다. 때로는 아르키미무스라 불리는 일종의 '수석 마임 배우'가 틀을 짠 플롯에 따라 즉흥적으로 공연이 이루어졌고, 때로는 별도의 대본이 있었다. 오늘날 '마임'이라 하면 무언극을 떠올리지만 당시의 마임에는 대사, 음악, 춤이 혼합되어 있었다.

요즘은 마임과 팬터마임이 같은 장르로 혼용되곤 하는데 당시에는 명확히 별개 장르로 구별되어 있었다. 팬터마임은 희극이 아니라 비극으로, 오늘날 우리가 향유하는 '팬터마임'과는 확실히 달랐다. 고대 팬터마임은 현대 발레의 원형에 가까우며 기원전 1세기에 로마로 전파된 것으로 알려져 있다. 공연은 최고 실력을 갖춘 한 명의 주연배우가 일군의 남녀가 부르는 노래에 맞춰 춤과 마임(오늘날 통용되는 '마임')을 선보이는 식이었다. 노래를 부르는 일종의 '코러스' 이외에 각종 악기를 연주하는 이들도 있었다. 특히 발로 밟아서 소리를 내는 대형 캐스터네츠인 스카벨룸은 떠들썩한 대목에 동원되었다. '팬터마임panto-mime'이라는 명칭은 한 명의 주연배우가 줄거리에 등장하는 모든 역할을 연기하는 데서 연유한 것이다. 'panto'는 '전부' 또는 '모두'라는 뜻으로 'panto-mime'은 혼자서 모든 마임을 한다는 의미가 된다. 주연배우가 도중에 가면을 바꾸는 것은 다른 역할로 이입되었음을 뜻한다.(이때 가면은 전통적인 고전극에서처럼 입이 벌어져 있지 않고 다물어져 있다.) 극의 주제는 고대 그리스의 다양한 비극 레퍼토리에서 채택되었다. 예를 들면 에우리피데스의 『무녀들』이나 그리스 고전극에 자주 등장하는 이피게네이아 이야기 등이 팬터마임의 주제가 되었다. 현대 역사가들은 당시 팬터마임은 일반 대중이 그리스 신화와 문학에 대한 정보를 얻는 중요한 수단으로서, 변형된 고전극 이상의 의미가 있었다고 본다.

마임, 특히 팬터마임은 폼페이의 극장을 비롯한 다른 지방에서도 꽤 인기를 얻었다는 증거들이 있다. 폼페이의 이시스 신전에는 '조연 배우' 카이우스 노르바누스 소렉스라는 남자의 흉상이 있는데, 같은 인물의 흉상이 중앙광장 '에우마키아 빌딩'에도 있고(흉상 자체는 남아 있지 만 명문이 새겨진 기단이 있다), 네미의 디아나 여신 신전에도 있었다. 디아나 신전의 흉상에는 그를 '조연 마임 배우'라고 소개하고 있다. 이탈리아 중부와 남부 여러 지역을 순회하며 공연을 펼친 마임 단원이었을 그는 주연배우는 아니었으나 폼페이에 두 개나 되는 청동 흉상이 세워질 만큼 영광을 누렸다.(어쩌면 그는 지진 피해를 입은 이시스 신전 복구에 공을 세웠는지도 모른다.) 사실 로마에서 배우란 직업은 법적으로 '인파미스 infamis', 즉 불명예스러운 직업으로 간주되었다. 그러나 폼페이 사람들은 "시의회에서 하사한 땅"에 흉상을 세워 '조연 배우' 카이우스 노르바누스 소렉스를 공개적으로 기렸다.

그때그때 언급하지는 않았지만 우리가 앞에서 살펴본 몇몇 자료에도 팬터마임 공연에 관한 단서들이 포함되어 있었다. 1세기 초반 세 차례나 두움비르를 지냈던 아울루스 클로디우스 플락쿠스의 묘비명에 새겨진 내용을 기억하는가? 비문에 따르면 아울루스 클로디우스 플락쿠스

88. 배우이며 부자일지도 모르는 인물이다. 마임 배우는 로마 사회에서 '불명예스러운' 직업으로 간주되었으나 폼페이에는 마임 배우 카이우스 노르바누스 소렉스에게 공개적으로 경의를 표하는 청동 흉상이 두 개나 있다. 같은 인물의 흉상이 로마 근처 네미에서도 발견되었다.

는 처음 두움비르가 된 해에 아폴로 신을 기리는 대회를 개최했는데 행사 프로그램에 "필라데스가 나오는 팬터마임"이 포함되었다. 필라데스는 아우구스투스 황제가 총애했던 팬터마임 배우로, 황제의 개인 만찬에서도 공연한 기록이 있다. 플락쿠스가 거액을 들여 초청한 배우가 바로 이 명성 높은 배우일 수도 있고, 같은 이름의 다른 후배 배우일 수도 있다. 유명한 선배와 같은 이름을 쓴다는 게 현대인에게는 이상해 보이지만 고대 배우들 사이에는 흔한 관행이었다. 또한 폼페이 인근 스카파티에서 발견된 데키무스 루크레티우스 발렌스의 묘비명에는 팬터마임에 쓰이는 요란한 음향의 악기가 언급되어 있다. 사후에 조각상을 세워 경의를 표했던 집단에 '딱따기 치는 사람들'이나 '캐스터네츠 연주자들'(스카빌리아리)이 포함되어 있었기 때문이다.

해석하기 까다롭고 보존 상태도 안 좋지만 폼페이 사람들의 팬터마임에 대한 애정을 확인할 수 있는 흥미로운 낙서들이 있다. 이 낙서는 전체적으로 악티우스 아니케투스라는 사람이 이끄는 팬터마임 극단의 단원들에 관한 내용이 아닌가 싶다. 폼페이에서 멀지 않은 푸테올리에서도 "카이우스 움미디우스 악티우스 아니케투스, 팬터마임 극단"이라는 문구가 발견되었다. 도시 성벽 밖 묘비에 적힌 "무대 위의 스타 악티우스"라는 낙서는 팬이 남긴 메시지일 것이다. "악티우스를 위해 건배! 어서 단원늘에게 돌아가기를"이라는 문구도 보인다. 간혹 스스로를 "아니케티아니"라고 부르는 이들이 있는데, 그는 극단 단원이라기보다는 아니케투스의 팬일 가능성이 높다. 어느 대저택의 욕실에서는 '악티우스의 여배우'라는 뜻의 "히스트리오니카 악티카histrionica Actica"라는 문구가 발견되었는데, 극단의 어느 여자 단원을 지칭한 것으로 보인다. 그녀를 좋아하는 팬이 남긴 글로 여겨지는데 그는 여배우의 정확한 이름을 몰랐던 모양이다. 역시 단원으로 보이는 카스트렌시스라는 이름도 악티우스 아니케투스라는 이름과 함께 여러 차례 등장하고 있다. "악티우스 아니케투스 만세, 호루스 만세"에 등장하는 호루스도 마찬가지다. 종합해보면 악티우스 아니케투스는 6, 7명의 배우로 구성된 유명한 극단을 이끈 인물일 것으로 추정된다.

팬터마임의 인기와 관련지어 생각할 때 의미가 한층 분명해지는 한두 개의 벽화가 있다. 얼핏 보면 이국적인 그리스 고전극의 분위기를 풍기지만 사실은 폼페이 무대의 전형적 특징을 보여주는 작품으로, 그중에서 연극 무대를 그린 벽화는 워낙 흐려져서 식별이 어려울 정도다. 발견 당시에 그려놓은 소묘를 참고하면 무대 배경은 중앙에 정문이 있는 화려한 건축물이었다. 이는 폼페이 대극장에서 발견된 것과 유사하다.(사진 89) 재치 있는 해석에 따르면 장면은 마르시아스 신화를 주제로 하는 팬터마임을 표현한 것 같다. 마르시아스는 미네르바 신이 버린 피리를 주운 뒤 아폴로와 악기 연주 실력을 겨뤘다가 패한 사티로스이므로 정문에 서 있는 세 명은 왼쪽에서부터 미네르바, 아폴로, 마르시아스일 가능성이 높다. 팬터마임의 성격상 주연배우 혼자 이들 역할을 차

89. 폼페이 주택에서 발견된 이 벽화는 팬터마임 공연 장면을 재현한 것으로 보인다. 대극장과 흡사한 건물 정면을 배경으로 다양한 등장인물이 보인다.

례로 연기했을 것이다. 한편 코러스의 모습은 배경 주위로 언뜻 비치고 있다.

정확한 해석인지는 장담할 수 없지만 현재로서는 이것이 폼페이 극장을 이해하는 최선이 아닐까 싶다.

# 유혈 게임

폼페이 주민들에게 팬터마임보다 더 인기 있었던 볼거리는 따로 있다. 사실 폼페이 주민의 휴일 외출은 팬터마임처럼 건전한 구경거리보다는 잔인한 볼거리로 채워지는 때가 많았다. 바로 검투사와 맹수, 검투사와 검투사의 싸움을 관람하는 것이었다. 때로는 한쪽이 죽어야만 경기가 종결되는 잔인한 볼거리였지만 검투사 경기 관람은 분명 로마인들의 중요한 여가활동이었다. [로마의 검투사가] "로마인의 휴일을 위해 도살당한다"라는 바이런 경의 지적은 바로 이런 세태를 꼬집은 것이다.

그동안 학자들은 검투사가 언제, 어디서 생겨났는지, 말하자면 검투사의 기원을 밝히기 위해 엄청난 노력을 쏟아부었다. 미지의 에트루리아인을 통해서 로마로 들어왔을까? 폼페이를 포함한 남부 이탈리아에서 생겨난 관습일까? 인간을 제물로 바치던 선사시대에서 기원했을까? 그러나 검투사 경기의 기원보다 더 궁금한 것은 로마인이 잔인한 검투사 싸움에 왜 그토록 열광했을까 하는 점이다. 당연히 이 대답을 찾는 데는 더 많은 노력이 투여되었다. 검투사 경기가 '실제' 전쟁의 대용품이었을까? 엄격한 신분제와 법률에 얽매인 사회에서 집단의 긴장을 이완시키는 기능을 했던 것일까? 아니면 로마인은 근본적으로 피를 좋아했던 것일까? 그야말로 그들은 권투나 투우 정도로 만족하는 오늘날의 관중보다 훨씬 더 잔인한 종족이었을까?

폼페이에서 발견된 자료는 이런 의문을 해결하는 데 큰 도움이 되지 않는다. 결국 이런저런 추측 외에 정확한 답을 찾기는 앞으로도 힘들지 않을까 싶다. 그러나 폼페이의 건물, 벽화, 낙서에서 확인된 관련 증거들이 검투사 문화를 이해하는 데 쓸모가 없는 건 아니다. 폼페이는 검투사 경기의 실질적인 구조와 체계, 검투사의 삶과 죽음에 대해 로마 세계 어디에서보다 더 생생한 자료를 제공하고 있다. 폼페이 곳곳의 벽에는 검투사 공연과 부속 프로그램을 광고하는 벽보가 있고, 검투사가 생활했던 숙소의 벽에는 그들이 남긴 글들이 남아 있기 때문이다. 심지어 실제 있었던 검투사 경기를 묘사한 카툰도 볼 수 있는데, 경기 결과는 물론이고 패배한 검투사가 죽었는지 살아남았는지도 알 수 있다. 검투사 공연에 대해서는 로마 작가들이 전하는 이야기도 적지 않다. 하지만 황제가 직접 후원하기도 했던 '블록버스터급' 볼거리에 대한 과장된 설명, 즉 집단적으로 벌어지는 살육과 죽어가는 온갖 동물에 대한 자극적인 묘사들이 주를 이루는 것이 사실이다. 이에 비해 폼페이에서 얻은 자료는 로마 원형경기장과 검투사 문화를 둘러싼 일상적인 풍경에 가깝다.

검투사 경기와 동물 사냥이 치러지던 원형경기장은 지금도 폼페이 전체에서 가장 강렬한 인상을 주는 유적지로 손꼽힌다. 도시 한쪽 끝에 위치한 폼페이 원형경기장은 앞에서도 말한 것처럼 기원전 70년대 카이우스 퀸크티우스 발구스와 마르쿠스 포르키우스의 후한 기부로 건설되었다. 다른 지역에서 발견된 유사한 경기장보다 가장 앞선 시기에 건설된 석조 건물이며 규모 또한 수도 로마의 콜로세움에 비교해도 뒤지지 않는다. 150년 뒤에 인구 100만의 도시에 건설된 로마 콜로세움의 수용 인원은 대략 5만 명인데, 폼페이 원형경기장의 수용 인원이 2만 명이

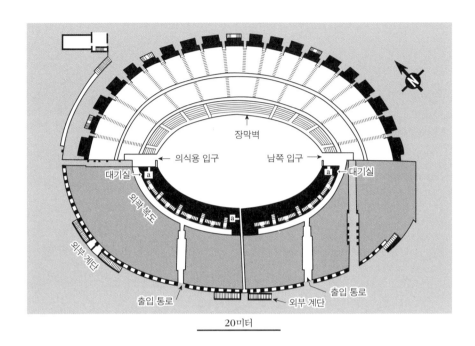

장막벽

← 의식용 입구 　 남쪽 입구 →

대기실 → a 　 a ← 대기실

외곽 복도

외부 계단

a

출입 통로 　 출입 통로

외부 계단

20미터

평면도 20. 폼페이 원형경기장. 위쪽에는 좌석 배치가 나와 있고, 아래는 좌석 아래 설치되어 겉으로는 거의 드러나지 않는 건물 내부 복도와 진입로 등이 보인다.

므로 두 배가 조금 넘는다. 사실 이런 원형경기장들을 둘러보면 실망스러운 면도 있다. 첫인상은 강렬하지만 꼼꼼히 보면 허술한 부분이 많기 때문이다. 그러나 폼페이 원형경기장은 건물 자체만이 아니라 부수적인 많은 정보와 자료가 남아 있어 신선하다. 지금까지 발견된 여러 자료를 종합하면 원형경기장에 얽힌 흥미롭고 놀라운 이야기를 만날 수 있다.

　서기 79년 화산재에 묻힐 무렵의 건물 평면도를 보면 원형경기장의 구조를 알 수 있다. 앞쪽 좌석은 상류층이 앉는 일종의 특별석으로, 그들은 넓은 좌석에 앉아 가까운 거리에서 경기를 감상하는 특권을 누렸

90. 폼페이 원형경기장. 앞쪽 상류층 전용 특별석은 뒤쪽의 일반석과 확연히 구분된다. 검투사와 동물들이 나오는 출입구는 타원형 경기장의 양쪽 끝에 있다.

다. 물론 고삐 풀린 맹수들이 날뛰는 모습이며 유혈이 낭자한 결투 장면을 가까운 거리에서 보는 게 거북하고 불편할 수도 있었을 것이다. 수도 로마에서 아우구스투스 황제가 도입한 법률이 이곳에도 적용되었다면 여자들은 관중석의 맨 끝으로 밀려났을 것이다. 구경꾼들은 좌석에 따라 각기 다른 통로를 이용했다. 일반석에 앉는 이들은 건물 밖에 있는 가파른 계단을 통해 관중석 위쪽의 통로로 들어와서는 가까운 계단을 따라 내려오면서 적당한 곳을 골라잡았을 것이다. 반면 상류층 전용 특별석에 앉는 이들은 아래쪽 통로로 들어와서 전면 좌석으로 이어지는 여러 개의 계단 통로를 거쳐 자기 좌석을 찾아갔을 것이다. 이런 출입 방식은 서민들이 마구 쇄도해 들어올 때 부자들이 떠밀리는 것을 미연에 방지하기 위한 조치였다. 출입구를 분리하는 것으로도 부족하다 싶었던지 상류층 전용 좌석과 위쪽의 일반석 사이에 높고 튼튼한 장벽까지 설치했다.

주요 의식용 입구는 조각상들로 장식되어 있는 북쪽 출입구였다. 검투사와 동물들은 이곳으로 들어와 나갈 때는 남쪽 출입구를 이용했다. 로마의 콜로세움과 달리 이곳에는 경기장 바닥 밑으로 지하실이나 지하통로 같은 공간이 없다. 콜로세움의 경우 출전하는 사람이나 동물은 이 지하 공간에 대기하고 있다가 순서가 되면 천장에 달린 문을 열고 경기장에 나타나는 식이었다. 그러나 폼페이 원형경기장의 경우 사람이나 (작은) 동물이 대기할 만한 유일한 장소는 남쪽과 북쪽 출입구 근처의 비좁은 공간이다.(평면도에서 a) 덩치가 큰 동물들은 우리에 갇힌 채 바깥에서 대기할 수밖에 없었을 텐데, 그 덕분에 경기가 있는 날은 경기장 근처에 '미니 동물원'이 조성되었을 것이다. 원형경기장을 찾은 시민들이 우리 안에 갇힌 동물들을 호기심과 두려움으로 힐끗거리는 모습이 그려지지 않는가?

물론 오랜 세월이 흐른 만큼 이곳 원형경기장에서 사라져버린 것들도 있다. 우선 목조 좌석이 사라졌다. 현재 풀이 자라는 부분은 나무 좌석이 있던 곳으로, 원형경기장이 화산재에 뒤덮이던 무렵까지 모든 좌석을 돌로 교체하지는 못한 모양이다. 퀸크티우스 발구스와 마르쿠스 포르키우스의 기부로 처음 경기장이 지어졌을 당시 골조는 석조였지만 좌석은 모두 나무로 되어 있었다. 이후 고위 공직자들의 기부를 통해 목조 좌석이 서서히 석조로 바뀌었다. 더 안타까운 것은 벽을 장식했던 그림이 모두 사라졌다는 점이다. 1815년 건물이 처음 발굴되었을 당시에는 상류층 전용 좌석 바로 아래로 둘러싼 장막벽에 선명한 색깔의 그림이 남아 있었지만 발굴 직후 겨울 기후에 노출되어 모두 지워지고 말았다. 불행 중 다행은 화가들이 현장에서 모사한 작업이 남아 있다는 사실이다.

벽화에는 신기한 모습으로 표현된 신화 속 인물들 그리고 채색된 조각상과 상반되는 검투 장비 그림이 많다.(특히 승리를 상징하는 종려나무 가지를 들고 구체球體 위에서 균형을 잡고 있는 승리의 여신 이미지는 반복적으로 등장하는 요소다.) 중앙 부분에는 경기장에서 벌어지는 싸움 장면이 생생하게 담겨 있다. 산악지대를 향해 돌진하는 맹수를 표현한 장면도 있는데, 왠지 어느 집 정원의 벽에 그려진 사냥 장면을 연상케 한다. 화가는 폼페이 검투사 공연에 등장한 적이 없는 (그러나 청중의 상상 속에 있었을) 사자들을 그려 넣는 식으로 나름의 상상의 나래를 펴기도 했다.

당연히 검투사들도 등장한다. 어떤 그림은 싸움을 시작하기 직전의 장면으로, 복장을 아직 완전히 갖추지 않은 검투사 옆에 심판이 서 있고 왼쪽의 검투사는 장식용 손잡이가 달린 커다란 곡선 뿔을 불어 싸울 준비가 되었음을 알리고 있다.(사진 91) 뿔을 불고 있는 검투사 뒤에는 방패와 투구를 들고 기다리는 두 명의 시중꾼이 보인다. 오른쪽에는 방패를 들고 있는 상대편 검투사가 있고 역시 그의 뒤에도 투구와 칼을 들고 대기 중인 두 명의 시중꾼이 있다. 배경의 양쪽에는 싸움에서 이긴 사람에게 하사할 종려나무 가지와 화환을 든 승리의 여신이 보인다. 건장한 검투사 두 명이 막 시합을 끝낸 장면을 담은 그림도 있다. 패한 검투사는 방패를 떨어뜨린 채 휘어진 칼을 힘없이 들고 있고 그의 왼쪽 팔에서는 피가 흐르고 있다.

91. 경기 시작 장면. 원형경기장 내부 벽에 장식되어 있던 그림으로, 지금은 소실되었다. 경기를 시작하기 위해 준비 중인 두 명의 검투사가 보인다. 심판과 시중꾼들이 검투사보다 많다는 사실도 흥미롭다.

두 개의 극장과 달리 원형경기장은 화산 폭발 전까지도 별 문제 없이 운영되고 있었고, 이 특별한 벽화 장식은 서기 62년 지진 이후 도시가 화산 폭발로 사라지기 직전에 제작된 것으로 추정된다. 서기 59년 원형 경기장에서 일어난 유명한 폭동 장면을 담은 벽화에서는 경기장 벽면 의 장식이 훨씬 더 단순했기 때문이다.(사진 16) 화가가 당시 모습을 정확 하게 그렸다고 전제할 때 폭동 당시 장막벽은 대리석 무늬로 장식되어 있었다. 대리석처럼 보이는 문양은 로마 시대에 흔히 쓰이던 디자인이었 다. 그러니 벽면 장식이 대리석 문양이었는지 격렬한 결투 장면이었는지 보다는 과거 원형경기장의 모습이 지금 우리가 보는 모습과 많이 달랐 다는 게 핵심이다. 다시 말해 지금은 무채색의 석조 골격만 남아 무겁 고 엄숙한 분위기를 풍기지만 예전에는 화려한 색깔로 채색된 모습이었 다는 것이다.

원형경기장은 허허벌판에 단독으로 있지 않았다. 따라서 검투사 공 연으로 인한 떠들썩한 축제 분위기는 바로 옆의 대운동장까지 전해졌을 것이다. 주랑으로 둘러싸인 널찍한 야외 공간인 대운동장에는 여기 저기 나무가 심어져 있고 중앙에는 수영장이 있었다. 뿌리로 보아 나무 들은 베수비오 화산이 분출되기 100년 전쯤에 심었음을 추정할 수 있 지만 주랑을 비롯한 건물의 최초 건축 연대나 용도는 불확실하다. 어떤 주장에 따르면 폼페이 젊은이들을 위한 운동 공간, 즉 폼페이의 모든 젊은이 또는 부유층 젊은이가 체력을 단련하는 공간이었을 가능성도 있다. 아우구스투스 황제의 정책을 감안할 때 로마의 젊은이들은 일종 의 '준군사 조직'으로 편제되었기 때문에 이들에게 마땅한 훈련 공간이 필요했다는 것이다.(이때의 '준군사 조직'은 영국의 보이스카우트나 국민방위 군이 혼합된 정도가 아닐까.) 그러나 이런 주장을 뒷받침할 증거는 미약하 다. 주랑에 남은 낙서들은 이곳에서 여가활동, 장사, 공부와 같은 다양 한 활동이 이루어졌음을 뒷받침하기 때문이다. 말하자면 이곳은 체력 단련장이라기보다는 시원한 그늘을 제공하는 공원이나 야외 시장 또는 학교 등 다양한 용도로 이용되었을 것이다. 또한 원형경기장의 행사로 2만 명이 운집했을 때는 그야말로 다목적 공간으로서의 진가를 발휘했 을 것이다. 휴식 장소, 먹고 마시는 공간, 때로는 변소 공간으로도 이용 되었을 것이다. 지금까지 파악된 바로는 원형경기장에는 변소 시설이 없 다. 이는 2만 명이 모인 공간에 생리 현상을 해결할 공간이 계단이나 둥 보밖에 없었다는 의미다.

　원형경기장 행사를 알리는 광고는 선거 벽보 제작업자들에 의해 동 일한 형식으로 그려졌다. 광고에는 후원자가 누구인지, 어떤 프로그램 이 포함되는지, 며칠 동안 치러지는지, 그곳의 시설이며 추가로 어떤 오 락거리가 제공되는지 등의 다양한 정보가 담겼다. 때로는 무덤의 비문, 즉 고인이 어떤 공연에 돈을 대어 시민들에게 관용을 베풀었다는 내용조차 쓸모 있는 정보를 제공한다. 이미 살펴봤듯이 선거로 당선된 관료들은 임기 내에 검투사 경기와 동물사냥 같은 볼거리를 거의 의무적으로 개최했으며, 이로써 도시 기부 문화에서 이런 행사가 얼마나 중요한 위상을 차지했는지를 가늠할 수 있다. 도시 사제는 물론이고 황제 숭배 조직인 아우구스탈레스에서도 이런 행사를 개최했다. 덧붙이자면 사제나 관료가 아닌 지방의 실력자들은 (어떤 동기에서든 간에) 주민들의 환심을 사기 위해 이런 볼거리를 후원하곤 했다. 서기 59년의 리비네이우스 레굴루스가 대표적인 사례다. 한 광고 벽보에는 행사에 "공금이 전혀 들어가지 않았다"는 사실이 강조되어 있는 것으로 보아, 아마도 시 의회에서 일부 행사비를 지원하는 것이 일반적인 관행이 아니었을까 싶다. 공금이 일부라도 들어갔든 전혀 들어가지 않았든, 관객이 어떤 식으로든 돈을 냈다는 기록은 없다. 말하자면 시민들은 경기 행사를 무료로 즐겼던 것으로 보인다.

특이하게 닷새나 지속되는 장기 공연이 개최된 적도 있다. 당시 왕성하게 활동했던 벽보 작업자 아이밀리우스 켈레르가 이를 홍보하는 광고벽보를 그렸다.(사진 92) 앞서 언급했지만 "달빛 아래 혼자 작업했노라"는 문구를 적어놓은 바로 그 벽보다. 내용은 광고성 벽보에서 흔히 보이는 전형적인 문구들로 이루어져 있다.

황제의 아들 네로의 사제인 데키무스 루크레티우스 사트리우스 발렌스가 검투사 20쌍, 아들 데키무스 루크레티우스 발렌스가 검투사 10쌍을 제공한다. 이들은 4월 8일부터 12일까지 폼페이에서 싸운다. 통상적인 규칙에 따라 한 차례 동물사냥이 있고 차양이 제공된다.

이런 관대한 기부의 목적이 사트리우스 발렌스의 명성을 높이려는 데 있음을 벽보 자체가 말해주고 있다. 그의 전체 이름에서 앞의 두 단어가 다른 글자보다 10배 이상 크게 적혀 있기 때문이다. 사트리우스 발렌스가 사제 자격으로 경기를 개최하면서 (검투사 수가 절반이기는 하지만) 아들 이름을 끼워 넣은 의도 역시 짐작된다. 어린 아들이 향후 폼페이 정계에서 성공하도록 일찌감치 디딤돌을 놓아주려는 뜻이 분명하다. 장소와 날짜는 아주 간결하게 소개되어 있는 것으로 보아 원형경기장에서 행사가 열린다는 사실을 군이 밝힐 필요가 없었던 모양이다. 우리는 이미 수도 로마를 포함하여 이탈리아 여러 도시의 중앙광장이 공연 장소로 활용되었다는 사실을 잘 알고 있고, 폼페이 중앙광장에서 동물 전시가 열리는 상황도 살펴봤다. 그러나 검투사 경기와 동물사냥이 나란히 있는 경우에는 군이 장소를 밝히지 않아도 다들 원형경기장임을 알고 있었던 모양이다. 벽보에서 장소와 관련하여 눈여겨볼 메시지는 따로 있다. 이번 행사가 폼페이에서 열린다는 사실을 적고 있다는 점이다. 폼페이 벽보 중에 놀라, 카푸아, 헤르쿨라네움, 쿠마이 같은 다

3884 in insulae IX 8 latere occidentali, supra 3822 et 3823.

D·LVCRETI·
SCR
CELER
SCR
AEMILIVS
SA·TRÍ·VALENT·IS ·FLAMINIS· NERÓNIS· CAESARIS· AVG·FÍLI·CELER·SING
PERPETVÍ·CLADIATÓRVM·PARIA·XX·ET·D·LVCRETIO·VALENTIS·FÍLI·AD·LVNA
GLAD·PARIÁ·X·PVG·POMPEÍS·VI·V·IV·III·PR·ÍDVS·APR·VÉNATIÓ·LEGITIMA·
ET·VELA·ERVN·T

Descripsi recens effossam; mox decidit. — Sogliano *Not. d. sc.* 1880 p. 299; Niccolini IV *Nuovi scavi* p. 17.
1 De Aemilio Celere vide 3775. 3790 ss. — 2 Programma igitur scriptum est inter annos p. Chr. 50 et 54. — 4 LVCRETIO sic pro LVCRETI. — 4 *venatio legitima* cf. Suet. Claud. 21.

92. 우아한 벽보 광고. 벽보 작업자 아이밀리우스 켈레르가 공들여 작업한 작품으로, 데키무스 루크레티우스 사트리우스 발렌스가 후원하는 검투사 경기에 관한 내용을 담고 있다.

른 도시에서 열리는 행사를 광고한 경우도 있었던 점을 고려할 때 행사를 보기 위해 다른 도시까지 찾아가는 이들도 있었던 모양이다. 그러나 정확한 시간은 굳이 알릴 필요가 없었을 것이다. 일반적으로 시작 시간은 정해져 있었을 테니 말이다.

닷새라는 기간은 지금까지 파악한 폼페이 검투사 경기 중에서 가장 길다. 대부분은 당일치기이거나 이틀이나 사나흘간의 행사였다. 선출된 관료나 사제들이 기부의 형태로 이런 잔인한 경기를 개최했다는 가정 아래 상업적인 다른 공연까지 개최되었다면 원형경기장에서 행사가 치러진 기간은 연간 20일이 채 안 될 것이다. 그 20일 정도를 제외한 나머지 기간에 원형경기장은 텅 빈 채 잠겨 있거나 넓은 야외 공간이 요구되는 다른 활동에 쓰였을 것이다. 어쩌면 팬터마임 같은 연극 공연이 열렸을 수도 있다.

사트리우스 발렌스와 아들이 제공한 검투사 시합과 동물사냥이 구체적으로 어떤 방식으로 닷새 동안 진행되었는지는 미지수다. 또한 각각의 시합 시간이 얼마나 걸렸는지도 알 수 없다. 그러나 다른 사례를 보면 하루짜리 공연에 30쌍의 검투사가 참여하고 동물사냥이 1회 진행되었다. 그렇다면 닷새나 되는 행사에서는 검투사를 가끔씩 출전시키는 식으로 진행되었을까? 아니면 검투사들이 한 번 이상 출전해야 했을까? 일부 벽보에서는 검투사가 경기 도중 죽거나 부상을 당하는 경우 '교체 선수'가 투입된다고 명확히 밝히고 있으니 어떤 검투사는 한 경기에서 여러 차례 출전하기도 했을 것이다. 어쩌면 사트리우스 발렌스는 그런 방식을 염두에 두었을지도 모른다. 그러나 과연 닷새 내내 동물사냥이라는 볼거리를 제공할 만큼 충분한 동물을 확보하고 있었을까?

광고 말미에는 동물사냥이 "통상적인 규칙에 따라legitima" 진행된다는 문구가 있다. 이에 대해 일부 역사가는 '흔히 검투사 쇼와 함께 진행되는 동물사냥' 혹은 '통상적인 동물사냥'이라는 뜻에 불과하다며 별 의미를 부여하지 않으려 하지만 명확한 건 아무것도 없다. 벽보는 태양이 내리쬐는 더운 날이면 건물 위로 차양을 쳐서 그늘을 만들었다는 정보도 제공한다. 후원자 입장에서는 추가 금액이 드는 서비스였으리라. 대체로 온화하고 시원한 지중해 기후에서도 날씨는 이런 행사를 준비하는 데 신중히 고려할 사항이었던 모양이다. 벽보에 나오는 날짜들을 보면 가장 더운 시기인 7월과 8월에는 행사가 자주 열리지 않았다. 더위도 더위지만 비가 내리는 경우도 고려되었을 것이다. 그렇기 때문에 일부 광고에는 "날씨가 허락한다면"이라는 신중한 경고가 붙어 있기도 하다.

사트리우스 발렌스와 아들이 직접 검토했을 것으로 보이는 벽보 문구에는 대체로 부유한 후원자들이 많이 집어넣는 "스파르시오네스 sparsiones"라는 표현이 보이지 않는다. 스파르시오네스란 관객들 위로 무언가를 '뿌리거나' (비처럼) '내리게' 한다는 뜻으로, 실제로 어떤 행사에서는 관중석에 앉은 관객들을 향해 향기 나는 물을 흩뿌리기도 하고 작은 선물을 던지기도 했다.(보건 및 안전 차원에서 금지되기 전까지 근대의 크리스마스 기념 팬터마임 공연에서도 종종 볼 수 있었던 광경이다.) 인심이 후한 _들로서도 이런 특별 이벤트를 닷새 동안이나 베풀기에는 무리였던 모양이다.

또한 사트리우스 발렌스의 벽보에는 없지만 다른 벽보 광고에는 자신이 후원하는 검투사 경기와 연계된 특별 행사나 기념식에 대한 소개가 있다. 가장 흥미로운 것은 크나이우스 알레이우스 니기디우스 마이우스가 후원하는 당일치기 경기의 광고 벽보에 적힌 "그림 작업에 바친다"라는 글이다. 여기서 말하는 '그림 작업'이 구체적으로 무엇을 의미하는지는 알 수 없다. 다만 니기디우스 마이우스가 후원하는 공연이 경기장 장막벽 벽화의 완성을 기념하는 축하 행사였다는 어느 해석은 나름 타당해 보인다.

폼페이 원형경기장에서 경기와 함께 열리기도 하는 축제나 의식에 대한 정보는 벽보 광고뿐만이 아니다. 다수의 벽화와 조각상에도 그러한 장면이 묘사되어 있기 때문이다. 한때 웅장한 무덤을 장식하고 있었을, 폼페이의 어느 묘지에서 발견된 부조 하나는 특히 귀중한 자료로 꼽힌다.(사진 93) 이 부조는 3층으로 이루어져 있으며 맨 아래층에는 동물사냥 장면이 묘사되어 있다. 한쪽에는 동물들끼리 싸우는 모습이 보이는데 개 두 마리가 염소와 멧돼지를 공격하고 있다. 반면 사람들은 비교적 덩치 큰 동물에 전력을 기울이고 있다. 한 명은 황소를 찌르고 있고, 다른 한 명은 멧돼지를 정복하기 직전이다. 반면 곰과 맞붙은 자는 아무래도 패색이 짙다. 곰이 남자를 물어뜯고 있는 가운데 옆에 선 두 명의 보조자는 어쩔 줄 몰라 하는 모습이다.

93. 검투사 경기의 다양한 요소가 각각의 조각에 보이고 있다. 위층은 원형경기장으로 향하는 행진, 중간층은 검투사 경기 장면, 아래층은 동물사냥 장면이 담겨 있다. 오른쪽에서는 사람이 곰에게 잡아먹히기 직전인 반면, 왼쪽에는 황소가 검투사의 칼에 죽기 직전이다.

가장 넓은 중간층에는 다양한 모습의 검투사가 보인다. 어떤 이는 한창 싸우는 중이고, 어떤 이는 승리에 취해 있으며, 또 다른 이는 패하여 쓰러진 모습이다. 가장 의외다 싶은 부분은 검투사뿐만 아니라 다수의 보조자와 심판이 경기장 안에 들어와 있다는 사실이다. 바닥에 쓰러지기 직전인 검투사를 돕는 인력이 최소 다섯이나 된다. 오른쪽에는 역시 다섯 명이 넘는 인원이 휴식 중인 검투사 둘을 돌보고 있다. 한 사람은 다친 다리를 치료받는 중이고, 다른 이는 간식을 먹고 있다. 어찌 보면 요즘 경기장의 운동선수와 트레이너를 보는 느낌으로, 다소 당혹스럽기도 하다.

위층에 새겨진 조각은 더욱 흥미롭다. 검투사 경기에 앞서 성대하게 치러지는 사전 행사를 묘사했는데, 보는 이로 하여금 경기의 잔인한 측면을 말끔히 잊게 할 만큼 인상적인 모습이다. 사전 행사는 시내 거리를 통과하는 행진으로 시작된다. 조각 위쪽 모퉁이에 살짝 보이는 차양을 통해 행렬이 원형경기장에 거의 도착했음을 알 수 있다. 행렬 맨 앞쪽에는 두 명의 악사와 세 명의 릭토르가 행렬을 이끌고 있다. 앞서 말한 것처럼 릭토르는 두오비리의 수행원으로, 공식 행사에서 권위의 상징인 권표를 들고 있다. 이들 바로 뒤에는 어깨에 사각의 단을 메고 가는 네 명의 남자가 보인다. 단 위에는 모루를 사이에 두고 몸을 숙인 두 개의 인물상이 놓여 있다. 특히 망치로 모루를 내려치려는 자세의 형상은 전형적인 대장장이의 모습이다. 이런 행진에서 경의를 표할 대상이라 하면 당연히 신적 존재일 것이다.(실제로 종교적 성격을 지닌 행사에서는 이런 단에 신상을 올리고 행진하기도 했다.) 그런데 여기에서는 의외로 대장장이들의 형상이 모셔져(?) 있다. 도대체 무슨 일일까? 가장 그럴듯한 해석은 그것이 검투사 시합에 쓰이는 갑옷이며 무기 등을 만드는 중요한 기술인 대장일을 기념하는 일종의 의식이라는 관점이다. 옆에는 한 남자가 플래카드 같은 것을 들고 있는데 아마도 후원자의 이름이나 행사 개최의 이유 등이 적혀 있을 것이다. 그 옆에는 종려나무 잎을 들고 있는 남자가 있다. 여러 차례 지적한 것처럼 종려나무 잎은 승리의 상징이다. 이어서 행사의 후원자일 듯한 토가 차림의 남자가 서 있고, 다음으로는 대장장이들의 작업 산물인 갑옷 구성품을 하나씩 든 남자들이 뒤를 따르고 있다. 마지막으로 트럼펫 연주자와 의식용 장신구로 치장한 말을 이끄는 두어 명의 마부가 보인다.

이는 검투사 경기 전에 치르는 의식, 다양한 볼거리, 후원자를 비롯하여 대장장이까지 공동체 여러 구성원이 등장하는 보기 드문 광경으로, 로마인이 열광했던 잔인한 경기의 앞뒤를 총체적으로 이해하는 데 더없이 귀중한 자료다. 서기 59년 원형경기장 폭동 이후 폼페이에서는 검투사 경기를 10년 동안 금지했는데, 이런 부대 행사까지 모두 금지되었을까? 폭동의 이유가 무엇인지는 정확히 밝혀지지 않았다. 잔인한 경기를 앞두고 신경이 곤두섰거나, 도시 간의 경쟁의식이 발동했거나, 음주로 인해 통제력을 상실했거나, 로마 상류층의 두려움에서 비롯된 사악한 음모가 개입되었을 가능성도 있다. 이유가 무엇이든 그런 전면적인 금지는 도시 생활, 공동의 목표, 피트로네스 문화와 위계질서라는 사회 구조 등에 큰 타격을 입혔을 것이다.

그러나 여러 증거로 보아 그와 같은 전면적인 금지는 아니었을 가능성이 높다. 이에 관한 타키투스의 라틴어 설명은 약간 모호하다. 그는 "그런 종류의 모든 공공 집회"를 금지했다고만 언급하고 있다. 더욱이 그 기간에 동물사냥, 운동선수, 차양, 스파르시오네스 등을 포함한 행사 소식을 알리는 벽보가 다수 확인되었다. 이는 원형경기장을 찾는 관객이 기대하는 볼거리 중에서 검투사 경기만 빠진 구성이다. 이런 행사에서 검투사를 대체할 가장 강력한 후보는 '운동선수'였을 것이다. 이들 광고가 서기 59~69년에 개최된 행사였다는 것은 거의 확실하다. 결국 타키투스가 말하는 금지는 검투사 경기만을 뜻하며 나머지는 여느 때와 다름없이 계속되었다. 물론 많은 폼페이 주민은 최고의 볼거리인 검투사 경기를 대신하기에 운동 경기나 동물사냥은 미흡하다고 생각했을 것이다. 사실 니기디우스 마이우스가 "그림 작업에 바친다"면서 마련한 기념행사도 검투사 경기가 제외된 행사의 일부로 보인다. 이 '그림 작업'이 정말로 원형경기장의 장막벽을 장식한 벽화였다면 검투사가 빠진 행사에서 검투사들의 싸움을 묘사한 그림을 찬미하고 기념한 셈이니, 서글픈 아이러니가 아닐 수 없다.

# 여자들의 우상? 검투사의 삶

지금까지는 관객과 후원자의 관점에서 검투사 시합이나 공연물들을 살펴봤다. 그러나 무대에 오르는 검투사나 동물과 싸우는 이들의 처지는 어떨까? 그들은 누구였을까? 어떤 식으로 조직되어 있었을까? 그들의 관점에서 바라본 원형경기장을 조금이라도 복원할 수 있을까? 모든 검투사는 필연적으로 피로 얼룩진 짧은 삶을 살아야 했을까?

검투사들은 거의 예외 없이 남자였다. 간혹 여성 검투사라는 가능성에 흥분하는 현대 학자들도 있지만 사실 로마 세계 전체를 통틀어 여성 검투사가 존재했을 가능성은 극히 희박하며, 폼페이에서는 전혀 찾아볼 수 없다. 공식적으로 검투사들의 법적 지위는 로마 사회에서 맨 밑바닥에 위치한다. 이들 대다수는 자신의 의지와 상관없이 검투사로 동원된 노예였고, 나머지는 사형수였다. 소수이지만 검투사를 자원한 이들도 있었다. 로마 세계에서 검투사를 자원하는 것은 극빈 상태에서 탈출하는 방법 중 하나로, 곧 죽을 목숨이라 해도 일단 살아남는다면 위험을 감수한 만큼 고액의 보수를 받았을 것이다. 그러나 검투사단의 감독인 라니스타lanista의 통제를 받았기 때문에 일상의 자유가 속박된다는 차원에서 검투사의 처지는 노예와 다름없었다.

라니스타는 검투사 경기 및 동물사냥과 관련된 사업(그들에게 검투사 경기는 하나의 사업이었다) 전반에서 핵심 역할을 하는 중간업자였다. 검투사 경기에 돈을 대는 상류층 후원자들은 직접 검투사를 거느리지 않고 경기를 개최할 때 검투사단 감독들과 가격을 협상하는 식이었다. 가격을 협상하기 위해서는 선택의 범위가 넓어야 하는데 폼페이의 상황은 그렇지 못했으므로 사업이 활발했을 것 같지는 않다. 확인된 바로는 폼페이가 멸망하기 전 40년 동안 세 명의 라니스타가 활동했다.

그중에서 가장 확실한 사람은 누메리우스 페스투스 암플리아투스라는 남자다. 중앙광장의 바실리카 벽에서 발견된 광고를 보면 "누메리우스 페스투스 암플리아투스의 검투사 파밀리아familia가 (…) 5월 15, 16일에 다시 싸운다"라고 되어 있다. 파밀리아란 '가족'을 뜻하는 라틴어로, 여기서는 암플리아투스가 거느리는 검투사단을 지칭한다.('가족'이라는 표현은 낯간지러운 완곡어법이라기보다는 넓은 의미망으로 해석할 필요가 있다.) 후원자 이름이 나와 있지 않은 것으로 보아 이 경기는 영리를 목적으로 진행되었을 것이다. 또한 '다시'라는 표현은 이전에 성공을 거둔 바 있는 검증된 경기임을 암시한다. 한편 '암플리아투스 파밀리아'가 포르미아이 검투사 경기에 참여한다는 광고가 있었던 것으로 보아 암플리아투스는 폼페이에서만 활동하지 않았다. 포르미아이는 폼페이에서 로마로 향하는 북쪽 중간쯤에 위치한 곳이다.

라니스타가 하는 일에는 지방의 노예 경매에서 자질이 엿보이는 노예를 찾아내는 일도 포함되어 있다. 이렇게 모집한 이들을 훈련시키는 것도 그의 몫이었다. 검투사들은 사용하는 무기에 따라 각자 전문 분야가 정해졌다. 예를 들면 '트라키아인Thrax'은 곡선형의 짧은 검과 작은 방패를 들고 싸웠다. 투구에 새긴 물고기 문양 때문에 '생선 대가리murmillones'라 불리는 이들은 넓고 기다란 방패를 들었다. '투망 검투사

retiarius'는 삼지창과 그물을 가지고 싸웠는데 그물은 상대를 옭아매는 도구였다. 검투사들이 이러한 기술을 익히도록 훈련시키고 사람들이 좋아할 만한 검투사 조합을 적절히 구성하는 것은 라니스타의 중요한 능력이었다. '생선 대가리'와 '투망 검투사'는 특히 인기 있는 조합이었다고 한다.

한편 죽은 검투사의 빈자리를 메우거나 특정한 경기에 인기 검투사를 내보내기 위해 라니스타는 다른 검투사 집단에서 사람을 영입하기도 했다. 지금은 원래 자리에서 떼어져 나폴리국립고고학박물관에 보관된 어느 낙서에는 나흘짜리 경기의 프로그램이 거의 고스란히 나열되어 있다. 우선 라니스타인 마르쿠스 메소니우스의 이름이 등장하고, 이어서 여러 차례의 시합이 나열되면서 참가한 검투사의 이름과 이긴 자의 이름이 적혀 있다. 그 가운데 '율리우스'와 '네로' 검투사라는 표현은 그들이 카푸아에 있는 황제 직속 검투사 양성소에서 훈련받았음을 뜻한다. 아마도 메소니우스가 영구적으로 또는 임시로 고용한 검투사들일 것이다. 오늘날 영국 축구 선수들의 이적 시장을 떠올리면 한결 이해하기 쉬울 것이다. 물론 한쪽은 목숨을 담보로 하는 진짜 싸움이고 다른 한쪽은 경기장에서 공을 차는 싸움이라는 엄청난 차이가 있지만 말이다.

동물사냥에 나서는 전사를 훈련시키고 사냥감이 되는 동물을 확보하는 일도 라니스타의 몫이었을 것이다.(동물과 싸우는 전사와 검투사는 기본 조건이나 자질 면에서는 별 차이가 없었을 것이다.) 앞서 말한 암플리아투스 파밀리아의 '재공연' 광고에도 동물사냥이 포함되어 있었다. 이 경기에 이용될 동물을 확보하고 건사하는 데 특별한 전문성이 요구되지는 않았던 듯하다. 그러나 수도 로마에서는 때로 황제의 주최로 사자,

코끼리, 코뿔소 같은 희귀한 이국 동물들을 전시하는 (그리고 죽이는) 행사가 있었는데, 어떻게 먼 땅에 서식하는 동물들을 확보하고 수송했는지 알 도리가 없다. 1850년 이집트에서 런던으로 어린 하마 한 마리를 옮긴 적이 있는데, 특별 제작한 증기선에 2000리터들이 물탱크를 설치하고 여러 명의 사육사와 먹이로 제공될 작은 동물들이 동원되었다. 기술이 발달한 19세기에도 이처럼 만만치 않은 과정인데 황제의 지시라고는 해도 로마 시대에 어떻게 이런 일을 완수했는지는 미스터리가 아닐 수 없다. 그러나 폼페이에는 그다지 이국적인 동물들이 없다. 현재까지의 증거를 종합해보면 폼페이 쇼에 나오는 동물들은 현지에서 조달되었으며, 심지어 황소나 곰보다는 개나 염소를 주로 이용했다. 말하자면 폼페이 원형경기장의 동물사냥은 요즘으로 치면 '야생동물 보호구역'보다는 '어린이 동물원'에 가까운 그런 분위기에서 진행되었다.

검투 경기와 동물사냥에 나서는 전사들은 대부분 그 일을 업으로 삼았다. 폼페이에는 검투사의 숙소로 확인된 데가 두 곳 있긴 하지만 얼마나 많은 검투사가 모여서 어떻게 생활했는지, 어느 정도 자유가 허용되었는지 등에 대해서는 불분명하다. 영화 「스파르타쿠스」나 「글래디에이터」를 보면 모든 것이 분명한 듯하지만 사실은 그렇지 않다. 또한 이런 숙소가 특정 파밀리아가 사용하는 영구 시설이었는지, 어떤 파밀리아든 사용 가능한 임시 수용소 같은 것이었는지도 알 수 없다. 확실한 것은 이들 건물이 검투사와 긴밀한 관계가 있었다는 사실뿐이다.

도시 북쪽에 위치한 첫 번째 건물은 원래 규모 있는 개인 주택이었으나 서기 1세기 초에 넓은 페리스틸리움 주변 방들이 검투사 숙소로 바뀌었다. 페리스틸리움은 훈련 공간으로 사용되었다.(혹은 그렇게 추정되고 있다.) 페리스틸리움 주변 회벽에 검투사들이 직접 썼거나 검투사가 언급된 낙서가 100여 개나 있는 것으로 미루어 이곳이 검투사와 연관된 장소라는 데는 의심의 여지가 없다. 그러나 폼페이가 화산 폭발로 멸망하기 직전에는 이용되지 않았다. 62년 대지진 이후, 아니면 검투사 경기 금지가 풀린 이후로 검투사들의 숙소는 대운동장 주변으로 옮겨졌기 때문이다.(주랑으로 둘러싸인 대운동장은 앞서 살펴본 것처럼 대극장과 연결되어 있었다.)

이곳은 넓은 훈련장 주변으로 검투사들의 방이 빙 둘러 있다.(사진 94) 방들은 내부에 목조 계단과 난간이 설치된 복층 아파트처럼 구성되어 있지만 두세 명이 사용하기에는 여전히 비좁았을 것이다. 침대가 있었던 흔적이 보이지 않는 것으로 미루어 매트리스 위에서 자거나 딱딱한 바닥에서 잤을 것이다. 동쪽에 위치한 넓은 방들이 라니스타를 비롯한 관리자들의 숙소이자 검투사들이 공동으로 사용하는 사랑방이었다는 추측까지 더하면 전체 그림이 맞춰진다. 그렇더라도 어디까지나 추

94. 주변에 방이 있고 넓은 야외 공간을 갖춘 이곳은 폼페이 멸망 직전 검투사들의 숙소 및 훈련 장소로 사용되었다. 이곳에서 발견된 검투사용 장비들이 이러한 사실을 뒷받침한다.

측일 뿐이다. 현대인의 상상 이외에 이런 주장을 뒷받침할 구체적인 증거는 없다. 어떤 방에서는 철제 족쇄들이 발견되었는데, 아마도 감방 혹은 체벌 장소로 쓰이지 않았을까 싶다. 물론 18세기 발굴 당시 이곳에서 발견된 유골들에는 족쇄가 채워져 있지 않았고, 족쇄가 검투사와 관련되었다는 확실한 증거도 없다.

그렇다면 이곳을 검투사들의 숙소로 여길 만한 근거는 무엇일까? 바로 페리스틸리움 주변의 어느 방에서 발견된 검투사들의 청동 갑옷과 무기들이다. 각종 단검과 무기는 물론이고 화려하게 장식된 청동 투구 15점, 정강이 보호대 15점, 어깨 보호대 6점 등은 확실히 다른 곳에서는 보기 어려운 특별한 물건들이다. 이 유물들에는 대부분 모두 고대 신화 장면이나 로마 유력 가문의 문장 등이 화려하게 장식되어 있었다. 한 예로 어떤 투구에는 야만인과 죄수를 물리치는 장면 및 승리의 전리품이 장식되어 있었는데, 이는 로마 자체를 의인화한 것으로 보인

95. 검투사 숙소에서 발견된 청동 투구. 다른 것과 마찬가지로 ('로마' 여신의 모습으로) 화려하게 장식되어 있고, 손상되지 않은 완전한 상태여서 실제 전투에서 사용되었다고 보기는 어렵다. 검투사의 의식이나 행진에 사용되었을 가능성이 높다.

다.(사진 95) 그러나 손상 흔적이 전혀 없이 온전하다는 게 의아하다. 그 어떤 것에서도 실제 싸움의 흔적은 찾아볼 수 없었다. 어쩌면 이것들은 앞의 벽화에서 살펴봤듯이 경기가 시작되기 전 거리 행진용으로 마련된 장비 도구 일습일 수도 있다. 그렇다면 평상시 전투에서 사용한 장비는 하나도 남아 있지 않은 셈이다.

검투사의 삶을 보자면 암울한 미래에도 불구하고 생각만큼 나쁘지는 않았다. 검투사가 값비싼 상품이라는 점은 그들에게도 반가운 일이었기 때문이다. 대부분 검투사의 몸값은 상당히 비싸며 라니스타는 검투사들을 훈련시키고 유지하는 과정에 적지 않은 돈을 투자한다. 따라서 라니스타는 그들이 헛되이 죽는 것을 원치 않는다. 물론 검투사가 하나도 죽지 않는 쇼는 관객들의 흥미를 떨어뜨리기 때문에 경기를 후원하는 측에서는 일종의 '지불 비용'으로서 검투사의 목숨을 바랐겠지만 라니스타의 관심사는 역시 검투사의 죽음을 최소화하는 것일 수밖에 없다. 물론 라니스타와 후원자가 계약을 맺을 때 검투사가 죽는 시점까지 시합을 한다는 조건이 포함되어 있었을 것이다. 그러나 실제로는 검투사가 그 자리에서 죽게 두기보다는 사형 집행을 보류하도록 관중을 유도했을 것이다. 검투사들도 본능적으로 그런 방식을 원했음은 믿힐 나위 없다. 함께 훈련하고 생활하는 동안 자연스레 친구가 된 사람들끼리 서로 죽이려고 전력투구한다는 건 쉽지 않은 일이었으리라.

특정 경기의 결과를 기록한 폼페이 낙서들을 보면 이런 확신이 더욱 굳어진다. 가장 기억에 남는 것은 어느 무덤에서 발견된 스케치로, 근처 놀라 지역에서 개최된 나흘간의 검투사 경기 결과가 설명되어 있다.(사진 96) 당시 경기에 나온 검투사들은 13회 또는 14회나 시합을 치른 베테랑부터 시합 경험이 한두 차례에 불과한 풋내기까지 다양하다.

96. 어느 무덤 밖에서 발견된, 놀라에서 개최된 세 번의 검투사 시합에 대한 생생한 기록.(시합 장소는 맨 위에 그려진 그림 옆에 기록되어 있다.) 검투사 중 한 명은 처음 시합에 나가는 신참이다. 가운데 그림을 보면 '신참'(tiro를 의미하는 'T')이라 표기되어 있는 마르쿠스 아틸리우스M(arucus) Attilius가 있다. 신참이지만 그는 첫 번째 시합에서 승리를 거두고('V'는 vicit를 의미한다), 한층 경험이 많은 루키우스 라이키우스 펠릭스L(ucius) Raecius Felix와의 두 번째 시합에서도 승리했다. 맨 위의 그림에서 여러 악사를 볼 수 있는데, 검투사 시합이 흥을 돋우는 요란한 음악 소리 속에서 진행되었음을 짐작케 한다.

그러나 패배한 검투사 중에 실제로 죽은 검투사는 없어 보인다. 패한 사람 옆에는 'M'이라는 알파벳이 보이는데, 이는 미수스missus의 약자로서 '사형 집행유예'를 의미한다. '14전 12승' 식으로 검투사 개개인의 기량도 기록되어 있는데, 이를 통해 시합에 패한 검투사 중 두 명은 최소 두 번 이상 죽음을 면했음을 알 수 있다. 메소니우스가 후원한 어느 경기를 보면 하루에 9쌍의 검투사가 겨뤘다. 이들 18명 중 결과를 확인할 수 있는 경우를 보면 8명은 분명한 승리를 거두었고, 5명은 졌지만 사형 집행을 면했으며, 3명은 죽음을 맞았다. 가끔은 폼페이 검투사 중에서 50회 이상 출전한 검투사도 보인다.

패배가 곧 죽음으로 이어지지 않는 일이 종종 있었다 해도 지금의 기준으로 볼 때 검투사의 사망률은 높았다. 동일한 수치를 비관적으로 해석하자면 전체 18명의 검투사 중에서 3명이 죽었으니, 경기마다 6명 중 1명이 사망한 셈이다. 표본이 많지는 않지만 이는 개인 기록을 알 수 있는 검투사가 싸운 횟수와도 전체적으로 일치한다. 지금까지 밝혀진 내용에 따르면 관록 많은 검투사도 더러 있기는 하지만 10회 이상 시합을 치른 검투사는 전체의 4분의 1 미만이었다. 역으로 4분의 3이 10회를 채우지 못하고 죽었다면, 한 번의 경기에서 검투사가 죽을 확률은 13퍼센트라는 계산이 나온다. 이는 검투사들이 그다지 자주 출전하지 않았다고 해도(어느 추계에 따르면 1년에 2~3회 시합을 치렀다고 한다), 17세에 처음 경기장에 들어간 검투사가 25세쯤에 죽게 된다는 것을 의미한다.

검투사라는 직업은 분명 오래 사는 것과는 거리가 멀었지만 명성에는 가까운 편이었다. 경기를 알리는 포스터에 이름이 적히는 스타급 검투사가 몇몇 있었고, 동물사냥을 전문으로 했던 펠릭스라는 남자도 마찬가지였다. 어떤 광고에서는 펠릭스가 곰을 상대로 싸운다는 점을 특히 강조하고 있다. 도시 전역에서 발견된 검투사 특유의 갑옷 형상들은 재료와 양식 면에서 다양하다. 앙증맞은 작은 검투사 조각상을 비롯하여 도기 등잔 위의 장식 또는 청동 그릇의 손잡이로도 제작되었다. 원형경기장 근처 어느 주점에서는 1미터가 넘는 검투사 조각상을 일종의 주점 홍보용 안내판으로 사용한 흔적이 있다. 주점 안 곳곳에도 검투사 이미지가 보인다.

검투사와 관련하여 자주 언급되는 이야기가 하나 더 있다. 폼페이를 비롯한 로마 세계 전역에서 검투사는 성적 관심의 대상으로서 여성들에게 꽤 인기가 있었다는 것이다. 풍자시인 유베날리스는 야수처럼 건장한 체격의 검투사와 야반도주한 로마 상류층 부인에 대한 이야기를 그려내기도 했다. 요즘으로 치면 '짐승남'의 '터프함'과 위험천만한 생활이 주는 짜릿한 매력에 빠져버린 여성을 표현한 셈이다. 로마인들의 상상 속에서 검투사는 분명 이런 모습이었다. 그러나 폼페이의 실상을 이러한 환상에 꿰어 맞추려는 이들에게 보내는 '경고'의 증거 사례도 없지 않다. 검투사 숙소에서 검투사 연인과 밀회를 즐기다가 들켜서 현행범 취급을 받았던 폼페이 상류층 여인의 이야기가 사실과 다를 가능성에 대해서는 이미 앞서 살펴봤다. 그러나 검투사들의 '섹스어필'과 관련한 다른 증거들 역시 재고할 필요가 있다.

폼페이에서 발견된 낙서 가운데 두 명의 검투사와 그들의 여성 팬클럽에 관한 내용은 유명하다. "켈라두스, 만인의 연인" "켈라두스, 여자들의 우상" "투망 검투사 크레셰스는 밤의 여인, 아침의 여인, 모든 여인을 기쁘게 한다네." 이런 낙서는 사랑의 열병에 걸린 폼페이 여자들이 거리를 배회하다가 눈에 띄는 벽면에 켈라두스와 크레셰스를 향한 열정을 쏟아내는 장면을 연상케 한다. 실제로 이들 낙서를 그러한 관점에서 다룬 현대 학자도 적지 않다. 그러나 찬찬히 들여다보면 그리 단순하지 않다. 무엇보다 이들 낙서는 과거 검투사 숙소로 쓰인 건물 안에서 발견되었다. 그렇다면 이는 여자들의 환상이 아니라 검투사들 자신이 썼다고 봐야 할 것이다. 즉 혈기왕성한 두 명의 검투사가 보여준 남성 특유의 과시욕과 서글픈 환상일 수도 있다. 언제 죽을지 알 수 없는 불확실한 미래 때문에 자기만의 여자를 가져보지 못했거나 오랜 기간 지속되는 관계를 누려보지 못한 젊은이들이 자기 위안 삼아 적은 글일지도 모른다.

이처럼 고대인의 일상생활 복원에서 결코 간과하지 말아야 할 부분이 바로 자료의 출처로서, 증거가 발견된 장소는 매우 신중하게 살펴야 할 부분이다.

## 9장

# 도시를 가득 채운 신들

POMPEII

# 폼페이의 또 다른 주민

폼페이에는 신과 여신들이 그야말로 '바글거렸다.' 지금까지 폼페이라는 고대 도시 주민들의 삶을 복원하는 과정에서 그들 삶에 광범위하게 작용했던 여러 신을 그저 배경으로 다루어온 사실을 이상하게 여겼을 것이다. 그만큼 신은 그들의 삶에 중요한 부분이었다. 실제로 폼페이에 존재하는 여러 신의 이미지는 성별을 떠나 수천 개나 된다. 다채로운 표현 수단을 통해 크고 작은 모습으로 형상화된 신들을 모두 세어본다면 당시 거주하던 시민들보다 많을 수도 있다.

　폼페이의 신들은 그야말로 수많은 종류, 모양, 크기, 재료로 구현되었다. 거품에서 태어났다는 신화적 탄생을 암시하듯 거대한 조개껍질 안에 다소 어색한 자세로 누워 있는 대형 베누스 벽화(사진 97)를 비롯하여 '가정의 수호신' 리르의 소형 청동 조가(사진 98), 계량저울의 균형을 잡는 용도로 쓰였던 메르쿠리우스의 소형 청동 흉상도 그러한 예를 보여준다. 신을 표현하는 방식이나 재료가 다양한 만큼 그 용도 역시 다양했다. 조개껍질 속의 베누스 그림은 요즘으로 치면 미녀들의 수영복 화보처럼 벽에 걸어두고 감상하기 딱 좋은 형태다. 중앙광장의 유피테르·유노·미네르바 신전에서 발견된 유피테르 신의 거대한 대리석 두상은 신에 대한 존경심과 외경심을 불러일으키려는 의도가 분명해 보인다.(사진

99) 반면 '메난드로스의 집' 욕실의 그림은 신들을 희화화하고 있고(사진 51), '베티의 집' 입구에서 한껏 부푼 남근을 과시하며 손님을 맞는 프리아포스 벽화(사진 36) 역시 익살스런 패러디를 보여준다. '율리우스 폴리비우스의 집'에서 나온 아폴로 신의 청동상은 숭배의 목적과 더불어 장식적 가치도 있었으리라. 기다란 예복에 투구를 쓰고 있는 미네르바, 사냥 도구를 들고 있는 디아나 여신은 극히 전형적인 모습이어서 기이하게 생각할 만한 구석이 없다. 이와는 반대로 인도 여신 락슈미의 상아 조각상이나(사진 11) 개의 머리를 지닌 이집트 아누비스 신의 축소 모형 등은 당시 시민들의 눈길을 끌었을 것이다. 폼페이 주민의 일부는 지나치게 이국적인 신상神像을 거북해하거나 기괴하고 위험하다고 여겼을 것이다.

요즘 우리는 고대 신들의 이미지를 천편일률적으로 생각하는 경향이 있다. 보통은 어떤 신인지를 확인해주는 핵심 특징(예컨대 유피테르의 번개)을 파악하는 정도에 그칠 뿐 그 이상의 관심을 기울이지 않는다. 이런 태도는 이들 신의 이미지가 고대 세계에서 지녔던 문화적, 종교적 역할을 과소평가하는 것이다. 당시에는 세상에 신성한 힘이 존재한다는 사실에 대해 아무도 의심하지 않았다. 지적인 관점에서든 종교적인 관점에서든 무신론이라는 것은 납득할 수 없는 견해였다. 사실 서기 1세기 초에는 신적 존재가 여럿이 아니라 단 하나라는 사상도(유대교도와 기독교도를 제외할 때) 설득력은커녕 기괴하기 짝이 없는 생각일 뿐이었다. 나중에는 이교도들 사이에서도 유일신 사상이 보편화되었지만 우리가 살펴보는 서기 79년 즈음의 분위기는 사뭇 달랐다. 그렇다고 해서 고대 다신교 사상 안에서 논쟁이나 논란이 전혀 없었던 것은 아니다. 다만 로마인들은 신들의 존재 여부가 아니라 신들이 어떻게 생겼는지, 신들 사

97. 로마의 신들은 다양한 모습으로 그려졌다. 꼬마 큐피드와 함께 있는 그림 속의 베누스는
요즘 벽걸이용 사진과 아주 흡사해서 놀라울 정도다.

98. '가정의 수호신'이라는 라르를 표현한 소형 청동 조각상.
개가죽으로 만들었다는 특유의 튜닉 차림에 제물을 바치는
접시와 내용물이 흘러넘칠 정도로 가득 찬 코르누코피아,
즉 풍요의 뿔을 들고 있다.

99. 유피테르 신의 위풍당당한 얼굴.
이 거대한 두상은 중앙광장에 위치한
유피테르·유노·미네르바 신전에서 발
굴된 유물이다.

이의 관계는 어떠한지, 신들이 언제 왜 어떻게 인간의 삶에 개입하는지 등에 대해 논쟁을 벌이는 차원이었다. 예를 들면 신들이 과연 인간의 형상인지, 아니라면 정확히 어떤 부분이 얼마나 인간과 닮았는지, 인간의 삶에 관심이 있는지 없는지 등에 대한 의문은 자주 제기되었다. 신들은 어떻게 인간에게 모습을 드러내는가? 얼마나 변덕인 심한가? 얼마나 자비심이 많은가? 인간의 친구인가, 아니면 항상 잠재적인 적인가?

그런 의미에서 폼페이 사람들이 일상생활에서 마주했던 여러 신과 여신의 이미지는 훨씬 더 다양한 의미를 지녔다. 신들의 형상은 우리에게 익숙한 전통적인 모습일 때도 있지만 우스꽝스럽거나 이국적이거나 호화로운 모습을 나타내기도 하는데, 이렇듯 당시 사람들은 자신들과 공존하는 신성한 주민에 대해 다양한 물리적인 형태로 상상했다. 따라서 각각의 형상이나 이미지의 크기, 모양, 표정 등은 모두 나름대로 의미를 지니고 있었다. 그런 관점으로 볼 때 유피테르·유노·미네르바 신전에서 확인된 초대형 유피테르 흉상도 단순히 과장된 작품이 아니다. 말하자면 흉상의 거대함은 신의 능력이나 신의 물리적인 형상에 대한 중요한 표현 방식이었다. 이렇듯 고대 종교는 눈에 보이는 이미지를 중요하게 여겼다.

# 경전 없는 종교

고대 로마와 이탈리아의 종교는 중요한 여러 측면에서 오늘날의 주요 종교들과는 달랐다. 신의 존재는 중복적이며 그 수도 고정되지 않았다.(새로운 신이 내부에서 발견되거나 만들어지기도 하고, 해외에서 수입되기도 했다.) 이것은 로마 종교를 유대교, 기독교, 이슬람교와 구분해주는 여러 특징 중 하나다. 로마 종교에서는 개인이 지켜야 하는 신조나 기독교의 교리에 해당되는 어떤 것, 즉 종교의 가르침을 규정한 신성한 문서(경전)도 찾아볼 수 없다. 그러나 이것이 아무 원칙도 없고 무엇이든 가능한, 완전히 무질서한 종교였음을 의미하지는 않는다. 주민들의 신앙심은 언어보다는 행동과 의식으로 표현되었기 때문이다. 뒤에서 살펴보겠지만 동물을 제물로 바치는 행위는 로마의 다른 지역과 마찬가지로 폼페이에서도 종교와 관련된 가장 중요한 실천이었다.

종교제도의 초점은 개인 구성원보다는 사회 전체에 맞춰져 있었지만 개인적 차원이 완전히 무시되었던 것은 아니다. 사실 많은 폼페이 주민은 특정한 신 또는 다수의 신과의 개인적 교감을 원했다. 그들은 각자의 삶에서 나름의 방식으로 신의 영향력을 감지했고, 크고 작은 위기의 순간에 신에게 의지했다. 폼페이 도시 곳곳에는 주민의 이런 모습을 보여주는 흔적이 적지 않게 남아 있다. 예를 들면 베누스 여신에게 젊은 연인을 따뜻하게 보살펴달라고 호소하는 글이 극장 복도에 남아 있다. "아텔라에 사는 코미니아의 노예, 메테가 크레스투스를 사랑합니다. 폼페이의 베누스 여신이시여, 그들을 따뜻하게 굽어살피시고 영원토록 행복하게 살도록 해주십시오." 또한 '율리우스 폴리비우스의 집'에는 두 사람이 가정의 수호신을 향해 기원하고 맹세하는 글이 남겨져 있다. "카이우스 율리우스 필립푸스 주인님의 안녕과 무사 귀환, 성공을 기원하면서 푸블리우스 코르넬리우스 펠릭스와 쿠스피우스의 노예 비탈리스가 여기서 라레스 신께 맹세합니다." 이런 맹세는 개인과 집단을 불문하고 로마 사회 모든 계층에서 표준적으로 사용하는 정형화된 문구였다. 무언가를 기원하며 신에게 맹세를 하고, 소망이 이루어지면 공물이나 제물을 바쳐 보답하는 방식이었다. 앞의 글은 어딘가로 떠난 집주인이 무사히 돌아오기를 아랫사람들이 기원하는 내용이다.

이처럼 개인 차원의 신앙 표현도 활발했지만 로마 종교의 진정한 특징은 역시 종교와 도시 혹은 국가 전체의 긴밀한 결합에 있다. 간단히 말해, 사람들이 숭배의 의무를 다하는 한 신들은 로마나 폼페이 같은 공동체를 보호하고 지지한다는 것이 기본적인 원리다. 따라서 인간이 신을 모시고 경의를 표하는 일을 소홀히 하면 재앙이 따른다. 19세기 기독교인들은 베수비오 화산 폭발을 이곳 주민들의 이교 신앙, 즉 이교 신들을 숭배한 벌이라고 해석했지만 당시 폼페이 사람들의 생각은 달랐을 것이다. 오히려 자신들이 이교 신들을 제대로 숭배하지 못했기 때문에 도시가 최후를 맞았다고 생각했을 것이다. 어찌 보면 로마인들은 신을 대할 때 지극히 실용적인 태도, 즉 "네가 신의 등을 긁어주면 신도 너의 등을 긁어주리라"라는 태도를 지니고 있었다. 때로는 이것이 로마 종교의 핵심 원칙이자 가르침이 아닐까 싶다. 폼페이 상류층과 서민의 관계를 다루면서 이미 살펴본 후원, 존경, 기부 등의 상호주의 관점에서 바라보면 한결 이해하기 쉬울지도 모르겠다. 이를테면 폼페이 사람들은 신을 무한한 힘과 능력을 지닌 더없이 강력한 두오비리 정도로 여겼다고 볼 수 있다.

신들이 정확히 어디에 소속되어 있었는가는 상당히 까다로운 문제다. 동맹시 전쟁 이후 폼페이의 종교는 로마인의 것이자 폼페이인의 것이었다. 폼페이는 굉장히 강한 지역적 특성과 로마의 중앙집권 성향이라는 모순 가운데 묘한 균형을 이루고 있었는데, 이는 로마 세계의 다른 도시에서도 마찬가지였다. 결국 오늘날의 우리에게 미네르바, 아폴로, 유노 등의 신은 어디서든 '같은 신'이지만 당시에는 도시에 따라 상당히 다를 수 있었다. 위에서 언급한 메테와 크레스투스의 사랑을 축복해줄 것을 기원하는 대상, 즉 '폼페이의 베누스Venus Pompeiana'가 그 좋은 예다. 폼페이의 베누스는 로마 세계 어디서나 통하는 전형적인 로마의 특성을 지니고 있지만 때로는 술라가 세운 식민지의 수호 여신과도 긴밀한 관계를 맺고 있었다. 뿐만 아니라 폼페이의 베누스는 '베누스 피시카Venus Fisica'라는 또 다른 명칭으로 불리며 폼페이라는 지역의 힘이나 조직을 상징하는 신이기도 했다.('베누스 피시카'라는 명칭의 기원은 오스크어 시대까지 거슬러 올라가는 것으로 보이는데, 정확한 의미는 밝혀지지 않았다.) 구체적인 종교 의식과 축제로 좁혀 보면 이런 차이와 분화가 더욱 두드러진다. 물론 로마와 폼페이의 종교 의식과 축제는 어느 정도 중첩되는 부분이 있고, 동물을 제물로 바치는 풍습은 로마 세계 어디서나 공통이었다. 그러나 많은 축제는 지역의 일정과 관행에 따르는 지역 행사였다.

로마 종교의 사제 제도와 특성 역시 공동체의 성공과 신에 대한 숭배를 연결시키는 기본 원칙과 긴밀하게 연관되어 있었다. 일부 예외가 있기는 하지만 대부분의 경우 사제라는 신분은 특별한 종교적 사명을 짊어지고 있지 않았다. 그들은 전업 종교인이 아니었고 신도의 도덕적 종교적 욕구를 채워주어야 할 목회자로서의 책임도 지지 않았다. 신의 사제들은 시의 정치 지도자와 동일한 입지에 있었다. 스스로 정치 지도자이자 사제였던 키케로가 말했듯이 "신의 영감에 의해 우리 조상이 창조하고 수립한 (…) 많은 것 중에서 신을 숭배하는 일과 국익을 챙기는 일을 같은 인물에게 맡기기로 한 결정만큼 유명한 것은 없다."

이런 특성 때문에 폼페이에서는 예상하지 못한 부분에서 종교적인 색채가 불쑥불쑥 튀어나오곤 한다. 즉 지위 고하를 막론하고 사회 전체적으로 종교와 정치가 긴밀히 결합된 결과, 정치 지도자인 로마 황제가 사제를 거느린 신으로 간주되기에 이르렀다. 그러나 동시에 그렇기 때문에 응당 종교적 색채를 나타내리라 예상하는 지점에서 종교적인 특징이 보이지 않곤 한다. 예를 들어 결혼식은 엄숙한 종교 의식으로 거행되지 않았다. 로마에서 결혼이란 남녀가 1년 동안 함께 사는 방식으로 성립되는데, 그들의 표현을 빌리면 '실행으로', 우리 표현으로 하면 '동거로' 성사되었다.

지금까지의 이야기는 폼페이의 종교생활과 관련된 흔적들을 살피기 위한 일종의 선제이자 배경이 된다. 고고학자들은 무엇이든 애매하다 싶으면 '종교 관련'이라는 딱지를 붙인다는 뼈 있는 농담이 회자되곤 하는데, 이는 사실이기도 하다. 바닥에 용도가 불분명한 특이한 구멍에 대해서도 '종교적'으로 보고, 담장에 그려진 남근이나 뱀의 문양도 근거 없이 '종교적'으로 판단하기 때문이다. 폼페이 유적지에서 종교와 관련된 흔적을 확인하는 작업 역시 이런 위험과 비난을 피할 수 없다. 그럼에도 불구하고 우리는 폼페이에서 종교적 성격을 나타내는 장소 혹은 물건들을 확인하기 위해 노력할 수밖에 없다. 이제부터 신전, 사제, 의식에 관한 논의를 시작으로 18세기 발굴 이래 많은 폼페이 방문객의 마음을 사로잡았던 이집트 여신 이시스 숭배로써 마무리할 생각이다. 더불어 폼페이 사람들이 신전이나 사당에서 무엇을 하고 어떤 이야기를 나눴는지도 살펴볼 예정이다. 꼼꼼히 살핀다면 사람들이 신전이나 사당에 있는 동안 어떤 생각을 했을지 조금은 엿볼 수 있을지도 모르겠다. 중요한 사실은 그들의 태도가 냉소나 권태, 깊은 신앙심에 기반한 경건함 등 실로 다양하다는 것이다. 그런 점에서 로마인들은 오늘을 사는 우리와 전혀 다르지 않았다.

# 도시의 신전

로마 종교의 가장 분명한 상징은 바로 신전이다. 로마의 신전은 건물을 둘러싼 기둥, 삼각형의 박공 '페디먼트', 높은 단으로 올라가는 계단 '포디움' 등 특징이 워낙 확실해서 누구든 신전임을 알아볼 수 있다. 높은 단까지 올라간 후 역시 높은 문을 지나면 비로소 신전 내부로 들어서게 된다. 신이 '몸소' 거한다고 여기는 공간, 말하자면 신이 보내는 신호를 접할 수 있는 공간인 성소는 매우 다양한 형태와 종류를 보인다. 폼페이 교외에서 발견된 사당의 흔적, '에트루리아 기둥의 집' 아래 성스러운 숲이 있었던 흔적은 이미 살펴봤다. 이번 장의 뒷부분에 소개되겠지만, 화산 폭발로 멸망할 무렵 도시 안에는 제단만 덩그러니 놓인 성역을 비롯하여 다양한 성소가 있었다. 그러나 교구 교회가 영국 마을의 랜드마크인 것처럼 폼페이를 비롯한 로마 도시의 풍경을 결정짓는 것 역시 독특한 형태의 신전이다.

그런데 영국 마을의 교구 교회는 하나인 반면 폼페이에는 다수의 신전이 있다.(신의 수가 많으니 충분히 예상 가능한 일이기도 하다.) 그렇다고 해서 주민의 삶에 개입된 모든 신에게 신전이 할당된 것은 아니었다. 폼페이 신전은 크기도 제각각이고 위엄과 명성의 차이가 크며 기원이나 역사도 서로 다르다. 일부 신전은 도시 역사의 초기까지 거슬러 올라간다. 중앙광장 옆에 있는 아폴로 신전은 늦잡아도 기원전 6세기에 세워졌다. (서기 1세기에 신전 주위에 만들어진 삼각형 주랑에서 이름을 따온) 소위 '삼각형 광장'에 위치한 미네르바·헤라클레스 신전도 마찬가지다.(사진 100) 베수비오 화산 폭발 이전에 이미 붕괴되어 폐허가 되었을 것으로 추정된다. 그러나 일부 고고학자는 연합군의 폭격과 초기 발굴자들의 성급하고 서툰 발굴로 인해 폐허가 된 것일 뿐 폼페이 멸망 당시에는 멀쩡했다고 주장한다.

나머지 신전은 대부분 기원전 2세기 혹은 그 이후에 지어졌다. 건축 당시 상황까지 구체적으로 복원할 수 있는 신전은 포르투나 아우구스타를 모신 작은 신전 하나뿐이다. 행운과 성공의 여신 '포르투나'와 황제의 힘을 의미하는 '아우구스타'의 결합이라니, 오늘날 우리로서는 해석하기 난감한 면이 있다.(아우구스타라는 형용사는 초대 황제 아우구스투스 자신을 의미하기도 하고, 좀더 포괄적인 황제의 힘을 의미하기도 한다. 어찌 보면 혼란스럽지만 후대 황제들이 명칭의 일부로 '아우구스투스'를 사용했다는 점을 감안하면 적절해 보이는 용법이다.) 명문에 따르면 포르투나 아우구스타는 세 번이나 두움비르를 지낸 토착 귀족 마르쿠스 툴리우스가 시에 기부한 땅에 사비를 들여 건립한 것이다. 이런 과정에서 마르쿠스 툴리우스는 신전 뒤에 "마르쿠스의 아들, 마르쿠스 툴리우스의 사유지"라고 쓰인 경계석을 세움으로써 자신이 기부한 땅의 면적에 혼란이 없도록 신중을 기했다.

폼페이 신전들은 어느 신을 기린 것인지 쉽게 확인되기도 하지만 그렇지 않은 경우도 있다. 중앙광장 한쪽 끝 전망 좋은 곳에 자리 잡은 신전은 아무리 봐도 유피테르·유노·미네르바 신전일 수밖에 없다. 유피테르·유노·미네르바 신전은 대다수라고 말할 수는 없지만 로마의 많은

100. 도시 밖에서 삼각형 광장에 위치한 미네르바·헤라클레스 신전을 바라본 풍경. 이 그림
은 상상으로 복원한 것으로, 폼페이가 들어선 지형의 경사도와 그로 인한 성벽의 층을 보여
준다.

도시에서 중심부에 위치하고 있다.(사진 101) 포르투나 아우구스타 신전에는 여신의 이름이 신전 명문에 명확히 새겨져 있지만 어떤 신전들은 추측에 의존할 수밖에 없다. 마리나 성문 옆에서 바다를 굽어보고 있는 거대한 신전은 베누스 신전일 가능성이 높다. 그러나 이를 뒷받침하는 확실한 증거는 없으며, 심하게 훼손된 조각상 하나와 도시 안에 하나쯤은 베누스를 수호신으로 모시는 규모 있는 신전이 존재하리라는 믿음이 전부다. 대극장 근처, 높은 담장 때문에 밖에서는 거의 보이지 않는 작은 신전의 주인은 그야말로 베일에 싸여 있다.(사진 102) 최근 고고학자들은 '미술사의 아버지'로 불리는 J. J. 빙켈만의 이론으로 회귀하는 추세다. 18세기 중반 이곳을 방문했던 빙켈만은 이곳을 의술의 신 아이스쿨라피우스의 신전이라고 보았다. 그러나 역시 아이스쿨라피우스라 추정되는 조각상 하나를 제외하고는 확실한 증거가 없다. 반면 이곳을 유피테르 메일리키오스 신전이라고 보는 이들도 있다.(명칭을 해석하자면 '감미로운 유피테르'라는 의미로, 지하세계를 관장하는 신에게 흔히 붙이는 명칭이다.) 이 주장은 유피테르 메일리키오스 신전이라는 명칭이 언급된 어느 명문에 근거한 것으로, 이 추정이 사실과 다르다면 도시 어딘가에서 유피테르 메일리키오스 신전이 발견되어야 할 것이다.(성벽 밖에 있는 어느 사당과 연결시기면서 유피데르 메일리키오스 신전이 도시 밖에 있다고 주장하는 이들도 있다.) 다시 살펴보겠지만 이런 식의 추론들은 일종의 도미노 효과를 유발하곤 한다. 어느 신전의 신분 확인이 이루어지는 순간 다른 신전의 주인들이 연달아 실각되기 때문이다.

신전들의 형태는 전반적으로 매우 친숙한 편이다. 그러나 신전 내부는 현대인에게는 꽤 낯선 풍경으로, 그런 만큼 놀라움을 안겨준다. 본질적으로 그리스나 로마 신전은 신이나 여신의 조각상을 모시는 공간이며 신도들이 모여 집회를 하거나 종교 의식을 치르는 장소가 아니었다. 따라서 신전 내부의 어두침침한 방에서 피로 얼룩진 제물을 바치는 장면 따위는 상상할 필요가 없다. 그러한 의식은 항상 야외의 개방된 공간에서 수행되었다. 말하자면 로마의 신전은 신상神像이 거하는 집이었다. 이런 건물을 부르는 가장 일반적인 라틴어는 '템플룸templum'이 아니라 '아이데스aedes'로, 그 의미는 가감 없이 '집'이다.

물론 신전 내부에 아무것도 없이 신상 하나만 달랑 들여놓은 경우는 거의 없으며, 온갖 종류의 물건들이 쌓여 있었다. 그중에는 값비싼 것도 있는데 이것들은 모두 신에게 맹세한 결과물이었다. 예컨대 누군가 의술과 치유의 신인 아이스쿨라피우스에게 병을 낫게 해달라고 기원하면서 선물을 바치겠다고 맹세했다면, 진짜로 병이 나았을 때 약속한 선물을 신전에 바치는 식이다. 신전에 신상이 아닌 다른 조각상이나 예술작품

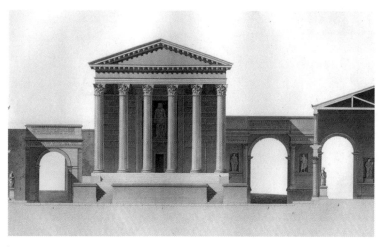

101. 유피테르·유노·미네르바 신전의 모습을 보여주는 19세기 복원도. 신전 양쪽으로 아치가 있다. 정확한 그림이기는 하지만 실제 신전과 주변 환경에 비해 지나치게 웅장하고 깔끔하다는 인상을 준다.

이 전시되기도 했다. 수도 로마에서는 전쟁에서 얻은 값비싼 전리품이나 청동 명판에 새긴 법률 문서 등을 보관하는 장소로 신전이 애용되기도 했다. 로마 원로원은 몇몇 신전을 회의실로 활용했고, 일부 부유층은 베스타 여신을 모신 신전에 유언장을 보관했으며, 사투르누스 신전 지하는 로마 국고로 쓰였다. 이처럼 신전에 귀중품을 많이 보관했다는 사실은 그곳을 철저히 관리하는 존재를 유추하게 한다. 경비원, 청소원, 관리인 등의 역할을 하는 사람이 있어서 밤이면 확실하게 문단속을 했을 테고 일반인에게 개방되는 낮에도 관리 감독을 게을리하지 않았으리라.

102. 발굴 초기에 유적지를 찾은 여행자가 작은 규모의 유피테르 메일리키오스(혹은 아이스쿨라피우스) 신전 계단에서 잠시 쉬고 있다.(그는 일부만 남은 무너진 신전 앞에서 세월의 무상함을 느끼고 있는지도 모른다.) 규모는 작아도 로마 신전의 기본 구조를 충실히 따르고 있다. 로마 신전은 기본적으로 하나 혹은 다수의 신상을 모신 내실과 바깥쪽의 제단으로 구성되어 있다.

이런 상황은 폼페이에서도 마찬가지였다. 현재 남은 흔적들은 예상보다 별 볼 일 없는 듯한데, 여기에는 이유가 있다. 베누스 신전처럼 베수비오 화산 폭발 당시 공사 중이었거나, 아니면 값비싼 가구며 귀중품이 많아서 화산 폭발 이후에 약탈자들의 표적이 되었기 때문이다.(대다수 유적이 이런 상황이다.) 어쩌면 충직한 관리인이 화산 폭발 당시 탈출하면서 일부 귀중품을 치워두었을 수도 있다.

그러나 조금만 꼼꼼히 들여다보면 인상적인 증거가 많이 남아 있다. 기원전 146년 코린트 정복 이후 얻은 전리품 중 하나가 폼페이 아폴로 신전 근처 혹은 내부에 전시되었다는 사실은 앞서 언급한 바 있다. 이곳 아폴로 신전 광장에는 아폴로와 디아나의 근사한 청동상과 함께 생소한 옴팔로스('지구의 배꼽') 복제품이 놓여 있었다.(디아나 여신의 청동상은 현재 머리 부분만 남아 있다.) 옴팔로스는 델포이에 있는 유명한 아폴로 신전의 성물 중 하나였으므로 폼페이의 폭넓은 문화 교류를 말해주는 좋은 예이기도 하다. 나아가 이들 신전에서 사용했을 보안 설비의 흔적도 엿볼 수 있다. 포르투나 아우구스타 신전 전면에 철책을 둘렀던 흔적이 바로 그것인데, 건물 진입 통제용이었을 것으로 보인다.(사진 103) 폼페이 전문가로 유명한 어느 학자는 관광객의 신전 출입을 막기 위해 19세기에 설치한 철책이라고 설명했다. 나름 일리가 있지만 실제로 고대 폼페이 사람들의 접근을 막기 위한 것이었을 가능성이 높다.

겉으로 보면 폐허나 다름없는 신전 건물이라고 해서 허투루 보고 지나칠 일은 아니다. 폼페이에는 열악한 상태의 신전이라도 고대 신전의 생활과 구조에 대해 의외로 많은 정보를 갖고 있기 때문이다. 감질나는 정도이긴 하지만 과거 그곳에 있었던 신상과 귀중품의 흔적을 보여주기도 하고, 때로는 79년 화산 폭발과 관련된 예상치 못한 이야기를 들려주기도 한다. 그 좋은 예가 바로 유피테르·유노·미네르바 신전으로, 로마 이주민이 도착한 이후 폼페이가 로마 도시임을 선언하는 의미에서 세 신이 모셔졌을 것이다.(유피테르·유노·미네르바는 로마에서 주신으로 삼았던 신들이다.) 솔직히 지금은 볼 것이 많지 않다.(사진 104) 전면에서 보면 계단과 위쪽이 잘린 기둥 몇 개가 고작이다. 계단 위로 올라가면 신전의 내실은 아직 건재하지만 과거 2층 구조의 주랑이 있었던 내부에도 남아 있는 것은 별로 없다. 한쪽 끝에는 세 신의 조각상이 놓여 있었을 것으로 추정되는 벽감이 있는데, 현재 모습만 놓고 본다면 장식 하나 없이 기능 위주로 만들어진 음산한 공간이라는 인상이다. 다행히 '카이킬리우스 유쿤두스의 집' 벽면의 돌림띠 부조 장식에 이곳의 예

103. 포르투나 아우구스타 신전의 19세기 복원도. 신전 밖 포르티코에서 치러지는 종교 의식 장면을 상상하여 그린 것이다. (침입자를 막기에는 좀 낮은 듯하지만) 전면 계단 밑에 출입을 통제하는 철책이 보인다. 또한 천장에 드리운 꽃줄 장식 덕분에 외부 분위기가 한층 더 밝아 보인다. 그러나 신전 앞에 있는 숭배자 무리의 화려한 입성은 아무래도 비현실적이다.

전 모습이 생생하게 남아 있다.(사진 5) 고대 폼페이 사람들이 그런 장식을 남긴 데에는 지진으로 인한 피해를 보여주려는 의도도 있었을 것이다.(신전은 도시가 매몰되는 79년까지도 완전히 복구되지 못했던 것 같다.) 그러나 이를 통해 오늘날의 우리는 이런저런 장식까지 갖춘 원래의 건물 모습을 확인할 수 있게 되었다.(물론 100퍼센트 있는 그대로의 모습이라기보다는 약간의 상상력이 가미된 모습일 것이다.) 부조 장식을 보면 신전 밖의 계단 중간에 높은 단이 설치되어 있고, 위에 제물을 바치는 제단이 놓여 있다. 계단 양쪽에는 기마상이 있고 제단 뒤로는 신전 내실로 들어가는 문이 보인다.(원래는 기둥에 가려 잘 보이지 않아야 하는데, 부조에서는 여섯 개의 기둥 중 두 개를 생략해서 내실과 문이 잘 보이도록 했다.) 내실로 들어가는 입구 위의 박공은 화환 혹은 화관으로 장식되어 있다.

폼페이 아폴로 신전의 원래 모습과 용도를 말해주는 다른 단서도 있다. 우선 신전의 기단은 단일한 구조가 아니라 내부에 지하실을 갖추고 있다. 지하실은 신전 내부 계단을 통해 내려가거나 신전 동쪽에 지면 높이로 설치된 문을 통해 들어가는데, 수직 통로를 뚫어 채광 시설을 갖추었다. 이 사실만으로도 지하실이 실제 용도가 있는 곳이었음을 알 수 있다. 아무도 들어갈 일이 없다면 왜 빛이 필요하겠는가? 이곳의 구체적인 용도에 대해 명확하게 밝혀진 바는 없다. 위층 내실이 사람들이 바친 공물로 꽉 찼을 경우 관리인은 경건한 공물을 버리지 않고 이곳에 보관했다는 의견도 있다. 또한 이곳이 시의회의 국고 혹은 지하 금고였다는 주장도 있다. 실제로 수도 로마에서도 신전 안에 국고가 있었기 때문에 이 주장이 얼토당토않은 것만은 아니다. 그러나 안타깝게도 베수비오 화산 폭발 당시 대리석 조각상의 파편 이외에 다른 무언가가 이곳에 있었다는 증거는 없다.

이곳 신전의 장식이 지금보다 훨씬 더 많고 화려했음을 말해주는 분명한 흔적들도 남아 있다. 바닥 대리석은 오푸스 세크틸레opus sectile 공법을 써서 기하학적인 문양으로 배치했고, 내실 벽에는 밝은 색의 그림이 그려져 있다. 희미한 벽화들은 이제 알아보기조차 힘들지만 건물이 처음 발굴된 19세기 초반에는 선명한 상태였으며, 덕분에 이곳은 유적지에서도 인기 있는 방문지였다. 실제로 1818년 12월 폼페이를 방문한 시인 셸리가 소풍 장소로 택한 곳도 바로 이곳이었다. (정문을 제외하고는 빛이 들 만한 곳이 없었기 때문에) 다소 어둡기는 했지만 주랑, 조각상, 이런저런 붙박이 가구와 신들에게 바친 공물은 인상적인 볼거리였을 것이다. 문을 열어두면 가로 10미터 세로 15미터 정도 되는 공간은 얼굴을 식별할 정도는 되었으므로 로마에서처럼 시의회 회의 장소로 쓰였

104. 지금은 다소 황량해 보이는 유피테르·유노·미네르바 신전 유적지. 중앙광장 한쪽 끝에 위치한 이곳이 베수비오 화산 폭발 당시 왜 그토록 황폐했는지에 대해서는 논란이 있다.

을지도 모른다.

하지만 회의 장소로 쓰이기에는 어수선한 잡동사니가 너무 많지 않았을까. 19세기 발굴자들은 소원 성취에 대한 감사의 봉헌물 내역을 기록한 몇몇 명문(황제 칼리굴라의 '행복'을 비는 내용도 있다)과 스푸리우스 투라니우스 프로쿨루스 겔리아누스라는 남자를 기리며 세운 조각상의 기단을 발견했다. 이 조각상의 주인공은 로마와 라비니움 등에서 관리로 활동한 인물로, 그가 폼페이와 어떤 관계였으며 (조각상이 원래 이곳에 있었다면) 이런 특별한 장소에 그의 조각상이 놓인 연유에 대해서는 확실히 밝혀진 바가 없다. 발굴자들은 또한 신전 내부와 주변에서 다량의 잡다한 조각품을 찾아냈다. 1830년대 윌리엄 겔의 묘사를 보면 당시 발견된 조각들이 어떤 모습이었을지 가늠이 된다. "청동으로 만든 여러 개의 손가락 모양이 발견되었는데 (…) 옛날 프리기아인이 쓰던 끝이 앞으로 접히는 원뿔형 모자를 쓰고 아이 손을 잡고 있는 노인(높이 15센티미터), 아기를 안고 있는 여자 (…) 대리석으로 만든 손, 손가락, 발의 일부, 샌들을 신고 있는 발 두 개, 팔뚝 하나, 이외에 다수의 거대한 파편들이 나왔다."

특히 눈길을 끄는 것은 신상의 일부임이 확실해 보이는 거대한 대리석 몸통 하나와 인상적인 두 개의 두상이다. 두상 중 하나는 수염이 풍성하고 거대한 유피테르의 대리석 두상이고(사진 99) 다른 하나는 유노 또는 미네르바로 추정되는 작은 여성의 두상이었다. 학자들은 이 '파편들'이 신전에 모셔진 세 신상의 일부라고 본다. 그렇다면 이들 두상은 요즘 말로 '애크롤리틱acrolithic' 석상, 즉 머리와 손발은 돌이고 몸통은 나무로 된 조각상의 일부였을 것이다. 이는 고대에 거대 조각상을 제작할 때 자주 사용되던 방식으로, 조각상 전체를 대리석으로 만들기에는 지나치게 크고 무거우며 비용도 많이 들기 때문이다. 청동은 상대적으로 가볍지만 역시 비용이 만만치 않았다. 따라서 몸통을 나무나 금속으로 만들어 풍성한 의상으로 가리고 외부로 드러나는 손, 발, 얼굴 등은 대리석으로 만든 애크롤리틱 방식을 채택한 듯하다. 고대 조각상을 전시한 박물관들을 구경하다 보면 몸통은 별로 없고 대리석으로 만든 거대한 손, 발, 두상 등만 유독 많은 것도 바로 이런 제작 방식 때문이다. 이런 부위는 몸통에서 잘 분리되기도 하지만 애초에 대리석으로 만들었기 때문에 보존될 수 있었다.

그러나 유적과 유물을 꼼꼼히 들여다보면 화산 폭발 당시 유피테르·유노·미네르바 신전이 범상치 않은 상태였음을 알 수 있다. 우선 발견된 남자 두상과 거대한 몸통은 아무리 봐도 제짝이 아니다. 그렇다면 '숭배의 대상인 귀중한 신상의 부분들이 왜 아무렇게나 놓인 채 발견되었을까?' 하는 의문이 들 수밖에 없다. 화산 폭발 이후의 엉성한 구출 작업 때문일까? 아니면 부랴부랴 약탈하는 과정에서 발생한 것일까? 그러나 한두 차례의 지진으로 인한 상황을 복구하는 과정에서 나타난 것이라면(이 경우가 가능성이 더 높을 듯하다) 폼페이 당국은 왜 유서 깊은 조각상들에 주의를 기울이지 않았을까? 관리 당국은 붕괴에 취약한 유서 깊은 신상 조각들이 신전 바닥에 널브러져 있어도 괜찮다고 생각했을까?

무엇보다 흥미로운 것은 어느 대리석 흉상의 뒷면에 작은 인물 셋이 돋을새김으로 묘사된 점이다. 최근의 해석에 따르면 이는 대리석이 재활용되었음을 시사한다. 말하자면 위풍당당한 남자의 흉상은 이전에 돋을새김 조각을 재활용하여 만든 것이다. 일부 고고학자는 다수의 조각상 파편이 발견된 사실과 함께 이러한 상황들을 종합할 때 서기 79년 당시 해당 건물이 복구 중이었을 뿐만 아니라 일시적으로 신전 기능이 정지된 채 조각상 보관소 겸 작업실이자 현장 사무소로 쓰였다는 결론이 도출된다고 주장한다. 그렇다면 신상들을 부주의하게 다룬 것도 이상할 게 없다. 일부 인상적인 작품이 있기는 하지만 기본적으로 그곳에서 발견된 조각상들은 남은 파편들을 별도로 보관한 것에 불과하기 때문이다.

지금에 와서 이 주장이 맞는지 확인할 방법은 없지만 그대로 수용한다면 앞서 언급한 것처럼 '도미노 효과'를 피할 수 없다. 이로 인해 작은 아이스쿨라피우스 신전을 비롯해 거미줄처럼 얽히고설킨 여러 신전의 관계와 각각의 주인이 달라지게 된다. 우선 아이스쿨라피우스 신전에는 세 개의 테라코타 조각상이 있다. 각각 하나의 남녀 전신상 그리고 조악하게 만들어지긴 했지만 금세 알아볼 수 있는 미네르바의 흉상이다. 빈켈만은 남자 조각상을 아이스쿨라피우스라고 보았는데(사진 105), 그렇다면 여자는 자연히 아이스쿨라피우스의 딸이자 역시 의술과 치유의 신인 히게이아일 것이다. 그리고 미네르바가 있다. 그러나 유피테르·유노·미네르바 신전이 정말로 화산 폭발 당시 파손되어 폐쇄된 상태라고 가정해보자. 당연히 폼페이 주민은 그곳에 있던 신상들을 다른 곳에 안전하게 보관하고자 했을 것이다. 그런 맥락에서 보자면 이곳 작은 신전에서 발견된 세 개의 신상은 유피테르·유노·미네르바일 가능성도 적지 않다. 중앙광장에 있던 이들 신상을 같은 도로변에 있는 다른 신전으로 옮겨 잠시 보관하는 데 무슨 문제가 있겠는가?

그런데 여기서 발견된 신상들은 그렇게 크지 않으며, 대리석이 아닌 테라코타로 만들어졌다. 그나마도 미네르바는 전신상이 아니라 흉상뿐이다. 그러나 종교에서는 신성과 화려함이 언제나 동의어로 취급되지는

105. 유피테르 메일리키오스 신전에서 발견된 조각상 중 하나. 아이스쿨라피우스일 수도 있고 유피테르일 수도 있는 테라코타 신상이다.

않는다. 때로는 더없이 소박한 물건이 무엇보다 강력한 종교적 힘을 갖는다. (어디까지나 추측일 뿐이지만) 우리는 어쩌면 엉뚱한 장소에서 유피테르·유노·미네르바를 찾고 있었는지도 모른다.

# 신에 대한 경배

폼페이 중앙광장에서 발견된 제단에도 역시 고대 의식의 가장 상징적인 장면이 새겨져 있다. 바로 동물을 제물로 바치는 희생제의다. 희생제의는 로마 시대 작가들도 곳곳에서 묘사했고, 동전에서부터 개선문에 이르기까지 로마 세계 전역의 수천 개 이미지에도 전형적으로 나타나 있다. 그러나 전형적인 모습이라고 해서 간과할 수는 없다. 얼핏 보아서는 놓치기 쉬운 디테일과 특징들이 있기 때문이다. 우선 부조의 중앙에는 이동식 제단으로 쓰인 듯한 삼각대가 새겨져 있다. 그 옆에는 (사제인지 정치 지도자인지는 확실하지 않지만) 희생제의를 주관하는 인물이 제물에 와인과 향료를 뿌리면서 기도문을 암송하고 있다. 그는 천으로 머리를 덮은 토가 차림인데, 이는 제물을 바칠 때의 규칙에 따른 것이다. 뒤쪽의 악사는 이중 피리를 불고 있고, 그 뒤에는 (어린아이를 포함한) 수행원들이 사발과 병처럼 생긴 용기 등을 들고 있다. 나폴리국립고고학박물관에는 제의에 쓰이는 이런 용기들이 진열장을 가득 채우고 있다. 제의 주관자 맞은편에는 세 명의 노예가 살진 황소를 붙들고 있다. 이들 노예는 곧 시행될 도살에 대비하여 상반신에 옷을 걸치고 있지 않다. 한 노예는 도살에 쓰일 도끼를 들고 있다.

물론 이것은 현실적이라기보다는 매우 이상화된 희생제의의 모습이

106. 황소를 제물로 바치는 희생제의. 중앙광장에서 발견된 제단에 새겨진 부조는 (로마 시대 작품이 흔히 그렇듯이) 제물을 죽이는 순간이 아니라 죽이기 전의 준비 작업을 묘사하고 있다. 상반신을 드러낸 채 제물로 바칠 황소를 붙잡고 있는 노예 그리고 치렁치렁한 토가를 머리끝부터 발끝까지 걸친 채 기도문을 암송하는 상류층 사제의 대비를 통해 로마의 사회적, 정치적 위계질서를 엿볼 수 있다.

다. 요즘으로 치면 기념으로 찍는 단체사진 같은 것일 게다. 또한 (희생제의가 실제로 거행되는 대리석 제단 정면에 이 부조가 장식된 것으로 보아) 제의 참석자들에게 이상적인 이미지를 제공하는 모범적 기능도 있었을 것이다. 부조 속의 황소는 매우 순하고 몸집도 크다. 이런 크기라면 (같이 있는 사람들의 평균 키를 감안할 때) 대략 500킬로그램의 고기가 나올 것으로 예상된다. 실제 희생제의는 이처럼 차분한 분위기도 아니며 동물은 작고 저렴했을 것이다. 물론 현실과 거리가 있는 이상적인 모습이라 할지라도 우리는 이를 통해 희생제의 자체의 분위기를 엿볼 수 있다. 우선 준비 단계지만 악기 소리를 비롯한 소음, 닥쳐올 핏빛 살육 등이 느껴진다. 또한 희생제의에서 드러나는 사회계급과 관습도 가늠할 수 있다. 즉 희생제의를 주관하는 사람은 천으로 온몸을 감싼 채 제단 앞에 서 있지만, 의식에 쓰이는 기도문을 외울 뿐 직접 도살을 하거나 손에 피를 묻히는 일은 없을 것이다. 그런 험한 작업은 당연히 노예들의 몫이다. 아니나 다를까 노예들은 핏빛 도살에 대비해 윗옷을 벗은 상태다. 이런 제의의 순간에도 로마 사회의 계급제도와 위계질서는 확고하게 지켜지고 있었다.(어쩌면 이런 순간에 더 두드러졌는지도 모른다.)

이런 희생제의의 목적은 무엇인가? 우선은 신에게 제물을 바치는 것이다. 제의를 마친 뒤에는 희생된 동물을 함께 나누어 먹었다. 일부는 참가한 사람들이 먹고, 일부는 팔고, 일부는 제단에서 불태웠다. 제물을 태울 때 하늘로 퍼지는 연기가 바로 신에게 바치는 선물이었다. 희생제의는 인간이 신의 뜻을 알아내는 방편이기도 했다. 동물을 죽인 뒤 '창자 점쟁이'는 죽은 동물의 내장을 살핌으로써 신이 남긴 신호를 찾아냈다. 예를 들어 율리우스 카이사르가 암살당하기 직전에 희생제의를 올렸는데 죽은 동물에게서 심장이 나오지 않았다고 한다. 말할 것도 없이 이는 불길한 징조다. 물론 이런 식의 점술을 회의적으로 바라보는 이들은 동물에게 심장이 없다면 생존 자체가 불가능하다는 사실을 지적하곤 했다.

이런 희생제의는 또한 전체적인 우주의 질서를 보여주고 구현하는 역할을 했다. 인간이 동물을 죽여 신에게 바치는 반복적인 행위는 우주의 질서, 즉 인간이 동물과 신의 중간에 있는 존재라는 점을 상징한다. 희생제의가 끝난 뒤에 고기를 나누고 때때로 공동 연회를 벌이는 것은 인간 공동체와 내부의 질서를 재확인하기 위한 장치였다.(로마에서는 이런 연회에서 가난한 사람보다 부자에게 더 많은 고기를 베풀어 사회계급을 재확인하는 것이 일반적이었다. 가난한 사람에게 더 많이 베풀어야 한다는 오늘날의 상식을 뒤집는 반전이 아닐 수 없다.) 로마 종교에서 굳이 교리 혹은 신조를 찾자면 희생제의가 가장 가까운 것이 아닌가 싶다. 현실에서 실천되는 교리라고나 할까? 기독교도처럼 희생제의를 거부하는 행위는 전통적인 로마 종교를 거부하는 것과 다름없었다. 채식주의는 개인의 윤리적 선택 혹은 생활 방식으로 치부될 사안이 아니었다. 따라서 고기를 나눠 먹는 의식에 동참하지 않는 것은 희생제의로 상징되는 사회체제 및 우주질서에 순응하지 않는 위험천만한 행위였다.

그렇다면 폼페이에서 진행된 실제 희생제의는 어떤 모습이었을까? 궁금한 것이 한두 가지가 아니다. 비용은 어떻게 마련했을까? 얼마나 많은 사람이 모여 있었을까? 스페인 법령에 나오는 것처럼 두오비리가 창자 점쟁이를 두고 점을 쳤을까? 얼마나 많은 사람이 제물로 바쳐진 동물의 고기를 먹었을까? 어디서 먹었을까? 로마에서는 경우에 따라 중앙광장에 탁자를 가져다놓고 음식을 나눠 먹기도 했다. 폼페이에서도 그렇게 했을까? 단순히 푸줏간을 통해 판매된 고기는 얼마나 되었을까? 로마 시대 사람들이 먹었던 모든 고기가 희생제의용이었다는 일부 역사가의 주장은 과연 사실일까? 솔직히 잘 모르겠다. 그러나 마켈룸(시장)이라고 알려진 건물이 주로 고기를 파는 시장이었다면, 확실히 신전 근처에 위치했을 것이다. 전반적인 가정이 옳다면 물건을 구하기 편한 장소에 시장이 있었다고 보는 게 타당할 테니 말이다.

이런 희생제의가 언제 그리고 얼마나 자주 거행되었는지도 의문이다. 우선 희생제의는 신에 대한 맹세의 대가 혹은 어떤 재앙이 닥친 후에 신을 달래기 위해 치러졌을 것이다. 또한 중요한 행사나 기념일, 새로운 황제의 즉위, 신전 설립 기념일, 신임 관리의 취임, 특정 신을 기리는 축제일 등에도 희생제의가 있었을 것이다. 그러나 포도주, 향료, 곡식 등을 제단 위의 불길 속으로 던지는 식의 '편법' 혹은 '약식'의 저렴한 희생제의와 구별되는, 온전한 형식의 동물 희생제의가 얼마나 자주 치러졌는지에 대해서는 추측에 의존할 수밖에 없는 실정이다.

지진으로 기울어진 유피테르·유노·미네르바 신전을 표현한 부조를 기억하는가? 여기서 흥미로운 점은 기울어진 신전 바로 옆에 희생제의 장면이 표현되어 있다는 것이다.(사진 5) 사실 부조 속에서 돼지를 받치고 있는 커다란 제단은 중앙광장에서 발견된 어떤 제단과도 일치하지 않는다. 그러나 제단 장식이나 모양을 곧이곧대로 받아들일 필요는 없다. 당연히, 지진으로 신전이 흔들리는 바로 그 순간에 정말로 희생제의가 진행되고 있었다고 생각할 필요도 없다. 오히려 조각가는 시련이 닥치자 그로 인해 방해를 받는 주민들의 삶을 상징하는 어떤 행위나 활동을 떠올리고 이를 표현하려 했을 가능성이 높다. 중앙광장의 신전 옆에서, 상반신을 벗은 채 도끼를 들고 있는 남자가 도살장으로 끌고 갈 것이 제물로 바칠 커다란 황소 이외에 무엇이겠는가?

고대 종교 축제도 역시 흥미로운 주제다. 폼페이뿐만 아니라 다른 어느 곳에서도 동물을 제물로 바치는 희생제의에 참석한 사람들이 어떻게 반응했는지에 대해서는 거의 알려진 바가 없다. 시인 호라티우스는 자신이 제물로 바치려는 새끼 염소에 대해 다소 감상적인 어조로 노래하고 있다.("새로 자란 뿔 덕분에 한층 높아진 그의 머리는 사랑과 전쟁을 약속하네. 헛되이……") 그러나 호라티우스의 정서가 일반적인 것은 아니었을 것이다. 또한 이후에 뒤따르는 잔치는 즐거운 기념 행사였을 게 분명하다. 이외에 신에게 경배를 표하면서 숭배자인 인간에게도 즐거움을 안겨주는 다양한 활동이 있었다. 앞서 살펴봤던 검투사 경기, 연극, 팬터마임 등이 바로 그것이다. 그리스와 마찬가지로 이탈리아에서도 연극은 종교적인 축제에 기원을 두고 있다. 초기의 많은 '연극'은 신전 계단에서 즉흥적으로 이루어졌는데, 신전 안에서 신이 공연을 지켜보는 배치 구조였다. 폼페이의 경우 대극장은 웅장한 계단을 통해 삼각형 광장 및 그곳에 있는 미네르바·헤라클레스 신전까지 직접 연결되어 있다. 이런 연결 자체가 연극이 지니는 종교적 속성을 말해주는 것이리라.

로마 시대 폼페이에서는 많은 축제로 여러 신을 기렸을 것으로 생각되지만 축제에 대한 정보는 많지 않다. 그러나 두움비르 시절 축제를 후원했던 아울루스 클로디우스 플라쿠스의 비문 덕분에 아폴로 신을 기리는 축제에 대해서는 상당한 정보를 얻을 수 있었다. 비문에는 당시 행사의 대략적인 순서와 내용이 담겨 있다. 플라쿠스가 폼페이 시민에게 제공했던 다양한 오락과 구경거리, 즉 투우·권투·팬터마임에 대해서는 앞에서도 일부 살펴봤다. 그런데 비문에는 그와 더불어 '행진'이 강조되고 있다. 행진은 고대 종교의 중요한 특징 중 하나로서 사제, 관료, 단체, 특정 직업 대표들이 열을 지어 거리를 걸었다. 때로는 신전의 신상까지 동원되기도 했고, 제단 위의 전시물도 꽃수레 또는 어깨에 걸머진 형태로 행진 대열에 끼었다. 이런 축제에서는 음악이 연주되고, 향료가 뿌려지고, (후한 후원자라면) 구경꾼에게 선물이 던져졌을 뿐만 아니라 도시의 관료, 시의원, 신들까지도 일종의 볼거리가 되었다.

행진은 일정한 경로를 따라 움직이는 활동이기 때문에 그 경로를 파악하기는 쉽지 않다. 훗날 누군가가 런던의 유물을 통해 런던 시장의 행진 경로나 왕실 결혼식 행진 경로를 복원한다고 상상해보라. 어떤 이론에 따르면 삼각형 광장에 있는 옛 신전에서 중앙광장에 이르는 길이 주요 행진로였다.(바퀴 달린 탈것이 잘 다니지 않으며 '품위를 떨어뜨리는' 술집 같은 건물이 없는 길이다.) 이 경로는 예전의 종교 중심지인 미네르바·헤라클레스 신전에서 새로운 종교 중심지인 유피테르·유노·미네르바 신전 사이를 이동하는 행진을 상상한 것이다. 나름 설득력 있는 주장이지만 확실한 경로인지는 알 수 없으며, 행사의 성격에 따라 달라졌을 수도 있다. 다만 고대 행진의 모습이 담긴 조각과 그림들 덕분에 행진의 형태에 대해 어느 정도는 파악할 수 있다.

검투사 경기가 열리는 원형경기장까지 이어지는 행진에 대해서는 앞 장에서 간략히 살펴봤다. 그런데 메르쿠리오 거리에 위치한 주점 맞은 편, 목공소로 추정되는 건물 전면에 그려진 독특한 그림은 좀더 생생한 행진 모습을 보여준다. 이곳 주점 외벽에서 발견된 그림은 거의 훼손된 상태이지만 초기에 모사해놓은 복제품을 보면 (거래 및 상업의 신으로 불리는) 메르쿠리우스, (행운의 여신) 포르투나, (수공예와 손재주의 수호신인) 미네르바와 다이달로스(아시다시피 다이달로스는 유명한 미노스 왕의 궁전에 있는 미로를 만들었고, 아들 이카루스를 죽음에 이르게 한 밀랍 날개를 만든 인물이다)와 관련된 그림이 주를 이루고 있다. 다행스럽게도 이 중 한 장면은 오래전에 나폴리국립고고학박물관으로 옮겨져 지금까지 보존되고 있다.(전면사진 5) 그림을 보면 원형경기장으로 가는 행진에서 대장장이 조각상을 싣고 가던 것과 비슷한, 이동식 들것 혹은 가마(라틴어로는 페르쿨룸ferculum)가 보인다. 이것 역시 네 명이 들쳐 메고 있는데, 운반꾼들이 몸을 지탱하기 위해 지팡이까지 짚은 것을 보면 무게가 상당했던 모양이다. 덮개와 가로세로의 틀이 꽃과 나뭇잎으로 장식되어 있는 이 페르쿨룸은 앞서 검토했던 것보다 더 화려해 보인다.

페르쿨룸 위에는 여러 사람의 형상이 있는데 뒤쪽에는 미네르바 여신이 있다. 미네르바 여신이 그려진 부분은 많이 훼손되었지만 여신의 옷과 그녀의 상징인 방패 일부분이 아직까지 남아 있다. 그림 중앙에는 작업 중인 세 명의 목수가 있다. 한 사람은 나무 조각에 칠을 하는 중이고 나머지 둘은 톱으로 나무를 자르고 있다. 맨 앞쪽에는 훨씬 더 당혹스러운 장면이 있다. 짧은 튜닉을 입은 남자가 손에 컴퍼스를 든 채 바닥에 누워 있는 벌거벗은 남자를 내려다보고 있다. 어떻게 해석해야 할지 난감하다. 이 장면을 목공 및 장인과 관련된 신화로 해석하여 그림 속의 서 있는 남자가 그리스 신화에 등장하는 명장 다이달로스라고 본 연구자도 있다. 그렇다면 바닥에 누워 있는 사람은 누구일까? 다이달로스가 만든 조각상인가? 아니면 컴퍼스와 톱을 발명할 만큼 출중한 재능을 질투한 나머지 다이달로스가 죽여버렸다는 조카 페르딕스인가? 누워 있는 인물이 누구든 간에 그림에 나오는 풍경이 목수들의 행진을 묘사한 것임은 확실해 보인다. 어느 업체를 나타낸 것일 수도 있고 도시의 목공업 전체를 대표한 것일 수도 있다. 어쩌면 플락쿠스가 후원했던 아폴로 신을 기리는 경기에서의 '행진'에도 이런 대열이 포함되었을지 모른다. 아무튼 위의 그림이 폼페이 행진의 실제 모습을 알 수 있는 희귀한 자료임에는 분명하다.

소를 제물로 바치고, 행진을 하고, 연극을 상연하고…… 이런 모든 것은 도시 차원에서 이루어지는 의식이다. 그렇다면 이보다 좁은 범위, 나아가 개인 차원의 종교생활은 어떻게 영위되었을까? 크고 작은 지역이나 동네, 개인 주택 등에도 신들이 존재했다는 많은 증거가 있다. 우선 여러 교차로 근처에는 사당과 제단이 설치되어 있다. 특히 가정의 수호신 라르(복수로 라레스)를 모신, 라틴어로 라라리움lararium이라 불리는 사당의 존재는 눈에 띄는 특징 중 하나다.('라라리움'이라는 단어 자체는 폼페이가 멸망하고 수백 년이 흐른 뒤에 쓰이기 시작했다.) 이런 사당 중에는 상당히 공을 들여 화려하게 치장한 것도 있다. 주로 대저택의 아트리움이나 페리스틸리움에 자리하고 있는데 대표적으로는 '비극 시인의 집' 페리스틸리움 정원 뒷벽에 마련된 사당이다. '비극 시인의 집'에 들어서면 시선이 아트리움을 지나 이곳 사당에 닿는다. 그렇다면 사람들에게 보여주기 위해 공을 들였다고 볼 수 있다. 반면 주택 안에 있는 다른 사당들은 대부분 소박했고 눈에 잘 띄지도 않았다. 주방이나 이런저런 작업 공간에 사당을 두는 경우도 많았다. 이처럼 장식이 많지 않은 사당은 워낙 소박해서 선반이나 벽감과 구별이 잘 안 되기도 한다. 현대에 작성된 폼페이 주택 평면도에서 '라라리움'이라고 분명히 표시한 것들 중에는 원래 선반인 경우도 있을 것이다.

이러한 사당 가운데 가장 인상적인 것이 '베티의 집' 작은 아트리움에 있다.(사진 107) 이곳 뒷벽에 그려진 벽화에는 라라리움에서 흔히 발견되는 여러 인물이 등장한다. 왼쪽과 오른쪽에 있는 라르 신은 노출이 많은 튜닉 차림에 뿔잔과 포도주 통을 들고 있다. 라르 신은 가정을 보호하고 행복하게 해주는 가정의 수호신이지만 때로는 ('사거리의 라르'로 등장할 때) 동네의 수호신이 되기도 한다. 로마 희극작가 플라우투스의 연극에 등장하여 프롤로그를 이야기하는 라르는 집에 숨겨진 금항아리를 찾아내는 책임을 맡고 있다. 또한 '카이우스 율리우스 필립푸스의 집'에서 발견된 낙서의 주인공들이 주인의 무사 귀환을 비는 대상도 바로 라르 신이었다. 그러나 신기하게도 라르 신과 관련된 신화는 전혀 찾아볼 수가 없는데, 심지어 고대 로마인들 사이에서도 라르 신의 기원이나 확실한 유형에 대해 이런저런 논쟁이 있었다.

두 라르 신의 사이, 중앙에는 희생제의를 드리는 것처럼 토가를 머리 위까지 끌어 올린 남자가 있다. 남자는 왼손에 향료 상자를 들고 오른손으로 향료를 뿌리고 있다. 당연히 집안의 가장paterfamilias으로 보이지만 어떤 고고학자들은 게니우스genius, 즉 가장들의 '수호신'으로 보기도 한다. 그러나 이를 뒷받침할 만한 강력한 근거는 아직 없다. 어쩌면 이런 의견 차이는 그리 중요하지 않을지도 모른다. 라르 신이 어떤 지위

107. '베티의 집'에 있는 사당, 즉 라라리움은 지금까지 남아 있는 것들 중에서 가장 인상적이다. 아래에는 꿈틀거리는 뱀이 있고, 중앙의 토가를 입은 인물 양쪽으로 (사진 98에 나온 소형 청동상과 비슷한 모습의) 라르 신이 있다. 중앙의 인물은 사당이 있는 집의 가장일 수도 있고 가장의 '수호신'일 수도 있다.

에 있던 사람들이 그에게 제물을 바쳤다는 사실은 확실하기 때문이다. 인물들 밑에서 꿈틀거리는 크고 화려한 뱀은 가정의 번영, 다산, 보호를 상징한다.(정확하지 않은 일반적인 해석이다.)

라라리움의 돌출된 턱이나 선반에는 보통 신이나 여신의 작은 조각상이 모셔져 있다. 그것은 가끔 라르 신으로 확인되기도 했지만 전체적으로는 다양한 신으로 구성되어 있어, 폼페이 사람들이 주로 어떤 신을 좋아했는지 가늠해볼 수도 있으리라.(폼페이 주민 전체의 성향까지는 아니라도 작은 청동 조각상을 만들 여유가 있었던 이들에 대해서는 어느 정도 파악이 가능하지 않을까.) 라르 다음으로 인기가 많은 신은 메르쿠리우스이며, 이집트 신들이 그 뒤를 잇고 있다.(이집트 신들에 대해서는 이번 장 말미에서 상세히 살펴볼 예정이다.) 그리고 베누스, 유피테르, 헤라클레스 순이다.

여기서 중요한 질문은 이들 사당에서도 의식이 있었는지, 그렇다면 구체적으로 어떻게 치러졌는지 하는 점이다. 재나 불에 탄 잔해 등이 발견된 것으로 보아 길거리 사당에서도 신에게 제물을 바치는 의식이 있었다. 이런 의식은 '주재자'와 그를 돕는 '추종자'들로 구성되었으리라 생각되는데, 근처에서 발견된 목록에 그들의 이름이 기록되어 있다. 그렇다면 개인 주택의 사당은 어땠을까? 일반적으로는 (주인, 노예, 식객 등까지 포함한) 집안 사람 전체가 정기적으로 라라리움에 모여 가장의 주재로 신에게 제물을 바쳤을 것으로 짐작된다. 그러나 한편으로 이런 생각에 의문을 품게 만드는 직간접적 증거들도 있다. 우선 이런 의식이 빅토리아 시대의 가족 기도 풍경과 매우 흡사하다는 사실이다. 발굴자들이 지닌 고정관념이 해석에 영향을 끼친 게 아닐까 싶다. 또한 일부 사당은 워낙 비좁아서 집안사람이 모두 모이는 것 자체가 불가능해 보인다. 반면 어느 작은 주택의 라라리움 바로 옆에서 발견된 독특한 그림은 확실히 이런 주장에 설득력을 보태고 있다.(사진 108)

그림에서 라르 신은 거인처럼 크게 표현되어 있고, 그 사이에 선 가장이 제물을 제단에 바치고 있다. 격식을 두루 갖춘 동물 희생제의라고 하기는 어렵지만 중앙광장에서 발견된 부조 속의 희생제의 장면에서 보았듯이 피리 연주자가 등장하고 있다. 가장 뒤에는 부인이 있고, 오른쪽으로는 열세 명의 사람이 서 있다. 앞에 있는 남자아이 하나를 제외한 모든 참석자는 오른손을 가슴에 올린 똑같은 자세를 취하고 있다. 이번에도 역시 이미지를 곧이곧대로 해석하는 데는 위험이 따른다. 무엇보

108. 집안 사당에 모인 숭배자들. 폼페이 주택 사당에서 어떤 종교 의식이 치러졌는지는 확실하지 않다. 벽화의 보존 상태가 좋지 않지만 특정한 형태의 공동 예배가 진행되고 있음을 알 수 있다. 라르 신이 크게 표현되어 있고 일단의 남녀노소가 제단 주변에 모여 있다.

다 벽화가 발견된 비좁은 방에는 이렇게 많은 사람이 모일 수 없다. 그렇지만 문제의 벽화가 집안사람 모두가 참여하는 라라리움 의식의 일면을 보여주는 것만은 분명하며, 의식이 진행되는 동안 참석자들이 취해야 하는 기본자세도 보여주고 있다. 지금으로 치자면 기도할 때 '양손을 모으는' 행위에 해당된다.

과거 집안에서의 종교의식을 복원하는 문제도 행진만큼이나 쉽지 않은 일이다. 이런 의식은 요행히 남겨진 약간의 재 이외에는 고고학적으로 의미 있는 흔적을 찾아보기 어렵기 때문이다. 지상에서 찾은 유물들 가운데 종교 행위를 말해주는 것은 극소수에 불과하다. 어느 주택 뒤편에서 구덩이 하나가 발견되었는데 'FULGUR', 즉 '번개'라고 쓰인 타일이 덮여 있고 그 안에는 돌무더기가 채워져 있었다. 번개가 친 뒤에 신들을 달래기 위한 일종의 의식으로 만들어놓은 구덩이일까? 최근에도 '아마란투스의 집 겸 주점'을 발굴하는 과정에서 흥미로운 구덩이들이 발견되었는데, 로마 시대에 만들어진 것도 있고 그 이전에 만들어진 것도 있었다. 로마 시대의 구덩이에서는 까맣게 탄 무화과와 잣, 양, 어린 수탉의 뼈가 확인되었으며 앞선 시대의 구덩이에서는 갓 태어난 새끼돼지, 곡식류, 통과일, 무화과, 포도씨 등이 확인되었다. 이러한 통과일이나 곡식 제물뿐만 아니라 희생제의를 올린 뒤 의식에 따라 제물을 매장한 흔적도 발견되었다.(새끼돼지 뼈의 일부는 불에 타 있었고, 군데군데 칼자국이 확인된 것으로 보아 고기의 일부를 먹었음을 알 수 있다.) 이런 것들은 주택에서 거행된 종교 의식을 말해주는 희귀한 증거다. 물론 잘 이해되지 않거나 애매한 대상에 대해 무조건 '종교' 딱지를 붙이는, 말하자면 '종교 관련'이라는 해석을 전가의 보도처럼 휘둘러댄 경우가 아니라면 말이다.

# 정치와 종교: 황제, 신도, 사제

로마의 종교는 상당히 유연하고 확산적이었다. 해외로부터 새로운 신과 여신들을 받아들였다. 그리고 새로운 신들을 판테온(만신전萬神殿)에 통합하는 방식은 로마인이 해방노예를 로마 시민으로 통합하는 방식과 상당히 유사하다. 더 나아가 생명이 유한한 인간이 새로운 신으로 뽑히기도 했다. 이렇듯 가끔은 인간과 신의 경계에 혼선이 빚어졌다. 예컨대 로마 신화에서 헤라클레스와 아이스쿨라피우스는 모두 인간으로 태어났다가 신이 되었다. 이처럼 신과 인간 사이의 경계 허물기는 신화에 그치지 않았다. 현실에서도 다수의 로마 황제가 신의 반열에 올랐다.

신이 되는 과정은 복잡했으며 로마 세계에서도 지역, 시대, 경우에 따라서 다양한 형식을 드러낸다. 때로는 황제가 '죽은' 직후 로마 원로원에서 황제를 신으로 선포하고 신전과 사제를 내리기도 했다. 어떤 지역에서는 살아 있는 황제를 종교적으로 숭배하는 행위가 로마에 대한 충성심의 핵심적인 수단으로 인정되기도 했다. 그러나 신과 '동등한' 명예를 누리고 존경을 받았다는 점에서 황제가 신에 비유되긴 했지만 완전히 신과 동일한 존재로 인정되지는 않았다. 어떤 형태든 로마의 황제 숭배는 오늘날 흔히 생각하는 것처럼 (어리석거나) 허술하지 않았으며 나름 확실한 논리를 가지고 있었다. 로마에서 인간과 신의 구분은 기본적으로 힘의 크기에 근거한다. 그러므로 로마 세계 전체에서 유일하게 전능한 지배자가 이런 스펙트럼의 어디에 위치하고 있는가에 대한 논의는 당연한 것이었다. 달리 말하자면 이렇다. 신적 존재를 현실의 인간 두오비리보다 훨씬 더 막강한 힘을 지닌 두오비리로 간주했다면, 무한한 권력을 지닌 황제를 신적 존재로 추앙하는 것도 이상한 일이 아니다. 오히려 신으로 간주해야 마땅하다. 간단히 말해서 신 혹은 신에 준하는 힘과 권력은 황제의 전제정치를 이해하고 표현하는 방식이었다.

황제와 로마 상류층은 이런 황제 권력의 종교적 속성을 다양하게 활용했다. 초대 황제 아우구스투스는 시쳇말로 '황제 숭배'를 지역의 충성심 확보의 유용한 수단으로 삼아 이런 신앙을 지역의 종교 조직에 침투시키는 데도 공을 들였다. 그러한 과정에서 '동네의 수호신인 라르' 신에 대한 숭배의 초점은 '황제의 수호신 라르' 숭배로 바뀌었다. 이는 지역에서 황제 숭배의 핵심 세력이었던 노예와 해방노예의 충성심을 고양하는 좋은 방편이 되었다. 한편 황제를 신격화하는 발상을 이상하고 우습게 여긴 부류가 없었던 것도 아니다. 철학자 세네카의 작품으로 추정되는 『클라우디우스 신격화Apocolocyntosis divi Claudii』는 늙어서 몸도 제대로 가누지 못하는 클라우디우스 황제가 천국에서 자기 자리를 확보하려고 안간힘을 쓰는 모습을 풍자하고 있는데, 오늘날까지 전해지는 라틴어 작품 중에서 가장 익살스러운 작품으로 손꼽힌다. 또한 베스파시아누스 황제는 죽음을 앞두고 "친애하는 나여, 점점 신이 되어가는 느낌이구먼"이라는 말을 남김으로써 자신의 신화神化를 빈정대기도 했다.

그렇다면 신으로 숭배되었던 황제들은 폼페이에 어떤 영향을 끼쳤을까? 로마에서와 마찬가지로 황제 숭배는 여러 전통 종교에 침투해 들어갔다. 앞서 말한 것처럼 마르쿠스 툴리우스의 후원으로 건립된 신전에서 볼 수 있는 포르투나 여신과 황제 권력의 융합이 전형적인 경우다. 폼페이의 길거리 사당들에는 로마에서처럼 황제 숭배의 직접적인 증거가 없지만 일련의 명문을 보면 전통적인 신들이 황제에게 자리를 내주었다는 흥미로운 정황이 포착된다. 폼페이에서 위치를 확인할 수 없는 어느 곳에 메르쿠리우스와 그의 어머니이자 풍요의 여신인 마이아를 모신 사당이 있었던 듯하다. 이들에 대한 숭배 기록이 남아 있는 여러 명문을 살펴보면 노예와 해방노예를 비롯한 숭배자들이 봉헌했음을 정확한 날짜와 함께 알 수 있다. 가장 초기의 기록들을 보면 메르쿠리우스와 마이아만을 언급하면서 그들에게 봉헌을 했다거나 자신들을 신자로 묘사하는 대목이 있다. 그러다가 어느 순간 "아우구스투스, 메르쿠리우스, 마이아의 신자"라는 식으로 아우구스투스 황제가 봉헌 대상에 합류되기 시작한다. 기원전 2년 이후에는 상황이 역전되어 아우구스투스가 그 자리를 독차지하고, 이후로는 원래의 두 신(메르쿠리우스와 마이아)의 봉헌에 대한 언급은 보이지 않는다.

폼페이가 로마에 편입되면서 새로운 사제를 포함하여 생소한 요소들이 현지 종교에 도입되었다. 앞서 언급한 것처럼 폼페이의 고위 사제는 상류층 출신으로서 공무를 겸하여 종교 업무까지 관장하는 관료들이었다. 제사장으로서 희생제의를 수행하기도 하고, 종교적인 결정이나 조치와 관련하여 시의회에 조언도 했을 것으로 추정된다. '마르스의 사제'라는 표현으로 보건대 신마다 별도의 사제직이 존재했을 가능성도 있다. 로마 식민도시가 된 이후에는 수도 로마의 관행을 본떠 소위 '사제위원회' 소속의 사제들이 있었다. 그중에 아우구르augur는 수도 로마의 사례로 볼 때 신이 보내는 신호에 특히 주의를 기울였던 신탁관으로 해석된다. 폰티펙스pontifex는 종교 관련 법률, 일정, 매장 규칙 등에 관해 조언하는 일을 했다. 또한 베누스와 케레스 신을 모시는 여사제들이 있었던 것으로 보아 종교 분야에서는 여성도 공적인 역할을 맡았다. 그 예로 중앙광장에 대형 공공건물을 건설할 만큼 부유했던 에우마키아 가 '공적인 역할을 맡은 여사제'였고, 마미아도 마찬가지였다. 그들이 맡은 종교적 임무가 구체적으로 무엇이었는지는 밝혀지지 않았다. 로마에 서 여성이 희생제의를 주관하는 것이 가능했을까? 이에 대해서는 회의 적인 시각이 지배적이다. 분명한 것은 이들 여사제가 자기 재량으로 상 당한 돈을 들여 대형 공공건물을 지었다는 사실이다. 단편적이나마 남 겨진 명문으로 판단하자면, 에우마키아가 중앙광장에 지은 대형 건물 은 역시 여사제인 마미아가 후원했던 건물에 이웃해 있었다.

여기에 더해 마르쿠스 홀코니우스 루푸스 같은 지역 실세는 황제의 사제직을 맡았다. 아마도 황제와 관련된 중요한 행사나 기념일에 희생 제의를 집전하는 것은 그의 책무 중 하나였을 것이다. 이러한 황제 사제 직은 수도 로마에 있는 황실 고위층의 눈에 띄어 출세할 수 있는 지름 길이었을 것이다. 서열로 따지자면 그보다 한참 아래였겠지만 아우구스 탈레스 역시 황제 숭배와 관련하여 일정한 역할을 맡았던 것으로 보인 다.(명칭만으로도 어느 정도 짐작할 수 있다.) 물론 아우구스탈레스가 폼페 이에서 보여준 활동은 황제 숭배 이외에도 다양하다.

새로운 사당과 신전들도 건립되었다. 포르투나 아우구스타 신전뿐만 아니라 중앙광장 동쪽에는 일종의 '황제 숭배 전용' 건물도 하나 있었 다. 앞서 설명한 희생제의 부조가 장식된 제단은 바로 이곳에서 발견된 것이다. 또한 이 제단이 아우구스투스 황제와 연관되었음을 말해주는 직접적인 증거가 있다. 우선 제단 뒤쪽에 새겨진 오크 잎으로 만든 화 관과 월계관 장식은 기원전 29년 원로원이 아우구스투스에게 바친 영광의 표식이다. 그리고 희생제의를 주재하는 제사장의 얼굴도 아우구스투스 황제와 매우 흡사하다. 이는 황제 숭배를 관장하는 사제들이 이곳에서 황제를 위한 희생의식을 치렀음을 말해준다.

전반적으로 황제는 폼페이 종교에서 점점 더 큰 비중을 차지하게 되었다. 일부 학자가 주장하는 것처럼 상당한 비중은 아니었을지도 모르지만, 고고학자와 역사학자들이 로마 황제 숭배에 관심을 가지면 가질수록 그러한 사실을 뒷받침하는 증거가 많이 발견되었다. 사실 눈여겨볼수록 더 많은 것을 찾게 마련이고, 때로는 무관한 것도 유관해 보이는 법이다. 황제 숭배에 대한 관심과 열의는 폼페이 중앙광장 동쪽에 위치한 몇몇 건물의 용도를 추정하는 데도 영향을 끼쳤다. 이들 건물의 용도를 말해주는 증거가 많지 않은 마당에 황제 숭배에 관심이 더해지자 적어도 세 건물의 일부는 황제를 숭배하는 공간이었을 것이라는 주장이 힘을 얻게 된 것이다.

제단이 있는 신전뿐만 아니라 바로 옆 건물도 증거는 없지만 '황제 숭배 건물'이라 불리곤 한다.(물론 이곳이 도서관이었다는 주장보다 더 근거가 있다고 볼 순 없다.) 또한 마켈룸(시장) 뒤에도 황제를 모신 사당이 있었다는 설이 제기되었다. 19세기 초반 이곳에서 발견된 구체를 들고 있는 대리석 팔 하나와 황족의 일원이라고 일부 학자에 의해 추정된 조각상 두 개가 주된 근거였다.(十체가 황제를 상징하는 도형일까?) 물론 문제의 조각상들이 황족이 아니라 (누구라고 단정하기는 어렵지만) 폼페이 고위 관리라고 말하는 학자도 있다. 그보다 더 풍부한 상상력을 동원하여 황제 숭배의 흔적을 찾는 학자들도 있다. 이들은 중앙광장 가운데에 있는 시멘트 덩어리가 황제에게 바쳐진 대형 제단의 기단이라고 주장한다.

이상의 주장이 모두 옳다면 서기 79년 폼페이의 중앙광장은 황제에 대한 정치적 충성심을 나타내는 기념물일 수밖에 없다. 그것도 오늘날 가장 강력한 독재 정권조차 놀랄 만큼 거대한 규모의 기념물일 것이다. 다행히도 이런 주장을 뒷받침하는 증거는 희박하다.

# 이시스 숭배

폼페이에 기독교도가 있었을까? 서기 79년쯤이면 불가능한 일도 아니다. 그러나 로마에서 흔히 볼 수 있는 말장난 하나를 빼고는 그들의 존재를 뒷받침할 뚜렷한 증거는 없다. 그것은 순서대로 읽으나 거꾸로 읽으나 똑같은 뜻을 나타내는, 재치 있지만 별 의미는 없는 문장 표현의 일종이지만 이리저리 조합해보면 주기도문의 첫 구절('우리 아버지')인 PATER NOSTER('OUR FATHER')를 두 번 되풀이한 일종의 전철어구 anagram가 된다. 게다가 (기독교의 '알파와 오메가'를 상징하는) 문자 A와 O가 두 번 들어가 있었다. 후대에 나타나는 이런 말장난 중 어떤 것은 확실히 기독교와 연관된 것으로 보인다. 물론 사실일 수도 있고 아닐 수도 있으리라. 처음에는 'Christiani'라는 단어가 포함되어 있었지만 발굴과 동시에 바래졌다고 전해지는 암회색 낙서는 간절한 바람과 독실한 상상력에서 나온 허구임이 확실하다. 반면 유대인이 있었음을 뒷받침하는 설득력 있는 증거들은 존재한다. 유대교도들이 모여 예배를 드리는 유대교 회당은 아직까지 발굴되지 않았지만 최소한 히브리어로 쓰인 명문 하나가 나타났고, 몇 군데에서는 유대교 경전을 지칭하는 것으로 파악되는 문구들이 보였다. 유명한 소돔과 고모라에 관한 언급, 간혹 유대인으로 추정되는 이름의 등장, 유대인의 취향에 맞춘 가룸 등이 모두 폼페이에 유대인이 있었다는 강력한 증거들이다.

어쨌든 폼페이 주민들은 지금까지 살펴본 전통 종교 외의 다른 종교를 선택할 수 있었다. 빠르게는 기원전 2세기부터 전통 종교와는 전혀 다른 체험을 제공하는 종교들이 이탈리아에 유입되었기 때문이다. 이들 종교에서는 독특한 입회의식을 비롯하여 전통 종교에서 중시하지 않는 개인의 정서적 헌신 등이 중시되었다. 입회자들에게 사후세계를 약속하는 종교도 종종 있었다. 사후세계 역시 전통 종교에서는 그다지 강조되지 않았던 요소다. 전통 종교에서 죽음이란 흐릿하게나마 계속 존재하는 상태로, 무덤에서 효심 깊은 후손들이 주는 제물을 받을 수는 있으나 그다지 바람직한 존재 형식은 아니었다. 새로운 종교는 보통 남자 사제를 두고 드물게 여자 사제를 두기도 했으며, 사제들의 생활과 역할도 전통 종교의 사제들과는 차이가 있었다. 이들은 사실상 '풀타임' 사제로서 신도들을 이끄는 목자 역할을 했으며, (일반 공직자와 크게 다르지 않았던 폼페이의 아우구르나 폰티펙스 등과는 달리) 특별히 종교적인 생활을 했다. 예컨대 그들은 일반인과 구별되는 옷을 입거나 머리를 깎았다. 그들은 외국에서 유입된 상징을 내세웠고, 그렇지는 않아도 이국적인 상징을 활용하기도 했다.

그간의 사례를 보면 이들 종교를 오해하거나 지나치게 미화한 경향이 적지 않았다. 나아가 기독교의 전신으로 바라보는 시각도 있었다. 그러나 새로운 종교가 전적으로 전통 종교의 반발로서 나타난 것도 아니었고, 유피테르나 아폴로 같은 전통 종교의 신에게서 얻지 못한 정서적, 영적 만족을 안겨주었기 때문도 아니었다. 또한 현세의 비참한 상황을 보상해줄 만한 더없이 행복한 내세의 약속으로서 여성, 가난한 자, 노예를 포함한 사회적 소외 계층을 끌어안았던 것도 아니었다. 물론 로마 당국과의 관계가 안정적이지 못했고 때로는 거북한 관계였던 것도 사실이지만 이들 종교는 다신교라는 전통의 바깥에 있었던 것이 아니라 그것의 일부였다. 예를 들어 바쿠스(디오니소스)와 소아시아 키벨레 여신('위대한 어머니'라고도 불림) 숭배에는 일반 시민의 차원에서 진행되는 방식보다 신비주의 색채가 강한 두 가지 요소가 있었다. 이에 대해 로마 당국은 기원전 186년에 바쿠스 신에 대한 입문자 중심의 신비주의적 숭배에 대해 전면 금지와 다름없는 엄격한 규제를 가했다. 또한 로마 당국은 이집트 이시스 여신을 모시는 사제들을 여러 차례 로마에서 추방했다. 그러나 나중에 로마 황제들은 공식 경로를 통해 이시스 숭배를 재정적으로 지원했다.

폼페이에서 이런 종교들 중 일부는 완전한 조직과 체계를 갖추지 못한 채 존재했다. '신비의 빌라'에서 발견된 프레스코 벽화에 대해서는 이미 살펴본 대로다. 워낙 난해해서 완전히 이해하기는 불가능하지만 이들 프레스코화는 분명 비밀스러운 물건을 통한 계시 및 신참자들이 겪는 시련 같은 바쿠스 숭배의 일면을 재현하고 있다. 원형경기장에서 멀지 않은 어느 주택에서는 동방의 신인 사바지우스 숭배와 관련된 다양한 유물이 나왔다.(사진 109) 물론 이 주택이 정식 사당이었는지에 대해서는 논란의 여지가 있다. 이러한 '비전통' 종교 가운데 폼페이에서 가장 눈에 띄는 것은 단연코 이시스를 비롯한 이집트 신들에 대한 숭배다.

신화 속의 이시스는 다양한 수호신으로 현현한다. 뱃사람들의 수호신 또는 신들의 어머니로 등장하기도 하는데, 사실 이시스 신화의 핵심은 동생 세트에게 살해당해 열네 조각으로 찢긴 남편 오시리스를 되살려낸 이야기다. 이시스는 조각난 남편의 시체를 모아 부활시켰고, 오시리스와의 사이에서 아들 호루스를 잉태했다. 말하자면 이시스 신화는 사후세계에 대한 희망을 제시하는 이야기이자 그에 대한 숭배였다. 루키우스 아풀레이우스가 서기 2세기에 집필한 라틴어 소설 『황금 당나귀The Golden Ass』를 보면 로마인에게 이시스 숭배가 어떻게 비쳤는지를 알 수 있다. 소설의 줄거리는 실수로 당나귀로 변한 주인공 루키우스가 무서운 일들을 겪은 뒤 이시스 여신을 숭배하는 비교祕教에 입문하게 된다는 내용으로, 소설 속에서 루키우스는 입문 과정이 시작되는 부분을 설명한다. 이 의식은 목욕재계, 금욕(고기나 포도주 금지), 다른 숭배자들로부터의 선물, 깨끗한 리넨으로 만든 의복 착용 등으로 시작되고 있다. 그러나 루키우스는 이시스 숭배의 궁극적인 비밀은 끝내 밝히지 않는다. "관심 있는 독자라면 이후에 어떤 말을 듣고 무엇을 했는지 많이 궁금할 것이다. 가능하다면 나도 말해주고 싶은 심정이고, 그렇게 한다면 여러분의 궁금증은 해결될 것이다. 그러나 그런 무분별한 호기심

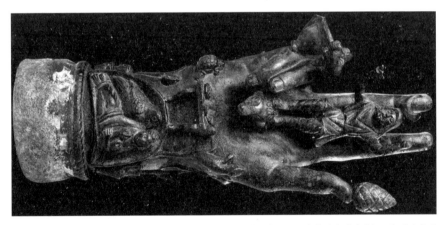

109. 폼페이에서 이러한 청동 손이 여러 개 발견되었는데, 일반적으로 동방의 신인 사바지우스와 관련된 것으로 파악된다. 의미와 용도는 불확실하지만 장식들(예를 들어 엄지손가락 끝에 달린 솔방울)이 숭배의 대상인 것은 분명하다. 사람들이 이런 청동 손을 기둥에 걸어두었다가 행진이 있을 때에는 들고 다녔다는 주장도 있다.

으로 내용을 발설하고 듣는다면 여러분의 귀도 나의 혀도 천벌을 면치 못하리라." 그럼에도 불구하고 루키우스는 자신이 입문한 종교가 죽음의 극복을 약속하고 있음을 분명히 한다. "죽음의 경계에 이르렀을 때 (…) 나는 모든 것들을 뚫고 돌아왔다."

폼페이 이시스 신전은 도시에서 가장 보존 상태가 좋고 약탈자들의 손길을 덜 받은 건물 중 하나다.(평면도 21) 웅장한 대극장 바로 옆의 작은 부지에 몸을 숨기듯 들어앉은 신전은 최근에야 완전히 재건되었고, 서기 79년 당시에는 이상 없이 정상적인 상태였다. 신전 외벽이 유난히 높아 밖에서는 안이 들여다보이지 않으며, 출입구는 하나뿐이었지만 두 계단 위로 커다란 나무문이 달려 있었다. 크게 세 영역으로 나뉜 나무문은 18세기 발굴 당시까지도 남아 있었다. 평소에는 가운데 문만 사용하다가 축제라도 열리는 날에는 전체 문을 활짝 열었을 것이다.

안으로 들어가면 기둥으로 둘러싸인 뜰이 있다.(사진 110) 중앙에 작은 신전이 세워져 있고 주변으로 다른 구조물들이 있는데, 안으로 더 들어가면 방들이 나온다. 건물은 벽돌과 돌로 건설되었으며 바깥쪽에는 치장벽토를 덧바르고 채색했으며, 뜰을 둘러싼 벽은 그림이 없는 부분을 찾기 힘들 만큼 공을 들인 프레스코 벽화들로 장식되어 있었다. 뜰 주변과 신전 건물의 벽감에는 석상들이 놓여 있었다. 유적에 명칭을 붙이는 일은 옛것을 복구하는 과정에서 항상 맞닥뜨리는 고질적인 고민거리다. 고고학자들은 수백 년 동안 유적지를 면밀히 조사했고, 이시스 여신을 숭배하는 의식 및 조직에 대한 고대 작가들의 언급에 의거하여 신전 각 부분에 이름을 붙였다. 예를 들면 신전 서쪽에 위치한 커다란 방은 신도들이 모이는 장소로 추정하여 그리스어로 '에클레시아스테리온ekklesiasterion', 즉 회의장이라 불렀다. 물론 그러한 추정이 맞을 수도

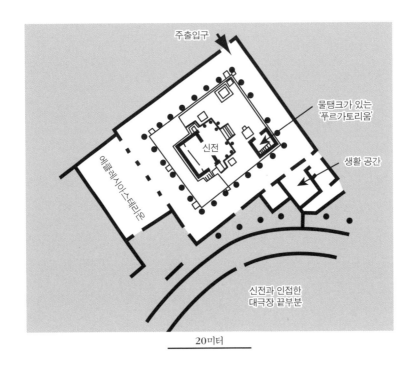

주출입구

물탱크가 있는
'푸르가토리움'

생활 공간

신전

에클레시아스테리온

신전과 인접한
대극장 끝부분

20미터

평면도 21. 이시스 신전. 폼페이 전통 종교와 달리 이곳 이시스 신전에는 신도들을 위한 예배 공간과 사제들을 위한 생활공간이 함께 있다.

110. 규모가 크지 않은 이시스 신전은 18세기나 지금이나 방문자들의 상상력을 자극하는 좋은 자극제가 되고 있다. 이곳은 베수비오 화산 폭발 당시 정상적으로 운영되었고, 이후에도 약탈을 당하지 않은 덕분에 폼페이 종교 중심지의 모습을 생생하게 보여주고 있다.

있다. 그러나 중요한 점은 이곳 이시스 신전이 폼페이의 전통 신전과 어떻게 다른지, 신전 여기저기서 발견된 다양한 장식과 유물이 어떤 의미와 기능을 갖고 있는지를 파악하는 것이다.

무엇보다 주목해야 할 부분은 이 신전이 밖에서 보이지 않았으며 출입구도 누구에게나 개방된 구조가 아니었다는 점이다. 말하자면 입회자들의 숭배 공간이었다. 또한 이 신전이 신도들이 모이는 예배 공간과 한두 명의 상주 사제에게 필요한 생활공간으로 설계되었다는 사실도 중요한 차이점이다. 구체적으로 '회의장'이라 불리는 이 공간이 정말로 신도들이 모이는 장소였든 아니든 신전에 사람들이 모였으며 무언가를 도모할 공간들이 있었다는 사실만큼은 확실하다. 또한 대형 식당과 주방, 침실로 쓰였을 만한 공간들도 있다. 그리고 뒤쪽 창고에서 58개나 되는 테라코타 등잔이 발견된 것으로 보아 이시스 신전에서도 공간 조명은 중요한 문제였던 모양이다.

일부 공간의 기능에 대해서는 워낙 명확해서 논란의 여지가 없다. 신전 자체는 원래 이시스와 오시리스의 신상을 보관하는 곳이었다. 이들 신상이 별도의 단에 놓여 있지 않다는 점도 이곳만의 특징이라면 특징이리라. 소위 에클레시아스테리온 근처에서 대리석으로 만든 대형 손발 조각(구체적으로 왼손, 오른손, 오른팔, 두 개의 발등 부위 등)과 함께 발견된 우아한 대리석 두상은 애크롤리틱 조각상의 일부로 추정된다. 신전의 제단은 야외 뜰에 있었고 맞은편에는 작은 정사각형 구조물이 있는데 움푹 들어간 우물 모양이다. 고고학자들이 '연옥' 또는 '정화 공간'이라는 의미의 '푸르가토리움Purgatorium'이라고 명명한 것이 사실에 부합되는지는 모르겠지만 아무튼 이곳은 고대 이시스 숭배의식에서 강조되는 목욕재계, 즉 씻고 정화하는 의식과 관련 있어 보인다. 원칙적으로 입회자들은 나일 강에서 가져온 물로 목욕을 했다.

한편 그곳의 용도와는 관계없이 에클레시아스테리온과 바로 옆방은 색다른 장식으로 눈길을 끈다. 뜰 주변의 벽화에도 이집트 분위기의 종교 장면이 살짝 엿보이긴 하지만 대체로 이시스 숭배나 신화와의 특별한 연관성은 볼 수 없는 반면 이 두 공간만큼은 확실히 이집트의 향취가 배어 있다. '회의장'에는 이시스 신화의 장면을 담은 대형 패널이 최소한 두 개 있는데, 하나는 신규 입문자들을 맞이하기에 더없이 좋은 상징적인 내용이었다. 이오가 여신 헤라에게 쫓겨 이집트로 와서 이시스 여신에게 환대받는 그리스 신화 속 장면이다.(전면사진 18) 다른 방에는 이시스 신의 상징물, 여신과 관련된 의식 등을 묘사한 벽화가 그려져 있다. 그리고 58개의 등잔을 비롯하여 각종 종교용품과 작은 스핑크스 조각상, 철제 삼발이 제단까지 이집트와 관련된 기념품들이 가득 있었다.

이시스 신전의 전반적인 인상은 다양한 '문화의 혼합'이다. 예를 들면 이곳에서는 (마임 배우 노르바누스 소렉스의 청동상처럼) 전형적인 인물상과 베누스 같은 전통 종교의 신상이 고대 상형문자로 새겨진 기원전 4세기의 이집트 서판 같은 '진품' 이집트 골동품과 자연스럽게 섞여 있다. 서판은 '진정한' 이집트의 분위기를 상기시키고자 놓아둔 것이 아닐까 싶다. 이곳에서 가장 보존 상태가 좋은 이시스 신상에서도 그러한 문화적 혼합 양상을 엿볼 수 있다.(사진 111) 신상은 서기 1세기에 폼페이에서 제작된 것이지만 수백 년 전의 그리스 양식으로 만들어졌다. 따라서 이시스의 모습을 자세히 살펴보면 한쪽 손에 들려 있는 특유의 딸랑이, 즉 시스트럼sistrum[고대 이집트에서 이시스 여신 축제 때 제관들이 흔들던 악기]과 다른 손에 들려 있는 이집트 십자가인 앙크ankh[생명의 상징으로 윗부분이 고리 모양으로 되어 있는 십자가] 이외에는 '이집트다운'

면모가 거의 없다. 전체적으로 폼페이의 이시스 숭배는 이탈리아 고유의 전통과 이집트의 신비롭고 '이국적인 정서' 사이에서 묘한 균형을 유지하고 있다는 인상이다. 이는 일반 가정집 라라리움에 라르, 헤라클레스, 메르쿠리우스 등의 작은 신상과 이집트 신상이 나란히 있었던 것과 다르지 않다.

이시스 숭배가 폼페이 전통 및 고유 문화와 무관하지 않다는 점은 신전 복구 내역을 기록한 정문 위쪽의 명문에도 잘 드러난다. "포피디우스의 아들, 누메리우스 포피디우스 켈시누스가 사재를 털어 지진으로 무너진 이시스 신전을 기단부터 복구했다. 이를 통해 보여준 관대함에 대한 답례로 시의회 의원들은 불과 6세의 나이인 그를 입회비도 받지 않고 시의원으로 선출했다." 켈시누스의 집안이 이시스 신전에 기부했다는 다른 기록도 보인다. 즉 켈시누스의 아버지 "누메리우스 포피디우스 암플리아투스"는 바쿠스 신의 조각상을 기부했다는 내용이다. 흑백 모자이크로 장식된 에클레시아스테리온 바닥에도 코렐리아와 켈사(아내와 어머니로 추정된다)라는 이름과 함께 켈시누스 집안 인물들의 이름이 보인다.

앞에서 살펴본 것처럼 아버지 포피디우스는 신전 복구 작업에 드는 비용을 지불함으로써 이런 아들이 폼페이 정계에 진출할 길을 터주었다. 포피디우스 암플리아투스가 해방노예 출신이어서 직접 정계에 진출하지 못했다는 주장도 있지만 확실하진 않다. 다만 아우구스탈레스의 일원 중에도 같은 이름이 보이는데, 이들은 대부분 노예이거나 해방노예였으므로 상당히 설득력 있는 주장이라 생각된다. 그보다 흥미로운 것은 이시스 신전 복구가 폼페이에서 출세를 보장하는 기부의 대상으로 널리 인정되었다는 점이다. 어떤 면에서 이시스 숭배는 분명 새롭고 낯설고 이상했을 것이다. 그러나 이시스 숭배 역시 버젓한 대중 종교였고, 포르투나 아우구스타 숭배가 그렇듯이 사회에서 출세를 보장하는 좋은 수단이었다. 말하자면 이시스는 폼페이 주민들이 선택할 수 있는 종교적 숭배 대상 중 하나였다.

이시스 신전은 1760년대 폼페이 유적지에서 완전한 상태로 발굴된 최초의 건물들 중 하나였다. 대단히 운이 좋은 경우로, 발굴 즉시 유럽 관광객들의 관심을 사로잡았다. 일부 까다로운 관광객들은 신전의 작은 규모에 실망하기도 했지만 대개는 고대 이집트와 로마의 모습을 동시에 보면서 이중의 흥분과 희열을 경험했다. 1769년 이곳을 방문한 모차르트는 이시스 신전에서 이국적이고도 약간의 사악한 느낌을 받았고, 그

111. 그림의 이시스 여신상은 폼페이 이시스 숭배에 담긴 문화적 혼합이라는 특징을 보여주는 좋은 사례로, 이집트와 그리스 로마 전통을 아우르고 있다. 이집트 특유의 상징물들을 들고 있는 여신의 조각상을 보고 19세기에 그린 그림이다. 손에 들고 있는 물건들은 이집트의 분위기를 품고 있지만 신상 자체는 누구나 알 수 있을 만큼 분명한 그리스 조각 양식을 띠고 있다.

인상이 작품 「마술피리」에 영감을 주었다. 50년 후에는 불워 리턴이 이시스 신전을 찾았는데, 『폼페이 최후의 날』에 등장하는 성미 고약하고 비열한 이집트인 악당 아르바케스에 대한 아이디어를 얻었다.(아르바케스는 사실 모든 인종적 편견과 고정관념이 투영되어 있는 인물이다.) 그러나 이시스 신전은 그보다 훨씬 더 강력한 통념을 만들어냈다. 거의 훼손된 부분 없이 온전한 상태로 남았다는 점은 오늘날 우리가 폼페이라는 도시에 대해 갖게 된 인식, 즉 평소와 다르지 않은 일상이 한순간에 중단된 채 매몰된 도시라는 통념을 형성하는 데 중요한 역할을 했다.

화산재가 떨어지기 시작할 무렵 이곳 제단에는 마지막 제물이 태워지고 있었다. 또는 그렇다고들 말한다.

에필로그: 죽은 자들의 도시

# 재에서 재로

발굴 초기에 폼페이 유적지를 찾은 방문자들은 성벽 밖의 묘지를 통과하여 도시로 들어갔다. 지금 관람권과 지도, 안내서, 물 등을 판매하는 '관광 안내소'는 화산재에 묻혀 있던 도시의 입구이자 항상 사람들로 붐비는 기차역 입구이기도 하다. 지금과 달리 고대 진입로를 이용해 '사라진 도시' 폼페이로 들어갔던 18세기의 선조들은 진입로 양쪽으로 죽은 자들을 기리는 묘지와 기념비가 늘어서 있는 풍경에 한층 더 감동적인 인상을 받았을 것이다.

로마인들은 죽은 자들을 도시 바깥에 두었다. 로마 시대에는 도시 한가운데에 죽은 자를 두는 방식, 즉 도심의 공동묘지나 동네 묘지 같은 것이 없었기 때문에 선조를 기리는 기념물들은 성벽 밖, 도시로 드나드는 길목에 바짝 붙은 채 자리하고 있었다. 따라서 고대의 여행자들도 수십 년 혹은 수백 년 전에 살았던 이들의 중후한 주거지를 거쳐 폼페이로 들어왔다. 폼페이 전성기, 적어도 기원전 1세기 초에 로마 주민들이 입주한 이후로는 화장 방식이 일반적인 장례 관행으로 자리잡았지만 고인을 기리기 위해 화려하고 사치스러운 기념물을 세우는 전통은 그대로 남아 있었다. 따라서 화장한 다음에 고인의 재(유골)를 담은 작은 항아리를 안치할 공간이 필요했고, 사람들은 이곳에 다양한 구조물을 지으며 화려한 장식으로 치장했다. 그리하여 도시 진입로에는 제단 구조물, 우아한 반원형의 의자나 벤치(이런 경우 살아 있는 사람에게도 유용한 휴식처가 되었다), 기둥과 고인의 조각상 등이 갖춰진 다층 건축물 등이 들어섰다.

초기 폼페이 유적지 방문자들에게 이런 분위기는 폼페이라는 도시의 인상 자체를 좌우하는 요소였다. 폼페이는 끔찍한 비극이 발생한 죽은 자들의 도시인 만큼 도시 초입에서 가장 먼저 만나는 무덤은(사실 이들 무덤의 주인공은 대부분 침상에서 평온하게 죽은 사람들로, 폼페이에 발생한 끔찍한 비극과는 무관하지만) 인간 존재의 무상함, 신분이나 지위 고하를 막론하고 모든 인간에게 닥치는 죽음의 필연성 등을 떠올리게 함으로써 감상에 젖어들게 하는 효과가 있었다. [성경 구절처럼] 먼지에서 먼지로, (폼페이의 경우에는) 재에서 재로.

죽음은 모두에게 공평했을지 모르지만 사후의 기념물은 결코 평등하지 않았다. 지금까지 폼페이 사람들의 삶을 살펴보면서 우리는 그들 사이의 계급과 서열, 불평등을 되풀이하며 확인했다. 그리고 죽은 뒤의 기념물 역시 생전의 서열과 불평등을 정확하게 반영하고 있다. 앞에서 우리는 다 합쳐봤자 500세스테르티우스 정도를 지니고 있던 탈출자 무리가 죽은 지점이 하필이면 장례식 비용만 해도 그 돈의 10배 이상이었던 마르쿠스 오벨리우스 피르무스의 무덤 옆이었다는 아이러니한 상황에 대해 이야기했다. 오벨리우스 피르무스의 무덤은 가장 화려한 무덤은 아니었지만 전형적으로 웅장한 디자인을 자랑하고 있다. 벽으로 둘러싸인 단순한 구조 안에는 유골 단지가 모셔져 있고, 옆에는 후손이 바친 제물을 안으로 들이는 테라코타 관管이 설치되어 있었다. 더러 낙관적인 사후세계를 주장하는 신흥 종교가 존재했음에도 불구하고 대다수 로마인이 생각하는 죽음이란 다소 음침하고 흐릿한 것이었다. 그런데도 로마인들은 무덤 안에 음식을 넣는 관을 만들면서까지 죽은 자의 영양 유지에 신경을 썼다. 이런 관이 얼마나 자주 쓰였는지는 모르겠지만 말이다.

폼페이 상류층의 무덤은 남자든 여자든 오벨리우스 피르무스의 무덤보다 호화로운 편이었다. 지금까지 발견된 무덤 중에는 여사제 에우마키아의 무덤이 가장 크다. 단을 쌓아 도로보다 한참 높은 위치에 자리한 에우마키아의 무덤에는 그 주인이 여성임을 새삼 알려주는 대리석 아마존 조각상(그리스 신화에 나오는 여전사), 넓은 단상, 에우마키아와 몇몇 후손이 묻혀 있는 매장지 등이 포함되어 있다. 일부 무덤에는 고인이 누렸던 명예와 자선의 내용이 글과 그림으로 표현되어 있다. 이미 살펴봤지만 아우구스탈레스였던 카이우스 칼벤티우스 퀴에투스의 묘비에는 후한 기부로 인해 비셀리움, 즉 극장 특별석을 받았다는 내용이 상세히 실려 있었다.(사진 72) 검투사 경기 모습을 담은 조각과 그림이 있는 무덤은 생전에 고인이 자금을 댄 경기들을 보여주고자 했던 것 같다.

이런 기념물의 다수는 시간이 흐르면서 통속적인 낙서, 경기며 공연을 알리는 홍보성 글들로 뒤덮였다. 사람들 눈에 잘 띄는 도로변 무덤의 깨끗한 벽면은 이런저런 메모나 광고를 남기기에 더없이 좋은 공간이었으리라. 그러나 무덤 벽면을 가득 채운 낙서며 광고들을 보노라면 조금은 유치한 '복수심'도 읽힌다. 부자, 권력자, 특권층을 기리는 요란한 기념물들을 훼손하면서 가난한 이들이 느꼈을 묘한 쾌감을 상상해보라.

당연한 말이지만 폼페이에서 빈곤층에 속하는 이들은 이렇게 호화로운 최종 안식처를 얻을 수 없었다. 운이 좋은 노예나 해방노예는 주인 무덤의 일부 공간을 허락받기도 했지만 어디까지나 소수였다. 역시

112. 무덤이 늘어선 거리. 발굴 초기 폼페이 방문자들은 이런 길을 걸어 도시로 들어갔다. 헤르쿨라네움 성문을 통해 도시로 들어가려면 양옆에 늘어선 고인들의 기념물과 맞닥뜨리게 된다. 오른쪽에는 여사제 마미아를 기리는 반원형 무덤의 일부가 보인다. 폼페이 방문 경험을 이야기하면서 괴테가 극찬했던 곳이기도 하다.

소수였겠지만 그나마 여유가 있어 대규모 공동묘지에서 자투리나마 공간을 얻어낸 이들도 있었을 것이다. 반면 화장한 유골을 싸구려 용기에 담아 땅에 묻고 작은 돌로 표식을 할 수밖에 없었던 이가 더 많았다. 사회에서 밑바닥 계층으로 살았던 이들에게는 그조차도 호사였다. 로마 세계 다른 지역에서와 마찬가지로 폼페이에서도 그들의 시신은 죽음을 애도하는 어떤 기념의식도 없이 묘비도 없이 버려지거나 화장되었을 것이다.

# 무덤에 새겨진 다툼의 기록

폼페이의 불평등한 삶만이 도시 밖의 묘지에 영원한 흔적으로 남은 것은 아니다. 때로는 산 자들의 다툼과 분쟁이 그들의 무덤에까지 영향을 미쳤다. 누케리아 성문 밖, 여사제 에우마키아의 무덤 근처에 있는 커다란 무덤에는 2000년 전 끈끈한 우정을 나눴으나 어떤 계기에서인지 적이 되어버린 폼페이 사나이들의 이야기가 새겨져 있다. 끝이 좋지 않아 조금은 안타깝지만 우리에게는 당시 인간관계의 단면을 보여주는 더없이 생생하고 흥미로운 사례가 아닐 수 없다. 문제의 무덤은 해방노예 푸블리우스 베소니우스 필레로스가 죽은 뒤에도 다른 두 친구와 함께하기 위해 일찌감치 지어놓은 것으로, 폼페이 사람들이 사회계급이나 서열을 뛰어넘어 교제하고 우정을 나눌 정도로 융통성 있었음을 보여준다. 즉 필레로스는 예전 주인이었던 베소니아라는 여자와 자유민 출신의 마르쿠스 오르펠리우스 파우스투스라는 '친구'의 유해까지 보관할 '공동의' 무덤을 만들었던 것이다. 안타깝게도 머리 부분은 사라졌지만 이들 셋의 전신 조각상이 지금도 정면 위층 벽감에서 행인들을 내려다보고 있다.

필레로스는 무덤이 완성된 다음에 두 가지를 수정했다. 하나는 말년에 아우구스탈레스의 일원이 되었다는 사실을 추가한 것으로, 공간 여유가 많지 않아 '아우구스탈레스'라는 글씨는 원래보다 작은 글자로 새겨넣어야 했다. 이미 세 사람의 이름이 새겨진 명문에 끼워 넣을만큼 아우구스탈레스라는 지위를 자랑스럽게 생각했던 것 같다. 다른 하나는 친구인 파우스투스와 관계가 틀어졌음을 설명하는 내용을 덧붙인 것이었다. 추가된 명문의 내용은 다음과 같다.

이곳을 지나는 낯선 자여, 여유가 있다면 가던 길을 멈추고 삶의 교훈을 얻어라. 내가 친구로 여겼던 이 사람이 법정에 나를 고소하고 소송을 시작했다. 그로 인한 모든 문제에서 벗어나게 해준 신들과 나의 결백에 감사한다. 부디 가정의 수호신도, 아래의 신들도 우리 사이의 일에 대해 거짓을 말하는 그를 받아들이지 않기를.

113. 푸블리우스 베소니우스 필레로스와 예전 친구들의 무덤. 구체적인 정황은 수수께끼로 남아 있지만 (나중에 추가된 정면의 비문에 따르면) 무덤을 만든 후에 두 남자의 관계가 틀어져 결국은 소송까지 벌이게 되었다. 우정의 기념물로 마련한 무덤이 2000년 뒤에 다툼의 기념비가 되었다.

사실 명문만 봐서는 이해되지 않는 구석도 많다. 관계가 악화된 친구의 이름을 명문에서 지워버리고 조각상도 없애버리면 간단할 텐데 굳이 다른 명문을 추가한 이유가 무엇일까? 명문을 덧붙인 사람이 필레로스라고 확신할 수 있을까? 친구에게 배신당한 쪽이 필레로스가 아니라 파우스투스이고, 필레로스가 만든 기념물에 이런 명문을 덧붙인 자도 파우스투스라는 해석은 불가능할까? 구체적인 정황이 어떠하든 이것이 평범한 폼페이 사람들의 우정(물론 상호 비난을 넘어 법정 소송으로까지 비화된 우정이지만)을 다룬 보기 드문 기록임에는 분명하다.

이처럼 죽은 자를 기리는 기념물들조차도 로마 도시의 일상을 말해주는 귀중한 단서가 될 수 있다.

# 폼페이 방문

폼페이는 결코 여러분을 실망시키지 않을 것이다. 준비물은 유적지 지도, 물 한 병, 샌들 같은 편안한 신발이면 충분하다. 유적지 지도는 마리나 성문에 있는 정문에서 얻으면 된다. 물병은 유적지 곳곳의 분수대에서 다시 채울 수 있으므로 작은 것 한 병이면 충분하다. 길이 고르지 않아 굽 높은 구두를 신는다면 낭패를 보기 십상이니 반드시 편안한 신발로 준비해야 한다.

유적지에는 일반 방문자들이 드나드는 세 개의 출입구가 있다. 폼페이로 가는 가장 편리한 경로는 나폴리와 소렌토 구간을 운행하는 치르쿰베수비아나 기차를 이용하여 '폼페이 스카비-빌라 데이 미스테리'역에서 내리는 것이다. 여기서 정문으로 입장하면 되는데, 도중에 마주치는 가이드와 기념품을 파는 상인들의 공격이 만만치 않을 것이다. 입장료 면제 혹은 할인을 받으려면 (여권, 운전면허증, 학생증 같은) 자격을 증명해줄 신분증을 챙겨야 한다. 역에 도착했을 때 돌아가는 기차 시간을 확인하는 것도 잊지 말자. 기차는 정기적으로 운행하지만 하루 종일 유적지를 돌아다녔다면 (제법 괜찮은 전통 이탈리아 식당 겸 주점도 있긴 하나) 30분의 기다림조차 길고 지루하게 느껴질 수 있다.

정문 이외에 원형경기장 옆이나 원형경기장과 마리나 성문 사이에 있는 에세드라 광장에서 유적지로 들어가는 방법도 있다. 그러나 이렇게 가려면 치르쿰베수비아나 다른 노선을 타고(포조마리노 행) 폼페이 산투 아리오역에서 내리거나 남북을 운행하는 국영기차(FS)를 타고 폼페이역 에서 내려야 한다. 다른 출입구로 가야 할 뚜렷한 이유가 없다면 폼페이 스카비역에서 내리는 경로를 택하는 게 좋다. 폼페이 스카비역에는 근 사한 서점도 있다.

'신비의 빌라'를 거쳐 유적지에서 나올 수는 있지만 이곳을 통해 입장 혹은 재입장은 불가능하다.(다음의 10번 참조.)

중앙광장 근처에 규모가 큰 셀프서비스 식당 겸 주점이 있고 화장실 은 유적지 중심 지역에만 있다.(무료지만 50센트를 주면 좀더 친절을 베풀 것이다.)

항상 그렇듯이 이런 여행에서 가장 즐거운 부분은 거리를 걸어다니 는 것이다. 마리나 성문을 지나 조금만 걸으면 중앙광장에 도착하게 되 는데, 이곳을 둘러보는 데 많은 시간을 할애하지 않아도 된다. 그보다 좋은 볼거리가 많다. 유적지를 둘러보는 좋은 방법은 아본단차 대로를 따라 걸으면서 건물 정면, 주점, 상점, 달라지는 거리 분위기 등을 눈여 겨보는 것이다. 교통 통제 장치, 물의 흐름을 바꾸거나 막는 시설, 동물 을 묶어두는 용도였던 보도 옆의 구멍 등도 놓치지 말자. 눈에 띄는 대 로 어느 집에든 들어가서 내부를 둘러보라. 또한 아무 샛길로 들어가서 다른 관광객이 없는 호젓한 분위기를 즐겨보라. 그리고 진부한 말이기 는 하지만 서기 1세기 아득한 옛날로 돌아간 자신을 상상해보라.

유적지 관리 예산이 충분하지 않은 실정이라서 보고 싶은 건물 중 일부는 잠겨 있을 수도 있다. 건물 중에는 인터넷 사이트(www. arethusa.net)를 통해 미리 예약을 하고 정해진 시간에 방문해야 하는 곳도 있다. 예약 시간에만 특별히 문을 열어주는 식이기 때문이다.(이런 방법은 매번은 아니지만 보통은 효과가 있다.) 아래 목록은 상시적으로 열려 있는 건물들 중에서 내가 선정한 열 개의 건물이다. 각자 취향에 따라 어떤 것은 빼고 어떤 것은 더하면서 관람하면 된다.

1. 비극 시인의 집. 불워 리턴의 『폼페이 최후의 날』에서 주인공 글라쿠스의 집.

2. 옥타비아누스 콰르티오의 집. 물을 이용한 조경시설을 갖춘 놀라운 정원과 야외 트리클리니움이 압권이다.

3. 조개껍질 속의 베누스의 집. 사랑의 여신이 큰대자로 누워 있는 모습을 보라.

4. 스타비아 목욕탕. 로마인들의 목욕 문화를 가장 쉽게 알 수 있는 장소.

5. 중앙광장 목욕탕과 교외 목욕탕. 목욕탕에 관심이 많다면 이들 목욕탕과 스타비아 목욕탕을 비교해보는 게 좋을 것이다. 교외 목욕탕에 있는 선정적인 그림들은 그 자체로 볼 만한 가치가 있다.

6. 유곽. 생각보다 볼품은 없지만……

7. 이시스 신전. 유적지에서 가장 보존 상태가 좋은 신전.

8. 원형경기장과 그 옆에 있는 대운동장. 그러나 마리나 성문에서 이곳까지는 거리가 상당하다는 사실을 명심하라. 관람 후보에 올릴지 여부를 미리 결정하고 시간 계획을 세워야 한다.

9. 스테파누스 축융장(1.6.7구역, 아본단차 대로 남쪽). 상업용 건물이 어떤 모습인지를 알 수 있다.

10. '신비의 빌라'. 발굴 뒤에 수정 작업을 거치긴 했지만 이곳의 그림은

대단히 인상적이다. 도시 밖에 위치한 이곳을 마지막 방문지로 정하고 길가에 늘어선 무덤들을 지나 걸어가는 것도 좋은 생각이다. 이곳을 거쳐 유적지를 나와서 기차역으로 갈 수 있다.

폼페이를 둘러본 뒤에 시간이 허락한다면 근처 헤르쿨라네움에도 들러보도록 하자.(역시 치르쿰베수비아나 노선 기차를 타고 에르콜라노역에서 내려 몇 분만 걸으면 된다.) 발굴 지역만 보면 폼페이에 비해 규모가 훨씬 작지만 일부 재료, 특히 목제 유물의 보존 상태가 좋고 관광객도 적어 차분히 볼 수 있다는 장점이 있다.

폼페이와 헤르쿨라네움에서 발견된 유물 가운데 최고로 꼽히는 것들은 나폴리 도심에 위치한 나폴리국립고고학박물관에 전시되어 있다.(사실 전시된 것보다 훨씬 더 많은 유물이 창고에 보관되어 일반인은 볼 수 없는 상태다.) 나폴리국립고고학박물관은 카부르 광장이나 무세오역에서 내리면 쉽게 갈 수 있다. 화요일은 휴관이며, 최근 방문해보니 규모가 작고 메뉴가 단출한 카페가 하나 생겼는데 없을 때보다는 한결 나았다.

폼페이에 관한 참고도서는 언어도 다양한 데다 그야말로 방대한 분량을 자랑한다. 그러므로 취사선택이 필수다. 여기 참고도서를 제시하는 목적은 책에서 다룬 핵심 주제들을 심도 있게 탐구하고자 하는 독자들에게 도움을 주고, 내가 말한 일부 희귀 자료에 접근할 방법을 알려주기 위함이다. 쉽게 읽을 수 있는 영어 작품들을 소개했지만 때로는 가장 훌륭한 설명 혹은 유일한 설명이 다른 언어로 되어 있기도 하다.

## 총론

최근에 나온 폼페이 고고학 안내서와 역사서가 몇 개 있다. 특히 유용한 것들은 다음과 같다.

- J. Berry, *The Complete Pompeii*(London and New York, 2007)
- F. Coarelli(ed.), *Pompeii*(New York, 2002), 이탈리아어 번역은 엉망이지만.
- A. E. Cooley, *Pompeii*(London, 2003)
- J.J. Dobbins and P.W. Foss(ed.) *The World of Pompeii*(London and New York, 2007)
- R. Ling, *Pompeii: history, life and afterlife*(Stroud, 2005)
- P. Zanker, *Pompeii: public and private life*(Cambridge, MA, 1998)

이상의 책들은 내가 다룬 주제에 대한 추가 정보를 많이 담고 있는데, 아래 참고문헌에서는 대체로 이들 책을 구체적으로 언급하지 않았다. (벽에 있는 낙서든 베수비오 화산 폭발에 대한 소 플리니우스의 설명이든) 내가 인용한 고대 문헌의 다수는 다음 책들에서 찾을 수 있다.

- A. E. Cooley and M. G. L. Cooley, *Pompeii: a sourcebook*(London and New York, 2004) 내가 직접 라틴어를 번역했기 때문에 Cooley 등의 해석과는 조금 차이가

있다. 여기에 포함되지 않은 것에 대해서만 별도로 참고문헌을 제시했다.

- 폼페이에 대한 최고의 안내서 중 일부는 다름 아닌 전시회 카탈로그다.
- J. Ward Perkins and A. Claridge(ed.), *Pompeii AD79*(Royal Academy of Arts, London, 1976)는 지금도 도움이 많이 된다. 최근의 새로운 발견과 해석은 A. d'Ambrosio, P. G. Guzzo and M. Mastroberto(ed.), *Storie da un'eruzione: Pompei, Ercolano, Oplontis*(Naples, Museo Archeologico Nazionale, etc., 2003)에 나와 있다. 이 책은 영어 요약본 관람안내 책자로도 만날 수 있는데 P. G. Guzzo(ed.), *Tales from an Eruption: Pompeii, Herculaneum, Oplontis*(Naples, Museo Archeologico Nazionale, etc., 2003)이다.
- M. Borriello, A. d'Ambrosio, S. de Caro, P. G. Guzzo(ed.), *Pompei: abitare sotto il Vesuvio*(Ferrara, Palazzo dei Diamanti, 1997)과 A. Ciarallo and E. de Carolis(ed.), *Homo Faber: natura, scienza e tecnica nell'antica Pompei*(Naples, Museo Archeologico Nazionale, 1999) 역시 중요한 자료이며 풍부한 삽화를 넣은 것으로도 유명하다. *Homo Faber: natura, scienza e tecnica nell'antica Pompei*는 *Pompeii: life in a Roman town*(Los Angeles County Museum of Art, 1999)로 영어로 번역되었다. 최근에 워싱턴 소재 국립미술관(the National Gallery of Art)에서 열린 중요한 전시회에는 C. C. Mattusch가 편집한 카탈로그, *Pompeii and the Roman Villa: Art and Culture around the Bay of Naples*(Washington DC. 2008)가 나왔다.
- 유용한 웹사이트는 폼페이 고고학 당국에서 운영하는 곳이다.(www2.pompeiisites. org) 영어 버전도 있다. 여기 가면 주요 건물에 대한 정보뿐만 아니라 최근의 발굴 작업에 대해서도 알 수 있다.(최신 정보는 이탈리아어 버전으로만 올라와 있을 때도 있다.) 좋은 참고문헌인 연구 관련 소식(최소 2007년까지)과 폼페이 관련 e-book들은 www. pompeiana.org에서 볼 수 있다.

## 서론

- 놀라 성문 바깥 부분과 오벨리우스 피르무스의 무덤에서 발견된 유물이며 유골에 대해서는 S. de Caro, 'Scavi nell'area fuori Porta Nola a Pompei', *Cronache Pompeiane* 5(1979), 61~101에 자세히 설명되어 있다. 여기서 소개한 사람들과 이외에 탈출을 시도했던 다른 사람들 이야기는 앞서 말한 *Storie da un'eruzione(Tales from an Eruption)*에 나와 있다. 폼페이 여행과 관광산업의 역사, 현대 문학과 영화에 나오는 폼페이의 모습에 대한 자료는 V. C. G. Coates and J. L Seydl, *Antiquity Recovered: the legacy of Pompeii and Herculaneum*(Los Angeles, 2007)에 수록되어 있다. J. Harris, *Pompeii Awakened: a Story of Rediscovery*(London, 2007) 역시 생생한 이야기를 제공한다. Primo Levi의 시는(번역 Ruth Feldman) 그의 작품집 *Ad Ora Incerta*(Milan 1984)에 나온 것이다.
- 폼페이에서 발굴된 유해를 토대로 얻은 예전 폼페이 주민들의 신장을 비롯한 여러 정보

는 *Homo Faber*(앞의 책), 51~53과 J. Renn and G. Castagnetti(ed.), *Homo Faber: studies on nature, technology and science at the time of Pompeii*(Rome, 2002), 169~187에 나오는 M. Henneberg and R. J. Henneberg, 'Reconstructing medical knowledge in ancient Pompeii from the hard evidence of teeth and bones'에 소개되어 있다. '율리우스 폴리비우스의 집'(IX.13.1-3)에서 발견된 일단의 사람들의 치아를 비롯한 신체적인 특징에 대해서는 M. Hennenberg and R. J. Henneberg, 'Skeletal material from the House of C. Iulius Polybius in Pompei, 79 AD'에 자세히 나와 있으며, 위의 글은 A. Ciarallo and E. de Carolis, *La casa di Giulio Polibio: studi interdisciplinari*(Pompeii, 2001), 79~91에 수록되어 있다. 폼페이에서 발견된 유골에 대한 확정적인 연구 결과라고 하면 E. Lazer, *Resurrecting Pompeii*(London and New York, 2008)를 들 수 있다. 낚싯줄을 물어뜯어 치아가 마모되었다는 소년 유골에 대한 분석은 A Butterworth and R. Laurence, *Pompeii: the living city*(London, 2005), 207에 나와 있다. 고대의 치아 미백 약품 조제법은 로마시대 약리학자인 Scribonius Largus가 제안한 방법이다.(*Compositions*, 60)

· 최근의 중요한 연구들은 서기 62년 이후 해당 지역의 지진활동과 79년 폭발의 정확한 단계를 규명하는 데 집중되고 있다. T. Fröhlich and L. Jacobelli(ed.), *Archäologie und Seismologie: la regione vesuviana dal 62 al 79 DC*(Munich, 1995)는 이런 주제를 다룬 중요 논문들을 모아놓은 모음집이며 일부 글은 영어로 되어 있다. 베수비오 화산이 폭발한 정확한 날짜에 대해서는 다음 두 자료를 참고하라. M. Borgongino and G. Stefani, 'Intorno alla data dell'eruzione del 79 d. C.', *Rivista di Studi Pompeiani(RStP)* 10(1999), 177~215 ; G. Stefani, 'La vera data dell' eruzione', *Archeo* 201(2006), 10~13. 현대 학자들은 폭발 이전의 대지진이 63년에 일어났다는 Seneca의 주장(*Natural Questions* VI, 1~3)보다는 62년에 일어났다는 Tacitus(*Annals* XV, 22)의 주장을 따르는 경향이 있는데, 알고 보면 그럴 만한 특별한 근거가 있지는 않다. 해안선의 변화를 포함하여 헤르쿨라네움에서 일어난 지속적인 지진활동으로 인한 결과에 대해서는 로마영국학교의 헤르쿨라네움 보존 프로젝트에서 연구를 계속하고 있다. www.bsr.ac.uk/bsr/sub_arch/BSR_arch_03Herc.htm에 가면 관련 자료를 볼 수 있다.

· 제2차 세계대전 당시 연합군의 폭격 피해에 대해서는 (인상적인 사진을 곁들인) 훌륭한 연구 결과물이 나와 있다. L. Garcia y Garcia, *Danni di guerra a Pompei: una dolorosa vicenda quasi dimenticata*(Rome, 2006)이다. 유곽에서 발견된 아프리카 누스 관련 낙서에 대해서는 J. L. Franklin, 'Games and a Lunpanar: prosopography of a neighbourhood in ancient Pompeii', Classical Journal 81(1986), 319~328에서 과하다 싶을 만큼 자신만만한 해석을 제시하고 있다. 아이들이 남긴 낙서에 대해서는 A. Koloski Ostrow, *The Sarno Bath Complex*(Rome, 1990), 59를, 아이가 벽에 남긴 것으로 추정되는 동전 자국에 대해서는 P. M. Allison and F. B. Sear, *Casa della Caccia Antica*(VII. 4. 48) (Munich, 2002), 83~84를 참조하기 바란다. 여관 침대에 오줌을 싼 손님이 자랑스레 남긴 낙서는 *Corpus Inscriptionum Latinarum(CIL)* IV, 4957에 나와 있다. VI. I. 4 주택에서 알이 발견된 장내 기생충에 대한 내용은 www.

archaeology.org/interactive/pompeii/field/5.html을 참조하라.


## 1장

- 로마 이전 폼페이의 역사와 발전에 대한 고고학계의 논의를 살펴보기에 유용한 자료들은 다음과 같다. J. Berry(ed.), *Unpeeling Pompeii: studies in Region I of Pompeii*(Milan, 1998), 17~25 ; M. Bonghi Jovino(ed.), *Ricerche a Pompei: l'insula 5 della Regio VI dalle origini al 79 d.C*(Rome, 1984) ('에트루리아 기둥의 집'을 일종의 사당으로 본다. 357~371) ; P. Carafa, 'What was Pompeii before 200 BC? Excavations in the House of Joseph II, etc', in S. E. Bon and R. Jones(ed.), *Sequence and Space in Pompeii*(Oxford, 1997), 13~31 ; S. de Caro, 'Nuove indagini sulle fortificazioni di Pompei', *Annali dell'Istituto Universitario Orientale [Napoli]. Sezione di Archeologia e Storia Antica(AION)* 7(1985), 75~114 ; M. Fulford and A. Wallace-Hadrill, 'Towards a history of pre-Roman Pompeii: excavations beneath the House of Amarantus(I.9.11~12), 1995~8', *Papers of the British School at Rome* 67(1999), 37~144(도로계획의 초기 형태에 초점을 맞춘다.) ; S. C. Nappo, 'Urban transformation at Pompeii in the late 3rd and early 2nd c. BC', in R. Laurence and A. Wallace-Hadrill(ed.), *Domestic Space in the Roman World: Pompeii and beyond*(JRA suppl., Portsmouth, RI, 1997), 91~120. 미네르바·헤라클레스 신전에 대한 최근 연구 결과를 간추린 내용을 보려면 다음 자료를 참조하라. R. M. Ammerman, 'New Evidence for the Worship of Athena at the Doric temple in Pompeii's Triangular Forum', *Journal of Roman Archaeology*(JRA) 17(2004), 531~536. '금팔찌의 집'(VI. 17 [ins. occ.]42)에서 발견된 테라코타 조각상 재활용에 대해서는 다음 자료를 참조하라.(삽화를 곁들여 이해를 돕는다.) E. M. Menotti de Lucia, 'Le terrecotte dell'Insula Occidentalis' in M. Bonghi Jovino, *Artigiani e botteghe nell'Italia preromana: studi sulla coroplastica di area etrusco-laziale-campana*(Rome, 1990), 179~246.
- P. Zanker, *Pompeii*(앞의 책)는 기원전 2세기 (그리고 로마 식민지 초기) 폼페이 연구에서 특히 영향력 있는 저서로 꼽힌다. 한니발 전쟁이 폼페이에 미친 영향을 다룬 글로는 Nappo, 'Urban transformation'(앞의 글)을 추천할 만하다. '목신의 집'(VI.12.2)에 있는 알렉산드로스 모자이크에 대해서는 다음 두 자료가 유용하다. A. Cohen, *Alexander Mosaic: stories of victory and defeat*(Cambridge, 1996) ; F. Zevi, 'Die Casa del Fauno in Pompeji und das Alexandermosaik', *Römische Mitteilungen 105*(1998) 21~65.(알렉산드로스 모자이크뿐만 아니라 '목신의 집' 전체를 다루고 있다.) 뭄미우스의 전리품에 대해서는 A. Martelli, 'Per una nuova lettura dell'iscrizione Vetter 61 nel contesto del santuario di Apollo a Pompei', Eutopia 2(2002), 71~81을 참조하라. 로마 이전부터 진행된 '로마화'라는 좀더 광범위한 주제에 대해서는 A. Wallace-Hadrill, *Rome's Cultural Revolution*(Cambridge, 2008)에 나

와 있다.

- 로마군의 폼페이 포위 공격에 대해서는 F(lavio) and F(erruccio) Russo, 89 A. C. *Assedio a Pompei: La dinamica e le tecnologie belliche della conquista sillana di Pompei*(Pompeii, 2005)에 기록되어 있다. 키케로가 술라 휘하 사병으로 전쟁에 참가했다는 이야기는 Plutarch, *Life of Cicero 3*에 나와 있다. 키케로 자신은 *Philippic* XII, 11, 27에 실린 연설에서 술라의 경쟁자였던 폼페이우스 휘하에서 복무했다고 말하고 있기는 하지만. 도시 안에서 퇴역 군인들의 정착지에 대한 논의는 다음 자료들을 참조하라. J. Andreau, 'Pompei: mais ou sont les veterans de Sylla?', *Revue des Etudes Anciennes* 82(1980), 183~199 ; F. Zevi, 'Pompei dalla citta sannitica alla colonia sillana: Per un'interpretazione dei dati archeologici', in *Les elites municipales de l' Italie peninsulaire des Gracques a Neron*(Rome 1996), 125~138. 유피테르·유노·미네르바 신전의 기원이 로마 식민지 초기까지 거슬러 올라간다는 주장은 폼페이 중앙광장 프로젝트에서 내놓은 연구 결과다.(J. J. Dobbins, 'The Forum and its dependencies', in *The World of Pompeii*(앞의 책), 150~183).
- 식민지 이주민과 폼페이 토착민 사이의 정치적 긴장에 대해는 다음 자료들을 참조하라. F. Coarelli, 'Pompei: il foro, le elezioni, e le circoscrizioni elettorali', *AION* new series 7(2000), 87~114 ; E. Lo Cascio, 'Pompei dalla citta sannitica alla colonia sillana: le vicende istituzionali', in *Les elites municipales*, 111~123 ; H. Mouritsen, *Elections, Magistrates and Municipal Elite. Studies in Pompeian Epigraphy*(Rome, 1988), 70~89 ; T. P. Wiseman, 'Cicero, Pro Sulla 60~61', *Liverpool Classical Monthly* 2(1977), 21~22. 로마 식민도시가 된 이후에도 잔존했던 오스크어에 대해서는 다음 자료에 나와 있다. A. E. Cooley, 'The survival of Oscan in Roman Pompeii', in A. E. Cooley(ed.), *Becoming Roman, Writing Latin? Literacy and Epigraphy in the Roman West*(JRA suppl., Portsmouth, RI, 2002), 77~86. 유곽에서 발견된 오스크어 낙서는 *CIL* IV ad 2200에 수록되어 있다.
- 갈리아 지방에서 발견된 폼페이 가룸에 대한 설명은 다음 자료에 나와 있다. B. Liou and R. Marichal, 'Les inscriptions peintes sur l'amphore de l'anse St Gervais a Fos-sur-Mer', *Archaeonautica* 2(1978), 165. 스파르타쿠스 그림이 실은 스파르타쿠스 그림이 아니라는 회의적인 견해는 다음 자료에 나와 있다. A. van Hooff, 'Reading the Spartaks fresco without red eyes', in S. T. A. M. Mols and E. M. Moormann, *Omni pede stare: Saggi architettonici e circumvesuviani in memoriam Jos de Waele*(Naples, 2005), 251~256. 네로 황제와 포파이아가 폼페이와 어떻게 연결되어 있는지에 대해서는 Butterworth and Laurence, *Pompeii*(앞의 책)에 주로 나와 있다. S. de Caro는 'La lucerna d'oro di Pompei: un dono di Nerone a Venus Pompeiana', *I culti della Campania antica: atti del convegno internazionale di studi in ricordo di Nazarena Valenza Mele*(Rome, 1998), 239~244에서 '네로'가 베누스 여신에게 바쳤다는 등잔에 대해 이야기한다. 네로의 '경리'에 대한 풍자가 담긴 낙서는 *CIL* IV, 8075에 나와 있으며, 수에디우스 클레멘스의 바람직하지 않은 초기 경력에 대해서는 Tacitus, *Histories* II, 12에 나와 있다. P. Zanker는 *The Power of Images*

*in the Age of Augustus*(Ann Arbor, 1989)에서 (폼페이에서 발견된 그림이나 조각상처럼) 로마 세계에 곳곳에 퍼진 아우구스투스 관련 모방품을 중심 주제로 다룬다.

## 2장

- 로마 시대 오물 처리와 불결한 환경에 대한 (다소 충격적이면서도) 유명한 연구 결과가 A. Scobie, 'Slums, sanitation and mortality in the Roman world', *Klio* 68(1986), 399~433에 나와 있다. X. D Raventos and V. J. A. Remola, *Sordes Urbis: La eliminicion de residuos en la ciudad romana*(Roma, 2000)에서도 같은 주제를 다루고 있으며, W. Liebeschuetz(51~61)는 안티오크를 중심을 같은 주제를 다룬다.(A. Wilson의 'Detritus, disease and death in the city', *JRA* 15(2002), 478~484에 위의 책에 대한 상세한 분석이 나와 있다.) 유베날리스의 불평은 *Satires* III, 268~277(trans. P. Green)에 나와 있다. 전기작가 수에토니우스가 말하는 일화들은 *Life of Vespasian* 5에 나오는 내용이며, 아무 데서나 볼일을 보지 말라는 '경고문'은 *CIL* IV, 6641에 나오는 내용이다. 1849년 교황의 폼페이 방문을 주제로 나중에 별도의 전시회가 열렸다. 당시 만들어진 전시회 카탈로그는 *Pio IX a Pompei: memorie e testimonianze di un viaggio*(Naples, 1987)이다.
- 도로 표지판과 길찾기에 관한 내용은 R. Ling, 'A stranger in town: finding the way in an ancient city', *Greece and Rome* 37(1990), 204~214에서 집중적으로 나온다. 술집을 비롯한 '접객업소' 분포에 대해서는 S. J. R. Ellis, 'The distribution of bars at Pompeii: archaeological, spatial and viewshed analyses', *JRA* 17(2004), 371~384를 참조하라. 폼페이의 지역구분(혹은 구분의 부재)과 일탈행위에 대해서는 다음 자료들이 유용하다. R. Laurence, *Roman Pompeii: space and society*(2nd ed., London and New York, 2007), esp. 82~101 ; A. Wallace-Hadrill, 'Public honour and private shame: the urban texture of Pompeii', in T. J. Cornell and K. Lomas(ed.), *Urban Society in Roman Italy*(London, 1995), 39~62. 점심 먹으러 집으로 가는 데 대한 아우구스투스의 재담은 Quintilian, *Education of the Orator* VI, 3, 63에 나온다. '사적으로' 활용하는 도로는 I. 6 구역과 I. 7 구역 사이길이다.
- N. de Haan and G. Jansen(ed.), *Cura Aquarum in Campania(Bulletin Antieke Beschaving – Annual Papers in Classical Archaeology*, Leiden, 1996)은 급수시설 전반을 다루고 있다. C. P. J. Ohlig는 *De Aquis Pompeiorum. Das Castellum Aquae in Pompeji: Herkunft, Zuleitung und Verteilung des Wasser*(Nijmegen, 2001)에서 폼페이 급수시설과 수로의 연대별 발전 과정을 상세히 검토해 수정한 결과물을 내놓았고, A. Wilson의 'Water for the Pompeians', *JRA* 19(2006), 501~508에는 위의 책을 재검토하고 간추린 내용이 실려 있다. R. Ling, 'Street fountains and house fronts at Pompeii', in Mols and Moormann, *Omni pede stare*(앞의 책), 271~276에는 집에서 가까운 곳에 분수대가 만들어지자 이런 환경을 활용하기 위해 주택 구조를 바꿨다는 집주인 이야기가 나온다. 베수비오 화산 폭발 전야에 폼페이 수로에 생

긴 이상에 대해서는 S. C. Nappo, 'L'impianto idrico a Pompei nel 79 d.C.', in *Cura Aquarum*, 37~45에 나와 있다.

- 수레의 바퀴 자국에 대한 획기적인 연구 결과는 S. Tsujimura, 'Ruts in Pompeii: the traffic system in the Roman city', *Opuscula Pompeiana* 1(1991), 58~86에 나와 있다. E. E. Poehler는 'The circulation of traffic in Pompeii's Regio VI', *JRA* 19(2006), 53~74에서 폼페이 일방통행로 체제를 훌륭하게 설명하고 있다. 인도에 대한 내용은 C. Saliou, 'Les trottoirs de Pompei: une premiere approche', *Bulletin Antieke Beschaving*, 74(1999), 161~218에서 다룬다. S. C. Nappo, 'Fregio dipinto dal "praedium" di Giulia Felice con rappresentazione del foro di Pompei', *RStP* 3(1989), 79~96은 폼페이 중앙광장 모습을 완벽하게 공개한 자료다. 도로 유지 보수에 대해 언급한 로마법은 the 'Table of Heraclea', translated in M. H. Crawford et al.(ed.), *Roman Statutes*(London, 1996) Vol. 1, 355~391이다. Herodas, *Mime* III에는 '어깨에 들쳐 메고' 때리는 체벌 이야기가 나와 있다.(비슷한 체벌 내용이 Cicero, *Letters to Friends VII*, 25, 1에도 언급된다.) 크니도스에서 있었던 분쟁에 대한 아우구스투스의 판결을 번역한 내용을 M. G. L. Cooley(ed.), *The Age of Augustus*(LACTOR 17, London, 2003), 197~198에서 볼 수 있다.

## 3장

- 폼페이 주택 건축에 관한 최근 연구 대부분이 분야 고전으로 꼽히는 A. Wallace-Hadrill의 *Houses and Society in Pompeii and Herculaneum*(Princeton, NJ, 1994)을 참고한다. 또한 주택 내의 공간 사용과 관련해서는 P. M. Allison의 작업이 아주 중요한 역할을 한다. 그녀의 중심 연구 결과물은 *Pompeian Households: an analysis of the material culture*(Los Angeles, 2004)이며, www.stoa.org/projects/ph/home은 좋은 부록 역할을 한다. Laurence and Wallace-Hadrill(ed.), *Domestic Space in the Roman World*(앞의 책)는 관련 글들을 모은 중요한 논문집이다.
- N. Wood, *The House of the Tragic Poet*(London, 1996)을 보면 멋지게 복원된 '비극 시인의 집'(VI. 8. 5)을 볼 수 있다. S. Hales, 'Re-casting antiquity: Pompeii and the Crystal Palace', *Arion* 14(2006), 99~133에는 19세기에 '비극 시인의 집'에 쏠렸던 비상한 관심이 나와 있다. '율리우스 폴리비우스의 집'(IX.13.1-3) 정원은 W. F. Jashemski, *The Gardens of Pompeii, Herculaneum and the villas destroyed by Vesuvius*, Vol 2(New York, 1993), 240~252에 소개되어 있다. '율리우스 폴리비우스의 집'에서 몇 집 건너인 흔히들 '작업하던 화공들의 집'(IX. 12)이라고 부르는 주택의 정원에 대해서는 A. M. Ciarallo, 'The Garden of the "Casa dei Casti Amanti"(Pompeii, Italy)', *Garden History* 21(1993), 110~116에 나와 있다. 트리말키오의 집 입구에 대한 페트로니우스의 설명은 *Satyrica* 28~29에 나온다.
- '메난드로스의 집'(I. 10. 4)과 같은 블록 내의 여러 주택에 대해서는 R. Ling과 공동 연구자들이 철저하게 연구하고 여러 권의 결과물을 내놓았다. 이 중에서도 특히 중

요한 것은 다음 두 권이다. R. Ling, *The Insula of the Menander at Pompeii, Vol 1, The Structures*(Oxford, 1997) ; P. M. Allison, *Vol. 3 The Finds, a contextual study*(Oxford, 2006). G. Stefani(ed.), *Menander: la casa del Menandro di Pompei*(Milan, 2003)는 '메난드로스의 집'에서 발견된 유물을 보여주는 전시회 카탈로그로 삽화가 아주 훌륭하다. '율리우스 폴리비우스의 집'은 Ciarallo and de Carolis(ed.), *La casa di Giulio Polibio*(앞의 책)에서도 중점적으로 다룬 소재이며, 여기에는 조명에 대한 글도 포함되어 있다. '율리우스 폴리비우스의 집', '비키니를 입은 베누스의 집'(I. 11. 6), '나폴리 공의 집'(VI. 15. 8)은 Allison의 *Pompeian Households*에도 소개되어 있다.

- 헤르쿨라네움에서 발굴된 목조 가구에 대해서는 S. T. A. M. Mols, *Wooden Furniture in Herculaneum: form, technique and function*(Amsterdam, 1999)에 나와 있다. 여기서 말하는 화장실 전문가는 G. Jansen으로, 그의 작업은 G. Jansen, 'Private toilets at Pompei: appearance and operation', in Bon and Jones(ed.), *Sequence and Space*(앞의 책), 121~134에 보기 편하게 요약되어 있다. 세네카가 말하는 스펀지 관련 일화는 *Letters* LXX, 20에 나와 있다. 헤르쿨라네움에서 발견된 쓰레기는 로마영국학교의 헤르쿨라네움 보존 프로젝트의 일환으로 분석 중이다. 폼페이와 다른 지역에서의 격식을 차린 식당 건축에 대해서는 K. M. D. Dunbabin, *The Roman Banquet: images of conviviality*(Cambridge, 2003)에서 다루고 있다.

- (폼페이에서 나온 자료에 대한 구체적인 언급을 포함하여) 로마 시대 가족에 대한 최근의 연구 결과를 잘 소개한 책은 B. Rawson and P. Weaver(ed.), *The Roman Family in Italy: status, sentiment, space*(Oxford, 1997)이다. 'housefuls'는 A. Wallace-Hadrill이 주장했던 용어다. 후원 제도에 대해서는 A. Wallace-Hadrill(ed.), *Patronage in Ancient Society*(London, 1989)에 나와 있다. 주택 내부 공간의 일시적인 '용도 변경'은 Laurence이 *Roman Pompeii*(앞의 책), 154~166에서 제안한 개념이다. 비트루비우스의 저서에서 이런 주장과 가장 관련성이 높은 부분은 *On Architecture*, VI, 5이다. 마르티알리스의 불평은 그의 책 *Epigrams* X, 100에서 따온 것이다.

- Koloski Ostrow, *The Sarno Bath Complex*(앞의 책)에서는 건물 내부 주거시설의 구조에 대해 설명하고 있다. F. Pirson은 Laurence and Wallace Hadrill(ed.), *Domestic Space*, 165~181에서 '인술라 아리아나 폴리아나'(VI. 6)와 '율리아 펠릭스 저택'(II. 4. 2)의 임대 부동산을 집중적으로 논하고 있다. L. H. Petersen이 *The Freedman in Roman Art and Art History*(Cambridge, 2006), 129~136에서 '옥타비우스 콰르티오의 집'의 벽화에 대해 긍정적인 의견을 제시하는 반면, Zanker는 *Pompeii*(앞의 책), 145~156에서 수준이 낮다는 비판적인 견해를 제시하고 있다.(Zanker는 '옥타비우스 콰르티오의 집'이라는 명칭 대신 '로레이우스 티부르티누스'라는 명칭을 사용하고 있다.) 출간된 자료 중에 '파비우스 루푸스의 집'을 가장 포괄적으로 다룬 문헌은 M. Aoyagi and U. Pappalardo(ed.), *Pompei(Regiones VI-VII). Insula Occidentalis. Volume I Tokyo-Pompei*(Naples, 2006)이다. 목욕탕에 대한 세네카의 불평은 *Letters* LVI에 나온다. 임대날짜를 7월 1일로 명시한 부분은 Petronius, *Satyrica* 38에 나오며, 트리말키오가 중이층 집을 거론하며 부인을 모욕하는 부분은 *Satyrica* 74에 나온다. 정원 조

경에 대한 키케로의 견해는 *On the Laws* II, 2 ; *Letters to his brother Quintus III,* *7, 7; ; to Atticus,* I, 16, 18에서 볼 수 있다. "단 한 시간만이라도 그대 손가락의 반지 가 될 수 있다면 더 이상 바랄 것이 없겠소……"라는 낙서에서 대해서는 E. Courtney, *Musa Lapidaria: a selection of Latin verse inscriptions*(Atlanta, Georgia, 1995), 82~83을 참조하기 바란다.

- 폼페이 주택의 주인을 밝히려는 가장 야심찬 시도는 M. della Corte, *Case ed Abitanti* *di Pompei*(3rd ed., Naples, 1965)다. 반면 이에 대해 비판하거나 이의를 제기하는 문 헌도 있다. Mouritsen, Elections, *Magistrates and Municipal Elite*(앞의 책), 9~27, and P. M. Allison, 'Placing individuals: Pompeian epigraphy in context', *Journal* *of Mediterranean Archaeology* 14(2001), 53~74('베티의 집'의 주인에 대해서 의문 을 제기했다.) J. Berry, 'The conditions of domestic life in Pompeii in AD 79: a case study of Houses 11 and 12, Insula 9, Region 1', *Papers of the British School* *at Rome* 52(1997), 103~125에서는 서기 79년 당시 '아마란투스의 주점'의 상태를 집 중적으로 다뤘다. 주택에서 나온 낙서에 대해서는 A. Wallace-Hadrill, 'Scratching the surface: a case study of domestic graffiti at Pompeii', in M. Corbier and J.- P. Guilhembet(ed.), *L'ecriture dans la maison romaine*(Paris, 발간 예정)에 나와 있다. 축융장에 대해서는 M. Flohr, 'The domestic fullonicae of Pompeii', M. Cole, M. Flohr and E. Poehler(ed.), *Pompeii: cultural standards, practical needs*(발 간 예정)를 참조하라. '루키우스 사트리우스 루푸스 집'의 문패와 관련 사항들은 *Notizie* *degli Scavi* 1933, 322~323에 나와 있다. 라디쿨라와 아디메투스의 어리석은 행동에 대해서는 *CIL* IV, 4776과 10231에 기록되어 있다.

# 4장

- 폼페이라는 도시가 재발견된 순간부터 지금까지 폼페이 벽화는 학자들의 관심 대상이 었다. R. Ling, *Roman Painting*(Cambridge, 1991)은 그림 기법부터 신화 장면에 대한 해석까지 다방면에서 유용한 자료다. J. R. Clarke의 다음 몇몇 저서는 폼페이와 다른 지 역에서 발견된 벽화를 주제별로 나누어 탐구한 결과물이다. *Looking at Lovemaking:* *constructions of sexuality in Roman art, 100 BC–AD 250*(Berkeley etc., 1998) ; *Art in the Lives of Ordinary Romans: visual representation and non-elite* *viewers in Italy, 100 BC–AD 315*(Berkeley, etc., 2003) ; *Looking at Laughter:* *humor, power and transgression in Roman visual culture, 100 BC–AD* *250*(Berkeley etc., 2008). ('솔로몬의 심판'을 비롯해 '베티의 집'과 '메난드로스의 집' 목욕탕에서 발견된 다양한 그림을 포함하여) 이번 장에서 다루는 많은 벽화에 대해서 보다 상세하고 완전한 설명을 보고 싶다면 Clarke의 앞의 책들을 참조하라.
- '작업 중이던 화공들의 집'을 발굴했던 A. Varone은 여기서 발견된 벽화와 이를 그 린 화공들에 대해서 짤막한 영어 논문을 포함해 여러 편의 글을 썼다. 'New finds in Pompeii. The excavation of two buildings in Via dell'Abbondanza', *Apollo*, July

1993, 8~12. ; 'Scavo lungo via dell'Abbondanza', *RStP* 3(1989), 231~238 ; 'Attivita dell'Ufficio Scavi 1990', *RStP* 4(1990), 201~211 ; 'L'organizzazione del lavoro di una bottega di decoratori: le evidenze dal recente scavo pompeiano lungo via dell'Abbondanza', in E. M. Moormann(ed.), *Mani di pittori e botteghe pittoriche nel mondo romano(Mededeelingen van het Nederlands Instituut te Rome)* 54(1995), 124~136 등등. '화공들의 작업실'로 보이는 주택에 대해서는 M. Tuffreau-Libre, 'Les pots a couleur de Pompei: premiers resultats', *RStP* 10(1999), 63~70을 참조하라. (전부 설득력이 있는 것은 아니지만) 벽화를 그린 화가를 파악하려는 의지가 가장 돋보였던 결과물은 L. Richardson, *A Catalog of Identifiable Figure Painters of Ancient Pompeii, Herculaneum and Stabiae*(Baltimore, 2000)이다. 이탈리아 남부 화가가 영국 피시본에 있는 벽화도 그렸다는 쉽게 믿기지 않는 주장은 B. W. Cunliffe가 *Fishbourne: a Roman palace and its garden*(London, 1971), 117에서 제기한 것이다.

- 얼룩말 문양에 대해서는 C. C. Goulet, 'The "Zebra Stripe" design: an investigation of Roman wall-painting in the periphery', *RStP* 12~13(2001~2002), 53~94에 상세히 소개되어 있다. R. Ling and L. Ling, *The Insula of the Menander at Pompeii, Vol 2, The Decorations*(Oxford, 2005)를 보면 '메난드로스의 집' 장식 전반을 완벽하게 요약하여 소개하고 있다. '신비의 빌라' 돌림띠 장식 문양 부분의 보존 상태와 다양한 해석에 대해서는 B. Bergmann, 'Seeing Women in the Villa of the Mysteries: a modern excavation of the Dionysiac murals', in Coates and Seydl(ed.), *Antiquity Recovered*(앞의 책), 230~269에서 집중적으로 다루고 있다.

- '4양식'의 발전 과정을 공식화한 대표적인 문헌은 A. Mau, *Geschichte der decorativen Wandmalerei in Pompeji*(Berlin, 1882)이다. 4양식의 엄격한 적용에 따르는 문제점을 지적한 자료로는 Ling, *Roman Painting* 71(제4양식의 절충적인 성격)과 Wallace-Hadrill, *Houses and Society*(앞의 책), 30(제3양식과 제4양식 사이의 구분이 쉽지 않음을 지적)을 들 수 있다. 여기 소개된 비트루비우스의 반응은 그의 저서 *On Architecture* VII, 5, 4에 나온다.

- 공간의 기능이 디자인에 미치는 영향은 Wallace-Hadrill, *Houses and Society*의 주제였다.(원근법에 대해 말한 내용을 보려면 28을 참조하라.) 공간에 어울리지 않은 조각상에 대한 키케로의 견해는 *Letters to Friends* VII, 23에 나와 있다. 물감 색소의 가격에 대한 정보는 Pliny, *Natural History* XXXIII, p.118과 XXXV, 30에 나와 있다. 비트루비우스가 전하는 필경사 이야기는 *On Architecture* VII, 9, 2에 언급되어 있다.

- 폼페이 벽화에 담긴 신화장면의 의미에 대해서는 다음 자료들을 참조하기 바란다. B. Bergmann, 'The Roman House as Memory Theater: the House of the Tragic Poet in Pompeii', *Art Bulletin* 76(1994), 225~256 and 'The Pregnant Moment: tragic wives in the Roman interior', in N. B. Kampen(ed.), *Sexuality in Ancient Art: near East, Egypt, Greece and, Italy*(New York and Cambridge, 1996), 199~218 ; V. Platt, 'Viewing, Desiring, Believing: confronting the divine in a Pompeian house', *Art History* 25(2002), 87~112('옥타비우스 콰르티오의 집'을 중점

적으로 다루고 있다.)

- B. Bergmann, 'Greek masterpieces and Roman recreative fictions', *Harvard Studies in Classical Philology* 97(1995), 79~120에는 그리스 '진품'과 로마에서 재탄생한 복제품 사이의 관계를 훌륭하게 설명하고 있다. '마르쿠스 루크레티우스 프론토의 집'(V.4.a) 정면에 새겨진 글 *CIL* IV, 6626에 나와 있다. 딸의 젖을 먹는 노인 그림이 주는 '놀라움'은 Valerius Maximus, *Memorable Deeds and Sayings* V, 4, ext. 1에 기록되어 있다. 티만테스의 작품인 '이피게네이아의 희생'은 Pliny, *Natural History* XXXV, 74와 Cicero, *Orator* 74에 나온다. 스킬로스 섬의 아킬레우스에 관한 내용은 Pliny, *Natural History* XXXV, 134를 참조하라. 헥토르 그림을 보고 눈물을 보였다는 로마 여인네의 이야기는 Plutarch, *Life of Brutus* 23에 소개되어 있다. 디르케 그림에 대해 논한 낙서를 분석한 내용은 E. W. Leach, 'The Punishment of Dirce: a newly discovered painting in the Casa di Giulio Polibio and its significance within the visual tradition', *Romische Mitteilungen* 93(1986), 157~182에 나와 있다. 기원전 5세기 그리스 청동 주전자에 대한 내용은 F. Zevi and M. L. Lazzarini, 'Necrocorinthia a Pompei: un'idria bronzea per le gare di Argo', *Prospettiva* 53~56(1988~1889), 33~49를 참조하기 바란다.

## 5장

- 고대 경제에 대한 논쟁의 최근 동향에 대해서는 W. Scheidel, I. Morris and R. Saller(ed.), *The Cambridge Economic History of the Greco-Roman World*(Cambridge, 2007)에 나와 있다.(그린란드 만년설에서 나온 로마 시대 증거에 대한 언급도 포함되어 있다.) 폼페이 경제가 아주 '원시적'인 모습이었다는 주장에 대해서는 W. Jongman, *The Economy and Society of Pompeii*(Amsterdam, 1988)를 참조하기 바라며, 이에 대한 강력한 비판이 N. Purcell, in *Classical Review* 40(1990), 111~116에 나와 있다.
- 루크레티 발렌테스 가문의 소유지에 대해서는 M. De' Spagnolis Conticello, 'Sul rinvenimento della villa e del monumento funerario dei Lucretii Valentes', *RStP* 6(1993–1994), 147~166에서 집중적으로 다룬다. '모자이크 기둥의 저택'에 대해서는 V. Kockel and B. F. Weber, 'Die Villa delle Colonne a Mosaico in Pompeji', *Romische Mitteilungen* 90(1983), 51~89를 참조하라.(여기서 발견된 열네 개의 족쇄에 대해서는 *Notizie degli Scavi* 1923, 277에 나와 있다. S. de Caro, *La villa rustica in localita Villa Regina a Boscoreale*(Rome, 1994)은 보스코레알레 인근의 작은 농장에 대한 중요한 연구 자료다.(이를 꼼꼼하게 분석한 글이 R. Ling, 'Villae Rusticae at Boscoreale', *JRA* 9(1996), 344~350에 실려 있다.) 폼페이 지역에서는 나는 잉여생산물 추정치는 Purcell, in *Classical Review* 1990에 나와 있다. 폼페이의 포도주 판매에 대해서는 A. Tchernia, 'Il vino: produzione e commercio', in F. Zevi(ed.) *Pompei 79: raccolta di studi per il decimonono centenario dell'eruzione vesuviana*(Naples,

1979), 87~96에 나와 있으며, '메난드로스의 집'에서 나온 관련 증거는 Stefani(ed.), *Menander*(앞의 책), 210~223에 소개되어 있다.

- '아마란투스의 집'에서 발견된 암포라에 대해서는 Berry, 'The conditions of domestic life'(앞의 책)에 기록되어 있다. D. Atkinson, 'A hoard of Samian Ware from Pompeii', *Journal of Roman Studies* 4(1914), 27~64에서는 포장된 채로 발견된 식기며 도기 등잔을 중점적으로 다룬다. 원형경기장 인근 포도밭에 대해서는 Jashemski, *Gardens of Pompeii*(Vol. 2, 앞의 책), 89~90에 나와 있으며 같은 책 1권(New York, 1979)에서는 도심에서의 상업적인 농산물재배를 보다 포괄적으로 다루고 있다.(특히 201~288을 참조하라.) 상업적 목적의 꽃 재배에 대해서는 M. Robinson, 'Evidence for garden cultivation and the use of bedding-out plants in the peristyle garden of the House of the Greek Epigrams(V. I. 18i) at Pompeii', *Opuscula Romana* 31~32(2006~2007), 155~159에 나와 있다. 폼페이 양배추와 양파에 대해서는 다음 자료들을 참조하기 바란다. Pliny, *Natural History* XIX, 139~141 ; Columella, *On Agriculture* X, 135 ; XII, 10, 1. 금속 가공업 관련 사항을 간략히 다룬 문헌은 W. V. Harris, in Scheidel, Morris and Saller(ed.), *Cambridge Economic History*, p.532이며, 좀 더 낙관적으로 훨씬 더 상세하게 다룬 문헌은 B. Gralfs, *Metalverarbeitende Produktionsstatten in Pompeji*(Oxford, 1988)이다.
- '순결한 연인들의 빵집' 발굴에 대해서는 A. Varone, 'New findings' and 'Scavo lungo Via dell'Abbondanza'(앞의 책)에 설명되어 있다. 거기서 나온 명문들에 대해서는 A. Varone, 'Iscrizioni parietarie inedite da Pompei', in G. Paci(ed.) *EPIGRAPHAI: miscellenea epigraphica in onore di Lidio Gasperini*(Tivoli, 2000), vol. 2, 1071~1093을 참조하라. 동물 뼈와 주거환경에 대해서는 A. Genovese and T. Cocca, 'Internal organization of an equine stable at Pompeii', *Anthropozoologica* 31(2000), 119~123을 참조하라. 미토콘드리아 DNA 분석 이후의 결과에 대해서는 M. Sica et al. 'Analysis of Five Ancient Equine Skeletons by Mitochondrial DNA sequencing', *Ancient Biomolecules* 4(2002), 179~184에 나와 있다. B. J. Mayeske, 'Bakers, bakeshops and bread: a social and economic study', in *Pompeii and the Vesuvian Landscape*(Smithsonian Institution, Washington DC, 1979), 39~58에는 폼페이 빵집들에 대한 연구 결과가 소개되어 있다.
- J. Andreau, *Les affaires de Monsieur Jucundus*(Rome, 1974)는 유쿤두스의 서판에 대한 중요한 연구 결과물이다. 유쿤두스 서판에 등장하는 증인들의 순서를 집중적으로 연구한 결과물은 Jongman, *Pompeii*이다. 식자율을 낮게 보는 추정치는 W. V. Harris, *Ancient Literacy*(Cambridge, MA, 1989)에서 나온 것이다. 이에 반해 Wallace-Hadrill은 'Scratching the Surface'(앞의 글)는 상업과 수공업에서 일상적인 읽기와 쓰기의 중요성을 강조하고 있다.
- R. I. Curtis는 학계에서 폼페이 가룸 연구를 거의 독점하다시피 하고 있다. 'A Personalised Floor Mosaic from Pompeii', *American Journal of Archaeology* 88(1984), 557~566에서는 '움브리키우스 스카우루스의 집' 바닥에서 발견된 모자이크를, 'The Garum shop of Pompeii', *Cronache Pompeiane* 5(1979), 5~23에서는 가

룸 가게를, 'In Defense of Garum', *Classical Journal* 78(1983), 232~240에서는 가룸 무역 전반에 대한 내용을 집중적으로 다루고 있다.

## 6장

- 폼페이의 정치생활과 선거 벽보의 특징 등을 중점적으로 다룬 문헌은 Mouritsen, Elections, *magistrates and municipal elite*(앞의 책)이다. 지금까지 드러난 폼페이의 가문, 구성원, 공직자 등에 대한 포괄적인 목록은 P. Castren, *Ordo populusque Pompeianus. Polity and society in Roman Pompeii*(Rome, 1975)에 나와 있다. 클라우디우스 황제 통치 기간에 폼페이에 닥친 '위기'와 관련한 주장은 신빙성이 떨어지기는 하지만 여기 수록된 자료는 여전히 가치가 있다. J. L. Franklin은 *Pompeii. The Electoral Programmata, Campaigns and Politics, AD 71~79*(Rome, 1980)에서 과거 폼페이 선거전을 재구성해보려고 한다. 여기서 J. L. Franklin은 지방선거에서 경쟁이 거의 없었다는 점을 지나치게 과장했으며, 이는 *Pompeii*(앞의 책)에서 Jongman이 주장한 선거가 사실상 오르도의 손아귀에 있었다는 관점에도 영향을 미쳤다. H. Mouritsen은 'A note on Pompeian epigraphy and social structure', *Classica et Mediaevalia* 41(1990), 131~149에서 이런 관점에 이의를 제기한다. 또한 H. Mouritsen은 'Order and Disorder in Later Pompeian Politics', *Les elites municipales*(앞의 책), 139~144에서 지진 이후 폼페이 정치가 굉장한 혼란에 빠졌다는 견해에도 이의를 제기했다. 폼페이의 선거제도와 선거구, 중앙광장의 용도 및 구조 등에 대해서는 Coarelli, 'Pompei: il foro'(앞의 글)를 참조하라. 브루타우스 발부스 지지를 표방하는 선거 벽보는 *CIL* IV, 3702에, 트레비우스와 소테리쿠스에게 루키우스 포피디우스 암플리아투스를 지지해달라고 호소하는 벽보는 *CIL* IV, 7632에 나와 있다.
- 선거에서 여성의 역할에 대해서는 다음 두 자료를 참조하라. F. S. Bernstein, 'Pompeian Women and the Programmata', in R. I Curtis(ed.), *Studia Pompeiana et classica in honor of Wilhelmina F. Jashemski*(New Rochelle, NY, 1988), Vol. 1, 1~18 ; L Savunen, 'Women and elections in Pompeii', in R. Hawley and B. Levick, *Women in Antiquity· new assessments*(London, 1995), 194~203. 타이디아 세쿤다의 이름이 나오는 선거 벽보는 *CIL* IV, 7469에, '숙집 여종업원'이 특정 후보를 지지한다는 내용이 담긴 선거 벽보와 낙서는 *CIL* IV, 7862, 7863, 7864, 7866, 7873에 나와 있다.
- 그리스 로마 시대 기부 문화에 대한 대표적인 연구는 P. Veyne, *Bread and Circuses: historical sociology and political pluralism*(London, 1990)이다. R. P. Duncan-Jones, 'Who paid for public buildings in Roman cities', *Structure and Scale in the Roman Economy*(Cambridge, 1990), 174~184는 폼페이에 대한 것은 아니지만 관련 자료가 포함되어 있다.(지방 정부에서 공직을 맡은 이들이 초기에 부담하는 금전적인 기부에 대해서도 나와 있다.) 지방 정치인의 일상 업무에 대해서는 Laurence, *Roman Pompeii*(앞의 책), 154~166에 나와 있다. 스페인 헌법은 Crawford et al.(ed.),

*Roman Statutes*, vol 1, 393~454에 소개되어 있으며, 'accensus'가 나오는 낙서는 *CIL* IV, 1882에 있다.

- 마르쿠스 홀코니우스 루푸스의 행적에 대해서는 J. H. D'Arms, 'Pompeii and Rome in the Augustan Age and beyond: the eminence of the Gens Holconia', in Curtis(ed.), *Studia Pompeiana et classica*, vol. 1, 51~73에서 다루고 있다. 마르쿠스 홀코니우스 루푸스의 석상은 P. Zanker, 'Das Bildnis des M. Holconius Rufus', *Archaologischer Anzeiger* 1989, 349~361에서 중점적으로 다루는 주제다. 마르쿠스 홀코니우스 루푸스가 진행한 건축공사와 이들 건물이 보여주는 아우구스투스 모방 흔적에 대해서는 Zanker의 *Pompeii*(앞의 책)에 상세히 나와 있다. 마르쿠스 홀코니우스 루푸스가 "대중의 요구에 따라 군사 호민관"을 맡았다는 이야기는 Suetonius, *Life of Augustus* 46에 나온다.

- 폼페이 지역 조직에 대해서는 W. van Andringa, 'Autels de carrefour, organisation vicinale et rapports de voisinage a Pompei', *RStP* 11(2000), 47~86에서 다루고 있다. 로마 제국 전체 맥락에서 아우구스탈레스의 역할에 대해서는 S. E. Ostrow, 'The Augustales in the Augustan scheme', in K. A. Raaflaub and M. Toher, *Between Republic and Empire: Interpretations of Augustus and his Principate*(Berkeley etc., 1990), 364~379에서 중점적으로 다룬다. S. E. Ostrow는 또한 'Augustales along the Bay of Naples: a case for their early growth', *Historia* 34(1985), 64~101에서 나폴리 만에서 아우구스탈레스의 역사에 대해 논하고 있다. Petersen은 *The Freedman*(앞의 책), 57~83에서 폼페이에서 나온 난해한 증거들을 분석한다.(누메리우스 포피디우스 켈시누스가 이시스 신전을 재건했다는 이야기도 여기에 포함되어 있다. 52~53) W. O. Moeller는 *The Wool Trade of Ancient Pompeii*(Leiden, 1976)에서 '에우마키아 빌딩'이 방직공들을 위한 공간이라는 생각을 강력히 주장하고 있다. '에우마키아 빌딩'이 노예 시장으로 이용되었다는 주장은 E. Fentress, 'On the block: *catastae*, *chalcidica* and *cryptae* in early imperial Italy', *JRA* 18(2005), 220~234에 나와 있다.

## 7장

- 최근 많은 연구에서 로마의 식생활 전반을 다루고 있다. Dunbabin, *The Roman Banquet*(앞의 책) 이외에 W. J. Slater, *Dining in a Classical Context*(Ann Arbor, 1991)는 로마 식사문화를 다각도에서 검토한 훌륭한 논문집으로 꼽힌다. '순결한 연인들의 집'(IX. 12. 6)과 다른 곳에서 발굴된 식사와 음주 장면을 담은 폼페이 벽화에 대해서는 다음 자료들에 자세히 나와 있다. Clarke, *Art in the Lives of Ordinary Romans*(앞의 책), 228~233(이들 그림이 그리스의 음주 및 식사 전통과 어떤 점에서 다른가에 초점을 두어 서술하고 있다.) ; M. B. Roller, *Dining Posture in Ancient Rome: bodies, values and status*(Princeton, NJ, 2006), 45~84, 139~153. '메난드로스의 집'에서 나온 은식기 등은 K. S. Painter, *The Insula of the Menander at Pompeii, Vol. 4, The Silver Treasure*(Oxford, 2001)에 실려 있다. 죽음과 식사의 연

관성에 대해서는 K. Dunbabin, 'Sic erimus cuncti (…) The skeleton in Graeco-Roman Art', *Jahrbuch des deutschen archaologischen Instituts* 101(1986), 185~255에 나와 있으며, *The Roman Banquet*에도 요약되어 있다. 무덤의 은식기 그림은 (전체적으로 그림이 많은) 베스토리우스 프리무스의 무덤에서 나온 것이다. '율리우스 폴리비우스의 집'에서 나온 청동상은 d'Ambrosio, Guzzo and Mastroberto, *Storie da un'eruzione*(앞의 책), 424와 Boriello et al., *Pompei: abitare sotto il Vesuvio*(앞의 책), 231에 삽화와 함께 설명되어 있다. 가난한 사람들의 식생활에 대해서는 P. Garnsey, *Food and Society in Classical Antiquity*(Cambridge, 1999)에 훌륭하게 설명되어 있다. '베스타 여사제의 집'에서 나온 동물 뼈에 대해서는 www.archaeology.org/interactive/pompeii/field/5.html을 참조하라. 겨울잠쥐를 키우는 단지에 대한 내용은 Varro, *On Agriculture* III, 15에 나와 있다. 겨울잠쥐 요리법은 Apicius, *On Cookery*, VII, 9에, '멸치가 들어가지 않은 멸치 캐서롤'은 같은 책 IV, 2, 12에 나온다. 트리말키오의 연회는 Petronius, *Satyrica*, 26~78에 등장하며, 엘라가발부스 황제가 마련한 이색적인 만찬 이야기는 *Scriptores Historiae Augustae, Life of Elagabalus* 19, 25에 나온다. Plutarch의 *Table Talk*는 그리스와 로마 시대 흥미로운 식사 관습을 말해주는 정보의 보고다. 본문에 소개된 Pliny의 만찬 준비는 *Letters* V, 6에 나온다.

• 폼페이의 주점과 주점에서 판매하는 메뉴를 연구한 문헌으로 다음 두 가지를 들 수 있다. S. J. R. Ellis, 'The Pompeian Bar: archaeology and the role of food and drink outlets in an ancient community', *Food and History* 2(2004), 41~58 ; J. Packer, 'Inns at Pompeii: a short survey', *Cronache Pompeiane* 4(1978), 5~53. 아본단차 대로변의 주점에서 나온 대부분의 유물을 전시한 2005년 전시회 관련 내용이 *Cibi e sapori a Pompei e dintorni*(Naples, 2005), 115~128에 훌륭한 의견까지 곁들여서 소개되어 있다. '살비우스의 주점'과 '메르쿠리오 거리 주점'에서 나온 벽화에 대한 설명은 Clarke, *Art in the Lives of Ordinary Romans*(앞의 책), 160~170, 134~136과 *Looking at Laughter*(앞의 책), 205~209에 나와 있다. 호라티우스의 말은 *Epistles* I, 14, 21-22에, 유베날리스의 말은 *Satires* VIII, 171~176에 나와 있다. 네로와 베스파시아누스 황제의 주점 규제 입법 관한 내용은 다음 두 자료에 나와 있다. Dio Cassius, *Histories* LXII, 14, 2 ; LXV, 10, 3. 팔레르노 포도주에 대한 플리니우스의 논평은 *Natural History* XIV, 62를 보면 된다.

• 로마의 성에 대한 다양한 관점을 보려면 다음 자료들을 참조하라. C. Edwards, *The Politics of Immorality in Ancient Rome*(Cambridge, 1993) ; M. B. Skinner, *Sexuality in Greek and Roman Culture*(Oxford, 2005) ; C. Williams, *Roman Homosexuality: ideologies of masculinity in classical antiquity*(Oxford, 1999). T. McGinn, 'Pompeian brothels and social history', in *Pompeian brothels, Pompeii's Ancient History, Mirrors and Mysteries, Art and Nature at Oplontis, & the Herculaneum 'Basilica'*(JRA supp., Portsmouth, RI, 2002) 7~46에서는 소위 '유곽 문제'에 대한 다양한 접근법을 보여준다. Wallace-Hadrill, 'Public honour and private shame'(앞의 글)에서도 같은 문제를 보다 신중하게 다루고 있다. 로마 성매

매에 대한 포괄적인 견해는 T. McGinn, *The Economy of Prostitution in the Roman World: a study of social history and the brothel*(Ann Arbor, 2004)에 나와 있다. 전용 유곽과 거기서 나온 낙서에 대한 상세한 연구는 A. Varone, 'Organizzazione e sfruttamento della prostituzione servile: l'esempio del lupanare di Pompei', in A. Buonopane and T. Cenerini(ed.), *Donna e lavoro nella documentazione epigrafica*(Faenza, 2003), 193~215에 나와 있다. 스탠퍼드대에서 운영하는 웹사이트traumwerk.stanford.edu:3455/SeeingThePast/345에도 같은 내용이 나와 있다. 헌신적이었던 아내에게 바치는 묘비에 대해서는 M. R. Lefkowitz and M. B. Fant, *Women's Life in Greece and Rome*(London, 1982), no.134를 참조하라. 주인이 노예 소녀에게 주었던 팔찌는 d'Ambrosio, Guzzo and Mastroberto(ed.), *Storie da un'eruzione*, 470, 473~478에 사진과 설명이 함께 실려 있다. 마르켈루스를 거들떠도 보지 않는 프라에스티나 이야기는 *CIL* IV, 7679에 나온다.

- 로마 목욕의 역사, 고고학, 문화와 관련된 현대 연구를 훌륭하게 소개한 문헌은 *Roman baths and bathing: proceedings of the First International Conference on Roman Baths*(JRA supp., Portsmouth, RI, 1999)이다. G. G. Fagan, *Bathing in Public in the Roman World*(Ann Arbor, 1999)와 J. Toner, *Leisure and Ancient Rome*(Oxford, 1995), 53~64는 고대 목욕의 사회학을 다른 각도에서 보여주는 훌륭한 저서들이다.('오존층에 뚫린 구멍'이라는 재치 있는 표현은 Toner의 말이다.) F. Yegul, *Baths and Bathing in Classical Antiquity*(Cambridge, MA, 1992)는 로마 목욕 문화의 구조를 제국 전반에 걸쳐서 조사한 결과물이다.(폼페이 유적에 대한 상세한 기술 역시 포함되어 있다.) 교외 목욕탕 발굴 결과를 최정적으로 정리한 자료는 L. Jacobelli, *La pitture erotiche delle terme suburbane di Pompei*(Rome, 1995)이며, Clarke, *Looking at Laughter*(앞의 책), 194~204, 209~212에도 교외 목욕탕과 관련한 유용한 내용들이 담겨 있다.

- '포도주, 섹스, 목욕'을 찬미하는 묘비명에 관한 자료는 *CIL* VI, 15258에 나와 있으며, 어느 숟가락에 새겨진 터키 속담은 *CIL* III, p.12274c에 나와 있다. 아우구스투스 황제의 어머니에 얽힌 일화는 Suetonius, *Life of Augustus* 94에 나와 있으며, 탈장에 대한 마르티알리스의 풍자시는 *Epigrams* XII, 83에 수록되어 있다. 집정관이 사소한 일로 지방관을 매질한 사건은 Aulus Gellius, *Attic Nights* X, 3에 소개되어 있다. 하드리아누스 황제가 목욕탕에서 베푼 관대함은 *Scriptores Historiae Augustae, Life of Hadrian* 17에 나오는 일화의 주제다. 로마 목욕탕의 비위생적인 측면에 대해서는 Martial, *Epigrams* II, 42와 Celsus, *On Medicine* V, 26, 28d를 참조하라.(그렇지만 Celsus는 전반적으로는 목욕탕의 치유 기능에 긍정적인 생각을 가지고 있었다.) 목욕탕 주인이 포주 역할을 겸하는 상황에 대해서는 *Digest of Justinian* III, 2, 4, 2에 나와 있다.

## 8장

- 로마 시대 도박에 대해서는 다음 자료들을 참조하기 바란다. N. Purcell, 'Literate

Games: Roman urban society and the game of alea', *Past and Present* 147(1995), 3~37 ; J. Toner, *Leisure*(앞의 책), 89~101. 주사위 게임 도중에 무의식중에 내는 콧소리는 Ammianus Marcellinus, *Histories* XIV, 6에 나와 있다.

- 로마 연극의 종류에 대해서는 R. C. Beacham, *The Roman Theatre and its Audience*(London, 1991)에서 논의하고 있다. C. Edwards, *The Politics of Immorality*(앞의 책), 98~136에서는 '연극 문화'의 도덕적 모호성을 탐구한다. 마임과 팬터마임에 대해서는 다음 자료들을 참조하라. E. Fantham, 'Mime: the missing link in Roman literary history', *Classical World* 82(1989), 153~163 ; E. Hall and R. Wyles(ed.), *New Directions in Ancient Pantomime*(Oxford, 2008). 마임 배우인 카이우스 노르바누스 소렉스의 이력과 조각상에 대해서는 M. G. Granino Cecere, 'Nemi: l'erma di C. Norbanus Sorex', *Rendiconti della Pontificia Accademia Romana di Archeologia* 61(1988~1889), 131~151에 상세히 설명되어 있다. J. L. Franklin, 'Pantomimists at Pompeii: Actius Anicetus and his troup', *American Journal of Philology* 108(1987), 95~107에서 팬터마임 극단의 배우와 이들의 팬클럽을 함께 다루고 있다.
- 폼페이 원형경기장의 구조는 D. L. Bomgardner, *The Story of the Roman Amphitheatre*(London and New York, 2000), 39~54와 K. Welch, *The Roman Amphitheatre from its origins to the Colosseum*(Cambridge, 2007), 192~198에 명확하게 정리되어 있다. 폼페이에서 발견된 검투사 경기 및 관련 조직에 대한 증거는 L. Jacobelli, *Gladiators at Pompeii*(Rome, 2003)에 종합적으로 설명하고 있다. K. Hopkins and M. Beard, *The Colosseum*(London, 2005)은 일반적인 검투사 쇼의 빈도수나 호화로운 정도를 살짝 회의적인 시선으로 보고 있다. 특히 로마 이외 지역에서는 검투사 쇼가 그렇게 자주 개최되지도 않았고 생각만큼 화려하지 않았다고 보는데 폼페이 검투사 쇼 역시 여기에 해당한다.
- B. Maiuri, 'Rilievo gladiatorio di Pompei', *Rendiconti dell' Accademia Nazionale dei Lincei(scienze morali etc.)*, Series 8, Vol. 2(1947) 491~510은 행진, 검투사 경기, 동물 사냥 모습을 보여주는 부조를 꼼꼼하게 해부하여 살피고 있다. 검투사와 야반도주를 감행한 상류층 부인에 대한 유베날리스의 유명한 발언은 *Satires* VI, 82~113에 나온다.

## 9장

- 이번 장의 제목은 K. Hopkins, *A World Full of Gods: pagans, Jews and Christians in the Roman empire*(London, 1999)에서 나왔다. K. Hopkins의 책에는 폼페이 문화와 (특히) 종교를 이해하기 위해서 과거로 가려는 현대 시간여행자 두 명이 등장한다. (희생제의 모습과 '이방의' 종교를 포함한) 이번 장의 전반적인 접근법은 M. Beard, J. North and S. Price, *Religions of Rome*(Cambridge, 1998)에 의존하지 않을 수 없었다. 이들의 책에는 여기서 제기된 다수의 종교 관련 주제들을 다루고 있다. 2권에는

(*A Sourcebook*) 내가 인용하거나 참고한 고대 원문이 대부분 포함되어 있다. J. Scheid, *Introduction to Roman Religion*(Edinburgh, 2003) 역시 유용하다. 호라티우스의 희생제의에 대한 다소 감상적인 언급은 *Odes* III, 13에 나온다.

- L. Barnabei, 'I culti di Pompei: Raccolta critica della documentazione', in *Contributi di Archeologia Vesuviana* III(Rome, 2007), 11~88에서는 폼페이의 다양한 종교, 사당, 신전과 관련된 증거와 참고문헌을 훌륭하게 개괄하고 있다. '유피 테르 메일리키오스 신전'의 주인공을 새롭게 보는 시각은 F. Marcatelli, 'Il tempio di Escalapio a Pompei', in *Contributi di Archeologia Vesuviana* II(Rome, 2006), 9~76에 소개되어 있다. 유피테르·유노·미네르바 신전 내부의 조각상에 대한 유용한 설명은 H. G. Martin, *Romische Tempelkultbilder: eine archaologische Untersuchung zur spaten Republik*(Rome, 1987), 222~224를 참조하기 바란다. 폼페이의 베누스에 대한 다른 시각은 J. B. Rives, 'Venus Genetrix outside Rome', *Phoenix* 48(1994) 294~296에 나와 있다. 목수 모형을 실은 가마에 대해서는 Clarke, *Art in the Lives of Ordinary Romans*(앞의 책), 85~87을 참조하라.

- 가정에서의 종교 관행과 가정의 수호신인 라르에 대해서는 P. Foss, 'Watchful Lares. Roman household organization and the rituals of cooking and eating', in Laurence and Wallace-Hadrill(ed.), *Domestic Space in the Roman World*(앞 의 책), 196~218에서 다루고 있다. G. K. Boyce, *Corpus of the Lararia of Pompeii*(Rome, 1937)는 라라리움에 대한 일종의 카탈로그다. 보다 최근의 자료로 는 라라리움에서 나온 벽화를 다룬 T. Frohlich, *Lararienund Fassadenbilder in den Vesuvstadten. Untersuchungen zur 'volkstumlichen' pompejanischen Malerei*(Mainz, 1991)가 있다. 'Fulgur'라는 글씨가 새겨진 타일에 대해서는 A. Maiuri, "Fulgur conditum" o della scoperta di un bidental a Pompei', *Rendiconti dell'Accademia di Archeologia, Lettere e Belle Arti, Napoli*, 21(1941), 55~72을 참조하라. '아라만투스의 집'에서 발견된 '공물'에 대해서는 M. Fulford and A. Wallace-Hadrill, 'The House of Amarantus at Pompeii(I. 9. 11~12): an interim report on survey and excavations in 1995-6', *RStP* 7(1995-1996), 77~113에 기 록되어 있다. 수도 로마를 포함한 고대 가정에서의 일반적인 종교 관행에 대해서는 J. Bodel and S. Olyan(ed.), *Household and Family Religion in Antiquity*(Oxford, 2008)에서 집중적으로 다루고 있다.

- 현대에 중앙광장을 재구성하는 과정에서 황제 숭배와 관련된 건물이 집중된 현상 에 대해서는 I. Gradel이 *Emperor Worship and Roman Religion*(Oxford, 2002), 103~108에서 샅샅이 해부하고 있다. (때로는 관련 흔적이 거의 혹은 전혀 존재하지 않 는 곳에서 황제 숭배 흔적을 찾으려는 의욕이 과도한 경향이 있지만) 유용한 다른 글 들이 A. Small(ed.), *Subject and ruler: the cult of the ruling power in clasical antiquity*(JRA supp., Portsmouth , RI, 1996)에 수록되어 있다.

- R. E Witt, *Isis in the Graeco-Roman World*(London, 1971)는 로마 제국에서 이시스 숭배 역사를 파악하는 입문서로 여전히 유용하다. 이시스 신전은 1990년대 초반 전시 회의 주제였으며, 당시 전시회 자료가 *Alla ricerca di Iside: analisi, studi e restauri*

*dell'Iseo pompeiano nel Museo di Napoli*(Naples, 1992)라는 제목으로 출간되었다.
E. A. Arslan(ed.) *Iside: il mito, il mistero, la magia*(Milan, 1997) 역시 중요한 자료
이다.


## 에필로그

- I. Morris의 *Death-ritual and social structure in classical antiquity*(Cambridge,
  1992)는 그리스와 로마의 매장풍습을 개관한 자료다. *Pompei oltre la vita: nuove
  testimonianze dalle necropoli*(Pompeii, 1998)는 폼페이 무덤 관련 전시회의 카
  탈로그다. Petersen, *The Freedman*(앞의 책), 60~83은 해방 노예들의 무덤을 다
  루고 있다. 망자가 거하는 집으로서의 무덤과 필레로스의 무덤 사례는 A. Wallace-
  Hadrill, 'Housing the dead: the tomb as house in Roman Italy', in L. Brink and
  D. Green(ed.) *Commemorating the Dead. Texts and Artifacts in Context*(Berlin
  and New York, 2008), 39~77에 나와 있다. 필레로스 무덤에서 나온 명문을 검토
  한 내용은 E. Rodriguez-Almeida, in *Topografia e vita romana: da Augusto a
  Costantino*(Rome, 2001), 91~103에서 볼 수 있다.

## 감사의 마음을 전하며

폼페이는 여행지로도 연구 주제로도 무척 매력적인 곳이다. 작업을 하는 모든 과정에서 (피에트로 조반니 구초가 수장으로 있는) 폼페이 고고학연구소 직원들의 도움을 받았다. 유적지를 방문하는 학자들을 돕는 번거로운 일을 마다하지 않는 이들이다. 특히 마티아 부온도노에게 고대와 현대의 폼페이에 대해 실로 많은 것을 배웠다. 인문학연구소인 로마 영국학교의 마리아 피아 말베치와 앤드루 월리스-해드릴은 책이 나오기까지 연구가 가능하도록 많은 일을 해주었다. 조이와 라파엘 코맥 덕분에 폼페이 방문이 훨씬 즐거워졌다. 물론 로빈 코맥 역시 많은 도움을 주었다. 그의 예리한 관찰력과 전문성 덕분에 유적지에서 기대 이상으로 많은 것을 볼 수 있었다. 본서에 나온 더없이 날카로운 의견들 중에 일부는 그의 덕이 크다.

영국과 해외의 많은 친구들이 정말 다양한 방법으로 작업을 도와주었다. 레베카 베네필, 존 클라크, 루이스 구룬, 에디스 홀, 헨리 허스트 (그리고 2008년 그의 폼페이 강의를 들은 학생들), 브래들리 레트원, 마이클 라비, 로저 링, 마틴 밀레, 클레어 페티트, 마크 로빈슨, 니콜라스 우드 ('비극 시인의 집'을 복원해준 놀라운 능력 덕분에). 앤드루 월리스-해드릴과의 토론은 폼페이라는 도시를 알아가는 과정에서 가장 기억에 남는 재미있는 순간이자 많은 것을 배운 순간들이었다.

이 책의 일부는 내가 로스앤젤레스에 있는 미술관, 게티 빌라의 객원 연구원으로 있는 동안 집필되었는데 그곳에서 나는 켄 라파틴과 클레어 라이언스의 전문성, 크리스티나 메인킹의 유능한 지원에 많은 부분을 의존했다. 고전학부와 고전학부 도서관 관계자들은 언제나처럼 여러모로 도움을 주었다. 프로파일 북스의 사람들도 마찬가지다. 클레어 보몬트, 피터 카슨, 페니 대니얼, 앤드루 프랭클린, 케이트 그리핀, 루스 킬릭까지 팀원들 모두에게 고맙다는 인사를 전하고 싶다.

1978년 케임브리지에서 처음 만난 사이먼 프라이스는 30년 지기 친구이자 동료다. 그동안 그와 나눈 로마 종교를 포함한 많은 것들에 대한 대화가 없었다면 이 책의 9장은 지금보다 훨씬 빈약했을 것이다. 그런 의미에서 이 책은 사이먼을 위한 책이기도 하다.

## 옮긴이의 말

이 책은 메리 비어드의 *Pompeii: The Life of a Roman Town*을 번역한 것이다. 메리 비어드는 그리스 로마의 언어와 문학, 역사를 연구하는 고전학자로, 1955년 잉글랜드 중서부 슈롭셔에서 초등학교 교장인 어머니와 건축가 아버지 사이에서 출생해 케임브리지 뉴넘 칼리지에서 고전학을 전공했다. 지금은 케임브리지 대학 고전학과 교수로 재직 중이며 『타임스 리터러리 서플먼트Times Literary Supplement』의 고전 분야 편집장이기도 하다. 2013년에는 고전 연구에 기여한 공로를 인정받아 대영제국 4등급 훈장을 받기도 했다.

남성이 주도했던 학문인 고전학 분야에서 여성이라는 핸디캡을 딛고 성공한 비어드에게 따라붙는 수식어가 하나 있다. '영국에서 가장 유명한 고전학자'라는 말이다. 대학에서 학생들을 가르치고 연구하는 것 외에 텔레비전, 라디오, 각종 잡지, 블로그와 같은 SNS를 통해 왕성히 활동하면서 일반 대중과 만나고 있기 때문이다. 대표적으로 비어드는 BBC 다큐멘터리 시리즈 「로마인을 만나다Meet the Romans」(2012), 「메리 비어드의 궁극의 로마: 무한한 제국Mary Beard's Ultimate Rome: Empire Without Limit」(2016) 등의 진행자로 활약하고 있다. 또한 『타임스 문학 부록』 웹사이트에 고정으로 소개되는 블로그 '어느 대학교수의 생활A Don' s Life'을 통해 학문적인 관심부터 사회 이슈, 소소한 개인 일상까지 건강하게 공유하고 견해를 나눈다. 자신의 의견 개진에 거침이 없고 비판에도 개방적인 그녀의 블로그는 어떤 때는 하루에 4만 명이 다녀갈 만큼 인기를 누리며, 독자층도 영국만이 아니라 전 세계에 걸쳐 있다. 특히 방송을 통해 보여주는 남다른 모습 덕분에 비어드는 뜻하지 않게 '페미니스트 여걸'로도 부각되고 있다. BBC 다큐멘터리에서 비어드는 화장기 없는 얼굴에 푸석한 흰머리를 나풀거리면서 정장이 아닌 편안한 복장을 입고 화면을 누빈다. 여성 진행자에 대한 고정관념을 깬 이런 털털함과 당당함에 지성적인 면모까지 더해지면서 지적으로 충족된 삶을 살고자 하는 모든 연령대의 여성에게 일종의 롤모델이 되고 있다는 평가도 받는다. 이런 인기를 반영하듯이 영국 정치 잡지『프로스펙트』독자들은 2014년 비어드를 세계의 영향력 있는 사상가 7위로 꼽았고, 젊은이 위주의 대중문화에 반기를 들고 장년층, 노년층을 위한 잡지로 차별화를 선언한『올디Oldie』는 2013년 올해의 인물로 비어드를 선정했다. 이런 비어드의 인기는 영국 고전학 전체에도 영향을 미치고 있다. 유럽 여러 나라에서 고전학 연구가 쇠락하는 추세인 데 반해 영국 대학에서는 고전학 연구가 꾸준히 늘어나고 있는데, 비어드의 인기도 일조했다는 분석이다.

스스로 일중독자라고 말할 만큼 왕성한 작업을 쏟아내는 비어드의 저서로는『공화정 말기의 로마Rome in the Late Republic』(1985)를 비롯해『제인 해리슨의 발명The Invention of Jane Harrison』(2000), 키스 홉킨스와 공동 집필한『콜로세움The Colosseum』(2002),『로마의 개선식The Roman Triumph』(2007),『파르테논The Parthenon』(2010),『그리스 로마 고전 독서의 최전선Confronting the Classics: Traditions, Adventures and Innovations』

(2013), 『SPQR: 고대 로마사SPQR: A History of Ancient Rome』(2016) 외에 다수가 있다. 가장 최근작인 『SPQR: 고대 로마사』는 영국 아마존 문화 역사 분야 베스트셀러 1위에 오를 만큼 폭넓은 대중의 사랑을 받고 있다. 『로마의 개선식』은 로마 제국의 화려한 전승 축하 행사의 의미와 영향력을 다각도에서 분석하는 한편, 그 이면의 지극히 일상적이고 평범한 요소까지 살펴보면서 독창적이고도 위트 넘치는 의견을 덧붙인 작품이다. 그런가 하면 『그리스 로마 고전 독서의 최전선』은 저자가 20년 넘게 『런던 리뷰 오브 북스』『뉴욕 리뷰 오브 북스』『타임스 문학 부록』 등에 게재한 서평을 수정해 묶은 일종의 서평집이다. 고전학과 로마사에 관한 흥미로운 이야기는 물론이고 각종 논쟁을 일반 독자도 이해하기 쉽게 그녀만의 감각을 곁들여 다루고 있다. 특히 '고전학에 미래가 있는가?Do Classics have a future?'라는 과거 자신의 강연 내용을 서문 대신 수록했는데(2011년 뉴욕공립도서관에서 했던 '로버트 B. 실버스' 강연), 이는 인문학의 위기를 말하는 우리 현실에서도 의미 있는 내용이 아닌가 싶다. 간략히 결론만 말하자면 비어드의 대답은 '고전학에는 미래가 있다'이다. 『그리스 로마 고전 독서의 최전선』은 미국비평가협회상 최종 후보에 오른 작품이기도 하다.

저자로서 비어드의 장점은 무엇보다 학문적인 전문성을 잃지 않으면서도 전문가가 아니라도 쉽게 읽을 수 있는 편안한 글, 독자를 배려한 글을 쓴다는 점이다. 기본적으로 그의 이런 대중성은 난해한 지식에 대한 깊이 있는 이해에서 나오지만 그 자신의 마음가짐에서도 비롯된다. 2016년 5월 28일자로 '어느 대학교수의 생활' 블로그에 올라온 글에서 비어드는 자신이 2016년 스페인의 아스투리아스 왕세녀 재단에서 수여하는 아스투리아스 왕세녀상 사회과학 분야 수상자로 선정되었다면서 다음과 같은 말을 덧붙인다. "심사위원들의 선정 이유에서 '전문 지식을 일반 대중에게 쉽고도 유의미하게 전달하는 재능'이라는 문구를 보고 특히나 기뻤다. 내가 원했던 것이 정확히 그것이기 때문이다." 이런 정신이 있었기에 그는 대중의 사랑을 받는 책들을 꾸준히 내놓을 수 있었던 것이다. 비어드 저술의 이런 가치를 알아본 사람이 아스투리아스 왕세녀상 심사위원들만은 아니다. 추천사에서 마이클 바이워터도 이런 점을 칭찬한다. "편안하고 쉬운 비어드의 문체를 보면 독자를 정말로 소중히 여긴다는 생각이 든다. 정통 학자들 사이에서는 흔치 않은 일이다."

2008년 울프슨 역사상을 수상한 『폼페이, 사라진 로마 도시의 화려한 일상』도 독자를 배려하는 글쓰기 기조에서 예외가 아니다. 더구나 폼페이 사람들의 일상에 초점을 맞추기 때문에 더 편안하게 다가온다. 폼페이 도로에도 마차가 달리는 일방통행로가 있었다는 이야기, 부촌과 달동네 구분 없이 대갓집과 서민 주택이 뒤섞여 있었다는 이야기, 실내장식 취향, 빵집 주인, 금융업자, 가룸 제조업자 등의 먹고사는 이야기, 로마 하면 떠오르는 음식, 포도주, 섹스, 목욕, 오락, 게임 이야기 등도 빠지지 않는다. 어느 건물에 남겨진 낙서를 통해 보는 폼페이 청년의 짝사랑, 차용증을 보고 유추하는 금전관계로 인한 다툼, 여관빙에 요강이 없다고 불평하는 투숙객은 또 어떤가? 때로는 지금의 우리와 비슷해서 공감이 가고, 때로는 많이 달라서 신기한 고대인의 일상이 생생하게 펼쳐진다. 여기에 수용 인원이 2만 명이나 되는 원형경기장을 보고 화장실이 없는데 구경꾼들이 어디서 볼일을 해결했을까를 궁금해하고, 발굴 유골의 치아에 쌓인 치석 상태를 보며 폼페이는 입내가 심한 도시였다는 결론을 내리는 비어드 특유의 엉뚱함과 반전이 읽는 재미를 더

한다.(평소에 생각하지 못했지만 듣고 보면 궁금한 그런 이야기가 아니가!)

물론 비어드는 화산재에 묻혀 죽어가는 고대인의 단말마의 고통을 포착한 석고상, 폼페이의 역사, 멸망, 발굴 유적의 용도 등을 둘러싼 논란 같은 굵직한 주제들도 비켜가지 않는다. 사실 폼페이는 교과서에 등장하는 것은 물론이고, 소설과 영화도 적지 않게 나와 크게 인기를 끌었던 까닭에 머나먼 이국의 고대 도시치고는 많이 익숙하다. 그렇기 때문에 폼페이에 대해서는 어느 정도 지식이 있다고 자부하는 사람이 많은 것도 사실이다. 그런데 비어드는 여기서 알고 보면 우리가 고대 폼페이에 대해 엄청나게 많은 것을 알고 있으면서 동시에 아는 것이 거의 없다는 '폼페이 역설Pompeii paradox'을 제기한다. 그냥 듣기에는 알쏭달쏭한 말이지만, 책을 읽고 나면 누구라도 '아하!' 하며 공감하게 되리라 생각한다. 역자가 그랬던 것처럼.

# 폼페이,
# 사라진 로마 도시의
# 화려한 일상

**1판 1쇄** 2016년 6월 22일
**1판 3쇄** 2018년 11월 16일
**2판 1쇄** 2024년 11월 15일

**지 은 이** 메리 비어드
**옮 긴 이** 강혜정
**펴 낸 이** 강성민
**편 집 장** 이은혜
**기    획** 노만수
**마 케 팅** 정민호 박치우 한민아 이민경 박진희 정유선 황승현
**브 랜 딩** 함유지 함근아 박민재 김희숙 이송이 박다솔 조다현 배진선
**제    작** 강신은 김동욱 이순호

**펴 낸 곳** (주)글항아리 **출판등록** 2009년 1월 19일 제406-2009-000002호

**주    소** 10881 경기도 파주시 심학산로 10 3층
**전자우편** bookpot@hanmail.net
**전화번호** 031-955-2689(마케팅) 031-941-5161(편집부)
**팩    스** 031-941-5163

**ISBN** 979-11-6909-319-4 03900

www.geulhangari.com